秦汉卷 下册

郭齐勇 主编

丁四新
龚建平 著

中国哲学通史

A
HISTORY
OF
CHINESE
PHILOSOPHY

U0654720

江苏人民出版社

目　录

第九章　严遵与扬雄的哲学思想

第一节　严遵其人与《老子指归》

一、严遵其人

严遵(生卒年不详,与刘向同时),字君平,原名庄遵,因避汉明帝讳改姓严。较刘向稍早出生,是扬雄在蜀时的老师。《法言·问明篇》最早提及严遵,扬雄说:"吾珍庄也,居难为也。"是文又说严遵自甘"沈冥","不作苟见,不治苟得,久幽而不改其操"。继《法言》之后,班固在《汉书·王贡两龚鲍传》中对严遵作了比较详细的记载,云:

> 其后谷口有郑子真,蜀有严君平,皆修身自保,非其服弗服,非其食弗食。成帝时,元舅大将军王凤以礼聘子真,子真遂不诎而终。君平卜筮于成都市,以为:"卜筮者贱业,而可以惠众人。有邪恶非正之问,则依蓍龟为言利害。与人子言依于孝,与人弟言依于顺,与人臣言依于忠,各因势导之以善,从吾言者,已过半矣。"裁日阅数人,得百钱足自养,则闭肆下帘而授《老子》。博览亡不通,依老子、严周之指著书十余万言。扬雄少时从游学,以而仕京师显名,数为朝廷在位贤者称君平德。……君平年九十余,遂以其业终,蜀人爱

敬，至今称焉。及雄著书言当世士，称此二人。……自园公、绮里季、夏黄公、甪里先生、郑子真、严君平皆未尝仕，然其风声足以激贪厉俗，近古之逸民也。

这段文字说严遵是一位高洁自保的隐士，活了九十多岁。他生前在成都市井以卜筮为生，日赚百钱即下帘教授《老子》，并依老子、庄周之指而"著书十余万言"。又说，扬雄年轻时曾从严遵游学。

在《汉书》之后，晋李轨《法言·渊骞注》、晋陈寿《三国志·秦宓传》、晋皇甫谧《高士传·严遵》、晋常璩《华阳国志·蜀郡士女》对严遵其人其事皆有记载。其中，《华阳国志·蜀郡士女》的记载颇为具体，曰：

严平恬泊，皓然沉冥。严遵，字君平，成都人也。雅性澹泊，学业加妙，专精大《易》，耽于《老》《庄》。常卜筮于市，假蓍龟以教。与人子卜，教以孝；与人弟卜，教以悌；与人臣卜，教以忠。于是风移俗易，上下慈和。日阅得百钱，则闭肆下帘，授《老》《庄》。著《指归》，为道书之宗。扬雄少师之，称其德。

与《汉书》相较，《华阳国志》的记述有所推衍，但其中存在一定疑问：(1)《华阳国志》说严遵"专精大《易》"；严遵通《易》，这是没有疑问的，但据《汉书》来看，他的心思主要在"《易》卜"上。魏晋时期，《周易》为"三玄"之一，《华阳国志》的叙述很可能受到了时代的严重影响。(2)《华阳国志》说严遵不仅以卜筮教人，而且以孝悌忠慈之道教人，这是《汉书》所没有的。(3)《华阳国志》说严遵"授《老》《庄》"，而《汉书》仅曰"授《老子》"。在西汉，《庄子》不是黄老学的经典，并不流行，因此严遵是否以《庄子》教人，还存在疑问。

二、《老子指归》简介

《汉书》虽然言严遵"著书十余万言"，但是没有指明书篇，《三国志》始载明《指归》一书。陈寿《三国志·秦宓传》曰："(李权曰)仲尼、严平，会聚众书，以成《春秋》《指归》之文。"又曰："(古朴曰)严君平见黄老作

《指归》。"《指归》即《老子指归》。李权、古朴二人俱为三国时蜀人。据二氏说,《老子指归》为严遵亲著,此书当在《汉书》所云严遵"著书十余万言"之列。陆德明《经典释文叙录》曰:"《老子严遵注》二卷。"并注曰:"字君平,蜀郡人,汉征士,又作《老子指归》十四卷。"《老子严遵注》《老子指归》二书,后又载于《隋书·经籍志》。不过,前一书已完全佚失,而《老子指归》今天也佚失了下篇。

关于《指归》的真伪,后人曾有怀疑。清全祖望曰:"予并疑是书乃赝本,非君平之作也。"(《读道德指归》)清《四库全书总目》引曹学佺《元羽外编序》曰:"近刻严君平《道德指归论》,乃吴中所伪作。"并说:"犹能文之士所赝托。"民国初年,唐鸿学《指归跋》不同意《四库全书总目》提要的判断,重新肯定"《指归》确为君平所作",并列三证(载《怡兰堂丛书》)。蒙文通则别出一说,一方面肯定"《指归》实永嘉前书",另一方面又不同意唐说,云"百川唐氏必论其真为君平之书,殆未必然",并具体指为晋人郑思远之书(《严君平道德指归论佚文序》)。王利器继承唐说,增益多证(《道藏本道德真经指归提要》)。① 今天,根据出土简帛本《老子》,可以肯定《指归》所据《老子》本(学界通称严遵本或严本)为传自西汉的本子。帛本《老子》有一些文句仅见于严遵本,这说明了严遵本近于汉初古本。又,汉简本《老子》有二处文本的分章与通行本(河上公本、王弼本)不同,却与严遵本完全相同。② 这再次非常有力地证明了严遵本确为西汉古本的意见。在此基础上,进一步推断严遵《老子指归》为西汉旧本,这是很可信的。这样,《老子指归》即可以作为我们阐明严遵思想的比较可靠的材料依据。

《老子指归》,自三国、西晋以来代有著录。今存《指归》有两个版本,一个是六卷本,题名《道德指归论》;一个是七卷本,题名《道德真经指

---

① 以上引文,俱见王德有点校:《老子指归》附录三《序跋提要》,第158—167页,北京,中华书局,1994。

② 参看丁四新《从出土简帛本看早期〈老子〉篇章的演变及其成型与定型》,《中州学刊》2014年第10期,第112页。

归》，收入《道藏》和《怡兰堂丛书》中。不论是题为《道德指归论》还是题为《道德真经指归》，皆非严书本名；本名当作《老子指归》或《指归》，因为汉代《老子》无以"道德"或"德道"为书名者。亦不当称"经"，书题中的"经"字乃后人添加。自武帝元光元年(前134)"罢黜百家，表章《六经》"之后，《老子》重新由经书转变为子书。《指归》共计十三卷，《道藏》本仅列"卷七至十三"，对应《德》篇。前六卷，对应《道》篇，已经佚失(时间大概在北宋到南宋之际)。此篇第乃后人所改，原篇第当为《德》上《道》下，即前六卷的内容当在下篇，后七卷的内容当在上篇。而七卷本每篇正文前所抄《老子》章段，即属于今人所谓严遵本。

本书叙述严遵的哲学思想，以王德有点校《老子指归》(中华书局1994年版)为资料基础。①《指归》一书，依严遵本《老子》分章而裁划成篇。现在，我们知道，《老子》严遵本的分章是建立在北京大学藏汉简本分章的基础上的：其上篇章数"四十"，即由汉简本上经四十四章合并数章而来；下篇章数"三十二"，即由汉简本下经三十三章合并二章而来。至于《老子》严遵本的组织原理和数理法则，《君平说二经(篇)目》已阐述清楚，今不再赘述。依严遵本的分章，《老子指归》一书依次分为七十二篇，其中卷一至七对应于《老子·德篇》，共分为四十篇。

第二节　严遵《老子指归》的哲学思想

梳理和研究严遵的哲学思想，现只能以《老子指归》一书为资料基础。根据《指归》，严遵的哲学思想主要包括宇宙论(以宇宙生成论为主导，而包含了本体论的内容)、修身论和政治哲学。他的哲学以《老子》为基础，而以浑天说为宇宙论背景(同时包含了盖天说)，并在继承《庄子》《淮南子》相关论述的基础上糅合出了一套新的宇宙论思想。具体说来，

---

① 王德有点校本以明《正统道藏》本为底本，以《怡兰堂丛书》本、《津逮秘书》本、《学津讨源》本为校勘本。王德有还原了《指归》的篇序，将《道藏》本卷七至十三列为前七卷，即卷一至七，并据《指归》六卷本(《津逮秘书》本、《学津讨源》本)加了篇题。

这个新的思想以形上、形下的划分为基本的宇宙结构,形上界包括道德、神明、太和,形下界包括天地、阴阳、人物诸要素。从形上界到形下界,乃是一个逐步气化的过程,并且都遵从"有生于无,实生于虚"的生成论原理。在严遵的思想系统中,形上界的"道德""神明"和"太和"也是形下界的现实存在依据和价值来源。在此基础上,严遵阐述了其以治身为目的的性命论哲学,和以"自然""无为"为宗旨的政治哲学。

一、宇宙论哲学

1. 形上界和形下界的构造

严遵《道德指归》的宇宙论包括形上界和形下界两个大的部分。形上、形下,是根据宇宙生成的过程来划定的。"形而上者"与"形而下者"的概念见于《周易·系辞传》。在道家哲学中,"道""物"二元,相对相关,"道"属于形而上者(形生之前),"物"属于形而下者(形生之后)。《指归·上德不德篇》在开篇一段即对所谓形上界和形下界作了系统的陈述和划分,是篇曰:

> 天地所由,物类所以,道为之元,德为之始,神明为宗,太和为祖。道有深微,德有厚薄,神有清浊,和有高下。清者为天,浊者为地,阳者为男,阴者为女。人物禀假,受有多少,性有精粗,命有长短,情有美恶,意有大小。或为小人,或为君子,变化分离,剖判为数等。故有道人,有德人,有仁人,有义人,有礼人。

"天地"为实有万物的总根,亦为形下万物的总体。这段话追问了"天地所由,物类所以",即追问了实然世界和具体万物的形上来源问题。在此,依照传统的观念,严遵将整个宇宙分成了两大部分,即形下界和形上界。这段文字的特别之处在于将形上界的结构复杂化,他以"道""德""神明""太和"为形下界的"元始、宗祖"(即来源),并将它们综合起来,而这种综合是颇为独特的。虽然严遵不否认形下世界生成的总根源在于"道",但是他从中看到了形下界生成原因的复杂性。他改造了《老子》

"道生一,一生二,二生三"之说,而将注意点放在形上论上,对"德""神明"和"太和"三个概念作了根本改造,将它们作为形上界的结构来看待。而在此之前,这三个概念通常被看作是形而下的存在。需要追问的是,为什么严遵要将这三个概念加入到形上界以作为形下界的生成根源呢?这是因为"道"的流行生化,只有借助于"德"才能"德者,得也",从而成就具体事物:"德"就是这种先天的设定因素。凡现实的生命皆有生死,而生死的根源在于"神明"。"神明"与"形体"相对,严遵将"神明"看作独立的精神性实体,认为它是先于有形生命的存在,是此有形生命(即生死)的根源。进一步,既然具体事物的生成以"道德""神明"为根源,同时是"气化"的结果,那么其成因无疑是颇为复杂的。"太和"即极至的和谐,它是宇宙生成的必要条件。在"太和"之境中,"道德""神明"很自然地合成和生化天地万物。

从"神有清浊"来看,严遵综合了浑天说"清气生天,浊气生地"的说法和《系辞传》的"神化"观念。由此,他论述了形下世界的生成。《上德不德篇》曰:"清者为天,浊者为地,阳者为男,阴者为女。"严遵"清者为天,浊者为地"的说法,应当受到了浑天说理论的严重影响。不过,《指归》认为清浊之气来源于"神明",而"神明"为宇宙生化的动力。"和"指和气,后于清浊。"清浊"就"气化"而言。《指归》的"太和"概念可以称为"太和神气"①,这一概念虽然与"浑沦"(或"浑沦之气")概念近似②,但其实不同。自"太和神气"以上为形上界,自"清者为天,浊者为地"以下为形下界。

"清者为天,浊者为地",这是讲天地的生成。"阳者为男,阴者为女",这是讲阴阳何以能生成,而万物的生成是建立在阴阳对待的基础上

---

① 唐强思齐《道德真经玄德纂疏》引《谷神不死篇》曰:"太和妙气,妙物若神,空虚为家,寂泊为常,出入无窍,往来无间,动无不遂,静无不成,化化而不化,生生而不生也。"此中即有"太和妙气"或"太和神气"的说法。

②《指归·出生入死篇》曰:"道德,神明,清浊,太和,浑同沦而为体,万物以形。""同"字,当为衍文。"浑沦",乃就"道德""神明""清浊""太和"四者浑包一体、未有分别而言,与"太和"不同。

的。"阴阳对待"是形下界（"天地"是形下界的宇宙维度）的生成法则。《指归》的形下界属于天圆地方的世界，即盖天说的世界（参看《不出户篇》）。由此推知，阴阳对待也是主宰盖天说之宇宙观的基本原理。当然，在整体上，《指归》以浑天说为宗主。浑天说是当时流行的新宇宙论，它对于西汉中后期的思想、文化和制度产生了重大影响，《太初历》的制定即以浑天说为宇宙论依据。

进一步，既然阴阳二气归根结底是由"神生清浊"衍生出来的，那么此阴阳二气的流行本身就不是纯粹物质性的，而将"神明"因素涵摄于其中。不过，从禀受来看，人物之性未必俱含"神明"。人和物是如何禀受阴阳二气而成其自身的？ 在严遵看来，从外在方面来说在于"男女（构精）"，从内在根据来说在于"性命"。严遵十分重视性命和形神概念，并在此二概念的基础上，通过《上德不德篇》粗略地阐述了自己的修身哲学和政治哲学。

《指归》有关形上界、形下界的论述资料非常丰富，现摘引两段以见之：

（1）我性之所禀而为我者，道德也；其所假而生者，神明也；其所因而成者，太和也；其所托而形者，天地也。凡此数者，然我而我不能然也。故法象莫崇乎道德，稽式莫高乎神明，表仪莫广乎太和，著明莫大乎天地。道德神明，常生不死；清浊太和，变化无穷。天地之道，存而难亡；阴阳之事，动而难终。由此观之，祸极于死，福极于生。……夫何故哉？ 道德之化，天地之数，一阴一阳，分为四时，离为五行，纶为罗网，设为无间，万物之性，各有分度，不得相干。[①]

（2）道德变化，陶冶元首，禀授性命乎太虚之域、玄冥之中，而万物混沌始焉。神明文（交），清浊分，太和行乎荡荡之野、纤妙之中，而万物生焉。天圆地方，人纵兽横，草木种根，鱼沉鸟翔，物以族别，类以群分，尊卑定矣，而吉凶生焉。由此观之，天地人物，皆同元始，共一宗祖。六合之内，宇宙之表，连属一体。气化分离，纵横上下，

---

①《指归·名身孰亲篇》。

剖而为二,判而为五。或为白黑,或为水火,或为酸醎,或为微羽,人物同类,或为牝牡。凡此数者,亲为兄弟,殊形别乡,利害相背,万物不同,不可胜道。合于喜怒,反于死生,情性同生,心意同理。①

《指归》的形上界和形下界二者具有前后、连续和因果的生成关系。形上界包括道德、神明、清浊、太和四者,形下界包括天地、阴阳、四时、五行、性命、形神和人物。在形下界中,天地万物皆有存亡,而人和其他生命物均有生死。人是最高级、最复杂的生物,不但有性命、形神、五官心君、情意志欲、言语动作,而且还有认知、道德、审美以及建功立业的活动等。总之,形上界由道德、神明、太和三者构成,而形下界由天地和人物构成。

今天看来,《指归》对形上界和形下界的构造是继承前人思想并加以综合的结果,综合性是其显著特征。从形上界来看,严遵将道德、神明(清浊)和太和这三个概念综合起来作为形下界的生成根源和依据,并贯通于形神论、价值论和政治哲学之中,这是比较特殊的。从形下界来看,《指归》将性命论和形神论综合在一起,在一定程度上深化了当时的生命哲学和政治哲学。当然,严遵在对某些重要概念的阐释上富有一定的深度,这是值得我们注意的。

2. 形上概念:道、德、神明、太和

"道""德""神明""太和"这四个概念,在《指归》中贯通于形上、形下二界。它们自身既有一个逐步生展的过程,同时又贯通于形下事物之中。当然,它们之所以能够寓含于(存在于)万物之中,或者万物之所以能够禀受它们,乃是通过阴阳五行的气化作用而被赋予的。将"道德""神明""太和"作为一个连贯的形上整体并以之为形下事物之超越而内在的根源,这是严遵的创造。

先看"道德"。"道""德"或"道德"虽然是道家哲学的旧概念,但是严遵将"德"提升到形上层面,这是比较特殊的。在《指归》中,"道"的含义

———————————

①《指归·不出户篇》。

比较复杂，但从生成论来看，它是生成天地万物的总原理和总根据。而"德"首先是一种能够得道、含道和保道的形上客观实在；通过"德"，本体之"道"得以禀含在流形成体的形下事物中。形上之德不但是形下之德（寓于万物之中的）的来源和根据，而且是修养意义上的"含德"依据。相对于得道的多少而言，这两种"德"均有厚薄的问题。在形下之德中，"德"的厚薄又可分为两种形态，一种是在气化分离中的自然分德，一种是在身心活动中德的损益。

再看"神明"。"神明"或称"神"，当其寓于形下界（特别是在人物中）时它常常与"精"连言。"精神"连言，在今存本《指归》中一共出现了 16 次。"神明"在《指归》中是一个非常重要的概念，它贯通于形上、形下二界，是灵性、神性的客观实体；它寓于人物之中，不但是生命体之所以存在的依据和来源，而且也是人的圣知之源，它与智欲、情意和感官的作用不同。在形上阶段，"神有清浊"①，"神明交而清浊分"②，"清浊"乃形而上者，而一旦进入气化阶段，它就直接生化出"天地"，所谓"清者为天，浊者为地"是也。而在形下阶段，"神明"或"精神"随着气化而寓于万物之中，由此居于形神论（包括养生论）的核心。

又看"太和"。"太和"在《指归》中或称"和"，它有三重含意。一重，"和"（"太和"）是宇宙生成的本原。《道生一篇》曰："气因于和，和因于神明。"又曰："一清一浊，与和俱行。""和"即"太和"。《得一篇》曰："天地生于太和，太和生于虚冥。"此"和"为形而上者。《道生一篇》曰："阴阳始别，和气流行。"《得一篇》曰："和气隔塞，三光消灭。"此"和气"连言，是形而下者。"和"（"太和"）与"和气"在《指归》中有分别，前者指自然流行于宇宙之中的、作为本原的和气，后者则指弥漫于天地和人物之内、之间的和气。"太和"为本（形而上者），"和气"为用（形而下者）。二重，除了是宇宙生成的本原外，《指归》还认为"太和"具有"广大""荡荡""纤妙""滑

---

① 《指归·上德不德篇》。
② 《指归·不出户篇》。

淖"的特征①,其至还具有一定的"范围"。《圣人无常心篇》曰:"天地为炉,太和为橐,神明为风。""橐"是有范围、有边界的,当然它在原文中是一个比喻词。《上德不德篇》曰:"和有高下。""高下"就其上下深度而言,亦有边界义。不过,所谓"范围""高下",是不是说"和"("太和")真有所谓边界呢? 当然不是。唐强思齐《道德真经玄德纂疏》引《谷神不死篇》曰:"太和妙气,妙物若神,空虚为家,寂泊为常,出入无窍,往来无间,动无不遂,静无不成,化化而不化,生生而不生也。"既然"出入无窍,往来无间",那么太和妙气(或太和神气)就不是有边际的存在。它至广至大,浩渺无极,弥漫于形上界的虚无之中。三重,处于气化分离中的"和"虽然根源于形上的"太和",但是它毕竟属于形而下者。此"和"又可以分为两种:(1)一为阴阳二气对待流行与生化的本然和气,及由此局限在个体之中的自然和气。《上德不德篇》曰:"天下眛眛喁喁,皆蒙其化而被其和。"《老子》曰:"万物负阴而抱阳,冲气以为和。"二文中的"和"都属于此种"和"。(2)一为洋溢于天地之间的和气。此种和气,是指由气化分离所导致的万物之间的自然和谐。"人"属于气化分离之一物,人生之后即存在于万物生来即有的本然和谐之中。在古人看来,不和谐是后天产生的,而不是本来即有的;古人常常将不和谐归因于神秘存在(例如灾异和变乱的天象)和世间的恶行恶政(特别是人君),当然后者是主要的,其至在天人感应的意识中古人认为前者是由后者导致的。"和"同时也是万物相处的基本原理:人与人,人与他物,以及人与自然(the Nature)都应当保持和谐关系,并且人有责任在身心活动中保持"和谐",在现实世界中维护和谐关系。其四,对于形神论和养生论的"和"原则,《指归》论述颇多。"和",一指修养原则。《上士闻道篇》曰:"抱德含和。"又曰:"和为中主。"《善建篇》曰:"摄精畜神,体和袭弱。"这些文本中的"和"都是指修

①《指归·名身孰亲篇》曰:"表仪莫广乎太和,著明莫大乎天地。"《不出户篇》曰:"神明交,清浊分,太和行乎荡荡之野、纤妙之中,而万物生焉。"《圣人无常心篇》曰:"天地为炉,太和为橐,神明为风,万物为铁,德为大匠,道为工作,天下青青,靡不润泽。"《含德之厚篇》曰:"太和滑淖。"

养原则。二指处于身内的"和气"。《上士闻道篇》曰:"养神积和,以治其心。"《不出户篇》曰:"神平气和,中外相保。"这些文本中的"和"都是指处于身内的"和气"。这种"和气"可以发扬于外,洋溢于天地之间,及和化自然(the Nature)。而这种和化的自然、天地,都属于人君养生、修身的天人效应,由此断定"太平滋生"。《至柔篇》曰:"顺神养和,任天事地。"又曰:"和气洋溢,太平滋生。"即属于此"和"。总之,《天地之道篇》有一段话说得很好,云:"夫和之于物也,刚而不折,柔而不卷,在天为绳,在地为准,在阳为规,在阴为矩。不行不止,不与不取,物以柔弱,气以坚强,动无不制,静无不与。故和者,道德之用,神明之辅,天地之制,群生所处,万方之要,自然之府,百祥之门,万福之户也。故智者见之谓之智,仁者见之谓之仁,天下以之,日夜不释,莫之能睹。夫何故哉? 以其生物微而成事妙也。""和"之妙用大矣哉! 在一定意义上来说,《指归》的论述乃是对帛书《道原》"和其用也"一句的推衍。

最后看"道德""神明""太和"的综合含义。一个是生成义。在《指归》中,个体事物的生成既包含宇宙生成的一面,也包含从本体到现象的一面,而这两种生成含义并存不悖。从后者来说,天地万物是"道德""神明""太和"的综合本体通过气化分离而展现在现象上。《指归》的本体论是一本而多元的,其中"道"是终极本体。关于本体的多元性,上文已有涉及,这里再列举数条资料以见之:

(1) 道德神明,清浊太和,天地人物,若末若根。数者相随,气化连通,逆顺昌衰,同于吉凶。[①]

(2) 天地所由,物类所以,道为之元,德为之始,神明为宗,太和为祖。道有深微,德有厚薄,神有清浊,和有高下。[②]

(3) 天地为炉,太和为橐,神明为风,万物为铁,德为大匠,道为

---

① 《指归·善为道者篇》。
② 《指归·上德不德篇》。

工作，天下青青，靡不润泽。①

（4）道德至灵而神明宾，神明至无而太和臣。清浊太和，至柔无形，包里天地，含囊阴阳，经纪万物，无不维纲。②

（5）太上之象，莫高乎道德，其次莫大乎神明，其次莫大乎太和，其次莫崇乎天地，其次莫著乎阴阳，其次莫明乎大圣。③

另一个是价值义。《指归》认为"道德""神明""太和"三者又是人事世界的价值来源。《治大国篇》曰："以道为父，以德为母，神明为师，太和为有。"（《不出户篇》略同）《道可道篇》曰："遵道德，贵神明，师太和，则天地。"④《上德不德篇》曰："（上德之君）性命同于自然，情意体于神明，动作伦于太和，取舍合乎天心。"这是说（人君）要师法"道德""神明"和"太和"，以它们作为自己养生和为政的原则。而《民不畏威篇》更曰："道德之旨，神明之务，太和之心，天地之意，祸莫甚乎亡，福莫甚乎存，非独天道，人物亦然。"这似乎将"道德""神明""太和""天地"看作是有意志的存在，在它们的主宰下，宇宙、天地、人物似乎是有目的地生成的。而且，严遵还认为"非独天道，人物亦然"，"天道"应当成为"人物"生成及人事活动的根本依据和原则。总之，在严遵的思想系统中，形上界即是形下界的主宰和价值根源，"道德、神明、太和"是人君养生为政的应然法则，圣人应当根据"天道"来治理天下，否则将如《道可道篇》所说："是以知放流，而邪伪作；道德壅蔽，神明隔绝；百残萌生，太和消竭。天下惶惶迷惑，驰骋是非之境，失其自然之节。"⑤

3."一"概念与"道生一"的宇宙生成论

先看《指归》"道生一"的宇宙生成论。《指归》"道生一"的宇宙生成论直接见于《道生一篇》。

---

① 《指归·圣人无常心篇》。
② 《指归·至柔篇》。
③ 《指归·道可道篇》，张君房《云笈七签》卷一引。
④ 陈景元《道德真经藏室纂微篇》引。
⑤ 张君房《云笈七签》卷一引。

首先,《道生一篇》论述了"道"的存在特性。而这包括三点:(1)"道"是终极的"虚无"存在。《道生一篇》曰:"是故无无无始,不可存在;无形无声,不可视听;禀无授有,不可言道。无无无之无,始末(未)始之始,万物所由,性命所以,无有所名者谓之道。"这即是说,"道"不但不是有有有始、有形有声的形下存在,而且也不是禀无授有的存在。从相因生成的形上界结构来看,"道"乃一终极的"虚无"存在,乃"无无无之无","始未始之始",也即"虚之虚者""无之无者"。对于终极本体,严遵有时也称之为"玄"①。"玄"的概念后来被他的学生扬雄发扬光大,成为其哲学的根本概念,可参看《太玄》一书。(2)"道"是形上、形下二界的终极生成因。"有生于无,实生于虚"②,这是一般性的生成法则。《道生一篇》曰:"故虚之虚者生虚者,无之无者生无者;无者生有形者。故诸有形之徒皆属于物类。""有形有名",为形下之物(天地、人物)的根本规定性,而"虚无"为形上存在的根本规定性。由"清""浊""和"三者所构成的浑沦体,乃一"虚无"的存在。由此上溯,严遵认为还存在"虚之虚者""无之无者"的终极生成因,而这个终极的生成因(即终极本根)即是"道"。(3)此外,《指归》高度重视"道"的"一本"性。《万物之奥篇》曰:"道以无有之形、无状之容,开虚无,导神通,天地和,阴阳宁。"这句话直接指明了"道"是形上、形下二界的总根源,"虚无""神明""天地""阴阳"都是从终极本根——"道"衍生出来并获得其规定性的。《得一篇》曰:"一,其名也;德,其号也;无有,其舍也;无为,其事也;无形,其度也;反,其大数也;和,其归也;弱,其用也。"归根结蒂,"一""德""无有""无为""无形""反""和"和"弱"八者,俱是由终极本体"道"派生出来的。顺便指出,所引《得一篇》这段文字与帛书《道原》的关系密切。帛书《道原》曰:"一者,其号也;虚,其舍也;无为,其素也;和,其用也。"很显然,《指归》继承了帛书《道原》的思

---

① 《指归·大成若缺篇》曰:"光景不见,独玄有奇,天地人物,与之俱化。"《善建篇》曰:"空虚寂泊,若亡若存,中外俱默,变化于玄。"《为无为篇》曰:"是以君子,动未始之始,静无无之无,布道施德,变化于玄。"

② 《指归·道生一篇》。

想,并作了一些推衍。

其次,《道生一篇》具体论述了"道生一"的宇宙生成论系统。而这又包括数个层次:(1)论"道生一"。《道生一篇》曰:"道虚之虚,故能生一。""道"为因而"一"为果,"一"为虚而"道"为虚之虚。何谓"一"?《道生一篇》曰:"潢然大同,无终无始,万物之庐,为太初首者,故谓之一。"所谓"潢然大同",虽然与处于虚极的道体有别,但是仍居于太初之首。另外,"一"在《得一篇》还有更为深刻、细致的论述。(2)论"一生二"。《道生一篇》曰:"一以虚,故能生二。""一"能生"二"的原因,仍然在于居上位者比在下位者更为"虚无"。而这里所谓"二",具体指"神明"。"神明"是形上的存在,其体"生息不衰",其用"存物物存,去物物亡"。后者即是说,神明居则人物存,神明去则天地毁。(3)论"二生三"。《道生一篇》曰:"二以无,故能生三。""二"能生"三"的原因,仍然在于居上位者比在下位者更为"虚无"。所谓"三",指"清""浊""和"三者。"清浊"是"神明"的存在状态,"神有清浊"[1],而"和"指清浊之和。需要说明的是,"三"在《指归》中不单指"和",而且指"三物俱生"的"三物"。而严遵的这一解释即被河上公《章句》所继承。[2] "三"或"三物"是"天地所始",是直接的施气授形之因;而随气流行的生命性则是由"神明"直接赋予的。(4)论"三生万物"。《道生一篇》曰:"三以无,故能生万物。""三"亦以"无"而能生"万物"。所谓"万物",《道生一篇》曰:"有形窍可因循者,有声色可见闻者,谓之万物。""物"是以形状、声色来定义的。超越形状、声色而仍为形而下者,在《指归》中包括已分的清浊、已陈的高卑、始别的阴阳和流行的和气等。《指归》有时笼统称"万物"为"天地"。总之,万物皆生于虚无,以虚无为元始(始源)。而作为贤君圣主就应当效法"虚无无形、微寡柔弱"之道。

最后,看《指归·得一篇》的"一"概念及如何"得一"的问题。《得一

---

① 《指归·上德不德篇》。
② 在《老子》第四十二章"二生三"句下,河上公《章句》曰:"阴阳生和、清、浊三气,分为天、地、人也。"不过,河上公《章句》将"二"解释为"阴阳",这与严遵《指归》大异。

篇》是解释《老子》"昔之得一者"一章的。为了解释何以必须"得一"的问题,严遵先深入地阐述了"一"的内涵。《得一篇》曰:

> 一者,道之子,神明之母,太和之宗,天地之祖。于神为无,于道为有,于神为大,于道为小。故其为物也,虚而实,无而有,圆而不规,方而不矩,绳绳忽忽,无端无绪,不浮不沉,不行不止,为于不为,施于不与,合囊变化,负包分理。无无之无,始始之始,无外无内,混混沌沌,芒芒泛泛,可左可右。……陶冶神明,不与之同;造化天地,不与之处。禀而不损,收而不聚,不曲不直,不先不后。……不生也而物自生,不为也而物自成。天地之外,毫厘之内,禀气不同,殊形异类,皆得一之一以生,尽得一之化以成。故一者,万物之所导而变化之至要也,万方之准绳而百变之权量也。一,其名也;德,其号也;无有,其舍也;无为,其事也;无形,其度也;反,其大数也;和,其归也;弱,其用也。故能知一,千变不穷,万输不失。不能知一,时凶时吉,持国者亡,守身者没。

就其在形上界的位置来看,"一"仅次于"道",在"神明""太和"之上。《得一篇》说它是"道之子,神明之母,太和之宗,天地之祖"。就其有无、大小来看,《得一篇》又说它"于神为无,于道为有,于神为大,于道为小"。正因为如此,严遵认为"一"具有"虚而实,无而有"的特性。不过,联系形下之天地、人物来看,"一"毕竟是"无无之无,始始之始",而非常接近终极本体("道")的形上实在。简单说来,"一"属于那种与"道"离而未离、别而未别,而与之高度同一的本根。因此"一"具有至广至大的生成作用。《得一篇》曰:"故一者,万物之所导而变化之至要也,万方之准绳而百变之权量也。"严遵并将"一"看作万物生成变化的根源和主宰者(包括主导和裁量两个方面)。而这两点正是人君、圣主之所以需要"得一"的根本原因。

"得一",当然要求"知一","知一"才能"得一"。《得一篇》下文即从天人相关的角度详细地论述了如何"得一"的问题。对于"天得一以清,地得一以宁,神得一以灵,谷得一以盈,侯王得一以为天下正"五者的"得一",严遵的态度不是完全被动和消极的,而是站在黄老道家的立场上积极而主动地建立新的主体性,尽管这个新的主体性是从负的方面,即从人君世主积极而主动地消解自身的主观性和能动性来建立的。如《得一篇》解释"天得一以清"时说:"天之性得一之清,而天之所为非清也。"既然"天之所为非清",那么如何使"天得一以清"呢?严遵认为在于人君圣人能够参赞天为,安定天体(天体刚建运动不息,覆盖品物;日月星辰为其象,万物发端于天。)而使之回归"清"的本性。其中的关键在于人君圣人的修养。《得一篇》曰:"无心无意,无为无事,以顺其性;玄玄默默,无容无式,以保其命。是以阴阳自起,变化自正。故能刚健运动以致其高,清明大通,皓白和正,纯粹真茂,不与物糅。确然大易,乾乾光耀,万物资始,云蒸雨施,品部流形,元首性命,玄玄苍苍,无不尽覆。"这就是人君圣人之所以能够使"天得一以清"的原因。

总之,"凡此五者(指天、地、神、谷、侯王——引者注),得一行之"。在此,"一"既是原则,又是"性命自然,动而由一也"的结果。在《上德不德篇》中,严遵区别了"上德之君"和"下德之君"二者,前者"性受道之纤妙,命得一之精微",后者"性受道之正气,命得一之下中"。而由此可见上德之君和下德之君在实践"性命自然,动而由一"时有高低之别。另外,在《得一篇》的下文,严遵还谈到,"得一而存,失一而没"是性命赋予和万物变化的"法式",而这个"法式"推衍开来就是:"为寡者众,为贱者贵,为高者卑,为成者败;益之者损,利之者害。"作为贤君圣主,就应当遵从这些法则,"因道而动,循一而行"。

4. 形上界和形下界的生成法则

所谓形上界和形下界,《指归》又称为无有、虚实、虚气二界。这种分法,可能与武帝太初元年(前104)或稍前人们在宇宙观上的突破有关,而这个突破就是当时正式提出了浑天说。浑天说影响到历法的制定,导致太初改历,制定了所谓《太初历》(或称《八十一分律历》)。"无有"是从形名的角度来作界定的,而"虚实"是从有无实在性(不是空无)来界定的,后者比前者更为根本。"实"的本义是实在，不是虚空（空无）。"虚""实"是宇宙实在的隐伏和显现①，而且就《指归》来说，作为终极始源的"道"不是绝对的空无，但从"道"到"太和"，确实变得愈来愈充实。因此"虚实""有无"是两组相对的概念。从大的分界来说，"虚实"与形上界、形下界相对应，而在此意义上的"虚实"概念即与"虚气"同义。不过，严遵认为，"气"只是形而下者，或者说它是形下界的生成根源。在《指归》中，严遵将"清气生天，浊气生地"看作"气"的流行，是形而下者，而"太和"以上则是虚无的存在。

　　关于形上、形下二界的生成法则，《指归》提出了四条。第一条是"有生于无，实生于虚"，或"无者生有，实者生虚"的法则，也即"无不生无，有不生有，不无不有，乃生无有"②的法则。"有生于无，实生于虚"出自《道生一篇》，云："由此观之，有生于无，实生于虚，亦以明矣。是故无无无始，不可存在，无形无声，不可视听，禀无授有，不可言道，无无无之无，始末（未）始之始，万物所由，性命所以，无有所名者谓之道。""无者生有，实者生虚"出自《道生篇》，云："物类之无者生有，虚者生实，见微知著，观始睹卒。非有巧能，自然之物，圣人因之，与天周密。是故知道以太虚之虚无所不禀，知德以至无之无无所不授。"从这两条引文看，"有生于无，实生于虚"或"无者生有，实者生虚"的命题包含三层含义：（1）从宇宙论的生成关系来说，形下界生于形上界，即万物之"有"始于形上界之"无"。《得一篇》曰"天地生于太和，太和生于虚冥"，《行于大道篇》曰"始始于不始，生生于不生"，即是此意。（2）就道物，即就本体与现象的生成关系来看，这条法则将"道"看作"无"，将"物"看作"有"，它认为现象（"物"）之"有"是由本体（"道"）之"无"生成的。而"虚实"与"有无"的关系是紧密而直接的。《不出户篇》曰："以知实生于虚，有生于无，小无不入，大无不包也。本我之生，在于道德。"《方而不割篇》曰："夫道体虚无而万物有

---

① 绝对的气本论，如宋儒张载所说，以"气"（质料）的显隐来定义"虚""实"或"有""无"，张载不承认宇宙中存在一个绝对的"无"（一无所有的"空无"），提出了"太虚即气则无无"的命题。
②《指归·为无为篇》。

形,无有状貌而万物方圆,寂然无音而万物有声。由此观之,道不施不与而万物以存,不为不宰而万物以然。然生于不然,存生于不存,则明矣!""道德虚无"和"万物有形"二者即"虚实""有无"相对的双方,"道德"是本体,而有形的"万物"是现象。上引《道生一篇》和《道生篇》二段文字均包含了此意。(3) 不论是从有形到无形或从实到虚的宇宙生成论的溯源,还是从现象到本体的回返来看,都存在一个从有到无,从无到无无之无,最后到"无无无之无",同时从有始到未始之始,从未始之始到"始未始之始"(即纯粹道体自身)的反索过程。《至柔篇》曰:"道德至灵而神明宾,神明至无而太和臣。"在太和、神明、道德三者中,后者与前者相比是更为虚无的存在。

第二条是"气化分离"的形下法则。"气化分离"的法则又包括三个子法则:(1)"有物三立"是形下界展开和生成的总根据。《道生一篇》曰:"一清一浊,与和俱行,天人所始,未有形胅坯埌,根系于一,受命于神者,谓之三。"《天之道篇》曰:"天地未始,阴阳未萌,寒暑未兆,明晦未形,有物三立,一浊一清,清上浊下,和在中央。三者俱起,天地以成,阴阳以交,而万物以生。"而所谓"三立",指"清""浊""和"三者的并立。这三者的并立,乃是"气化分离"的前提及其根源。(2)"阴阳对待"是万物流行变易的原理。《大成若缺篇》曰:"天地之道,一进一退而万物成遂,变化不可闭塞,屈伸不可障蔽。"所谓"一进一退",就阴阳而言,指阴阳在一年四时的消息。《不出户篇》曰:"由此观之,天地人物,皆同元始,共一宗祖。六合之内,宇宙之表,连属一体。气化分离,纵横上下,剖而为二,判而为五。"天地人物的形上生成根源在于"道""德""神""和",它们是所谓元始、宗祖。形下世界的生成则以"气化分离"为基本法则。所谓"剖而为二","二"指阴阳;"判而为五","五"指五行。阴阳五行是汉人宇宙论的基本概念,而严遵将其明确地放置在形下界(天地)的范围内。(3)"虚实相归,有无相生"是事物当下依存的对待性法则,且这一法则包含相互依赖、相互彰显及向对立面转化和互生之义。"转化"和"互生"即所谓"复道"或"循环论"。《天下皆知篇》曰:"无以有亡,有以无形。难以易显,易以难彰。寸以尺短,尺以寸长。山以谷摧,谷以山倾。"有无、难易、尺寸和山谷四者,是对待性的存在物。这里的"有无"概念,首先应当实际地作理解,即"无"为"有"的缺失。例如"三十辐共一毂"(通行本《老子》第十一章),"毂心"即为"无"。这种"无"的存在依赖于为毂的材料及毂的构造,同时表明它是一种缺失,即实物材料上的缺失。而这种实际材料的缺失正表明"无"自身即属于"毂"这种结构的必要组成部分。正是在这种意义上,《老子》又说"有无相生"(通行本第二章)。严遵继承了《老子》的这种有无说。《信言不美篇》曰:"虚实相归,有无相生。寒暑相反,明晦相随。阴消而阳息,阳息而阴消。本盛则末毁,末毁则本衰。天地之道,变化之机也。"这一段论述将"虚实相归,有无相生"作为基本规律放之于天地万物之中:一方面对待的双方皆依其对待性而存在和共存(包括《道生篇》所谓"有无相包,虚实相含"的法则),另一方面凡处于对待关系中的一方均可以向其对立方转化(其中包括对立双方的力量平衡和消长等问题)。而从宇宙生成论及本体与现象的关系来看,这个基本规律的哲学意义更为重大。另外,这个基本规律还包含了"复道",即所谓循环论(例如生死、四时、晦朔的循环)的法则。

第三条是"相因""因借"法则。此条和下一条法则都是讲生化之道,它们贯通于形上、形下二界。《天下有始篇》曰:"其为化也,变于不变,动于不动,反以生复,复以生反,有以生无,无以生有,反复相因。"所谓"相因",指处于同一对待关系中的双方的相互依赖和共存,它从属于上文所说"有无相生"的法则。另一种是单向的"因借",《道生一篇》曰:"夫天人之生也,形因于气,气因于和,和因于神明,神明因于道德,道德因于自然:万物以存。"此所谓"因",乃依凭、因借之义,是从下位向上位的单向的因借,最后因借于"自然"。"自然"是"天人之生""万物以存"的根本原则。

第四条法则是"自生自化",亦即所谓"自然"法则。这一条法则是上一条法则的究竟义,或者说上一条法则归于此条法则,即归于"自然"法则。因此"相因""因借"与"自然"不是相悖关系。《道生一篇》曰:"道德因于自然：万物以存。"《大成若缺篇》曰："道德无为而神明［自］然矣，神明无为而太和自起，［太和］无为而万物自理。"不但形上的神明是"自然"（自己如此）的，太和是"自起"的，而且形下的万物也是"自理"的。为什么它们是"自然""自起"和"自理"的呢？其原因即在于处于上位的那一个环节相对于下一环节来说均是"无为"的。所谓"无为"，指非故意、无目的或者没有主宰意志的作为。上无为而下自然，这是一种因果关系，但"自然"未尝不是"无为"的目的因。《江海篇》还说："道德不生万物，而万物自生焉；天地不含群类，而群类自托焉；自然之物不求为王，而物自王焉。"所谓"自生""自托"和"自王"，都展现了"自然"的丰富含义。

二、生命哲学：形神论与养生论

1. "形""神"概念及二者的关系

在战国中期，生命哲学的基本结构已经完成了从人鬼（魂魄）到形神的大转变。在战国晚期，人们对形神问题的讨论已很普遍。形神，属于形下哲学问题。与"形神"相关的概念还有"形生""精神"和"性命"等。

先看"形"概念。"形"是一个形声字，从彡从井。《说文·彡部》曰："形，象形也。"又曰："彡，毛、饰画文也。"古人以毛文或饰画文来表示"形"字之意，说明"形"不同于未形之前的虚无、素朴状态。因此"形"字天生带有生成论的意味，尽管在大多数时候它是就具体事物的生成而言的。在《指归》中，"形"有作动词和名词两种用法。作动词用，"形"即显形、形成之义。《名与身孰亲篇》曰"其所托而形者，天地也"，《上德不德篇》曰"美德未形"，二"形"字皆为此义。作名词用，其含义又有多种。《得一篇》曰"殊形异类""品物流形"，《大成若缺篇》曰"育群形"，二"形"字即形体、形式之义。此义之"形"，与西方哲学家柏拉图的"形式"（Form）概念有一致之处。《上德不德篇》曰"遗形藏志"，《大成若缺篇》曰"动体劳形"，二"形"字具体指人的形体、肉体。《得一篇》曰"无有形兆"，《上士闻道篇》曰"无有形象""变于无形"，三"形"字乃形迹、形兆、形象之义。至于《大国篇》"势尊形宠""形大势丰"的"形"字，与"势"近义。前三义相近，彼此贯通，都是严遵形神论中"形"概念所应当具备之义。后一义则相隔很远，不在《指归》的形神论之列，故下文不再作论述。

在古典哲学中，"形"是区分"形而上"和"形而下"的基本概念，严遵的《老子指归》亦不例外。不仅如此，《指归》还以"形"来区别"有无""虚实"的概念，而所谓"有生于无""实出于虚"都是从这一概念来讲的，它们即有形出于无形、形而下者出于形而上者之意。据《指归》，"气化分离"和"气化流行"是产生"形"的两条具体原则和机制。而所谓"气化"，包括两个阶段，一者"三物"（清、浊、和三气）分离，生天生地；二者阴阳流行，产生万物。而在气化分离、产生万物的过程中，如何使物类区别开来呢？《指归》同样使用了"形"的概念。从生成论的角度来看，这个概念必须包括"形式""形迹"和"形体"三义。其中"形式"（Form）是对某类具体事物的本质规定，"形迹"（或"形兆""形象"）是具体事物在现象意义上的生现，而"形体"则是其生成的结果及其"形式"的现象化的完成。

在气化分离、流形成体的过程中，生命现象的出现是非常重要的。在流形成体的过程中，"性命"概念很重要，属于内化而内在的一环。自战国中期以来，对于人物来说，外在的超越性通过"性命"概念转化为内在的超越性。"性命"是一个包容了禀授者（"道德""神明""太和"）之超越性和气化之物质性在人物之体内并以为根据的综合实在。《道生篇》曰："（道）运行并施，无所爱好，禀授性命，无所不为。"《不出户篇》曰："道德变化，陶冶元首，禀授性命乎太虚之域、玄冥之中，而万物混沌始焉。""性命"虽然属于形而下者，但是来源于形上界。这即是说，通过"性命"一环，"道德""神明"和"太和"的形上者禀授于人物之中，从而成为人物当下而内在的本根。同时，需要说明的是，性命的禀授虽然来自于形上者并居于具体人物之中，但它们是通过气化分离的方式自然地流行并包含于人物之中的。《天之道篇》曰"（在天地之道的流行中）各正性命，物自然矣"，即是此意。与"各正性命"相关的是，严遵提出了"性分"或"性命之分"的概念。《人之饥篇》曰："道德之生人也，有分；天地之足人也，有分……万物之守身也，有分。禀受（授）性命，陶冶群形，此古人之所以弃损形骸。"《名身孰亲篇》曰："万物之性各有分度,不得相干。""分",即指"性分",或"性命之分"。人属于物类之一种,人有人的"性命之分"。关于"性命"的一般内容,《道生篇》曰:

> 何谓性、命、情、意、志、欲? 所禀于道,而成形体,万芳殊类,人物男女,圣智勇怯,小大修短,仁廉贪酷,强弱轻重,声色状貌,精粗高下,谓之性。所授于德,富贵贫贱,夭寿苦乐,有宜不宜,谓之天命。遭遇君父,天地之动,逆顺昌衰,存亡及我,谓之遭命。万物陈列,吾将有事,举错废置,取舍去就,吉凶来,祸福至,谓之随命。因性而动,接物感寤,爱恶好憎,惊恐喜怒,悲乐忧恚,进退取与,谓之情。因命而动,生思虑,定计谋,决安危,通万事,明是非,别同异,谓之意。因于情意,动而之外,与物相连,常有所悦,招麾福祸,功名所遂,谓之志。顺性命,适情意,牵于殊类,系于万事,结而难解,谓之欲。

性、命、情、意、志、欲六者,严遵在上述引文中作了仔细区别。这六者,总括之,可称为"性命"。

在《指归》中,"形体"与"形骸"是两个有差别的概念。"形体"是指物类(物种)气化的本质形式(是具体、现成的,而不是抽象、潜在的),在逻辑上它与"性命"为体用、本末的关系;而"形骸"则是在"形体"的基础上再排除其生命性,单纯指身躯、骨骸的部分。可知"生命体"的"生命性"即居于"形体"之中,而根源于"性命";而"形骸"则不论其"生命性",甚至排除了"生命性"。进一步,"生命性"从终极根源来说虽然可以归结于"道"或"道德",但是古人(特别是道家学者)很早即已将其归结于"神"或"神明"的实在,严遵的《指归》亦不例外。这样,对于道家而言,"生命"或"生命体"的问题也就是形神问题。形神论,是严遵哲学的重要内容。

"生"("生命")来自何处,且如何是"生"? 严遵在《出生入死篇》中作了很好的论述,曰:

> 道德,神明,清浊,太和,浑沦而为体,万物以形。形之所托,英

英荣荣，不睹其字，号之曰生。生之为物，不阴不阳，不可揆度，不可测量。深微不足以为称，玄妙不足以为名。光耀恍惚，无有形声。无状无象，动静无方。游于虚寂之野，处于无有之乡。得之者存，失之者亡。

这段话指明了"形"来源于形上的浑沦之体，而"生"亦随"形"禀授并寄寓于"形"之中。"生"既非阴阳，亦非形名之物，它给"形"（有生命的形体一类）提供"英英荣荣"的生机，是其存在的根源，所谓"得之者存，失之者亡"是也。对于"生"，《出生入死篇》继续说：

夫生之于形也，神为之蒂，精为之根，营爽为宫室，九窍为户门，聪明为侯使，情意为乘舆，魂魄为左右，血气为卒徒。进与道推移，退与德卷舒；翱翔柔弱，栖息虚无；屈伸俯仰，与时和俱。

"蒂"，果蒂。"生"为果，则"神"为蒂。在形体中，"神"为"生"之"蒂"，"精"为"生"之"根"。有"根"，可生本末，但是未必能结果；有"蒂"才是结果的直接原因。"气"有精粗，精气能生神和养神，粗气能成形和成物。简单说来，"精"是"神""生"的共同原因，不过"神"跟"生"的因果关系更为直接。正因为如此，战国后期以来的生命哲学可以直接简化为形神论，即以"神"来讨论"形"的生命性，这对于道家来说，尤其如此。上引《出生入死篇》这段话还以"人君"起譬，论明"生之于形"的当下存在：居内，"心"（"营爽"即"心"）为宫室，"九窍"为户门；出外，"聪明"为侯使，"情意"为乘舆，"魂魄"为左右，"血气"为卒徒。反过来看，"生"的现实性存在，即包含上述一系列构成因素。进一步，《出生入死篇》认为，"生"的现实性存在必须以"道德""柔弱"和"和"为原则；否则，"形"之于"生"就会产生障蔽、阻塞和窒息作用。由此，严遵提出了养生或养神的原则和方法问题。

"神"，又称"神明"。何谓"神明"？《指归》的相关论述颇为深入。居于形体之中的"神"或"神明"，本源于形上界的"神明"。从本体来说，此神明是无形迹、无声响的存在，"妙妙纤微，生生存存"，"生息不衰，光耀玄冥"①。从作用来说,"存物物存,去物物亡",超越于世间的智、力、威、德(施惠)而不被其所驱使②。严遵在《生也柔弱篇》中对"神明"作了同样的描述,曰:"有物俱生,无有形声,既无色味,又不臭香。出入无户,往来无门,上无所蒂,下无所根。清静不改,以存其常,和淖纤微,变化无方。与物糅和,而生乎三,为天地始,阴阳祖宗。在物物存,去物物亡,无以名之,号曰神明。""神明"之所以重要,正在于"在物物存,去物物亡"的特性。不仅如此,《指归》还就人的存亡论及"神明"的重要性。实际上,解决人的生命性的根源,乃是道家生命哲学的核心问题之一。《名身孰亲篇》曰:"我性之所禀而为我者,道德也;其所假而生者,神明也。"《天下有道篇》曰:"夫道德神明,陶冶变化,已得为人,保合精神,而有大形。"《圣人无常心》曰:"而我之所以为我者,以有神也。神之所以留我者,道使然也。"从"我"(生命个体)而言,生命的当下存在虽然不难脱离形体,但是"生"(生命性)在本质上来源于"神",并且确定"我之所以为我者":这个"我",不仅具有普遍意义上的"人"的形式,而且具有使我区别于彼的个体性和自主性。

总之,按照严遵的构造,"神明"在气化流行的层面寄寓于"精气"(精爽之气)之中,并随之入于人体,形成心、九窍、魂魄、血气等物(当然存在程度上的差别)。相对而言,"粗气"(粗恶之气)就构成了人的形骸部分。不过,更合乎道家古典哲学构想的是,精粗二气在形体内部呈现出彼此交通和相互消长、进退的关系,进而影响到处于形下状态下神明的清浊程度。不论居于形上还是处于形下状态,"神明"均有所谓清浊。《道生一篇》曰:"神明生息,形容自正","神明溃浊,众事并兴"。由"神明溃浊"来看,"神明生息"的"神明"乃居于清明状态。精气清明,粗气溃浊,如果粗气侵入精气,那么就会使神明处于昏蔽甚至退缩的状态。根据《管子》和《庄子》的有关篇目,在一般情况下,"心"是精气的聚集地。如果精气聚集于心,那么神明就相随而居处之;如果心中精气荡然无存,那么神明

①②《指归·道生一篇》。

亦随之而亡。这些说法也是严遵的观点。此外,《指归》还进一步批判了智欲("智巧诈伪")的危害。智欲是形器之心和感官的本能,只有在神明的主宰下才能发挥良好的作用,否则会危及个体生命的安全。归纳起来,个体生命大抵由神形两个部分组成,"形"确定了物类(比如"人")的一般形式和质体,而"神"乃个体存亡(生命性)及其自我确定的根本。就人来说,"心"是精气聚集最多的器官,在诸器官中最为上等。"心"聚集清明、冲和之气,则"神明"居处于其中。由此推论,治心无疑是养生和治身的关键。

2. 养生、治身的目的、原则和方法

形神论,是黄老道家的重要论域。这一论域从"君人南面之术"出发,进而对君主的身心健康和安危表达了高度的关切,因为人君的寿命长短和身心健康,关系到国家的治理和社稷的安危。当然,黄老道家的形神论也具有普遍意义,即任何世人都存在着身心的健康和安危问题。

从目的来看,严遵的形神论在于"存身保身",而"存身保身"又以"长生久视"为最高目标(《指归》一书没有成仙的思想)。"存身",见于《民不畏威篇》和《勇敢篇》;"保身",见于《言甚易知篇》《知不知篇》和《信言不美篇》;"长生"或"长生久视",见于《上德不德篇》《至柔篇》和《为无为篇》等。而要达到"存身保身",甚至"长生久视"的目的,其关键在于养生实践。由此,形神论的重点必然落实在养生论上。

严遵《指归》的养生论思想包括"治身""治心"和"养神"三个方面。这三方面显然是紧密地关联在一起的,但是无疑以"养神为要"。《民不畏威篇》曰:"故存身之道,莫急乎养神;养神之要,莫甚乎素然。""治身"之所以必要,乃在于"身"代表着粗恶之气,代表言行、官窍及其欲望。广义的"身"概念包括"心"在内,就身心相对来说,则"心为身主"[1]。而"治心"之所以必要,乃在于此"心"为形器之心,代表世俗的智巧及其追求("志")。《指归》论"身""心",一般从负面和从智欲的作用来说,而以名

---

[1]《指归·上士闻道篇》。

利为总的追求。"养神"是从正面说,而"治身"和"治心"均以"养神"为归宿点。这非常符合黄老道家的通识——"神存则身存"的原理的。《民不畏威篇》所云"存身之道,莫急乎养神",正即此意。

何谓治身,而为何要治身?对于这两个问题,《出生入死篇》和《万物之奥篇》二篇均有说。前一篇曰:"夫立则遗其身,坐则忘其心。澹如赤子,泊如无形。不视不听,不为不言,变化消息,动静无常。与道俯仰,与德浮沉,与神合体,与和屈伸。不贱为物,不贵为人,与王侯异利,与万性殊患。死生为一,故不别存亡。此治身之无为也。"又曰:"贪生利寿,唯恐不得。强藏心意,闭塞耳目。导引翔步,动摇百节。吐故纳新,吹煦呼吸。被服五星,饮食日月。形神并作,未尝休息。此治身之有为也。"所谓"身",从动静、言行、视听和心理活动而言。所谓"治身之无为",即以无为的原则治身,此乃以"遗忘、澹泊、不为"为原则来消解自我,从而"与道俯仰,与德浮沉,与神合体,与和屈伸",其目的在于让形神得到休息。所谓"治身之有为",即以有为的原则治身——强行采取闭藏心意、耳目和导引、吐纳等方法来治理身体。后一种方法,在严遵看来,不但不能使人身心安顿下来,反而会导致"形神并作,未尝休息"的恶果。不仅如此,《出生入死篇》还对"致生之无为"和"致死之有为"各十三种因素作了详细的罗列,曰:

> 是故虚、无、清、静、微、寡、柔、弱、卑、损、时、和、啬,凡此十三,生之徒;实、有、浊、扰、显、众、刚、强、高、满、过、泰、费,此十三者,死之徒也。夫何故哉?圣人之道,动有所因,静有所应。四支九窍,凡此十三,死生之外具也;虚实之事,刚柔之变,死生之内数也,故以十三言诸。

关于治身,《万物之奥篇》还说:"故言行者,治身之狱也;时和先后,大命之所属也。是以君子之立身也,如暗如聋,若朴若质。藏言于心,常处玄默。当言深思,发声若哭。和顺时适,成人之福。应对辞让,直而不饰。"从言行上来"治身",是这段话的大意。其中的关键在于"言行者,治身之狱也"一句,这即是说,人们对待"言行"应当如对待狱事一样保持敬慎和警醒的态度。

何谓治心,而为何要治心? 这两个问题,涉及"心"的性质及其与"养神"的关系。在很大程度上,"治心"和"养神"是一个问题的两个方面。《上士闻道篇》曰"养神积和,以治其心",这是从正面讲,以"养神积和"来治心。不过,严遵大多从负的方面来讲治心的问题。在他看来,居于体内的"心"是自然之心和形器之心。从所有与"心"相关的《指归》文本来看,本心虽然包含了能思、能知的能动性,但是其本然状态是纯白、素朴的;而且,纯白、素朴之心正是精气和神明聚集的地方。现实之心与本然之心不同,它是有欲望、有情感、有知识、有记忆、有志向,然而常常杂乱的混合主体。在严遵看来,现实之心为一杂乱的主体,这正是导致神明不能安处甚至丧灭的原因。而欲使神明降临而安居于心中,则在于心本身回到纯白、素朴的状态,在修养上就是采取减损、澄汰、虚无、静止的方法。《上德不德篇》曰"损心弃意",《得一篇》曰"无心无意,无为无事""去心去志,无为无事""损心挫志,务设民下",《上士闻道篇》曰"塞民心意,使得安宁",《道生一篇》曰"去心释意,务于无名,无知无识,归于玄冥",《圣人无常心篇》曰"去心则危者复宁,用心则安者将亡",均有此意。虽然《指归》主张"损心""去心"和"无心",但并非真的要让人变成土块一样。一方面,自然之心本有,受命于天;另一方面,"损心""去心"和"无心"的目的,还是为了建立"无心之心"。《圣人无常心篇》曰:"道德无形而王万天者,无心之心存也;天地无为而万物顺之者,无虑之虑运也。由此观之,无心之心,心之主也;不用之用,用之母也。""无心之心",也叫作"天心"①,或"神明之心"②。所谓"无心之心",就是在"损心""去心"和"无心"的基础上回归其本然的自然之心,是合乎"道德""神明"和"太和"三原则的虚静之心。

---

① "天心"一词,在《指归》中有多种涵义,一般同于"自然之心"。不过,与后者不同,"天心"有好恶,代表了严遵哲学的价值取向。
② 《指归·圣人无常心篇》。

为何要"养神"和"存神"呢？上文已作论述，这里再作说明。因为在人的现实存在中，一者，主体性的确立是建立在"神"的概念上的。《圣人无常心篇》曰："身之所以为身者，以我存也。而我之所以为我者，以有神也。"就将这一点说得很清楚。二者，"神"是人的现实生命的本根本源。《人之生也柔弱篇》曰："故神明所居，危者可安，死者可活也；神明所去，宁者可危，而壮者可煞（杀）也。"神明居我身则我身存，去我身则我身危。当然，生命力的来源还有另外一个因素，《人之生也柔弱篇》认为它是"阳气"。①

进一步，如何"养神"？这又可分为三点。其一，以"道德""虚无""清静"为养神的基本原则。《上士闻道篇》曰："静为虚户，虚为道门，泊为神本，寂为和根，啬为气容，微为事功。居无之后，在有之前，弃捐天下，先有其身，养神积和，以治其心。"《圣人无常心篇》曰："神之所以留我者，道使然也。托道之术，留神之方，清静为本，虚无为常，非心意之所能致，非思虑之所能然也。"《天下有始篇》曰："我道相入，沦而为一。守静至虚，我为道室。"其中，"清静"之"清"是从清浊而言，而"静"是从无为、有为来说的。"无为"在《指归》中也是一个很重要的养生论原则。

其二，从结构来说，《指归》养神论的要点为"虚心以静气，专精以积神"②，不过可分为"神—气"和"精—神"两路，它们之间是有区别的。《至柔篇》曰："是以圣人虚心以原道德，静气以存神明，损聪以听无音，弃明以视无形。"《大成若缺篇》曰："及至解心释意，托神清静，形捐四海之外，游志无有之内，心平气和，凉有余矣。"从这两则引文来看，"气"就是所谓的心气和体气。这种气，其实就是所谓智欲之气。严遵认为，在未修养之前，这种气既是混浊、散乱的，也是负面的。针对此气，严遵主张以"静

---

① 《指归·人之生也柔弱篇》曰："故神明所居，危者可安，死者可活也；神明所去，宁者可危，而壮者可煞也。阳气之所居，木可卷而草可结也；阳气之所去，气可凝而冰可折也。故神明、阳气，生物之根也；而柔弱，物之药也。柔弱和顺，长生之具，而神明、阳气之所托也。万物随阳以和弱也，故坚强实满，死之形象也，柔弱滑润，生之区宅也。凡人之性，憎西邻之父者，以其强大也；爱东邻之儿者，以其小弱也；燔烧枯槁者，以其刚强也；簪珥荣华者，以其和淖也。"
② 强思齐《道德真经玄德纂疏》引《指归·不尚贤篇》。

气"和"专气"的方法克服之。《言甚易知篇》曰："是以圣人言不言之言，为不为之为；言以绝言，为以止为。绝言之道，去心与意；止为之术，去人与智。为愚为悫，无知无欲。无欲则静，静则虚，虚则实，实则神。"这是使用所谓静止的方法去克服智欲对于"言""为"的扰乱。这种方法就是绝去智欲，"去心与意"，"去人与智"，从而回归其本真的"言""为"。《大成若缺篇》曰："是以圣人，去知去虑，虚心专气，清静因应，则天之心，顺地之意。"所谓"虚心"，就是"去知去虑"。所谓"专气"，就是专一心气，使之从散乱的状态聚集起来。所谓"清静因应"，合内外而言，以使之清明、使之静止的方法去澄汰和消解内在智欲和外在言为的扰乱。进一步，无论是"静气"还是"专气"，在目的上都是为了保持"神明"的清明和宁静。①

从"精—神"出发，严遵另辟一条思路，阐明了培养"精神"的重要性。"精"即静气，在养生论中具有正面价值，与"神"具有一致性。《为学日益篇》说要"保我精神"。相应地，为何"精神"不保？对于这一问题，《为学日益篇》认为这是由于人皆有有名有利有己的私心所导致的。这样，保养精神，与绝去智欲是一致的。绝去智欲是具体的虚静方法，其目的乃在于"神休精息""优游精神"。② 不过，负方法给正方法（"培养"）的内在实行提供了前提。《名身孰亲篇》曰："是以精深而不拔，神固而不脱，魁如天地，照如日月。既精且神，以保其身。"在养生的过程中，"精""神"的培养是颇有必要的，最终目的是为了达到"精深""神固"的地步。

其三，关于如何养生和治身，《指归》还有"守和""抱和""积和""养和""体和"和"啬"（"重神爱气"）的方法。"和"是一个很重要的养生论原

---

① 《指归·上德不德篇》曰："比夫万物之托君也，犹神明之居身而井水之在庭也：水不可以有为清也，神不可以思虑宁也。"此种比譬，源于《老子》第十五章："孰能浊以静之徐清？ 孰能安以久动之徐生？"此后，《庄子·天道篇》曰："圣人之静也，非曰静也善，故静也；万物无足以铙心者，故静也。水静则明烛须眉，平中准，大匠取法焉。水静犹明，而况精神！ 圣人之心静乎！ 天地之鉴也，万物之镜也。"亦以"水"取譬。

② 《指归·为学日益篇》曰："遁名亡身，保我精神……神休精息，性命自全，万物相袭，与道德邻。"又曰："优游精神，不外心志。意中空虚，如木之浮，如壤之休，不识仁义，不达礼仪。心不知欲，志不知为。"

则,这在《上士闻道篇》"和为中主,分理自明"、《宠辱若惊篇》"和为中主,澹若不生"(唐强思齐《道德真经玄德纂疏》引)、《天下有始篇》"浮德载和,无所不克"中足以见之。"和"原则的气化,即为"柔弱和顺"①。"柔弱和顺"乃就心气、体气而言。在此基础上,《指归》提出了一套修养观念,《上德不德篇》《得一篇》提出了"守和"的观念,②《道生一篇》提出了"抱和",《得一篇》提出了"履和",《上士闻道篇》提出了"含和""积和",《至柔篇》提出了"养和",《用兵篇》提出了"体和"的观念。③

"啬",作为一种方法,主要从"爱气"而言。在《出生入死篇》中,严遵构筑了一个以"虚、无、清、静、微、寡、柔、弱、卑、损、时、和、啬"十三者组成的所谓"生之徒"(与"死之徒"相对)的养生方法论系统,而"啬"居于其一。"啬"的意思是节省、爱惜。"啬道",在养生论中一般是就"精神"来说的。《善建篇》曰:"摄精畜神,体和袭弱……重神爱气,轻物细名,思虑不惑,血气和平。"《上士闻道篇》曰:"啬为气容。"严遵认为,如果人能够爱惜和节省精神和和弱之气,那么他就能够达到"长生久视"的养生目的。

三、"无为""自然"概念与政治哲学

"道德""神明""太和"是严遵宇宙论哲学的总原则,贯穿于形上、形下两界;当然,它们也贯穿于严氏的政治思想中。严遵的《指归》无疑属于黄老道家著作。一般,黄老道家政治哲学着眼于君对臣和君对民的有效统治,它以"自然""无为"为基本原则。这即是说,黄老道家以"无为"规范君主统治,而以"自然"作为其政治效果。黄老的这种"君无为而民

---

① 《指归·人之生也柔弱篇》曰:"柔弱和顺……本和弱,主慈爱。"《上德不德篇》曰:"心意虚静,神气和顺,管领天地,无不包裹。"

② 《指归·上德不德篇》曰:"谦退辞让,敬以守和,谓之礼人。"《得一篇》曰:"是以圣人,为之以反,守之以和,与时俯仰,因物变化。"

③ 《指归·道生一篇》曰:"不视不听,抱和以静。神明生息,形容自正。"《得一篇》曰:"抱神履和,包裹万物,声飞化物,盈溢六合。"《上士闻道篇》曰:"抱德含和。……养神积和,以治其心。"《至柔篇》曰:"是故绝圣弃智,除仁去义。发道之心,扬德之意。顺神养和,任天事地。"《用兵篇》曰:"道无不有,有无不为,体和服弱,括囊大威。"

自然"主张,即班固所谓"君人南面之术"①。

1.《指归》政治哲学的基本原则:无为与自然

《指归》的政治哲学,大致说来可以分为三个方面。先看第一个方面,"无为""自然"是《指归》政治哲学的两个基本原则。

何谓"无为"? "无为"与"有为"相对。《指归》对"无为"概念的论述较多,大约包括四点:其一,严遵认为"无为"不仅是形上、形下二界的生成法则,天地万物的生成之根,而且是本体之"道"的重要属性。《天下有始篇》曰:"夫道之为物,无形无状,无心无意,不忘不念,无知无识,无首无向,无为无事,虚无澹泊,恍惚清静。其为化也,变于不变,动于不动,反以生复,复以生反,有以生无,无以生有,反复相因,自然是守。无为为之,万物兴矣;无事事之,万物遂矣。是故无为者,道之身体而天地之始也。"这段话从体用两个方面作了论述,其中"是故无为者,道之身体而天地之始也"一句最为重要,直接将"无为"看作"道"的根本特性。其二,"无为"在涵义上固然具有减少(君主之)言命和行为的一面(《得一篇》《道生一篇》曰"无为无事"是也),但是对于严遵而言,它更主要地是作为规范"为"的原理而得到肯定的。《至柔篇》曰:"无为之为,遂成无穷,天地是造,人物是兴。"《大成若缺篇》曰:"是无为者,有为之君而成功之主也,政教之元而变化之母也。"《为学日益篇》曰:"无为之为,万物之根。由此观之,不知之知,知之祖也;不教之教,教之宗也,无为之为,为之始也;无事之事,事之元也。"这三段话都深刻地指明了"无为"是主宰"有为"的原理,而强调了"无为之为"的概念。其三,严遵从正负两个方面规定了"无为"概念的内涵,正的方面为"虚无""清静""恬淡"②"柔弱"③,负的方面为"损心弃意"④和"去知去虑"⑤。从修养上来看,这两个方面都

---

① 《汉书·艺文志》。

② 分别见《指归·上德不德篇》《指归·至柔篇》。

③ 《指归·言甚易知篇》。

④ 《指归·上德不德篇》。或《指归·得一篇》曰:"无心无意。"

⑤ 《指归·大成若缺篇》。或《指归·得一篇》曰:"不思不虑。"

是针对"知故"①或"智欲"而言的。不仅如此,《指归》还以"顺性"的概念解释了所谓"无为"(参看《得一篇》)。其四,从功用来看,《指归》不仅认为"无为"乃"治之元也"②,"成功之主也,政教之元"③,"无为之为,万物之根"④,而且认为它也是治身、治家和治天下的根本原则⑤。

何谓"自然"?"自然"乃自己如此之义,在《指归》中有"自为""自得""自化""自生"等涵义。从使用来看,这一概念包括多重涵义。其一,从本然世界的生化流行来看,"自然"是天地万物的内在本性。《至柔篇》曰:"览天地之变动,观万物之自然。"《柔弱于水篇》曰:"道德所包,天地所载,阴阳所化,日月所照,物类并兴,纷缪杂乱,盛衰存亡,与时变化,积坚者败,体柔者胜,万物之理,自然之称也。"这两段文本的"自然"皆用此义。其二,"自然"不是一个实体性概念,而是规范形上、形下世界的根本原理。《道生一篇》曰:"夫天人之生也,形因于气,气因于和,和因于神明,神明因于道德,道德因于自然:万物以存。"万物存在的依据为"自然"。其三,"自然"与"无为"概念互为两端,从政治或行政管理的角度来看,二者具有因果关系,或者说"无为"即"自然"。《不出户篇》曰:"故圣人之为君也,犹心之于我,我之于身也。不知以因道,不欲以应天,无为以道世,无事以养民。玄玄默默,使化自得,上与神明同意,下与万物同心。动与之反,静与之存,空虚寂泊,使物自然。"《其安易持篇》曰:"不思不虑,若无所识,使物自然,令事自事。"这是从主体对客体作用的角度来论述"无为"与"自然"关系的:人君无为则"使物自然"。《言甚易知篇》曰:"夫无形无声而使物自然者,道与神也;有形有声而使物自然者,地与天也。"此所谓"使物自然",是从客体内部来说的。前一种因果关系,从君主消解自身的主体性而言,其"使"乃不使之使:在此,君主的"无为"不

①《指归·大成若缺篇》。
②《指归·至柔篇》。
③《指归·大成若缺篇》。
④《指归·为学日益篇》。
⑤《指归·出生入死篇》。

是一种外在的强加，而是事物如此展现的主观前提。后一种因果关系，从揭示本体的特性而言，其"使"乃虚设之义：道与神，地与天，均非事物的主宰。另外，《其安易持篇》曰："故圣人无为为之以生万物，无执执之以制所欲，犹工匠之造高台，而天地之生巨木，自然而已。"这是所谓"无为"即"自然"的思想。其四，"自然"乃性命之理。这一重涵义又包括两点，一者，在万物生成、禀受性命的过程中，"自然"为其固然之理。《天地之道篇》曰："是以天地之道，不利不害，无为是守，大通和正，顺物深厚，不虚一物，不主一所，各正性命，物自然矣。"二者，在客观事物的自身运动及政治实践关联着的主客双方，"自然"均为应然之理。《江海篇》曰："百川非闻海之美、被其德化归慕之也，又非拘禁束教、有界道、画东西而趋之也，然而水之所以贯金触石、钻崖溃山、驰骋丘阜以赴随江海无有还者，形偶性合，事物自然也。"万物合乎其形性，即为自然。《其安易持篇》曰："教以无教，导以无名，知以无知，状以无形；治不得起，乱不得生，天下无为，性命自然。"此即所谓上无为而下自然。《上德不德篇》曰："（上德之君）性命同于自然……（下德之君）性命比于自然。"这是以"性命同于自然"的命题要求君主修身，反对扭曲人的性命之情。其五，《指归》多次谈及"自然之验"，即自然的效验问题。①

此外，"分"（去声）在《指归》中是一个颇为重要的概念。"分"字既可以作动词使用，也可以作名词使用，且二者是有关联的。作名词用，读去

---

① 《指归·至柔篇》曰："夫道以无有之有，通无间，游无理，光耀有为之室，澄清无为之府，出入无外而无圻，经历珠玉而无朕。何以效其然也？夫有形镰利不入无理，神明在身，出无间，入无孔，俯仰之顷经千里。由此言之，有为之为，有废无功；无为之为，遂成无穷，天地是造，人物是兴。有声之声，闻于百里；无声之声，动于天外，震于四海。言之所言，异类不通；不言之言，阴阳化，天地感。且道德无为而天地成，天地不言而四时行。凡此两者，神民之符，自然之验也。"《行于大道篇》曰："何以明之？庄子曰：道之所生，天之所兴。始始于不始，生生于不生。存于不存，亡亡于不亡。凡此数者，自然之验、变化之常也。"《知不知篇》曰："道德之教，自然是也。自然之验，影响是也。凡事有形声，取舍有影响，非独万物而已也。夫形动不生形而生影，声动不生声而生响，无不生无而生有，覆不生覆而生反。故道者以无为为治，而知者以多事为扰，婴儿以无知益，高年以多事损。由此观之，愚为智巧之形也，智巧为愚之影也。无为，逐（遂）事之声也；遂事，无为之响也。智巧，扰乱之罗也；有为，败事之网也。"

声,有"性分""职分"和"分度"义,其中后一义为总义。①《人之饥篇》论"分"的文字甚多,曰:"道德之生人也,有分;天地之足人也,有分;侯王之守国也,有分;臣下之奉职也,有分;万物之守身也,有分。……失道之分,性不可然;失天之分,家不可安;失主之分,国不可存;失臣之分,命不可全;失民之分,身不可生。"这段话其实就是讲万物之性各有分度,而不可失却之。严遵主张"守分如常";失分与过分,都是他所批判的。从一定意义上来看,"守分"也就是"无为"和"自然"。

2. 治国之道:阴阳德刑理论与啬道

再看《指归》政治哲学的第二个方面,即所谓统治术(具体统治方法)。刑德理论是《指归》统治术的一个重点。

刑德理论属于阴阳家学说,即阴阳家将君主对臣民的赏罚挂搭在阳生阴杀之下,以作为所谓天道的根据。对于这套理论,黄老帛书的论述已很成熟。刑德理论可以分为三个层次,一个是君对民,再一个是君对臣,第三个是天子对诸侯或某国对他国,根据与时节相应的原理而实施德惠或刑杀的政治行动。《指归》所说阴阳刑德理论的基本原理如下:

> 道德之情,正信为常。变化动静,一有一亡。覆载天地,经纬阴阳。纪纲日月,育养群生,逆之者死,顺之者昌。故天地之道,一阴一阳。阳气主德,阴气主刑,刑德相反,和在中央。春生夏长,秋收冬藏,终而复始,废而又兴。阳终反阴,阴终反阳,阴阳相反,以至无穷。②

> 夫天地之道,一阴一阳,分为四时,离为五行,流为万物,精为三光。阳气主德,阴气主刑,覆载群类,含吐异方。③

---

① 《指归·民不畏死篇》曰:"故人君有分,群臣有职,审分明职,不可相代。""分"即"职分"义。《名身孰亲篇》:"万物之性,各有分度,不得相干。"此"分度"就"万物之性"而言,其中的"分"为性分义。《天之道篇》上文既曰"各正性命,物自然矣",下文曰"各受一分,不得兼有",那么此"分"也当为"性分"义。
② 《指归·以正治国篇》。
③ 《指归·勇敢篇》。

　　上面两段话,特别是第一段话已将阴阳刑德理论的基本内容揭示出来了。德惠和刑杀的根据在于天道。天道一阴一阳,刑德随之,"阳气主德,阴气主刑",表现在节令上就是"春生夏长,秋收冬藏"。而且,随着阴阳在一岁中还返无穷的运动,刑德亦与之返还无穷。

　　依据天道层面的阴阳刑德原理,《指归》从人君为治的角度阐明了刑德理论的内涵。严遵认为,人君在为政和统治的过程中需要将刚柔、文武、威德(兵德)的两种手段结合起来,而以"中正为经"。《以正治国篇》曰:"故王道人事,一柔一刚,一文一武,中正为经。刚柔相反,兵与德连;兵终反德,德终反兵,兵德相保,法在中央。"《用兵篇》曰:"庄子曰:夫阴而不阳,万物不生;阳而不阴,万物不成。由此观之,有威无德,民不可治;有德无为(威),宗庙必倾;无德无威,谓之引殃,遭运时变,身死国亡。故人主者,国之腹心也;兵者,国之威神也。"是篇又曰:"夫德之与兵,若天之与地,阴之与阳,威德文武,表里相当。"人道(王道)效法天道,或者说以天道是人道的依据,这是通行于中国古典哲学的思维方式,不过阴阳家阐明阴阳原理的目的乃在于为君主实行刑德、恩威并用的统治手段服务。

　　进一步,如何实施刑德、恩威? 在《以正治国篇》中,严遵说应当根据"正名以覆实,审实以督名"来施行赏罚①,在《用兵篇》中说要以"名实为纪,赏罚为纲"。如果"名实失当",那么"赏罚妄举"②;如果"名实有孚",那么"赏罚得中"③。进一步,需要对君臣"审分明职",《民不畏死篇》曰:"故人君有分,群臣有职,审分明职,不可相代。"以上是形名学的思想,韩非子和黄老学者都充分吸纳了这一学说的思想。而《指归》的特别之处在于将形名学和阴阳刑德理论结合了起来,将赏罚并用看作阴阳刑德理论在现实层面更进一步的伸展。

---

①《指归·以正治国篇》曰:"正名以覆实,审实以督名。一名一实,平和周密,方圆曲直,不得相失。赏罚施行,不赢不缩,名之与实,若月若日。"

②《指归·民不畏死篇》。

③《指归·柔弱于水篇》。

此外，在《指归》中，啬道也值得一谈。"啬"与"费"相对，即俭啬、爱啬之义。在《指归》中，"啬"作为方法包含两个层面的含义，即作为养气、养生和人君治国的方法，当然这二者之间是有关联的。《上士闻道篇》曰"啬为气容"，《出生入死篇》以"啬"为"生之徒"十三法之一，这是从养气和养生上来说的。至于作为人君治国的啬道，则见于《方而不割篇》。是篇曰：

> 故治国之道，生民之本，啬为祖宗。是故明王圣主，损形容，卑宫室，绝五味，灭声色，智以居愚，明以语默，建无状之容，立无象之式，恐彼知我，藏于不测。……故万物玄同，天下和洽，浮沉轧轷，与道相得。……自修有余，故能有国；治人理物，子孙不绝。夫何故哉？以其啬也。为啬之道，不施不予，俭爱微妙，盈若无有，诚通其意，可以长久。形小神大，至于万倍，一以载万，故能轻举。一以物然，与天同道，根深蒂固，与神明处。真人所体，圣人所保也。

这段文字提出了"治国之道，生民之本，啬为祖宗"的说法，足见"啬道"之重要。何谓啬道？《方而不割篇》的论述很细致，大意为"不施不予，俭爱微妙，盈若无有"。从内在的精神来说，"啬"就是节省、爱惜之。从人君对臣民的统治来说，"啬"就是"不施不予"，和"损形容，卑宫室，绝五味，灭声色，智以居愚，明以语默……藏于不测"之术。从修养的递进层次来说，"啬"的终极目的是达到"玄默""玄同"的境界。总之，无论在养生论上还是在政治论上，"啬"都是一种负的方法，保守的方法。

3. 理想的政治人格与功业层次：圣人与皇帝王霸

在《指归》中，严遵设立了一系列的理想政治人格，从臣下来看，包括贤人和君子，从人主（人君、君主）来看，包括圣人、明王、圣主、贤君，及皇帝王伯（霸）和上德之君、下德之君等差别。

先看"君子"与"圣人"等人格概念。在《指归》中，"贤人"一共出现了2次，均指富有才干的臣子；"君子"（已道家化）一共出现了10多次，与"小人"相对。一般说来，在《指归》中，"君子"的人格高于"贤人"。据《上德不德篇》,严遵在小人、君子划分的基础上进一步将君子"剖判为数等",即将"君子"划分为道人、德人、仁人、义人和礼人五等。这五种人,严遵认为,"皆乐长生,尊厚德,贵高名。"又据《万物之奥篇》,"君子"人格在"圣人"之下。是篇曰:"圣人之下,朝多君子。"在《指归》中,"圣人"约出现了70次;此外"明王圣主"出现了10次,"贤君圣主"出现了2次。毫无疑问,"圣人"人格在《指归》的思想系统中居于十分重要的位置。从来源说,"圣人"人格不但是继承《老子》,而且是继承黄老的结果。而这一人格形态无疑是从应然的立场上提出来的,对于《指归》政治哲学系统的完成具有重要意义。

再看《上德不德篇》对皇帝王霸及上德之君、下德之君等的相关论述。根据"德有优劣,世有盛衰,风离俗异,民命不同",严遵对世间的君主作了皇、帝、王、伯(霸)的划分。《上德不德篇》曰:"故或有溟涬玄寥而无名,或蒙涀芒芒而称皇,或汪然漭泛而称帝,或廓然昭昭而称王,或远通参差而称伯。"乃至皇非皇,帝非帝,王非王,霸非霸,"千变万化,不可为计,重累亿万,不可为名"。皇、帝、王、霸的名号,寄托着中国古人对于人君建功立业的理想和要求,但实际上,世间绝大部分君主是难以担当这四个尊号的,严遵对此也有清醒的认识。此外,在《指归》中,皇、帝、王、霸或省称为"帝王"。关于"帝王"的内涵,《上德不德篇》《善为道者篇》和《民不畏死篇》均有专门的论述。

在上德、下德、上仁、上义和上礼五个层次划分的基础上,严遵在《上德不德篇》中又对上德之君、下德之君、上仁之君、上义之君、上礼之君分别作了详细的论述和规定。他们之间的差别,简而言之,正如《上德不德篇》所说:"是故帝王根本,道为元始。道失而德次之,德失而仁次之,仁失而义次之,义失而礼次之,礼失而乱次之。凡此五者,道之以一体而世主之所长短也。"而这种等第的划分,显然以《老子》第三十八章为依据。

第三节 扬雄的生平与著作

一、生平与著作简介

扬雄(一作杨雄),字子云,汉代杰出的文学家、思想家和语言学家;出生于汉宣帝甘露元年(前53),卒于王莽天凤五年(18),《汉书》卷八十七有传。《扬雄传》系班固移录扬雄《自序》而成。扬雄的一生可以分为两大阶段,第一个阶段为居蜀时期,第二个阶段为居京时期,其中居京期又可细分为三个小阶段:(1)成帝元延元年(前12),扬雄自蜀来京。在来京的最初两三年,成帝"召雄待诏"[①],扬雄即写有《甘泉》《河东》《羽猎》和《长杨》等赋。(2)自成帝元延四年(前9)至王莽称帝(8),扬雄为黄门郎,性好读书。(3)自王莽初始元年(8)至扬雄卒,扬雄为太中大夫,校书天禄阁。[②] 扬雄晚年孤凄、贫困,有弟子侯芭传其学。

关于扬雄的出身,《汉书·扬雄传》说他为"蜀郡成都人也",其先出于晋扬侯,后多次辗转迁移,最后定居于蜀郡郫县(现为成都市郫都区)。先祖扬季曾官至庐江太守,自扬季至扬雄五世皆单传,别无亲戚,故《扬雄传》曰:"雄亡(无)它扬于蜀。"《扬雄传》还说扬家"有田一廛,有宅一区",在汉代属于所谓中民阶级。在扬雄少时,家道已衰落,《扬雄传》说:"家产不过十金,乏无儋石之储。"

关于其性格和爱好,《汉书·扬雄传》曰:"雄少而好学,不为章句,训诂通而已,博览无所不见。为人简易佚荡,口吃不能剧谈,默而好深湛之思,清静亡(无)为,少者(嗜)欲,不汲汲于富贵,不戚戚于贫贱,不修廉隅以徼名当世。家产不过十金,乏无儋石之储,晏如也。自有大度:非圣哲之书不好也;非其意,虽富贵不事也。顾尝好辞赋。"好学深思、淡泊名利、希慕圣学,这三点正是扬雄后来能够写作《太玄》《法言》的主观原因。

---

① 《汉书·扬雄传下》。
② 参看扬雄《扬雄集校注》,《前言》第1—6页,张震泽校注,上海,上海古籍出版社,1993。

关于其学问来源，《汉书·王贡两龚鲍传》说扬雄少时曾从严遵游学。严遵对于扬雄的影响表现在两个方面，一个是人格，一个是学问。关于前者，《王贡两龚鲍传》曰："以(已)而仕京师显名，数为朝廷在位贤者称君平德。"《法言·问明篇》亦曰："蜀庄沈冥。蜀庄之才之珍也，不作苟见，不治苟得，久幽而不改其操，虽随、和，何以加诸？举兹以旃，不亦珍乎！吾珍庄也，居难为也。"足见扬雄自始至终都非常仰慕和推崇严遵，推崇其沉冥淡泊、独立自处的人格。关于后者，扬雄《太玄》的核心概念"玄"即出自严遵，而他推崇《周易》，及《太玄》沾染上一定的道家色彩，都应当受到了严遵之学的影响。《汉书·王贡两龚鲍传》曰："(严遵)博览亡不通，依老子、严周之指著书十余万言。"当然，无可否认，扬雄之所以愿意和能够写作《太玄》和《法言》这两部书籍，与他来京为黄门郎、大量阅读皇家书籍及受当世诸儒特别是刘向父子的影响颇有关系。扬雄《太玄》所具的天文历法思想，与刘歆的《三统历》高度一致，而他们二人的相关思想都应当源自刘向的《五纪论》。

扬雄晚年撰有《元后诔》和《剧秦美新》二文，深受后儒诟病；不过情有可原，二文乃出于扬雄畏惧王莽而刻意逢迎的结果，无大损于其人格。班固《汉书·扬雄传赞》曰：

> 当成、哀、平间，莽、贤皆为三公，权倾人主，所荐莫不拔擢，而雄三世不徙官。及莽篡位，谈说之士用符命称功德获封爵者甚众，雄复不侯，以耆老久次转为大夫，恬于势利乃如是。实好古而乐道，其意欲求文章，成名于后世。以为经莫大于《易》，故作《太玄》；传莫大于《论语》，作《法言》；史篇莫善于《仓颉》，作《训纂》；箴莫善于《虞箴》，作《州箴》；赋莫深于《离骚》，反而广之；辞莫丽于相如，作四赋；皆斟酌其本，相与放依而驰骋云。用心于内，不求于外，时人皆曶之，唯刘歆及范逡敬焉，而桓谭以为绝伦。

班固在此认为扬雄"恬于势利""好古而乐道""用心于内，不求于外"，"其意欲求文章成名于后世"，从人格和志向两个方面赞扬了扬雄。

不仅如此,与扬雄同时代的刘歆、范逡和桓谭等人也是非常敬重扬雄的,桓谭甚至认为扬雄当时无双,古今绝伦("以为绝伦")。在《汉书·叙传》中,班固对扬雄的一生作了高度总结和概括,云:"渊哉若人!实好斯文。初拟相如,献赋黄门;辍而覃思,草《法》纂《玄》,斟酌《六经》,放《易》象《论》,潜于篇籍,以章厥身。"总之,扬雄在当时以渊博、善思著称于世,前半生的贡献主要集中在文学上,他为汉赋四大家之一;后半生的贡献集中在思想上,《太玄》《法言》是仿照《周易》《论语》撰写出来的两部杰出著作。

扬雄的主要著作有《太玄》《法言》和《方言》等。《太玄》,又称《玄》,他的弟子侯芭尊称为《太玄经》。他的著作,《汉书·艺文志》和《扬雄传》都有载录。单就《艺文志》来看,《六艺略·小学》曰:"《训纂》一篇。(扬雄作。)"又曰:"扬雄《苍颉训纂》一篇。"不过,此二书早已亡佚。同卷《诸子略·儒家》曰:"扬雄所序三十八篇。"班氏自注:"《太玄》十九,《法言》十三,《乐》四,《箴》二。"其中《太玄》《法言》二书都保留至今。"《乐》四",篇目不详,现已亡佚。"《箴》二",大概指《十二州箴》《百官箴》二种,今存。同卷《诗赋略》曰:"扬雄赋十二篇。"除《甘泉》等四篇大赋之外,今尚存《蜀都赋》《核灵赋》《太玄赋》《逐贫赋》《酒赋》《反离骚》六篇。《隋书·经籍志》又录扬雄《方言》十三卷,属小学,入《经部》;《蜀王本记》一卷,入史部;《汉太中大夫扬雄集》五卷,入集部。《隋书》所录《扬雄集》,至宋朝已散佚。宋人谭愈又取《汉书》和《古文苑》复编成《扬子云集》五卷[1]。明朝万历年间,遂州邓朴又编成《扬子云集》六卷,邓编《扬子云集》即《四库全书》所载本[2]。

扬雄的著作,现在可以参看《太玄集注》,司马光集注,中华书局 1998年版;《法言义疏》,汪荣宝撰,中华书局 1987 年版;《方言校笺》,周祖谟校笺,中华书局 2004 年版;《扬雄集校注》,张震泽校注,上海古籍出版社

---

[1] 陈振孙《直斋书录解题》卷一六。
[2]《四库全书总目》卷一四八集部别集类一。

1993 年版。后一书收录了除《太玄》《法言》《方言》三书之外目前可见的扬雄所有著作。

二、《太玄》《法言》的基本结构和内容

扬雄的《太玄》《法言》两书,集中地体现了其哲学思想。扬雄为何要写作这两种著作?《汉书·扬雄传下》曰:"实好古而乐道,其意欲求文章成名于后世,以为经莫大于《易》,故作《太玄》;传莫大于《论语》,作《法言》。"原因是扬雄"好古乐道""欲求文章成名于后世"。在当时,《周易》居于《五经》之首,而《论语》在诸传记中最为贵重,于是扬雄就模仿《周易》作《太玄》,模仿《论语》作《法言》了。

1.《太玄》的基本结构和内容

先看《太玄》的写作过程。《汉书·扬雄传》曰:"哀帝时,丁、傅、董贤用事,诸附离之者或起家至二千石。时,雄方草《太玄》,有以自守,泊如也。或嘲雄以玄尚白,而雄解之,号曰《解嘲》。"据此,《太玄》草创于哀帝(前 6—前 1 在位)末期,并在那时流传开来。《解嘲》曰:"(客曰)顾而作《太玄》五千文,支(枝)叶扶疏,独说十余万言。"[1]《扬雄传下》又曰:"《玄》文多,故不著。观之者难知,学之者难成。"这是扬雄《自序》之言,与前引《解嘲》文相印证。这两条文献说明了《太玄》初稿的文字繁多,它由"五千文"的经文和"十余万言"的说文两个部分组成。其实《太玄》文近六千,疑扬雄后来又有补文。[2]《太玄》十一篇说文,后来经过扬雄的大量删改,保留了约一万四千九百字。

再看扬雄写作《太玄》的原因。《太玄》成书后,扬雄经历了两次辩难[3],

---

[1]《汉书·扬雄传下》。

[2]《太玄》经文,原不包括《玄首》和《玄测》。不计《玄首》《玄测》二篇及"初一""次二"至"上九"等序数,并不计首画(首画非字)和首名,《太玄》共 6078 字;如果再扣除 108 个重文,及 39 例"君子""小人"的可能合文,那么《太玄》共计 5931 字(《太玄》原简可能还存在一些其他的合文)。问永宁对《太玄》字数有讨论,与笔者意见相合,不过,他由此认为"《太玄》可能有两个本子"。参见问永宁《太玄与易学史存稿》,第 159—160 页,北京,商务印书馆,2017。

[3]《汉书·扬雄传下》。

第一次辩难涉及他写作《太玄》的原因。① 《太玄》成书后，有人嘲讽他写作《太玄》的目的不过是为了发泄自己"为官落拓"（扬雄长期担任黄门侍郎，地位不高）的不满，而"以玄尚白"，自标清高罢了。随后，扬雄写作《解嘲》，为自己辩解。据此文，扬雄写作《太玄》的目的，是为了深化自己对宇宙、人生的理解。② 他并且表示，要"默然独守吾《太玄》"，不会因为时人的嘲讽而轻易放弃它。另外，据《扬雄传》所说，扬雄之所以写作《太玄》，乃因为他终于认识到"赋"的局限——"非法度所存，贤人君子诗赋之正"，于是他转而研究天人之道，写作经传体的书籍。《太玄》和《法言》两书就是在这种思想反省的背景下写作出来的。

又看《太玄》的基本结构和基本内容。《汉书·扬雄传下》曰：

> （雄）于是辍不复为，而大潭思浑天，参摹而四分之，极于八十一。旁则三摹九据，极之七百二十九赞，亦自然之道也。故观《易》者，见其卦而名之；观《玄》者，数其画而定之。《玄》首四重者，非卦也，数也。其用自天元推一昼一夜阴阳数度律历之纪，九九大运，与天终始。故《玄》三方、九州、二十七部、八十一家、二百四十三表、七百二十九赞，分为三卷，曰一二三，与《泰初历》相应，亦有颛顼之历焉。撰之以三策，关之以休咎，絣之以象类，播之以人事，文之以五行，拟之以道德仁义礼知。无主无名，要合《五经》，苟非其事，文不虚生。

关于《太玄》的基本结构和基本内容，扬雄本人在《太玄》一书中也多

---

① 第二次，由于有人责难《太玄》"大（太）深""众人之不好也"，扬雄又写作《解难》一文为自己辩解。今天看来，《太玄》确实"抗辞幽说"，行文艰涩，颇难推求其"闳意眇指"。刘歆在当时即指出："（刘歆）谓雄曰：'空自苦！今学者有禄利，然向不能明《易》，又如《玄》何？吾恐后人用覆酱瓿也。'雄笑而不应。"（《汉书·扬雄传下》）事实上，历史印证了刘歆的判断。至班固作《扬雄传》之时（距扬雄殁后四十余年），"《玄》终不显"。今天，能够读懂《太玄》的人很少，足证刘歆所说不虚。

② 《解嘲》曰："是故知玄知默，守道之极；爰清爰静，游神之廷，惟寂惟莫，守德之宅。世异事变，人道不殊，彼我易时，未知何如。今子乃以鸱枭而笑凤皇，执蝘蜓而嘲龟龙，不亦病乎！子徒笑我玄之尚白，吾亦笑子之病甚！"（《汉书·扬雄传下》）。

次作了阐明,他说:

> 驯乎玄,浑行无穷正象天。阴阳批参,以一阳乘一统,万物资形。方州部家,三位疏成。曰陈其九九,以为数生。赞上群纲,乃综乎名。八十一首,岁事咸贞。①

> 玄象浑天,一阴一阳相批而参三之也。玄有三统,而中以一阳乘一统,生万物焉。而方州部家皆有一有二有三,是谓"三位疏成"。"曰陈其九九,以数生"者,九营周流,有虚设辟,以数生生而无已也。"赞上群纲",首辞也。"乃综乎名",系玄姓也。②

> 一玄都覆三方,方同九州,枝载庶部,分正群家,事事其中。……玄有二道,一以三起,一以三生。以三起者,方州部家也。以三生者,参分阳气以为三重,极为九营,是为同本离末,天地之经也。旁通上下,万物并也。九营周流,始终贞也。始于十一月,终于十月。③

> 玄生神象二,神象二生规,规生三摹,三摹生九据。玄一摹而得乎天,故谓之九天,再摹而得乎地,故谓之九地,三摹而得乎人,故谓之九人。天三据而乃成,故谓之始中终。地三据而乃形,故谓之下中上。人三据而乃著,故谓之思福祸,下欲上欲出入九虚。小索大索,周行九度。④

以上引文包含着《玄经》的衍生逻辑(原理)及其基本结构。从结构来看,《太玄》的文本分为两大部分,第一部分为经(《玄经》),第二部分为传(《玄传》)。上引《扬雄传》这段话即讲明了《玄经》的结构及其由来。天文观测的提高、历法的改善及宇宙学说的改变,这是扬雄为何要撰作《太玄》的重要原因。实际上,《太玄》在很大程度上反映了浑天说的数理和宇宙论思想。《扬雄传》一曰"(扬雄)大潭思浑天",二曰"与《泰初历》

---

① 《太玄·玄首序》。
② 《太玄·玄首都序》。
③ 《太玄·玄图》。
④ 《太玄·玄告》。

相应",就直接说明了这一点。从书册编制来看,《太玄》一书分为三卷,也与《太初历》相应。而《太初历》的八十一分历律数即建立在以"三"为基本单位的基础上。

就经来看,《太玄》有首有赞,"首""赞"分别与《周易》的"卦""爻"概念对应。首和赞如何画定?扬雄以"数"为依据。第一步,根据老子"道生一,一生二,三生万物"的说法,扬雄分别以━、━━、━━━代表数字一、二、三,并以此三数之画来构造首画。第二步,通过"三摹四分"得出八十一首,而通过"三摹九据"得出七百二十九赞。八十一首采用三进位制,依照从一到八十一的数序排列。每一首有首名,有其中心思想。一首凡四重又九赞,在九赞中第二、五、八为中位,《太玄》跟《周易》一样都重视中位。"中"是古人普遍推崇的观念,扬雄亦不例外。《玄》首四重,从上到下依次为方、州、部、家,共有三方(方伯)、九州(州牧)、二十七部(国)、八十一家。

《太玄》的制作与天道、人道都相应。"其用自天元推一昼一夜阴阳数度律历之纪,九九大运,与天终始"①,"天元"跟"玄"对应,"阴阳"跟"首"对应,"昼夜"跟"赞"对应。奇数首为阳,偶数首为阴。阳首的"一、三、五、七、九"五赞表示昼,"二、四、六、八"四赞表示夜;阴首反之,"一、三、五、七、九"五赞表示夜,"二、四、六、八"四赞表示昼。昼赞之辞皆吉,夜赞之辞皆凶。《太玄》七百九十二赞,其中一半表示昼,另一半表示夜。每首九赞,又分为始中终、下中上和思福祸等类别。初一、次四、次七,为始为下;次二、次五、次八,为中、中;次三、次六、上九,为终、终。始、中、终表示事物发展的过程,下、中、上表示事物所处位置的高低。

就传来看,《玄传》是对《易传》的模仿,是对《玄经》的解说,一共包括《首》《冲》《错》《测》《摛》《莹》《数》《文》《掜》《图》《告》十一篇。晋代范望在作《太玄解赞》时将《玄首》正文分散在八十一首之首,《玄测》正文分散在七百二十九赞之下,将《玄首都序》《玄测都序》正文置于八十一首之

①《汉书·扬雄传下》。

前,后人多因循之。

最后看《太玄》与《周易》的关系。《太玄》准《易》而作①,对此,司马光在《说玄》一文中作了具体阐明。《说玄》曰:

> 《易》与《太玄》大抵道同而法异,《易》画有二,曰阳曰阴;《玄》画有三,曰一曰二曰三。《易》有六位,《玄》有四重。《易》以八卦相重为六十四卦,《玄》以一二三错于方、州、部、家为八十一首。《易》每卦六爻,合为三百八十四爻,《玄》每首九赞,合为七百二十九赞。皆当期之日。
>
> 《易》有元、亨、利、贞,《玄》有罔、直、蒙、酋、冥。
>
> 《易》大衍之数五十,其用四十有九,《玄》天地之策各十有八,合为三十六策,地则虚三,用三十三策。《易》揲之以四,《玄》揲之以三。《易》有七八九六,谓之四象,《玄》有一二三,谓之三摹。
>
> 《易》有《象》,《玄》有《首》。《易》有爻,《玄》有赞。《易》有《象》,《玄》有《测》。《易》有《文言》,《玄》有《文》。《易》有《文言》,《玄》有《文》。《易》有《系辞》,《玄》有《摛》《莹》《掜》《图》《告》。《易》有《说卦》,《玄》有《数》。《易》有《序卦》,《玄》有《冲》。《易》有《杂卦》,《玄》有《错》。殊涂(途)而同归,百虑而一致,皆本于太极两仪三才四时五行,而归于道德仁义礼也。②

扬雄《太玄》的基本结构乃仿《易》而来。此外,它还受到了《老子》、汉代宇宙论和儒家思想的影响。正如司马光所说,其旨要落脚于儒家,即《说玄》所谓"皆本于太极两仪三才四时五行,而归于道德仁义礼也"。

2.《法言》的撰作和基本结构

据《汉书·扬雄传下》,扬雄之所以撰写《法言》,是因为激于诸子"诋

---

① 参看朱震《汉上易传·卦图》,影印文渊阁《四库全书》第 11 册,第 325 页,台北,台湾商务印书馆,1986。

② 司马光:《太玄集注》,刘韶军点校,北京,中华书局,1998。

訾圣人""破大道而惑众""不与圣人同,是非颇谬于经"。或者说,写作《法言》的目的是为了推崇圣人(孔子)和儒家经学,批评诸子的言论害道。

《法言》的结构简单。全书一共十三卷,十三篇,每卷一篇。它是扬雄模仿《论语》写作出来的。《汉书·扬雄传赞》曰,"传莫大于《论语》,作《法言》"。《法言》的命名,应当出自《论语·子罕篇》。《子罕》曰:"法语之言,能无从乎?"此"法",与"法式"之"法"同义。"法言",谓平正之言、标准之言和可效法之言。《孝经·卿大夫》:"非先王之法言不敢道,非先王之德行不敢行。""法言"即此意。

《法言》十三篇,依次为《学行》《吾子》《修身》《问道》《问神》《问明》《寡见》《五百》《先知》《重黎》《渊骞》《君子》和《孝至》。大抵说来,每篇各有其主题,扬雄在《法言序》中作了集中的解题和归纳,可以参看。

第四节　扬雄的玄哲学、宇宙论与人性论

一、《太玄》以"玄"为中心的哲学系统

"玄"("太玄"),是《太玄》的最高概念。何谓"玄"? 作为一个特定名词,"玄"最先出自《老子》;作为一个特定概念,它直接源于严遵的《老子指归》一书。严遵在《老子指归》中大量使用了"玄"字,其中个别"玄"字明确指称老子的"道"。[1] 在严遵的基础上,扬雄将"玄"彻底本根化,作为自己思想的最高概念。"玄"又称为"太玄","太玄"概念的提出,同时受到了"太一""太极"等概念("至一"观念)的深刻影响。"玄"("太玄"),即老子的"道",即宇宙的本根,即世界的总原理。

对于"玄"的内涵,扬雄从多个方面作了阐明。第一,扬雄认为,"玄"

---

[1]《老子指归·大成若缺篇》曰:"光景不见,独玄有奇,天地人物,与之俱化,乘空载虚,与道徘徊。"同书《善建篇》曰:"空虚寂泊,若亡若存,中外俱默,变化于玄。"同书《为无为篇》曰:"是以君子动未始之始,静无无之无,布道施德,变化于玄。"

是宇宙生化的本根。《玄摛》曰:"玄者,幽摛万类而不见形者也。资陶虚无而生乎规,欐神明而定摹,通同古今以开类,摛措阴阳而发气。一判一合,天地备矣。天日回行,刚柔接矣。还复其所,始终定矣。一生一死,性命莹矣。"这一段话集中地阐明了扬雄对于"玄"如何张摛,即整个世界如何生成的总体构想。按照这段文字,"玄"生成世界的次序是这样的:玄→虚无、神明、古今、阴阳→气→天地→刚柔、终始→生死、性命→万物万事。由此来看,扬雄将整个世界的生成划分为三个或四个层次:第一层为"玄",这是生成世界的终极始源;第二层为"虚无""神明""古今"和"阴阳",它们构成了气有世界的生成原理;第三层为气化流行的世界,且这一层又包括生成天地和万物的两个层次。概括起来说,"玄"有两点特性:第一点,它是能生的终极本根;第二点,它的本体特性是"无"。而所谓"无",是无形迹、无畛位、无边际、无古今之义。《玄摛》曰:"夫玄晦其位而冥其畛,深其卓而眇其根,攘其功而幽其所以然也。故玄卓然示人远矣,旷然廓人大矣,渊然引人深矣,渺然绝人眇矣。"这是扬雄对于本体的描述。

第二,扬雄认为,"玄"是世间万事万物,特别是人事世界的总根据。"玄"即是天道本体。扬雄认为,一年日南至、日北至的往返,万物在一年四季的盈虚,乃至一昼夜的变化都以"玄"为终极依据。《玄摛》即曰:"冬至及夜半以后者,近玄之象也。进而未极,往而未至,虚而未满,故谓之近玄。夏至及日中以后者,远玄之象也。进极而退,往穷而还,已满而损,故谓之远玄。日一南而万物死,日一北而万物生。斗一北而万物虚,斗一南而万物盈。日之南也,右行而左还。斗之南也,左行而右还。或左或右,或死或生。神灵合谋,天地乃并,天神而地灵。"正因为"玄"是世间万事万物存在的根本依据,所以人应当效法它,以其为中心而片刻不离。在此基础上,扬雄认为,"人"距离"玄"的远近是由人自身决定的。《玄摛》曰:"近玄者玄亦近之,远玄者玄亦远之。譬若天,苍苍然在于东面南面西面北面,仰而无不在焉,及其俯则不见也。天岂去人哉? 人自去也!"即是此意。

第三，扬雄认为，"玄"是德行、人道的来源和展开。《玄摛》曰："故玄者用之至也。见而知之者，智也。视而爱之者，仁也。断而决之者，勇也。兼制而博用者，公也。能以偶物者，通也。无所系辖者，圣也。时与不时者，命也。虚无形，万物所道之谓道也，因循无革，天下之理得之谓德也，理生昆群兼爱之谓仁也，列敌度宜之谓义也，秉道德仁义而施之之谓业也。"扬雄是写赋的高手，这段话模仿和扩展了《系辞传》"仁者见之谓之仁，知者见之谓之知"二句。在他看来，"智""仁""勇""公""通""圣""命"和"道""德""仁""义"等均来源于"玄"，是"玄"在人生、人道上的具体展开。

第四，扬雄认为，"玄"是人认识世界、把握世界和修身的总原理。《玄摛》曰："莹天功、明万物之谓阳也，幽无形、深不测之谓阴也。阳知阳而不知阴，阴知阴而不知阳，知阴知阳、知止知行、知晦知明者，其唯玄乎！"在此，扬雄将阴阳作德行看，认为它们是参赞天地之化育、成就圣人功业的两种德行。但阳德、阴德各有其局限，最高的德行即把握"玄"。把握了"玄"，就能够知阴知阳、知止知行和知晦知明。《玄摛》又曰："人之所好而不足者，善也；人之所丑而有余者，恶也。君子日强其不足，而拂其所有余，则玄之道几矣。仰而视之在乎上，俯而窥之在乎下，企而望之在乎前，弃而忘之在乎后，欲违则不能，默而得其所者，玄也。""玄"是人修身和行动的准则，君子应当"日强其不足，而拂其所有余"。

第五，扬雄认为，"玄"是推演和写作《太玄》一书的总根据。这一点，扬雄在《玄首序》《玄首都序》《玄图》和《玄告》等篇中反复致意，多次作了说明。鉴于上文已作叙述，笔者在此就不再赘言了。

总之，在扬雄看来，"玄"是生成整个世界的起点和终极根源，它贯穿于天道、地道、人道之中。《玄图》曰："夫玄也者，天道也，地道也，人道也，兼三道而天名之，君臣父子夫妇之道。"《玄告》曰："玄者，神之魁也。天以不见为玄，地以不形为玄，人以心腹为玄。"同时，"玄"（"太玄"）概念的提出及其思想体系的推演，是扬雄综合汉人思想，特别是浑天说和严遵思想的结果。而《太玄》一书，则是扬雄以《周易》为主要参考和模仿对象,并将自己的思想纳入其中,而写作出来的。

二、以浑天说为主导同时兼容盖天说的宇宙论

1. 改宗浑天说与《难盖天八事》

《太玄》和《法言》这两本书无疑是在浑天说的理论背景下写作出来的,不过扬雄并非从一开始即相信浑天说。扬雄初信盖天说,后来改宗浑天说,时间大概在汉成帝元延四年(前 9)为黄门郎之后。据《御览》二引桓谭《新论》所云,扬雄改宗浑天说,一者受到了桓谭的批评,二者受到了黄门老工的影响。[①]

扬雄改宗浑天说,以《难盖天八事》为标志。所谓"难盖天八事",即对盖天说作了八点驳难,载于《隋书·天文志》。《隋志》曰:

> 汉末,扬子云难盖天八事,以通浑天。
>
> 其一云:日之东行,循黄道。昼夜中规,牵牛距北极南百一十度,东井距北极南七十度,并百八十度。周三径一,二十八宿周天当五百四十度,今三百六十度,何也?
>
> 其二曰:春秋分之日正出在卯,入在酉,而昼漏五十刻。即天盖转,夜当倍昼。今夜亦五十刻,何也?
>
> 其三曰:日入而星见,日出而不见,即斗下见日六月,不见日六月。北斗亦当见六月,不见六月。今夜常见,何也?
>
> 其四曰:以盖图视天河,起斗而东入狼弧间,曲如轮。今视天河直如绳,何也?
>
> 其五曰:周天二十八宿,以盖图视天,星见者当少,不见者当多。今见与不见等,何出入无冬夏,而两宿十四星当见,不以日长短故见有多少,何也?
>
> 其六曰:天至高也,地至卑也。日托天而旋,可谓至高矣。纵人

---

① 参看汪荣宝《法言义疏》卷一三,第 324 页,北京,中华书局,1987。

目可夺,水与影不可夺也。今从高山上,以水望日,日出水下,影上
行,何也?

其七曰:视物,近则大,远则小。今日与北斗,近我而小,远我而
大,何也?

其八曰:视盖橑与车辐间,近杠毂即密,益远益疏。今北极为天
杠毂,二十八宿为天橑辐。以星度度天,南方次地星间当数倍。今
交密,何也?

《难盖天八事》既是扬雄驳难盖天说之作,也是他"以通浑天"之作,
从根本上改变了他的宇宙论。在"通浑天"之后,扬雄才有《太玄》之作。

2. 扬雄的宇宙观以浑天说为宗,同时吸纳了盖天说的部分思想

从《太玄》《法言》来看,扬雄的宇宙论实际上以浑天说为宗,但同时
吸纳了盖天说的部分思想。

先看《太玄》对浑天说的吸收和反映。在宇宙生成论上,浑天说主张
元气化生说,扬雄是承认这一点的;只不过在《太玄》中,扬雄继承严遵的
思想,以"玄"为宇宙的端始,"唫函启化,罔衮于玄"[1]。而为何扬雄要以
"玄"为宇宙的起点呢?因为"玄象浑天象"[2],《玄首序》亦曰:"驯乎玄,浑
行无穷正象天。"其实在文本结构上,《太玄》直接模拟了浑天说的数理,
而与《太初历》的重要数字相应。《太玄》的结构为方、州、部、家四重,以
"三"为数理推演的倍数单位,设置了 3 方、9 州、27 部、81 家(首)、243 表
和 729 赞,这即与《太初历》的数字、数理相应。一赞当半日,两赞当一
日。而为了对应《太初历》一年的日长,《太玄》更设置了所谓"踦赞"和
"嬴赞"。此即《扬雄传下》所谓:"而大潭思浑天,参摹而四分之,极于八
十一。旁则三摹九据,极之七百二十九赞,亦自然之道也。故观《易》者,
见其卦而名之;观《玄》者,数其画而定之。《玄》首四重者,非卦也,数也。
其用自天元推一昼一夜阴阳数度律历之纪,九九大运,与天终始。故

---

① 《太玄·玄莹》。
② 《太玄·玄首都序》。

《玄》三方、九州、二十七部、八十一家、二百四十三表、七百二十九赞，分为三卷，曰一二三，与《泰初历》相应，亦有颛顼之历焉。"

再看《法言》对于浑天说的吸收和反映。《法言·重黎篇》曰："或问'浑天'。曰：'落下闳营之，鲜于妄人度之，耿中丞象之。几乎，几乎！莫之能违也。''请问盖〔天〕？'曰：'盖哉，盖哉！应难未几也。'"由"莫之能违"可知，扬雄完全赞成浑天说。而由"应难未几"可知，扬雄认为盖天说经不住他的驳难。其中的"难"，即指扬雄的《难盖天八事》。另外，"浑"或"浑浑"，在《法言》中出现多次，无一例外地均为褒义词，这是扬雄赞成浑天说的一个证据。

最后看《太玄》《法言》，尤其是前一书对于盖天说（或《颛顼历》）的采纳。班固在本传中说《太玄》"与《泰初历》相应，亦有颛顼之历焉"，这说明扬雄在宇宙观上同时吸纳了盖天说的一些思想。《玄摘》《玄莹》《玄文》《玄掜》和《玄文》在许多地方即采用了盖天说的天圆地方、天上地下和天动地静的说法。从一个方面来看，这可能是扬雄将盖天说看作浑天说的一种相对宇宙观，而予以保留和兼容；而从另一个方面来看，即使扬雄完全赞成浑天说，但出于为传统价值观念着想，他不得不在浑天说中容纳部分盖天说的内容和观念。实际上，这两个方面是协同在一起的。在传的部分，扬雄屡次将天地看作价值之源，而这正是以盖天说为天道观之基础的反映。如说：

圜则杌棿，方则啬吝。①

夫天宙然示人神矣，夫地他然示人明矣。天他（地）奠位，神明通气。②

夫天地设，故贵贱序。四时行，故父子继。律历陈，故君臣理。常变错，故百事析。③

---

①②《太玄·玄摘》。
③《太玄·玄摘》。

天圆地方,极殖中央,动以历静,时乘十二,以建七政,玄术莹之。①

天地之所贵曰生,物之所尊曰人,人之大伦曰治,治之所因曰辟。崇天普地,分群偶物,使不失其统者,莫若乎辟。夫天辟乎上,地辟乎下,君辟乎中。②

可久者,天地之道也。是以昔者群圣人之作事也,上拟诸天,下拟诸地,中拟诸人。③

夫玄也者,天道也,地道也,人道也,兼三道而天名之,君臣父子夫妇之道。④

将"天地"看作价值之源,这同样是《法言》的重要观念,且同样以盖天说为其天道观的基础。如说:

或曰:"君子自守,奚其交?"曰:"天地交,万物生;人道交,功勋成。奚其守?"⑤

观乎贤人,则见众人;观乎圣人,则见贤人;观乎天地,则见圣人。⑥

天地之为万物郭,《五经》之为众说郭。⑦

圣人有以拟天地而参诸身乎!⑧

或问:"天地简易,而圣人法之,何《五经》之支离?"曰:"支离,盖其所以为简易也。已简已易,焉支焉离?"⑨

父母,子之天地与! 无天,何生? 无地,何形?⑩

上引《法言》的这些论述,都是在盖天说的"天地"观念中来展开其论

---

① 《太玄·玄莹》。
② 《太玄·玄文》。
③ 《太玄·玄捃》。
④ 《太玄·玄图》。
⑤⑥ 《法言·修身篇》。
⑦ 《法言·问神篇》。
⑧⑨ 《法言·五百篇》。
⑩ 《法言·孝至篇》。

述的。对于扬雄来说，天地是生成之源，天地是价值之源，天地是法象之源，"天地"是至极的原理本身。

3. 五畴九类的思维方式——关联天地万物的原理

在宇宙、天地、万物之间既有纵的关联，即宇宙生成论的关联，也有横的关联，即现成事物之间的关联。除了"三"（以"三"作为构造八十一首的倍数单位）以外，在《太玄》中，扬雄非常重视"五""九"二数，以它们作为倍数单位建立了所谓五畴九类的思维方式，将天地万物关联起来。而为何扬雄在《太玄·玄图》《玄数》《玄掜》中如此重视"五""九"二数呢？这当然首先与汉代流行"数"的哲学观念有关，其次，"五"与汉代流行的五行思维方式有关，而"九"为阳数之极，与《太初历》的数字有关。"五""九"都以"数"的方式显示出扬雄所欣赏的哲学观念。

五畴的思维方式，其实即五行的思维方式。关于五畴的思维方式及其关联原理，《玄图》作了概括说明。《玄图》曰：

> 一与六共宗，二与七共朋，三与八成友，四与九同道，五与五相守。玄有一规一矩，一绳一准，以纵横天地之道，驯阴阳之数。

"玄"是终极始源，是最高原理。而"玄有一规一矩，一绳一准"，说明"玄"是五畴九类之思维方式的大本大原，或者说五畴九类的思维方式乃是"玄"的推演。其实，一六、二七、三八、四九、五五的组合和分布，来源于《尚书·洪范》所说的五行次序和《国语·郑语》所说史伯论"和实生物"一段文字。《洪范》曰："五行：一曰水，二曰火，三曰木，四曰金，五曰土。"这种"一曰""二曰""三曰""四曰""五曰"的言说次序在汉代即成为五行之"生数"。又据《国语·郑语》"先王以土与金、木、水、火杂，以成百物"的法则，即以五为中心，再加某个生数的方式，推演出五行之"成数"，即六、七、八、九、十这五个数字。汉人提出生成数的概念，乃是以数的哲学来理解天地万物的生成。

进一步，《玄数》（拟《说卦》而作）详细地叙述了五畴所关联的具体事物。《玄数》曰：

三八为木，为东方，为春，日甲乙，辰寅卯，声角，色青，味酸，臭膻，形诎信，生火，胜土，时生，藏脾，侟志，性仁，情喜，事貌，用恭，执肃，征旱，帝太昊，神勾芒，星从其位，类为鳞，为雷，为鼓，为恢声，为新，为躁，为户，为牖，为嗣，为承，为叶，为绪，为赦，为解，为多子，为出，为予，为竹，为草，为果，为实，为鱼，为疏器，为田，为规，为木工，为矛，为青怪，为虬，为狂。

四九为金，为西方，为秋，日庚辛，辰申酉，声商，色白，味辛，臭腥，形革，生水，胜木，时杀，藏肝，侟魄，性谊，情怒，事言，用从，执义，征雨，帝少昊，神蓐收，星从其位，类为毛，为医，为巫祝，为猛，为旧，为鸣，为门，为山，为限，为边，为城，为骨，为石，为环佩，为首饰，为重宝，为大哆，为扣器，为舂，为椎，为县，为燧，为兵，为械，为齿，为角，为螫，为毒，为狗，为入，为取，为罘，为寇，为贼，为理，为矩，为金工，为钺，为白怪，为瘄，为僭。

二七为火，为南方，为夏，日丙丁，辰巳午，声徵，色赤，味苦，臭焦，形上，生土，胜金，时养，藏肺，侟魂，性礼，情乐，事视，用明，执哲，征热，帝炎帝，神祝融，星从其位，类为羽，为灶，为丝，为网，为索，为珠，为文，为驳，为印，为绶，为书，为轻，为高，为台，为酒，为吐，为射，为戈，为甲，为丛，为司马，为礼，为绳，为火工，为刀，为赤怪，为盲，为舒。

一六为水，为北方，为冬，日壬癸，辰子亥，声羽，色黑，味咸，臭朽，形下，生木，胜火，时藏，藏肾，侟精，性智，情悲，事听，用聪，执谋，征寒，帝颛顼，神玄冥，星从其位，类为介，为鬼，为祠，为庙，为井，为穴，为窦，为镜，为玉，为履，为远行，为劳，为血，为膏，为贪，为含，为蛰，为火猎，为闭，为盗，为司空，为法，为准，为水工，为盾，为黑怪，为聋，为急。

五五为土，为中央，为四维，日戊己，辰辰未戌丑，声宫，色黄，味甘，臭芳，形殖，生金，胜水，时该，藏心，侟神，性信，情恐惧，事思，用睿，执圣，征风，帝黄帝，神后土，星从其位，类为裸，为封，为饼，为

宫,为宅,为中溜,为内事,为织,为衣,为裘,为茧,为絮,为床,为荐,
为驯,为怀,为腹器,为脂,为漆,为胶,为囊,为包,为舆,为毂,为稼,
为啬,为食,为宗,为棺,为椟,为衢,为会,为都,为度,为量,为木工,
为弓矢,为黄怪,为愚,为牟。

扬雄还以五畴的思维方式特别构造了人在生活世界中的关联。《玄
捣》曰:

> 维天肇降生民,使其貌勤、口言、目视、耳听、心思有法则成,无
> 法则不成。诚有不诚,捣拟之经。垂裞为衣,襞幅为裳,衣裳之制,
> 以示天下,捣拟之三八。比札为甲,冠矜为戟,被甲何戟,以威不恪,
> 捣拟之四九。尊尊为君,卑卑为臣,君臣之制,上下以际,捣拟之二
> 七。鬼神耗荒,想之无方,无冬无夏,祭之无度,故圣人著之以祀典,
> 捣拟之一六。时天时,力地力,维酒维食,爰作稼穑,捣拟之五五。

对于五畴,扬雄其实是以五行的思维方式来作处理的。《玄数》曰:
"五行用事者王,王所生相,故王废,胜王囚,王所胜死。"这是西汉的五行
通说,扬雄照搬进来了。

除了展示五畴之间的关联及其推演外,扬雄还作了九类的推演。
《玄数》曰:

> 九天:一为中天,二为羡天,三为从天,四为更天,五为晬天,六
> 为廓天,七为减天,八为沈天,九为成天。

> 九地:一为沙泥,二为泽地,三为沚厓,四为下田,五为中田,六
> 为上田,七为下山,八为中山,九为上山。

> 九人:一为下人,二为平人,三为进人,四为下禄,五为中禄,六
> 为上禄,七为失志,八为疾疢(疢疾),九为极。

> 九体:一为手足,二为臂胫,三为股肱,四为要,五为腹,六为肩,
> 七为喉咻,八为面,九为颡。

> 九属:一为玄孙,二为曾孙,三为仍孙,四为子,五为身,六为父,
> 七为祖父,八为曾祖,九为高祖父。

九窍：一六为前、为耳，二七为目，三八为鼻，四九为口，五五为后。

九序：一为孟孟，二为孟仲，三为孟季，四为仲孟，五为仲仲，六为仲季，七为季孟，八为季仲，九为季季。

九事：一为规模，二为方沮，三为自如，四为外宅，五为中和，六为盛多，七为消，八为耗，九为尽弊。

九年：一为一十，二为二十，三为三十，四为四十，五为五十，六为六十，七为七十，八为八十，九为九十。

在《太初历》和浑天说的宇宙论中，"九"是一个重要数字。在扬雄的太玄哲学中，"九"是从"玄"推演出来的一个重要数字。《太玄·玄告》曰："玄生神象二，神象二生规，规生三摹，三摹生九据。玄一摹而得乎天，故谓之九天，再摹而得乎地，故谓之九地，三摹而得乎人，故谓之九人。天三据而乃成，故谓之始中终。地三据而乃形，故谓之下中上。人三据而乃著，故谓之思福祸，下欲上欲出入九虚。小索大索，周行九度。"进一步，扬雄在《太玄·玄数》中对九类作了大肆的敷陈。

三、"善恶混"的人性论与"君为臣纲"的伦理学说

1. 人性论："人之性也善恶混"

扬雄的人性论，以"天"为终极根源。天为性命之源，这本是古人的常识，扬雄亦不例外。从《法言》来看，"天"的含义颇为复杂，有主宰义，有命赋义，有生成义，有无为义，有神性义，有价值根源义。其中，作为生成始源及作为价值的总根源两义最为重要。[1]

---

[1]《法言·吾子篇》曰："或曰：'人各是其所是，而非其所非，将谁使正之？'曰：'万物纷错则悬诸天，众言淆乱则折诸圣。'"《修身篇》曰："或曰：'君子自守，奚其交？'曰：'天地交，万物生；人道交，功勋成。奚其守？'"《问道篇》曰："道、德、仁、义、礼，譬诸身乎？夫道以导之，德以得之，仁以人之，义以宜之，礼以体之，天也。合则浑，离则散，一人而兼统四体者，其身全乎！"《问道篇》曰："或问'天'。曰：'吾于天与？见无为之为矣。'"《问神篇》曰："天神天明，照知四方。天精天粹，万物作类。"《问明篇》曰："敢问'大聪明'？曰：'眩（炫）眩（炫）乎！惟天为聪，惟天为明。夫能高其目而下其耳者，匪天也夫！'"

扬雄的人性论包含数个要点。其一,扬雄认为,道德性是人区别于动物的本性,动物则以"形性"(自然形质)为本性。正是在此基础上,人才需要作自我修养,以成就圣人、君子的人格,延长自身的寿命。《法言·问明篇》曰:"或问:'鸟有凤,兽有麟,鸟兽皆可凤、麟乎?'曰:'群鸟之于凤也,群兽之于麟也,形性。岂群人之于圣乎?'"鸟兽各自以"形性"相区别,正因为如此,所以群鸟无得为凤凰,群兽无得为麒麟。而人与鸟兽不同,人性非"形性"之性,在道德本性的基础上,众人通过自己的修养最终可以达到圣人的层次。《君子篇》曰:"或问:'龙、龟、鸿鹄,不亦寿乎?'曰:'寿。'曰:'人可寿乎?'曰:'物以其性,人以其仁。'"这是以寿命为话头,谈论人与动物的区别。龙、龟、鸿鹄之所以长寿,在于"物以其性",不假修为。而人与之不同,扬雄继承孔子"仁者寿"[①]的说法,认为人长寿的基础在于"人以其仁",这是进一步肯定了道德本性对于人的生命的重要性。

其二,在人性论上,扬雄提出了"人之性也善恶混"的著名观点。《法言·修身篇》曰:"人之性也善恶混。修其善则为善人,修其恶则为恶人。气也者,所以适善恶之马也与?"扬雄认为,人性本具善恶,且善恶二端是交错、混杂在一起的。而性为何本具善恶二端? 而"气"为何是"所以适善恶之马"呢? 这两个问题需要联系《太玄》来作回答。在《法言》中,"气"仅出现一次,没有出现"阴"字,而"阳"字均作地名、人名用。《太玄·中》次二曰:"神战于玄,其阵阴阳。"《测》曰:"神战于玄,善恶并也。"这里谈到玄神、阴阳与善恶的关系问题。《玄告》曰:"玄生神象二。"又曰:"玄者,神之魁也。"据此可知,"玄"是终极本源,而"神"是从"玄"派生出来的。根据《法言·问神篇》的说法,"神"即"心神"。《玄摛》曰:"故玄者用之至也。见而知之者,智也。视而爱之者,仁也。断而决之者,勇也。兼制而博用者,公也。能以偶物者,通也。无所系轹者,圣也。"可知,"玄"是纯善无恶之大本,具体的善恶则产生于"神战于玄",并通过阴阳之气呈现出来。《玄文》曰:"'神战于玄',何为也?"曰:"小人之心杂,将形乎外,陈阴阳以战其

---

① 《论语·雍也》。

吉凶者也。阳以战乎吉,阴以战乎凶,风而识虎,云而知龙,贤人作而万类同。"同篇又曰:"神战于玄,相攻也。……神战于玄,邪正两行。"所谓"神战于玄",与《修身篇》所谓"人之性也善恶混"相应。通过阴阳表现善恶、吉凶,此则与《修身篇》所谓"气也者,所以适善恶之马也与"相应。由于"玄"哲学的特殊性,扬雄在人性论的构造及其善恶之源的思考上与汉代大多数学者颇不相同。其中有些路数和内容,应当从乃师严遵的传统来理解。

2. 人性修养论:操存心神与强学力行

在逻辑上,修养论属于扬雄人性论的内容之一。在此,扬雄提出了强学力行和"学者,所以修性也"[①]的观点。既然"人之性也善恶混,气也者适善恶之马",且"神战于玄,其阵阴阳""神战于玄,善恶并也",那么人之为善为恶、适善适恶,既关乎从外的修身活动,又关乎从内的自修自养问题。概括说来,扬雄的人性修养论包括两点。

其一,扬雄提出了操存心神与修身即修性的思想。《法言·问神篇》曰:

> 或问"神"。曰:"心。""请问之(心)?"曰:"潜天而天,潜地而地。天地,神明而不测者也。心之潜也,犹将测之,况于人乎? 况于事伦乎?""敢问潜心于圣。"曰:"昔乎,仲尼潜心于文王矣,达之。颜渊亦潜心于仲尼矣,未达一间耳。神在所潜而已矣。"

> 人心其神矣乎! 操则存,舍则亡。能常操而存者,其惟圣人乎!

> 圣人存神索至,成天下之大顺,致天下之大利,和同天人之际,使之无间也。

《法言·修身篇》曰:

> 有意哉! 孟子曰:"夫有意而不至者有矣,未有无意而至者也。"

在扬雄看来,"意"是人自身生命活动、道德活动的终极主宰,类似于今人的"意志"(Will)概念。《法言·序》曰:"事有本真,陈施于意,动不克

---

① 《法言·修身篇》。

咸,本诸身,撰《修身》。"足见在道德活动中,扬雄非常重视"意"这一概念。在"意"的基础上,扬雄进一步提出了"操存心神"的观点。

在扬雄的人性论中,"气"是适善恶之马,就人来说,指向"形体",而这个"形体"着重是从自然生命力(血气之类)来说的。"心神"即是乘此马而适善恶或为善为恶者。"神"虽然要借助气马而适善恶,但毕竟是其自身之适善恶或为善为恶,因此"神"才是为善为恶的真正主体。在《太玄》的思想体系中,"玄"相当于"绝对真理"或最高判准,而"神战于玄",正则为善为吉,邪则为恶为凶。这种思想,应当是吸取了黄老或严遵的形神观念的结果。在扬雄看来,"修善""修恶"的问题归根结蒂落实在"心神"上:心神潜于善则为善,心神潜于恶则为恶。人要为善,成为君子、大人,乃至圣人,就应当潜心修善。由此,扬雄提出了两个互为补充的主张,一个是"操存心神"和"存神索至",另外一个是"强学力行"。"操存心神"和"存神索至"是从内说,而且是针对潜于善之心神活动来说的。"强学力行"是从外说,对于扬雄来说,身体正是"性"的外现。《法言·学行篇》曰:"学者,所以修性也。视、听、言、貌、思,性所有也。学则正,否则邪。"视、听、言、貌、思均为"性所有",是"性"的发见,"修身"在很大程度上也即是所谓"修性"。这种思想,我们在楚简《性自命出》和《荀子》中看到过。扬雄跟荀子一样,特别强调修学和强学力行,"学"与"恣乎情性"相对[1],认为"学"是使人向善和为善的根本方法。另外,扬雄强调"学",其实也是为了反对谶纬神化圣贤的做法和观点。

其二,扬雄非常重视"学",对此他作了大量的阐述。在古典语境中,"学"是一个修身实践的哲学概念,古人所谓"学""习",与今人单纯的书本学习相差巨大。在继承孔子为学之说的基础上,扬雄大力提倡"好学""强学"的精神。《法言·学行篇》曰:"学以治之,思以精之,朋友以磨之,名誉以崇之,不倦以终之,可谓好学也已矣。"《太玄·玄摘》:"人之所好

---

[1] 《法言·序》。

而不足者,善也;人之所丑而有余者,恶也。君子日强其不足,而拂其所有余,则玄之道几矣。"《法言·学行篇》曰:"学:行之,上也;言之,次也;教人,又其次也;咸无焉,为众人。""行""言""教"等都属于所谓"学";其中,扬雄最重视"力行","力行"即"好学""强学"。从目的来看,"学"是为了"修身""修性"。《法言·学行篇》曰:"学者,所以修性也。视、听、言、貌、思,性所有也。学则正,否则邪。"据此,"修身"即"修性","修性"即在人的视、听、言、貌、思上为学。"学则正,否则邪",这是认为"学"是为善去恶的手段。除了强调"好学"之外,扬雄进一步谈到了如何学的问题。在如何学的问题上,扬雄重视"求师",因为"师者,人之模范也"①,例如"孔子习周公""颜渊习孔子"②。从教授的一端看,师可"铸人",例如"孔子铸颜渊"③。在"修学"的过程中,学者还要立下希贤希圣的志向。④"学"的目的是:一是正而吉、修身为善,二是成为君子、大人,成为王者,成为圣人。《学行篇》曰:"鸟兽触其情者也,众人则异乎! 贤人则异众人矣,圣人则异贤人矣! 礼义之作,有以矣夫! 人而不学,虽无忧,如禽何!"又曰:"学者,所以求为君子也。求而不得者有矣夫,未有不求而得之者也。"又曰:"学之为王者事,其已久矣。尧、舜、禹、汤、文、武汲汲,仲尼皇(惶)皇(惶),其已久矣。"

3."三纲得于中极"与对"君为臣纲"的强调

扬雄生活在西汉晚期,他的伦理学说从总体上看置身于他的"太玄"哲学和人性论之下。当然,作为一个颇具名气的思想家,他的伦理学说亦有特别之处。

首先,扬雄将"玄"或"天"作为其伦理学说的本源,以"天地""阴阳"

---

① 《法言·学行篇》曰:"师哉,师哉! 桐(僮)子之命也。务学不如务求师。师者,人之模范也。模不模,范不范,为少矣。"同篇又曰:"一哄之市,不胜异意焉;一卷之书,不胜异说焉。一哄之市,必立之平;一卷之书,必立之师。"

②③ 《法言·学行篇》。

④ 《法言·学行篇》曰:"睎骥之马,亦骥之乘也。睎颜之人,亦颜之徒也。或曰:'颜徒易乎?'曰:'睎之则是。'曰:'昔颜尝睎夫子矣,正考甫尝睎尹吉甫矣,公子奚斯尝睎正考甫矣。不欲睎,则已矣;如欲睎,孰御焉?'"

作为基本原理。如《玄摛》篇说智、仁、勇诸德是"玄之用"①,即认为"玄"是体,而德行是用。《法言·问明篇》说:"敢问'大聪明?'曰:'眩(炫)眩(炫)乎！惟天为聪,惟天为明。夫能高其目而下其耳者,匪天也夫！'"扬雄将"天"看作最高的神明,自然它是人类生活的最高主宰,我们应当完全听从它的指导。而"天地"作为规范价值世界的基本原则在《太玄》和《法言》二书中一再出现。例如,《太玄·玄告》曰:"故善言天地者以人事,善言人事者以天地。"《玄揖》曰:"是以昔者群圣人之作事也,上拟诸天,下拟诸地,中拟诸人。……天违地违人违,而天下之大事悖矣。"《法言·五百篇》曰:"圣人有以拟天地而参诸身乎！"这都不仅仅将"天地"看作一种客观、外在的环境,而且当作一种规范"人事"的价值原则来看待。"天地"作为规范"人事"的价值原理,主要来自盖天说所说的"天道",例如天地定位、天尊地卑和阳主阴从等一系列观念。

其次,对于"三纲",扬雄直接作了肯定,而且他最为重视"君臣"一纲。《太玄·永》次五曰:"三纲得于中极,天永厥福。"《测》曰:"三纲之永,其道长也。"这是肯定"三纲"得自天道,得自终极始源。《太玄》极其重视"中"的观念,第一首即为《中》。"中极"即中宫天极,是宇宙生成的起点和万象旋转的中心。"三纲"一语最先出自董子②,《礼纬·含文嘉》作了阐发,即:"君为臣纲,父为子纲,夫为妻纲。"《白虎通·纲纪篇》曰:"三纲者何？谓君臣、父子、夫妇也。"《太玄·玄摛》《法言·五百篇》对三纲都有直接的肯定。③ 不过比较起来,扬雄最重"君臣"一纲,次重

---

① 《太玄·玄摛》曰:"故玄者用之至也。见而知之者,智也。视而爱之者,仁也。断而决之者,勇也。兼制而博用者,公也。能以偶物者,通也。无所系轹者,圣也。"

② 参看《春秋繁露·深察名号》《春秋繁露·基义》。

③ 《太玄·玄摛》曰:"日月往来,一寒一暑。律则成物,历则编时。律历交道,圣人以谋。昼以好之,夜以丑之。一昼一夜,阴阳分索。夜道极阴,昼道极阳。牝牡群贞,以摛吉凶。而君臣父子夫妇之道辨矣。"《玄图》曰:"夫玄也者,天道也,地道也,人道也,兼三道而天名之,君臣父子夫妇之道。"又曰:"昼夜相丞,夫妇系也。始终相生,父子继也。日月合离,君臣义也。孟季有序,长幼际也。两两相阗,朋友会也。"《法言·五百篇》曰:"或问:'五百岁而圣人出,有诸?'曰:'尧、舜、禹,君臣也而并;文、武、周公,父子也而处;汤、孔子,数百岁而生。因往以推来,虽千一不可知也。'"

"父子"一纲。如何重视"君臣"一纲？《太玄》即专有一首论之。《常》首曰：

> ䷟常。阴以知臣，阳以知辟，君臣之道，万世不易。
>
> 初一，戴神墨，履灵式，以一耦万，终不稷。《测》曰：戴神墨，体一形也。
>
> 次二，内常微女，贞厉。《测》曰：内常微女，不正也。
>
> 次三，日常其德，三岁不食。《测》曰：日常其德，君道也。
>
> 次四，月不常，或失之行。《测》曰：月不常，臣失行也。
>
> 次五，其从其横，天地之常。《测》曰：其从其横，君臣常也。
>
> 次六，得七而九，懦挠其刚，不克其常。《测》曰：得七而九，弃盛乘衰也。
>
> 次七，滔滔往来，有常衰如，克承贞。《测》曰：滔滔往来，以正承非也。
>
> 次八，常疾不疾，夵成不诘。《测》曰：常疾不疾，不能自治也。
>
> 上九，疾其疾，巫医不失。《测》曰：疾其疾，能自医也。

"常"即"恒"，汉人避"恒"字讳。所谓"常"，主要以天地、阴阳、日月为天道原理，从而谈论君臣之常道，由此可见"君为臣纲"之意。而扬雄最重"君臣"一纲，这是毫无疑问的。此外，在《法言》中，"君臣""父子"连言各凡三见，而"夫妻""男女"连言则一次都没有出现过。在《太玄》中，"君臣"连言九见，"父子"连言六见，而"夫妻"连言只有三见。由此也可见扬雄对于"三纲"的态度有轻重之不同。

最后，扬雄虽然没有使用"五常"概念，但是他很重视伦理道德的建设，而在修养论上他又非常重视德行一科。《法言·修身篇》曰："或曰'仁、义、礼、智、信之用'。曰：'仁，宅也；义，路也；礼，服也。智，烛也。信，符也。处宅，由路，正服，明烛，执符，君子不动，动斯得矣。'"仁、义、礼、智、信五者即所谓"五常"。"五常"又谓之"五性"，以其为人伦之常则故谓之"五常"，以其内在于人性故谓之"五性"。相关论述，可参看《白虎通·情性》《五经》等篇。需要指出,扬雄毕竟没有使用"五常"的概念,"五常"在汉代儒学和经学中成为一种正式的术语应当是在后来固定下来的。但是毫无疑问,扬雄重视儒家的伦理道德。《法言·问道篇》曰:"道、德、仁、义、礼,譬诸身乎? 夫道以导之,德以得之,仁以人之,义以宜之,礼以体之,天也。合则浑,离则散,一人而兼统四体者,其身全乎!"这是重视道、德、仁、义、礼诸德行,认为都应当具之于己身。《法言·问神篇》曰:"或曰:'《玄》何为?'曰:'为仁义。'"这是重视"仁义"二德,认为《太玄》一书就是为了阐明"仁义"观念而写的。

　　总之,在西汉哲学中,扬雄的思想颇富特色。他建立以"玄"为最高概念的哲学体系,及由此主张"人之性也善恶混"的观念,都是颇为引人注目的。扬雄以"玄"重构世界的本体和宇宙本根,这是突破以"天"为最高存在或以"元气"为终极本根之流行观念的哲学尝试,同时也是为了与浑天说的宇宙论相协调而作出的一次思想努力。当然,我们看到,他的宇宙观还包含了盖天说的一些因素,盖天说的天道观(天地、阴阳)成为其价值观的根源。而他的伦理学说以善恶混的人性说为基础,不过其重心在于人性的修养,在于修身实践和所谓为学,而其目的在于成就君子、圣贤的理想人格。同时,我们看到,他的伦理学说存在着浓厚的政治色彩,而在"三纲"说中,扬雄又特别强调和论证了"君臣"一纲。

第十章　桓谭与张衡的哲学思想

第一节　桓谭的形神论思想

一、桓谭的生平与著作

桓谭,生卒年有争议。孙少华认为桓谭生年可推至汉元帝建昭三年(前36),本书从孙氏。约卒于光武建武十年(34),字君山,沛国相(今安徽省宿县西北)人,两汉之际著名思想家。

据《后汉书·桓谭传》记载:"桓谭……父成帝时为太乐令,谭以父任为郎,因好音律,善鼓琴。博学多通,遍习《五经》,皆诂训大义,不为章句。能文章,尤好古学,数从刘歆、扬雄辩析疑异。性嗜倡乐,简易不修威仪,而喜非毁俗儒,由是多见排抵。"所谓"喜非毁俗儒",在他不苟从俗儒迎合世俗猎奇的心理。桓谭十七岁时为奉车郎中,卫殿中小苑西门,尝随成帝出祠甘泉河东。又于《新论》自谓:"昔余在孝成帝时为乐府令,凡所典领倡优伎乐,盖有千人之多也。"[1]

桓谭少年强学,《新论》自称"少时好《离骚》,博观他书,辄欲反学"。

---

[1]《新论》,第70页。

又以扬雄"为绝伦"①,因"扬子云工于赋,王君大习兵器",桓谭曾"欲从二子学"。② 甚至出现这种情况:"少时见扬子云之丽文高论,不自量年少新进,而猥欲逮及。尝激一事,而作小赋。用精思太剧,而立感动发病,弥日瘳。"③

在哀帝时,桓谭仍"位不过郎"。他与傅皇后父亲孔乡侯傅晏相善。其时董昭仪受宠,其兄董贤亦因而逞威弄权,傅皇后日益被疏远,傅晏因失势而闷闷不乐。桓谭情知此势对傅晏父女不利,乃进言告诫他要善处人生危局:"刑罚不能加无罪,邪枉不能胜正人。夫士以才智要君,女以媚道求主。皇后年少,希更艰难,或驱使医巫,外求方技,此不可不备。又君侯以后父尊重而多通宾客,必借以重执,贻致讥议,不如谢遣门徒,务执谦悫,此修己正家避祸之道也。"④傅晏接受了桓谭的意见,才免遭董贤之害,"故傅氏终全于哀帝之时"。不久,董贤就任大司马,情知桓谭才学,欲与结交。然桓谭先发制人,先修书告之以辅国保身术,亮明自己的意趣,令其无所适从,从此不相往来。王莽掌握大权时,一时文士大多数对王莽吹牛拍马,阿谀奉承,即使刘歆、扬雄也未能免俗。桓谭则"独自守,默然无言"⑤。王莽篡汉时,桓谭仅为掌乐大夫。农民大起义时,桓谭参与了活动,被更始政权一度召任为太中大夫。

光武即位,征桓谭待诏,"上书言事失旨,不用",次年,光武帝问大司空宋弘"通博之士",弘以"桓谭才学洽闻,几能及杨雄、刘向父子"为由荐桓谭,始"拜议郎、给事中"⑥。曾上疏《陈时政所宜》,提出君臣"共定国是",书奏,不省。光武帝迷信图谶,多以决嫌疑,桓谭因上书无果,"不胜愤懑",又曰:"凡人情忽于见事而贵于异闻,观先王之所记述,咸以仁义正道为本,非有奇怪虚诞之事。盖天道性命,圣人所难言也。自子贡以

---

① 《汉书·扬雄传》。
② 《新论》,第 52 页。
③ 同上书,第 61 页。
④⑤ 《后汉书·桓谭传》。
⑥ 《后汉书·宋弘传》。

下,不得而闻,况后世浅儒,能通之乎! 今诸巧慧小才伎数之人,增益图书,矫称谶记,以欺惑贪邪,诖误人主,焉可不抑远之哉!"书奏,帝不悦。朝廷每次举行宴会,桓谭常奉命弹琴佐乐,但不是奏朝廷惯常演奏的雅乐,而是"颇离雅操而更为新弄""悦郑声",光武亦"好其繁声"。有一次宋弘听到后却很不高兴,其"悔于荐举,伺谭内出,正朝服坐府上,遣吏召之。谭至,不与席而让之曰:'吾所以荐子者,欲令辅国家以道德也,而今数进郑声以乱雅颂,非忠正者也。能自改邪? 将令相举以法乎?'谭顿首辞谢,良久乃遣之。后大会群臣,帝使谭鼓琴,谭见弘,失其常度,帝怪而问之,弘乃离席免冠谢曰:'臣所以荐桓谭者,望能以忠正导主,而令朝廷耽悦郑声,臣之罪也。'帝改容谢,使反服,其后遂不复令谭给事中。"[1]显然,桓谭并非因光武帝不纳其言而故意弄郑声,而只是奏自己所好而已。建武中元元年(56),"有诏会议灵台所处,帝谓谭曰:'吾欲〔以〕谶决之,何如?'谭默然良久,曰:'臣不读谶。'帝问其故,谭复极言谶之非经。帝大怒曰:'桓谭非圣无法,将下斩之。'谭叩头流血,良久乃得解。"[2]桓谭以行屡不合旨,又极力反对当时盛行的谶纬之学,触怒光武帝,被贬削为六安郡丞。在由洛阳去六安时,"意忽忽不乐,道病卒,时年七十余"。

桓谭学术上推尊扬雄、刘歆,谓刘子政、子骏、子骏兄弟子伯玉"俱是通人"[3],又说:"(扬雄)才智开通,能入圣道,卓绝于众,汉兴以来,未有此也。"[4]建武初年,桓谭和陈元、杜林、郑兴、卫宏等人都好古学,"俱为学者所宗"[5]。后世,人们更对桓谭其人给予很高评价。王充认为,当时学术"以君山为甲"。王充还说:"世间为文者众矣,是非不分,然否不定,桓君山论之,可谓得实矣。论文以察实,则君山汉之贤人也。陈平未仕,割肉闾里,分均若一,能为丞相之验也。夫割肉与割文,同一实也。如君山得执汉平,

①《后汉书·宋弘传》。
②《后汉书·桓谭传》。
③《新论》,第38页。
④ 同上书,第41页。
⑤《后汉书·陈元传》。

用心与为论不殊指矣。孔子不王，素王之业在于《春秋》。然则桓君山〔不相〕，素丞相之迹，存于《新论》者也。"①所谓"素丞相"，指桓谭虽未做过丞相，但表现出了可以做丞相的素质，其证据就是《新论》中所表现出来的特征。在王充看来，"割肉"和"割文"的道理是相通的。陈平当初"割肉"公平，证明他有做丞相的潜质，后来果然做了汉丞相。桓谭虽未有机会做丞相，但是他"割文"即做文章能做到持论公允，也有做丞相的潜质。宋周紫芝则称赞桓谭的人格："观谭展转于新室纷更之余，终不肯一言以取媚于时。及中兴之后，谶说益盛，而犯颜力净，以辨其非，则其人自视岂随其波而汩其泥者哉？故曰士有特立独行，不移于举世之所好，而自信其道者，然后可以谓之大豪杰也。"②桓谭之所以可称为"大豪杰"，在于其学其人的统一。一个人的学问所达之境为私，然天道为公，私与公统一，需要勇力。桓谭博学多才，不仅精研经学，擅长文章，而且熟谙音律和天文。

桓谭著作，据《后汉书·桓谭传》载，有"言当世行事二十九篇，号曰《新论》……所著赋、诔、书、奏，凡二十六篇"，其中哲学方面的主要著作即《新论》。《新论》中《本造》述其造作动机时曰："余为《新论》，术辨古今，亦欲兴治也，何异《春秋》褒贬邪！今有疑者，所谓蚌异蛤、二五为非十也。谭见刘向《新序》、陆贾《新语》，乃为《新论》。庄周寓言，乃云'尧问孔子'；《淮南子》云'共工争帝，地维绝'，亦皆为妄作。故世人多云短书不可用。然论天间，莫明于圣人，庄周等虽虚诞，故当采其善，何云尽弃邪！"由此可见，《新论》虽"术辨古今"，而其宗旨在"欲兴治也"；该书采取《春秋》笔法，褒贬中存有微言大义；体裁上借鉴刘向《新序》、陆贾《新语》；所述事件如庄子寓言，不可当作史实来用；然而不能因著作篇幅不大而忽略其意义。大抵，王充谓桓谭为"素丞相"，依据的就是《新论》，说明该书有其"新"意。钱钟书说："通观《新论》，桓氏识超行辈者有二：一、不信谶纬，二、不信神仙。"又说："窃意《新论》苟全，当与《论衡》伯仲。"③

①　黄晖：《论衡校释》（四），第 1122 页。
②　《太仓稊米集》卷四五。
③　钱钟书：《管锥篇》（第二版）第 3 册，第 976 页，北京，中华书局，1986。

桓谭与王充皆属于汉代"异端"思想家,相同点在求实。王充在《论衡》中对桓谭给予高度的评价,直接论及桓谭的地方多达13处,王充对桓谭其人和其处境充满同情,对《新论》一书的批判立场和求实精神则有所继承和发扬。桓谭、王充二人的思想旨趣与为人性格有直接的渊源关系。

《新论》原书为29篇,现辑本共16篇,其篇名为《本造》《王霸》《求辅》《言体》《见微》《谴非》《启寤》《祛蔽》《正经》《识通》《离事》《道赋》《辨惑》《述策》《闵友》《琴道》,严可均谓:"疑复有录一卷,故十七卷。"①16篇中,《本造》《闵友》《琴道》各为一篇,其余13篇因"光武读之,敕言卷大",故各分上下,为26篇,总数与《后汉书》所记29篇数相符。

关于《新论·形神》作者,因明吴康虞本《弘明集》卷五在本篇下题"晋桓谭",有人认为乃晋华谭之误。钟肇鹏《新论形神的作者应断归桓谭》一文详细论证了《弘明集》中《新论·形神》的作者是汉代桓谭②,为学术界所公认。本书采用的是由朱谦之校辑的《新辑本桓谭新论》,按此书原属于《新论·形神》的部分皆辑于《祛蔽》篇。

二、形神理论与对天鬼信仰的批判

就人的精神而言,其与形体的关系甚为复杂。桓谭曰:"精神居形体,犹火之然烛矣。如善扶持,随火而侧之,可无灭而竟烛。烛无火,亦不能独行于虚空,又不能后然其炣。炣,犹人之耆老,齿堕发白,肌肉枯腊,而精神弗为之能润泽,内外周遍,则气索而死,如火烛之俱尽矣。"③炣,灯烛的余烬。在这里,他把烛干比作人的形体,把烛火比作人的精神,提出"以烛火喻形神"的有名论点,断言精神不能离开人的形体而独立存在,正如烛光之不能脱离烛体而存在一样。桓谭不仅认为精神依赖于形体,而且认为形体在一定程度上也不能没有精神的支持。"烛无火,亦不能独行于虚空,又不

---

① 《桓子新论序》。
② 钟肇鹏:《求是斋丛稿》,第749—755页,成都,巴蜀书社,2001。
③ 《新论》,第32页。

能后然其炖。"如果精神把持得好,"可毋灭而竟炖"。显然,他举烛火为例比喻精神和形体的关系有一定局限:形体对精神的依赖是不可与烛对火的依赖完全一样的,因精神对形体有认识和控制的作用,但火对烛却没有。桓谭自己也意识到这个问题:"以烛火喻形神,恐似而非焉。今人之肌肤,时剥伤而自愈者,血气通行也。彼蒸烛缺伤,虽有火居之,不能复全,是以神气而生长,如火烛不能自补完,盖其所以为异也,而何欲同之?"人的机体受伤能自我修复,因血气流通之故,但蜡烛受伤自己不能修复,人的机体和蜡烛二者是不同的。对此,桓谭回应曰:"火则从一端起,而人神气则于体,当从内稍出合于外,若由外腠达于内,固未必由端往也。譬犹炭火之难赤,如水过渡之,亦小灭然复生焉。此与人血气生长肌肉等,顾其终极,或为灰,或为炞耳,曷为不可以喻哉?"也就是说,火燃烛是从上端开始的,人的精神则是从内向外、又由外向内表现的,二者不相同,但若从炭经火燃红后,用一滴水浇其上,必导致炭火着水的那点熄灭,而后又才复燃,就和人的血气可以生长肌肉一样,所不同的只是炭火最后化为灰烬而人体腐烂而已。他认为,如果人们能够"专一内视,精不外鉴,恒逸乐",则可以"益性命"并长寿。即使人的身体受到疾痛的伤害,通过调养可以延长寿命,就如蜡烛虽不能自我调换,但只要能搜刮点旁边的油脂或将灯烛倾斜一下,转动一下,也能延长燃烧时间。

　　质疑者的意思是认为精神可再生肉体,强调精神对形体的决定作用,而桓谭则突出精神对形体依赖性的一面。这个观点虽并非无懈可击,但在古人迷信精神神秘作用的时代,强调其对于形体的依赖性,也具有一定进步意义。桓谭以烛火喻形神,其思想对于批判当时流行的鬼神思想有积极的价值。周乾溁认为:"桓谭的思想,在某些方面具有一定的进步性",认为这种"形神论思想,大大超越前人,是哲学上的一个大的成就,他的思想,对后世的影响也很大"。这里所谓对后世的影响,当是指对王充的直接影响,以及对范缜的影响。① 桓谭认为"人既禀形体而

① 周乾溁:《桓谭简论》,《秦汉史论丛》第 1 辑,西安,陕西人民出版社,1981。

立……其肌骨血气充强,则形神枝而久生,恶则绝伤,犹火之随脂烛多少长短为迟速矣"。

桓谭说:"草木五谷,以阴阳气生于土,及其长大成实,实复入土,而后能生,犹人之与禽兽昆虫,皆以雌雄交接相生。生之有长,长之有老,老之有死,若四时之代谢矣。而欲变易其性,求为异道,惑之不解者也。"在桓谭看来,人的生命从形体层面和草木五谷一样服从生老死亡的自然法则,人之生长老死就如"四时之代谢"那样自然必然,有些方士不遵循这一法则而欲求长生不死乃徒然之举。人死亡之后,与土木是一样的。

东汉社会,儒术最盛,其实也是谶纬灾异思想十分流行的时代。不仅学术上的话语离不开谶纬灾异,而且政治活动也常常需要它们。灾异在西汉宣帝时就已经频现,到王莽、刘秀曾经利用符信和图谶来达到自己的政治目的。王莽谋篡,征图谶于朝廷,班符命于天下,上有所好,下必有甚。一时响应者云起,祥瑞不绝如缕。图谶符信,均成窃国之具。及光武时,即有宛人李通以图谶说其起兵。又有强华以伏符说光武即位,事皆顺应。问题是,光武因此对图谶十分信赖,甚至以此行政任官。对于灾异祥瑞,也很真诚地相信。遇有日食,光武帝下诏自责:"吾德薄不明,寇贼为害,强弱相陵,元元失所。《诗》云:'日月告凶,不用其行'。永念厥咎,内疚于心。"[1]在这样的氛围之中,出现自然灾害都不是什么坏事,而是上天的谴告,"是上天对君主的爱护和关注,只有不可救药,罪大恶极,天也就不加警告,不说他的过错"[2]。

在这种时代背景中,桓谭却仍十分清醒。首先,桓谭批判谶纬。他说:"谶出河图、洛书,但有兆朕而不可知,后人妄复加增依托,称是孔丘,误之甚也。"正是因为规劝光武帝不要迷信谶纬,桓谭最终招来贬谪流放的恶果。

其次,他对所谓灾异说也持批评态度。他说:"夫(灾)异变怪者,天下

---

[1]《后汉书·光武帝纪下》。
[2] 钟肇鹏:《谶纬论略》,第153页,沈阳,辽宁教育出版社,1990。

所常有,无世而不然。"①灾异并不与政治有必然联系。"逢明主贤臣,智士仁人,则修德善政,省职慎行以应之,故咎殃消亡,而祸转为福焉。"这样的例子是很多的。如大戊遭桑穀生朝之怪,获中宗之号;武丁有雏雉升鼎之异,却有身享百年之寿;周成王遇雷风折木之变,而获反风岁熟之报;宋景公有荧惑守心之忧,星为徙三舍。因此,面对灾异,"莫善于以德义精诚报塞之矣"。正如《周书》所记载的:"天子见怪则修德,诸侯见怪则修政,大夫见怪则修职,士庶见怪则修身。神不能伤道,妖亦不能害德。"只有遇到衰世薄俗,灾异现象出现,君臣多淫骄失政,士庶多邪心恶行,又不能内自审视,惧怕天威,反外考谤议,于是祸患得就,成违天逆道之事。

刘歆的兄子伯玉曾经说:"天生杀人药,必有生人药也。"但是,桓谭却认为,人天有别,天并不是因人的需要而产生某些对人有用的东西。"钩(或作昫)吻(或作藤)不与人相宜,故食则死,非为杀人生也。"这就好比巴豆毒鱼,桂害獭,杏核杀狗,粉鳅畏椒,蜈蚣畏油一样,"天非故为作也"②。自然之天并没有自己的目的。

但桓谭并不否认现实中的巧合。《新论》记载这几件事情:"余前为典乐大夫,有鸟鸣于庭树上,而府中门下皆为忧惧。后余与典乐谢侯争斗,俱坐免去。"③《辨惑篇》还记载:三辅之地有一种风俗,不敢捉杀鹳(一作鹤)鸟,怕遭到雷电霹雳。桓谭则认为天下之鹳鸟,郡国皆食之,不是什么神鸟。"原夫天不独左彼而右此,杀鸟适与雷遇耳"④等等,桓谭在向光武帝进言时曰:"谶记……其事虽有时合,譬犹卜数只偶之类。"谶书应验,纯属偶合。

桓谭因不承认天有主观的目的,以蜡烛与火的关系来论说形与神的关系,一度被人们普遍认为是"唯物主义者"。

对于世俗所谓天鬼神道的信仰一类,桓谭持平实的态度予以批评。他说:"无仙道好奇者为之。"桓谭对那种以极端方式修道的做法表示怀疑,他曾经和郎冷喜外出,见一老人粪上拾食,头面垢丑,惨不忍睹。冷

---

①②③④《新论》。

喜曰:"安知此非神仙?"桓谭则云:"道必形体如此,无以道焉。""哀帝时有老人范兰,言年三百岁。初与人相见,则喜而相应和,再三则骂而逐人。"先以欺骗方式自称三百岁,最后再三被质疑或盘问,就恼羞成怒了。在桓谭看来,"天下神人五:一曰神仙,二曰隐沦,三曰使鬼物,四曰先知,五曰铸凝"。朱谦之说:"以上五者,皆《新论》之所谓惑也。隐沦即隐形,铸凝谓黄白术也。"和刘歆对待神仙的态度迥然不同,桓谭曰:"刘子骏信方士虚言,谓神仙可学。尝问言:'人诚能抑嗜欲,阖耳目,可不衰竭乎?'余见其庭下有大榆树,久老剥折,指谓曰:'彼树无情欲可忍,无耳目可阖,然犹枯槁朽蠹,人虽欲爱养,何能使之不衰?'"虽然人非草木,但即使能做到如草木一样无嗜欲,仍不能违抗生命盛衰的自然规律。他不相信有什么超验的奇迹,是彻底人文主义的思想立场。因桓谭这种理性的立场,王充称道他的著作是"讼世间事,辨昭然否,虚妄之言,伪饰之辞,莫不证定"[1],可谓得实之论。

对于桓谭批判谶纬灾异和鬼神信仰,后世的评价存在一定分歧。侯外庐从今古文之间的分歧认识这个问题,他说:"桓谭反对图谶,只是依据着《五经》'以仁义正道为本'的儒家思想来摒弃'奇怪虚诞之事',而并没有坚定的无神论世界观;本质上与孔子'不语怪力乱神'及'未能事人焉能事鬼'的态度,同样显示着常识的健康理性的看法。"[2]这种看法得到普遍认同。但是,钟肇鹏则认为:"桓谭反对谶纬灾异的思想,还是基于他天道自然的唯物主义观点。"因而,侯氏的观点"是颇可商榷的"。[3]

造成这种认识差异的原因固然基于对桓谭思想属性的认识,其中也有《新论》一书佚失,只能凭片语只言来认识有关。可以说,钟肇鹏更多的是根据王充的元气自然思想及其对桓谭的推崇来做出上述论断的。

通观《新论》并不完整的内容,可以从看到的个别文字推测其余的思想逻辑,钟肇鹏的观点也并非随意。桓谭思想继承传统儒家"人为天地

---

[1] 黄晖:《论衡校释》(二),第 609 页。
[2] 侯外庐:《中国思想通史》第 2 卷,第 269 页,北京,人民出版社,1962。
[3] 钟肇鹏、周桂钿:《桓谭王充评传》,第 69 页,南京,南京大学出版社,1993。

之心""五行之秀气"的思想,并接受了秦汉以来流行的"五行"学说。他认为"人抱天地之体,怀纯粹之精,有生之最灵者也"①。人之貌言视听思"五事"与天地之金木水火土"五行"及雨旸燠寒风"五气"是相对应的。他说:"是以貌动于木,言信于金,视明于火,听聪于水,思睿于土。"又说:"貌恭则肃,肃时雨若;言从则乂,乂时旸若;视明则哲,哲时燠若;听聪则谋,谋时寒若;心严则圣,圣时风若。"②而"五行""五气""五事"又都归属于"土""风"和"心":"金木水火皆载于土,雨旸燠寒皆发于风,貌言视听皆生于心。"这些思想并不能简单归结为"'以仁义正道为本'的儒家思想来摒弃'奇怪虚诞之事'",联系其在认识论(详后)上的"实核""言是"等思想来看,它们正是对王充"疾虚妄"的实证哲学影响最大的方面。其实,在整个社会被谶纬、灾异思想和鬼神迷信所包围的氛围中,能够坚持清醒的理性态度,不仅是一种思想方法,也是一种人生态度。

然而,必须指出,桓谭批评谶纬鬼神信仰,坚持儒家的人文主义立场和理性态度,在学术上虽然有进步意义,但是,他还没有完全跳出传统儒家的道德主义立场,没有看到作为平民的刘秀,要获得政权,单靠传统儒家所谓"格致诚正修齐治平"仍然是不够的。换言之,无论光武还是王莽,谶纬神学都是他们凝结人心获得政权所需要的重要武器。

第二节　桓谭的经验认识论与政治哲学

认识论上,桓谭是一位经验论者,他提出了基于经验认识"习"之上的"先见豫图"的认识论观点,并强调所谓的"验"与"效"作为检验的标准。

一、"习学"与"效验"的经验认识论

1."习"与"先见豫图"

"习",是桓谭强调的一个认识论概念,它包括通过阅读、观察等的学

––––––––––––––––––––

①②《新论》。

习和练习。桓谭说:"扬子云工于赋,王君大习兵器,余欲从二子学。子云曰:'能读千赋,则善赋。'君大曰:'能观千剑,则晓剑。'谚云:'伏习象神,巧者不过习者之门。'"①"读"与"观"均为"习"。反复诵读和观察练习,才能熟能生巧,此谓"巧者不过习者之门"。这是认为,只有在熟悉了解某事物的基础上才能提升对该事物的认识和技巧。在此基础上,才可以根据事物自身的规律性而"举一反三"。显然,这是认识上的经验论立场。他说:"谚曰:'侏儒见一节,而长短可知。'孔子言:'举一隅足以三隅反。'"②反复练习才可能达到对事物的熟悉和了解。"成少伯工吹竽,见安昌侯张子夏鼓琴(一作瑟),谓曰:'音不通千曲以上,不足以为知音。'"③就"习"而言,"写"比"读"的效果好十倍:"高君孟颇知律令,尝自伏写书,著作郎署哀其老,欲代之,不肯,云:'我躬自写,乃当十遍读。'"④对于音乐艺术的感受,可使人达到如痴如醉不能自拔的程度。"余兄弟好音,尝至洛,听音终日而心足。由是察之,夫深其旨则欲罢不能,不入其意故过已。"⑤而最能激发人之智慧和才能者,当是现实的人生境遇。他说:"贾谊不左迁失志,则文采不发。淮南不贵盛富饶,则不能广聘俊士,使著文作书。太史公不典掌书记,则不能条悉古今。扬雄不贫,则不能作《玄》《言》。"⑥显然,桓谭此说乃袭司马迁的思路而成。

通过"习"所得为"知"。桓谭认为,知与不知的差别很大。他以为"多得善物,不如少得能知物"⑦。因而,得良马十匹,不如得一伯乐,得利剑十把,不如得一欧冶。在桓谭那里,知可以是对物之知,对人性之知,此外还有所谓的"先见豫图"。对物之知高于对物的占有,而对人之知更高于对物之知。认识人得先认识人性,而人性之知就更难得了。"凡人性,难极也,难知也,故其绝异者,常为世俗所遗失焉。"⑧历史证明,无论是深藏不露的人性,还是各类才德之士,往往都湮没于世俗社会之中。现实中既有如伊尹、吕望这样熬到老年时才有机会显示才智的人物,更有错误地认识局势而遭遇不幸的关龙逢、比干、伍子胥、晁错诸人,

①②③④⑤⑥⑦⑧《新论》。

然也确实存在着"其智足以饰非夺是，辩能穷诘说士，威则震惧群下"，而能左右一时时局的人物，比如王莽一类。张良、陈平这样的良臣，何世没有？"但人君不知，群臣弗用也。"这里，桓谭触及孔子所谓知人之"知"的内容，并进一步分析了知人难的理由。

桓谭提出对人才的认识必然面临"大难三""止善二"两大命题。针对所谓"大难三"，他说："为世之事，中庸多，大材少，少不胜众。一口不能与一国讼，持孤特之论，干雷同之计，以疏贱之处，逆贵近之心，则万不合，此一难也。"①在桓谭看来，有真知灼见、远见卓识者是少数，但在生活实际中，这些有远见卓识的少数人并不能违逆大众之心而独自行事。这样，他们往往会因所处的疏贱地位而与贵近之人的意见相左，地位与见识都不能相合，这是一难。又说："夫建踔殊，为非常，乃世俗所不能见也；又使明智图事，而与众平之，亦必不足，此二难也。"有远见韬略的人即使为一些不寻常之事，也一定不为世俗之人所看得到；大家都不得不遵循事物普通原则，就显示不出与众不同之处。此为二难。"既听纳，有所施行，而事未及成，谗人随而恶之，即中道狐疑，或使言者还受其尤，此三难也。"纳谏之后也许行动上有所采用，事未成却易中途遭到谗人的中伤，行动上便犹豫不决，结果进忠言者反而会遭来祸害。此为三难。所谓"二止善"，是指"一不当合，遂被谮想（旧校云：想恐愬），虽有十善，隔以一恶去，此一止善也。"虽有聪明睿智并尽心竭言为国谋事，却可能因为犯众怒而遭人离间被怀疑，哪怕可以做很多好事，但只要有一件事未做好，就前功尽弃。还有，"既幸得之，又复随众，弗与知者，虽有若仲尼，犹且出走，此二止善也。"有才能之士，往往为世俗之人所嫉妒，遇到明君，机会来之不易，想干一番事业，又担心失去众人的跟从。难以做到十全十美，就不能得到恒久的信任，这就是所谓"二止善"。无论"三难"还是"二止善"，都是传统政治格局中贤臣才士难以逃避的处境。没有客观的标准对这些人进行评价，也没有客观的位置可以保障他们的前程乃至

---

① 《新论》。

生命,自然就既要看君主的脸色,又要顾及众人的喜怒。成败得失往往就在方寸之间。桓谭的理想是"君臣致密坚固,割心相信,动无间疑",就若伊尹、吕望之被商汤、武王重用,管仲、鲍叔牙之得到齐桓公的信任一样。非如此,则"难以遂功竟意矣"①。桓谭认为,才能贤德之士,需要依靠明君才能够发挥其作用。他说:"材能德行,国之针药也,其得立功效,乃在君辅。"

当然,最重要的知还不是关于物体或某些人物之知,而是反映事物之间关系的事物发展大趋势和可能走向对人们的影响之知。他将人们为实现目的而对可能出现的"患害奇邪"所做的"设防量备"称为"先见豫图";在强调人们在对可能出现的危机有"先见豫图"的同时,还不能刚愎自用,"辄欲自信任",而是"与诸明习通共"②,即与众多贤明者讨论而达成共识,并最终在实践中去验证。

既然"知"包括甚至最重要的就是"先见豫图",它是必然要求和事物发展的实际趋势相符合的。

桓谭认为,"先见豫图"包含在"知大体"中。"大体者,皆是当之事也"。所谓"大体",就是"是"和"当"之事。"是",并非直接指认识与对象的符合,而是"言是",即言说正确;所谓"当",则是"计当",即行动计策或计划恰当、适当。他说:"夫言是而计当,遭变而用权,常守正,见事不惑,内有度量,不可倾移而诳以谲异,为知大体矣。"当然,事有大小,情有常变,有帝王之大体者,也有不同人等的具体事务之大体,情势各不相同,则所谓"知大体"的内容就不同。"是"与"当"是适应任何情况之变化而仍能"常守正,见事不惑"的,它不是抽象的教条,而直接与临事决策的行为相关。更深层次上看,所谓"是",即包括"与诸明习者通共"。他批评王莽说:"王翁始秉国政,自以通明贤圣,而谓群下才智莫能出其上。是故举措兴事,辄欲自信任,不肯与诸明习者通共,苟直意而发,得之而用,是以稀获其功效焉。"人不能刚愎自用、自以为是,而应有自我怀疑虚心请教高明的

①②《新论》。

心胸,才能"言是"。桓谭对"言是"的重要性的认识是有社会背景的。

因此,若言不是、计不当,虽有威权如王莽,察慧如公孙龙,敏睿如东方朔,谈论灾异如京君明,乃至博识多闻,书至万篇,为儒教授数百千人,亦都仍是不知大体之辈。"非有大材深智,则不能见其大体。""知大体"者必言语的当可行。他说:"是故言之当必可行也,罪之当必可刑也,如何苟欲阿指乎?""夫言语之时,过差失误,乃不足被以刑诛,及诋欺事,可无于不至罪。"①

桓谭对于人们偏向信赖听闻而不相信所见事实的情况提出异议。他说:"世咸尊古卑今,贵所闻,贱所见。见扬子云禄位容貌不能动人,故轻易之。"②导致这种认识上的误区,显然是因人们一方面猎奇的心理,同时听闻可以附加许多的想象;另一方面,眼见的事实却不仅妨碍人们的想象力的自由发挥,甚至可能成为人们认识真相的障碍。

桓谭这种要求思想信念与事实相符合的精神,对后世王充等人的影响很大。王先谦云:"桓谭才智开通,切于时务,一约生于公元前二二年之人,已先于王充、张衡具启蒙学者之学之识。"③

2. "验"与"效"

认识论上,桓谭注重"验"与"效"。事情都通过功效得以验证。所谓"验",即要求思想言论应有效验、可以验证,能收到实效。他认为,思想言论能有效验,首先是要能使其"实核"或"见事",其次要讲求实际的功效。所谓"实核",即思想信念应经得住经验的验证,而不是来自书本更非道听途说,文章不能空洞、浮华。他说:"予见新进丽文,美而无采;及见刘扬言辞,常辄有得。文家各有所慕,或好浮华而不知实核,或美众多而不见要约。"④所谓"见事",即思想感情应能落到事理正道之上。他说:"凡人情而忽于见事,而贵于异闻。观先王之所记述,咸以仁义正道为

①②《新论》。
③《新论朱序》。
④《新论·补遗》。

本,非有奇怪虚诞之事。"①"是故言之当必可行也,罪之当必可刑也,如何苟欲阿指乎?""苟欲阿指"显然就不能指实论事。那种跟随别人指挥棒转的人能有什么学术的真诚呢?桓谭这种求实的精神与当时社会崇尚浮华的现实不相合拍。西门惠君曰:"龟称三千岁,鹤言千岁,一人之材,何乃不及虫鸟耶?"桓谭则云:"谁当久于龟鹤同居,而知其年岁耳?"②因而,"实核"就是要考察言论是否符合日常生活经验和客观事实。王充称其"讼世间事,辨昭然否,虚妄之言,伪饰之辞,莫不证定",其实就是因桓谭主张"实核"。因之,王充又说:"世间为文者众矣,是非不分,然否不定。桓君山论之,可谓得实矣。论文以察实,则君山汉之贤人也。"

"效",亦谓"功"或"功效",即知识应付诸实践并有客观效应。"殷之三仁皆暗于前而章于后,何益于事?何补于君?"③桓谭还说:"世间高士材能绝异者,其行亲任亦明矣,不主乃意疑之也,如不能听纳,施行其策,虽广知得,亦终无益也。""行"即可以施行。"言之当必可行也",即言论的当可实行而取得功效。此外,他还提出所谓"遂功竟意""得立功效"及"图世建功"等等,表明桓谭入世干政的儒家立场中对知识和言行效应的强调。"验"必有效,"效"得于"验"。

针对东方朔"短辞薄语,以为信验",人都以为其有大智慧,后世贤者不可企及,桓谭则讥讽曰:"鄙人有以狐为狸,以瑟为箜篌,此非徒不知狐与瑟,又不知狸与箜篌",意味着人们不仅不能认识东方朔,也不了解后世贤者。

桓谭认为,社会政治要获得"遂功竟意"的效果,不能没有君臣之间良好的配合。"维针艾方药者,已病之具也,非良医不能以愈人;材能德行者,治国之器也,非明君不能以立功。"④认识人才并非是一般人就有的能力。面对上述所谓"三难""二止善"所反映的人性之复杂与政治情势的特殊性,若无深刻洞见,历史悲剧难免重演。不过,桓谭还是充满信

---

① 《后汉书·桓谭传》。
②③④ 《新论》。

心："察前世已然之效,可以观览,亦可以为戒。"①桓谭承认,普通人具有差不多相同的认识能力。他说："凡人耳目所闻见,心意所知识,性情所好恶,利害所去就,亦皆同务焉。"这里,他排除了认识乃至好恶中的个性色彩。那么,人们认识中的差异何在呢? 桓谭认为,在于由才能、智略、听明、质行方面的程度或水准不同所致。

当然,因认识往往是对人情事理乃至人之才德的认识,甚至是对人心的认识,由于人的限制性,仅仅局限于就事论事可能不一定什么皆能验证或获得功效。

桓谭比较赞赏的是"材智通达"②的"通人"。"通人"是不会局限于普通人的格局的。比如,像扬雄、刘向、刘歆、刘伯玉"俱是通人"。不过,桓谭也意识到,即使所谓"通人",也皆有其所"蔽"。比如,虽有功德如汉高祖、仁智通明如汉文帝者,亦有"得良医弗用,专委妇人"或"溺于俗议,斥逐材臣"诸"蔽"。乃若显为世宗之"卓尔绝世之主"的汉武帝,亦有"贪利"与"争物"之"蔽",最终遂致"内竭府库,外罢天下"。再如扬雄,虽"达圣道,明于死生",不输季札,却不能"以义割恩"而有"轻财"之"蔽"。

此外,桓谭还提出一个道德认识上的重要观点,他认为："惟人心之所独晓,父不能以禅子,兄不能以教弟也。"③虽然他是在谈及音乐的创造时说这番话的,但应该理解他的"春秋笔法"。

二、"举本抑末""王霸二盛"的政治哲学

作为儒者,桓谭继承但并不拘泥于传统儒家的道德学说,而能同时根据现实观察提出切合实际的政治观点。即他一面关注道德价值,另一面却又注意到事实的层面,基于此,他提出"举本抑末""王霸二盛"的观点。

桓谭上疏光武帝曰："夫理国之道,举本业而抑末利,是以先帝禁人

①②③《新论》。

二业,锢商贾不得宦为吏,此所以抑并兼、长廉耻也。"(《后汉书·桓谭传》)所谓"举本抑末","举本"一方面在举仁义之道为国家政治的根本,另一方面则是求"有益于政道"并"以合人心而得事理"者。"合人心"是合乎人们内心的意愿,"得事理"即与事物发展的规律相符合。显然,桓谭认识到一切人事活动的根本就是在人的需要和事理(即事物的客观规律)之间求得合理交汇之点,而非单纯某个方面。"抑末利"则在限制经济上的兼并以及对政治根本的消极影响。这种思想显然是传统儒家思想。商贾不得为官吏是基于对商业思维和道德人格之间存在着一定的分裂的认识。

他认为:"凡人情忽于见事,而贵于异闻。"这种不明事理而谋异闻以求心理满足的倾向容易使人不去面对事实,而追求虚无怪诞之事。这是本末倒置。据此,他说:"观先王之所记述,咸以仁义正道为本,非有奇怪虚诞之事。盖天道性命,圣人所难言也。自子贡以下不得而闻,况后世浅儒能通之乎?"(《后汉书·桓谭传》)不讲实际的事理,不看人们的内心,而只求圣人都难说清楚的事,必然陷入迷信。因之,政治应建立在儒家的仁政德治基础上,而少寄望于卜筮、祭祀等宗教活动。"圣王治国,崇礼让,显仁义,以尊贤爱民为务,是为卜筮稀寡,祭祀用稀。"他认为,"恩义""仁心""德惠"才是政治的根本。

就具体治术而言,亦应抓住根本、国之基础和人心。他认为,王者初兴,"皆先建根本,广立藩屏,以自树党而强固国基焉"①。强秦败亡,治术上说就是因过分强调集权,"而独自恃任一身"。王莽之败在失百姓之心,"行甚类暴秦,故亦十五岁而亡"。他们共同的特征就是在取得天下之后不愿与众人"共食"即分享天下。

桓谭认为:"凡人耳目所闻见,心意所知识,性情所好恶,利害所去就,亦皆同务焉。若材能有大小,智略有深浅,听明有暗照,质行有薄厚,亦则异度焉。"②一般人蔽于耳目见闻或利害好恶,不能认识社会政治之

---

① ② 《新论》。

本质,没有意识到人心之可畏,故不能分清事物之轻重小大。比如,人们往往会感激那些参与救火的人,却并不感激事先给予火灾警示的人。"先见豫图"就如良医所医之"未发",明君所绝在其"未萌"。此"先见豫图"其实就是"见微之类",类似《中庸》所谓"前知",目的在于"杜塞未萌"。他认为,只有对事物有了"先见豫图",才可能"遏将救之耳"。若无视其"未萌"的状态,一经坐大就难收拾。当然,世俗之人受限制于"难三"和"二止善",不可能有先见之明。只有所谓贤智大材,识得大体,才有"先见豫图"。"后世多损于杜塞未萌,而勤于攻击已成,谋臣稀赏,而斗士常荣,犹彼人殉,失事之重轻。"这就是人们易犯之"伤其贱本而贵末"的毛病。

类似思想在《言体篇》中也得到阐发。他说:"夫言行在于美善,不在于众多。出一美言善行,而天下从之,或见一恶意丑事,而万民违。"

桓谭承认道德对于敦风化俗的作用。他认为,贤人之言,有益于德化。因而,君子掩恶扬善,鸟兽尚与之讳,何况于人呢?"举网以纲,千目皆张;振裘持领,万毛自整。治大国者,亦当如此。"

政治思想上,桓谭另一主张是提出"王霸二盛之美"的观点。首先,桓谭认同老子的历史退化观。桓谭谓:"夫上古称三皇、五帝,而次有三王、五霸,此皆天下君之冠首也。故言三皇以道治,而五帝用德化;三王由仁义,五霸用权智。其说之曰:无制令刑罚,谓之皇;有制令而无刑罚,谓之帝;赏善诛恶,诸侯朝事,谓之王;兴兵众,约盟誓,以信义矫世,谓之霸。王者,往也,言其惠泽优游,天下归往也。"①他认为五帝以上的事,皆为传说,不是信史,只有王霸二者所依据的政治原则才是古今之理的决定因素。

有些儒者提出:"图王不成,其弊亦可以霸"。但桓谭认为未必。他说:"传曰:'孔氏门人,五尺童子,不言五霸事者,恶其违仁义而尚权诈

---

① 《新论》。

也。'"针对这一思想,钟肇鹏认为桓谭坚持的是一种"崇王贱霸"之说,[1]但萧公权认为,以儒家标准衡量桓谭乃"杂霸",[2]贺凌虚则认为,桓谭是从"福国利民的成效而言""王霸二盛之美"的,[3]因此,对霸道并没有贬抑的意思。

我们认为,从桓谭务实的性格来看,他虽向往王道,却又不能不面对现实,对霸道并未取否定的立场。如其曰:"诸儒睹《春秋》之文,录政治之得失,以为圣人复起,当复做《春秋》也。自通士若太史公,亦以为然。余谓之否。何则? 前圣后圣,未必相袭也。"[4]又曰:"善政者视俗而施教,察失而立防。威德更兴,文武迭用。"(《后汉书·桓谭传》)在经历先秦时代特别是孟、荀二人的王霸之辩后,桓谭有这种看法不是不可理解的。更重要的是,从秦汉以来的社会政治现实来看,并无真正的王道政治,唱高调不是他的性格。因此,桓谭提出"五帝以上久远,经传无事,唯王霸二盛之美,以定古今之理焉"。再者,桓谭此说在理论上也有根据,《中庸》有所谓"或安而行之,或利而行之,或勉而行之,及其成功一也"之论。此外,法家还有"仁者能仁于人,而不能使人仁;义者能爱于人,而不能使人爱。是以知仁义之不足以治天下也"(《商君书·画策》)。桓谭所谓"惟人心之所独晓,父不能以禅子,兄不能以教弟也",就是这一思想的曲折反映。它表明儒家王道政治虽纯粹但只是理想,而驳杂的霸道却很实用。因其驳杂,故从辅佐的角度说:"王道易辅,霸道难佐。"

桓谭认识到理想的德化政治并非在任何情况下都能充分实现,也不能指望君主都德才兼备,不过明君可依靠有才德之士实现政治上良好的统治。"维针艾方药者,已病之具也,非良医不能以愈人。材能德行者,治国之器也,非明君不能以立功。医无针药,可作为求买,以行术伐,不

---

[1] 钟肇鹏、周桂钿:《桓谭王充评传》,第 47 页。
[2] 萧公权:《中国政治思想史》上,第 331 页,台北:联经事业出版公司,1982。
[3] 贺凌虚:《东汉政治思想论集》,第 31 页,台北:五南图书出版公司,2002。
[4] 《新论》。

须必自有也。君无材德,可选任明辅,不待必躬能也。"他认为"王者易辅,霸者难佐""非明君不能以立功"。这种明君贤相的论调对于传统士大夫而言是无法超越的。

于此,桓谭在反思王莽失败的教训中提出他的"知大体"的思想。他认为,"知大体"首先应避免一意孤行,自以为是。"夫帝王之大体者,则高帝是矣。高帝曰:'张良、萧何、韩信,此三子者,皆人杰也。吾能用之,故得天下。'此其知大体之效也。"从功效上说,"知大体"就是善用不同才能的人中豪杰。相反,王莽把持国政,"自以通明贤圣,而谓群下才智莫能出其上。是故举措兴事,辄欲自信任,不肯与诸明习者通共,苟直意而发,得之而用,是以稀获其功效焉。故卒遇破亡。此不知大体者也"。王莽不能善用有才能的人,发挥其重要作用,而是"辄欲自信任,不肯与诸明习者通共",即为不知大体,失败就是难免的。其次,在具有宏大战略眼光的前提下,要能做综合性的独立思考。他说:"高帝怀大智略,能自揆度,群臣制事定法,常谓曰:'庳而勿高也,度吾所能行为之。'宪度内疏,政合于时,故民臣乐悦,为世所思,此知大体者也。""王翁嘉慕前圣之治,而简薄汉家法令,故多所变更,欲事事效古。美先圣制度,而不知己之不能行其事。释近趋远,所尚非务,故以高义,退致废乱,此不知大体者也。"王翁即王莽。如果不立足于现实和独立思考,过分相信不切实际的制度的作用,即使其"所从事的是一个惊天动地的全面社会改革"[1],自然还是不知大体。其三,应知敌我双方力量对比并能权衡将帅之用。第四,能否得到众人的拥护。他将王莽和古代圣贤做了比较:"成汤不省纳,无补于士民,士民向之者,嘉其有德惠也……文王葬枯骨,无益于众庶,众庶悦之者,其恩义动人也。王翁之残死人,观人五藏,无损于生人。生人恶之者,以残酷示之也。维此四事,忽微而显著,纤细而犹大,故二圣以兴,一君用称,王翁以亡。知大体与不知者远矣。"

最后,如胸无韬略,一味模仿古制,不切实际,仍然不知大体。当然,

---

[1] 柏杨:《中国人史纲》(上),第241页,北京,人民文学出版社,2011。

王莽这种"蹈空为政的理想化倾向并非仅由一己之个性而是西汉中期以来儒生风气使然"①。

在分析王霸政治的差异时,桓谭又说"夫王道之治,先除人害,而足其衣食,然后教以礼仪,而威以刑诛,使知好恶去就,是故大化四凑,天下安乐,此王者之术。霸功之大者,尊君卑臣,权统由一,政不二门,赏罚必信,法令著明,百官修理,威令必行,此霸者之术。王道纯粹,其德如彼;霸道驳杂,其功如此;俱有天下,而君万民,垂统子孙,其实一也。"王道政治,在先除祸患,丰衣足食,然后才有礼仪教化,最后才是刑诛。这种看法与孔子的主张是一致的。王霸各自的目标并不一致,但统理天下,位传子孙则是相同的。

此外,桓谭认为,儒家道德理性也有限制。即使道德高尚的圣人要成就一番功业,也需要一定客观条件。他说:"龙无尺木无以升天,圣人无尺土无以王天下,朝九州岛之俊。"

虽然,桓谭的政治思想并无多少新意,但其所谓"王霸二盛"的思想折射出其深刻的人性洞见,体现了他对儒家德治思想之理论与现实背景中存在的某些不协调之处的认识。德治既然不能不和宗法伦理达成妥协,就必然面对他曾经提出的道德认识上的一个困境:"惟人心之所独晓,父不能以禅子,兄不能以教弟也。"道德是后天习得的,并非如血缘关系自然遗传,那么二者的不对称或缝隙就为德治理想埋下了危机。纵然可以承认血缘关系存在着有利道德成长的条件,但是,道德讲应然,而事实讲实然,二者永远存在着不同的指向。正是在这种背景中,桓谭对世人"贱本而贵末"的行事倾向做了批评。他认为,人们应见微察于未萌,知道事之轻重得失。桓谭作为一个儒者,却并不赞成"亲亲"的伦理原则在政治上的扩大。

简言之,桓谭哲学中最著名的是关于形神关系的思想。他以烛火喻

---

① 曲利丽:《"知大体"——论桓谭对王莽新政的反思》,《励耘学刊》总第 13 辑,北京,学苑出版社,2011。

形神,其思想对于批判当时流行的鬼神思想有积极的价值。

第三节 张衡的宇宙论思想

一、生平与著作

张衡(78—139),字平子,南阳西鄂人,东汉中期著名思想家,他通《五经》,贯《六艺》,才高于世。张衡为人谦逊,无骄尚之情,从容恬静,不与俗人交接。张衡志不在公府高堂,而"善机巧,尤致思于天文、阴阳、历算"(《后汉书·张衡列传》)。他发明了"浑天仪""地动仪""候风仪",在我国乃至世界科学史上都拥有崇高的地位。张衡的哲学主张与他的天文、历法思想密切相关。更确切地说,他是在对天文、历法的实测基础上阐发他的宇宙论并延及他的人生观等其他哲学主张。

张衡的著述涉及范围颇广,明人张溥经辑有《张河间集》二卷,清人严可均《全上古三代秦汉三国六朝文》亦辑有《张衡文》四卷,《续修四库全书》(集部)辑有《张河间集》六卷,今人张震泽著有《张衡诗文集校注》,这些基本构成研究张衡思想的第一手文献。

二、浑天说思想及其贡献

1. 浑天说的结构论

张衡的天文思想是以自先秦以来的"浑""盖"之争为背景展开的。《续汉书·天文志》引蔡邕表《志》曰:"言天体者有三家:一曰周髀,二曰宣夜,三曰浑天。宣夜之学绝,无师法。周髀术数具存,考验天状,多所违失,故史官不用。唯浑天者,近得其情,今史官所用候台铜仪,则其法也。"浑天说之所以被后世广泛袭用,当然是因为其经长期"考验","近得其情"的结果。在浑天说的验证史上,张衡继落下闳之后进一步将浑天理论精密化。宋人王应麟云:"自舜以玑衡齐七政,汉落下闳始复创制,迄于隋唐,代有制作。其最精密者,张衡之《灵宪》,淳风之黄道,令瓒之木游,一行之铜浑。"(《玉海·浑天总论》)所谓"落下闳始复创制",就事情而言,指落下闳于汉武帝太初元年(前104)的时候应诏议造汉历,《晋书·天文志》载虞喜云:"落下闳为武帝于地中转浑天,定时节,作《太初历》,或其所制也。"就"始复创制"的内容而言,当是浑天说的物理模型。扬雄《法言·重黎》载:"或问:浑天。曰:落下闳营之,鲜于妄人度之,耿中丞象之,几乎! 几乎! 莫之能违也。"鲜于妄人,昭帝朝人;耿中丞,宣帝朝人。尽管落下闳的浑天仪在西汉中后期经反复论证而"莫之能违",但仍然不能得到普遍的认同。

如果说落下闳第一个创制浑天说,那么张衡则将浑天说进一步形象化、仪象化。关于浑天说,张衡《浑天仪》论道:

> 浑天如鸡子……地如鸡中黄,孤居于(天)内,天大而地小。天表里有水,天之包地,犹壳之裹黄。天地各乘气而立,载水而浮。周天三百六十五度四分度之一。又中分之,则一百八十二度八分之五覆地上,一百八十二度八分之五绕地下。故二十八宿半见半隐。其两端谓之南北极。北极乃天之中也,在正北,出地上三十六度。然则北极上规经七十二度,常见不隐。南极天之中也,在正南,入地三十六度。南极下规七十二度,常伏不见。两极相去一百八十二度半强。天转如车毂之运也。周旋无端,其形浑浑,故曰浑天也。[①]

通过《浑天仪》,张衡将物理意义上的天地关系清晰地揭示出来:第一,天大地小,地在天中,气与水是天地赖以存在的物质凭借。第二,所谓天在地中,一方面是指天穹包裹着大地,另一方面是指大地由内部将天分为对等的两半,一半在地上,一半在地下,北极与南极分别是地上之天与地下之天的中心,一显一隐。第三,张衡认为天体的运动如同车毂的动作一样,即周端围绕轴心作往而复始的运动,浑然天成。根据当下的天文知识反观张衡的《浑天仪》,其中存在不少争议、甚至错误的地方,

---

① 严可均:《全后汉文》卷五五录张衡《浑天仪》。

如对张衡是持"地平"观还是"地圆"观的争议在一段时间内就一直存在着。而张衡对天地乘气而立、载水而浮的认识与当下天地引力的知识更是毫不相干。但这并不能掩盖《浑天仪》的历史价值。张衡《浑天仪》的贡献至少包括三个方面：第一，打破了"盖天说"天地各中高外下的直观认识，而认为天大地小，天包于地，改变了北极之下为地之中的看法。第二，张衡指出了天体运动的轨迹，那就是日与五星行黄道，月行白道（即九道）而转至地下，形成了日月轮转、昼夜交替的科学论断。第三，张衡以赤道为坐标系改变了"盖天说"以地平为坐标系的实测基础。总的来说，张衡基于测量、实证肯定"浑天说"正确性的同时也给"盖天说"以有力的重创。张衡之后，他的天体理论受到蔡邕、郑玄、陆绩等一大批学者的支持，"浑天说"也因其有比较完备的天体运动图式的支撑而得到普遍的承认。

"浑天说"受到广泛的接受，其更深层次的影响是人们基于此天地知识而形成的思维方式、哲学认识。如扬雄在谭思浑天的基础上完成了广大悉备的《太玄经》。张衡也一样，一方面他出于个人兴趣与太史令的工作任务使浑天理论得到进一步的确证，另一方面在对"浑天说"的论证与服膺过程中，形成了他独特的宇宙论及人生观。

2. 寻绪本元的宇宙生成论

张衡在发展与完善浑天说的基础上展开了他的宇宙论思想。他在《灵宪序》中说道：

> 昔在先王，将步天路，用定灵轨。寻绪本元，先准之于浑体，是为正仪立度，而皇极有逮建也，枢运有逮稽也，乃建乃稽，斯经天常。圣人无心，因兹以生心，故灵宪作兴。

在张衡看来，实存世界千头万绪，究其根本在于"元"。"元"是张衡创建浑仪的本体依据。所谓的"皇极"与"枢运"并非圣人挖空心思、苦思冥想得出的，而是圣人摒除心思，体悟天常，即圣心与"元"合一的结果。由此可见，在张衡的哲学中，宇宙本体是实存世界的根本依据，但是作为宇宙本体的“元”不是不可把握的超然实存，相反，圣人通过“无心”的工夫体察“天常”，建立“圣心”。此处“无心”的工夫已不仅仅是庄子所云的“堕肢体，黜聪明”“无听之以耳，而听之以心”“无听之以心，而听之以气”的“坐忘”“心斋”的境界论，而是集实测、度量与“心斋”为一体的既有经验论证又有境界体验的哲学认知。张衡这种突破直观认识而将科学实证与境界体验相结合的方法论在中国哲学的发展历程中尤为可贵。

作为宇宙本体的“元”之所以能够被圣心把握，是因为本体之“元”不仅生成了此世界，而且寓于此世界之中，“元”出万物，万物有“元”。张衡佚文《玄图》同类推阐：“玄者，无形之类，自然之根。作于太始，莫之与先；包含道德，构掩乾坤；橐籥元气，禀受无原。”“玄”即“元”，《玄图》同样肯定宇宙生成的“元”本体。

在提出元本体的基础上，张衡对宇宙本体不断向实存世界的落实过程描述如下：

> 太素之前，幽清玄静，寂漠冥默，不可物象，厥中惟虚，厥外惟无。如是者又永久焉，斯谓溟涬，盖乃道之根也。道根既建，自无生有。太素始萌，萌而未兆，并气同色，混沌不分。故道志之言云：“有物浑成，先天地生。”其气体故未可得而形，其迟速固未可得而纪也。如是者又永久焉，斯为庞鸿，盖乃道之干也。道干既育，有物成体。于是元气剖判，刚柔始分，清浊异位。天成于外，地定于内。天体于阳，故圆以动；地体于阴，故平以静。动以行施，静以合化，堙郁构精，时育庶类，斯谓太元，盖乃道之实也。

宇宙本体向现实世界的嬗递，就时间而言，以“太素”为原点，分为太素之前、太素始萌两个阶段；就逻辑而言，分别经过了道之根、道之干、道之实的历程。太素之前与太素始萌在状态上的区别在于，前者无声无息、无色无象，是不能够凭借感官去把握的“虚”“无”，但是中虚外无，有空间方位上的内外之别。后者虽然没有宇宙生发的任何征兆，但是已经出现了万物生成的物质实体——气,且已经具备"色"相,是并气同色的"混沌"。因此,在太素始萌之后,"气"作为天地万物赖以存在、流转的介质、"色"作为区别天地万物的表征开始显露出来。关于宇宙在天地未分之前的时间历程,在汉代有几种不同的说法,如《易纬·乾凿度》云:"昔者圣人因阴阳,定消息,立乾坤,以统天地也。夫有形生于无形,乾坤安从生? 故曰:有太易,有太初,有太始,有太素也。太易者,未见气也;太初者,气之始也;太始者,行之始也;太素者,质之始也。"又如《孝经纬·钩命决》云:"天地未分之前,有太易,有太初,有太始,有太素,有太极,是为五运。形象未分,谓之太易。元气始萌,谓之太初。气形之端,谓之太始。形变有质,谓之太素。质形已具,谓之太极。《白虎通》:"始起先有太初,然后有太始,形兆既成,名曰太素。"尽管上述三者对天地未分之前的状态有不同的划分,但是纬书系统对"太素"的描述基本一致,即"太素"是"质之始""形兆既成"这样一种状态。然而在张衡的宇宙论中,"太素"呈现出"萌而未兆""未可得而形""未可得而纪"的状态。这与纬书系统对"太素"的规定有明显的差异。张衡对"太素""萌而未兆"的规定得到了王符的响应,这很可能是东汉中后期的思想界在天地生成论上对纬书系统的一种反叛。

　　张衡宇宙论的特殊之处不仅在于他将纬书系统的宇宙生成论简化为"太素之前""太素始萌"两个阶段,而且还在于他进一步用"道之根""道之干""道之实"来说明这两个状态。在张衡看来,宇宙的演化过程就是"道"的生长过程。"道之根""道之干""道之实"更加形象地说明了这一过程。"道根"是就"太素之前"而言,"道根"既是"虚"也是"无",但并非空无一物的绝对虚无,这种虚无不能被感官所把握,是一种实有的虚无。这种实有的虚无是道生发万物的根本。所谓"道之干",是指宇宙在"太素始萌"阶段出现混沌之气后,又经历了"永久"之时的酝酿,形成的"庞鸿"状态。"庞鸿",即"庞颎"义,张衡《思玄赋》有"逾庞颎于宕冥兮,贯倒景而高厉"。李贤《注》引《孝经援神契》曰:"天度蒙颎。"宋均《注》云:"蒙颎,未分之象也。"《文选》刘良注:"蒙鸿,元气也。"所谓"道之干"是为了说明元气未分、天地未判之前的一种状态。"道干"即"元气"。"道根"是难以把握之"虚","道干"是能够捕捉之"实"。"道干"之"庞鸿"与"太素始萌"之"混沌"的区别在于"混沌"是"萌而未兆""未可得形",而在经历了"永久"之后,"庞鸿"是"有物成体"。由"未兆"到"成体",虽然仍是一气,但已经显示生化的端倪,预示着天地将判,万物将生。所谓"道之实"则是"元气"生发万物的结果。此时元气剖判分为阴阳,随之天地奠位,动静施化,庶类繁生。张衡指出"道之实"就是"太元"。需要说明的是,一方面,"太元"作为最大之"元"是"元气"分化的结果,其与"元气"已有分别,"元气"是"道之干"的范畴,"太元"是"道之实"的范畴。另一方面,"太元"既非天,也非地,而是指天地之动静功能的结合,即"太元"不是一种静态的生成物,而是一种动态的生成过程。

综上我们可以看出张衡宇宙生成论的特点:

首先,如果以树为喻的话,那么掩埋在地下的"根"是看不见、摸不着的,但切实地存在着,即看似虚无,实者存有,且发挥着大用。而"干"则有体有形,连接"根"与"实",是宇宙生成的关键枢纽。"实"既有"根""干"结出果实之义,天地即是这种果实,又有创生之实的意思。所谓创生之实是指阳动、阴静的施化状态,是宇宙生化万物的实质之用。

其次,张衡无论是关于"太素之前""太素始萌"的区分,还是关于"道之根""道之干""道之实"的描述,都是为了显明道的生化功能。"根"强调"虚无"的本体地位,凸显根本作用,"干"强调"元气"连接虚实、沟通有无的枢纽作用,"实"凸显道与"元气"的生化实质,即阴阳相用、动静相须的功用。如果我们从功能着眼的话,就不仅能够更加明确本体的内涵,而且可以涤清因本体之名目的繁多而附带的庞杂幻想,从而显示本体与大用之间的关联。

最后,张衡的宇宙本体论与他的天文学知识是一贯的。如他关于"天成于外,地定于内"的论说与《浑天仪》"天表里有水,天之包地,犹壳之裏黄"的描述一致。需要说明的是,通观《灵宪》与《浑天仪》,张衡关于宇宙本体的哲学论述与他关于天体运作的天文学表述不乏抵牾之处,这在学界也引起了广泛的讨论与争议。但是,如果我们跳出争议之外的话,就不难发现,一方面,张衡关于宇宙本体的论述是他"玄虑昭晢"的结果,而张衡关于天体运作的天文学表述则是"推算抽滞"的结果。[①] 前者是一种哲学的精神,后者是一种科学的精神,张衡的宇宙结构论就是这两种精神交相辉映的结果。

3. "八极之维"的宇宙结构

在结合"浑天"思想与"玄""道"之论的基础上,张衡展开对宇宙结构的论述。《灵宪》曰:

> 八极之维,径二亿三万二千三百里,南北则短减千里,东西则广增千里。自地至天,半于八极,则地之深亦如之。通而度之,则是浑已。将覆其数,用重钩股,悬天之景,薄地之义,皆移千里而差一寸得之。过此而往者,未之或知也。未之或知者,宇宙之谓也。宇之表无极,宙之端无穷。

由此可以看出,张衡虽然好"玄"、推崇"玄"观,但是他并非只作无端的冥想,而是将"玄"之精思同科学的实测与推算紧密地结合起来。张衡基于勾股和悬天之影的科学方法,把认识客体限定在八极之维,过此八极,存而不论,谓之"宇宙"。因此,张衡所谓之"宇宙"是天地之外的方位,而此处所谓"宇宙结构论"实指天地的分属及其运作规律。

在此基础上,张衡指出天、地、人三才的位份:

> 在天成象,在地成形。天有九位,地有九域;天有三辰,地有三形。有象可效,有形可度。情性万殊,旁通感薄,自然相生,莫之能纪。于是人之精者作圣,实始纪纲而经纬之。

---

① 范晔《后汉书·张衡列传》"赞曰"云:"三才理通,人灵多蔽。近推形算,远抽深滞。不有玄虑,孰能昭。"

张衡在描述"玄""道"的生化功能时并没有说明"道"如何派生万物的问题。而他在这里明确指出万物"自然相生"的特质,万物虽然"情性万殊",各有不同,但是彼此之间能够"旁通感薄",这不仅肯定了同类相感的原理,而且进一步说明异类之间也有感动的可能。在张衡看来,天成象、地成形,万物自然相生,这一切现象都是自在的,只有圣人才具备经纬天地、纪纲伦常的自觉意识。圣人之所以能够贯通天、地、人三才,是因为圣人是人之精者,日、月、星都是气之精者,圣人能够感通天道。

在确定天、地、人三才的位份后,张衡进一步阐明天、地、人各自的运作规律。首先,张衡论天、地的运作规律时指出:

> 天以阳回,地以阴淳,是故天致其动,察气舒光,地致其静,承施候明;天以顺动,不失其中,则四序顺至,寒暑不减,致生有节,故品物用生。地以灵静,作合承天,清化致养,四时而后育,故品物用成。

天地的运作律则也就是道的运作律则,天致其动以施气,地致其静以化养,天地造化之功因此而显现。天之动,一方面是作往复的运动以确保阳气的舒张,另一方是作有秩序的运动以确保四时之序,寒暑之变。天之动有万物之生。地以灵静承天之动,淳化万物,因而有万物之成。

其次,张衡论日月星辰的运作规则时说道:

> 凡文耀丽乎天,其动者七,日月五星是也。周旋右回,天道者贵顺也。近天则迟,远天则速。行则屈,屈则留回,留回则逆,逆则迟,迫于天也。

> 行迟者觌于东,觌于东者属阳;行速者觌于西,觌于西者属阴。日与月共配合也。

日月五星围绕天道右旋,周而复始。七者运行速度的快慢因各自距离天的远近而定,远者快,近者慢。慢者常驻东方,属阳,速者居于西方,属阴。元气分判有天阳地阴,而天阳之中又有阴阳。正因为有日月五星的阴阳配合,才有天之"文耀",也因此有可以效法的"天象"。

最后,张衡指出了人在天地结构中的运作规则。他通过对列星位次的梳理而说明官序人伦都应该与此星空的法则相应。《灵宪》云:

> 凡至大莫如天,至厚莫若地。(地)至质者曰地而已。至多莫若水,水精为汉,汉用于天而无列焉,思次质也。地有山狱,以宣其气,精种为星。星也者,体生于地,精成于天,列居错跱,各有迪属。紫宫为皇极之居,太微为五帝之廷。明堂之房,大角有席,天市有坐。苍龙连蜷于左,白虎猛据于右,朱雀奋翼于前,灵龟圈首于后,黄神轩辕于中。六扰既畜,而狼蚖鱼鳖罔有不具。在野象物,在朝象官,在人象事,于是备矣。

张衡认为星是水、气之精者,星生于地,而成于天,最能体现天地之精神。星罗棋布,有确立的方位和秩序。野有物,朝有官,人有事,与天有星形成了对应关系。有此四者,宇宙的结构功能方显完备。在此由星、物、官、事构成的功能系统之中,人事的运作应当依"天心"而行。张衡说道:

> 一居中央,谓之北斗。动变定占,实司王命。四布于方各七,为二十八宿。日月运行,历示吉凶;五纬经次,用告祸福,则天心于是见矣。中外之官,常明者百有二十四,可名者三百二十,为星二千五百,而海人之占未存焉。微星之数,盖万一千五百二十。庶物蠢蠢,咸得系命。

"北斗"是"道""玄"的实体化,对应着人间帝王的吉凶祸福。二十八星宿分布于天庭四方,亦对应于人间的方位与人事。品物流形,都与天象相关。人道不外于天道,人之行,天有应。"天心"告福,人道正行;"天心"告灾,人道失行。根据张衡的统计,大概有一万一千五百二十个星座,这与现代的天文学知识基本吻合。这些星座可谓之天"官",它们观照着人事的发展与变迁。

天上之"官"系于北斗,正如地上之官系于君王。所谓"天心",也就是君心,亦是道心,最终是民心。这种逻辑在汉代的语境中不难理解,如荀悦《潜夫论·忠贵》云:"上不顺天心,下不得民意",《后汉书·卓鲁魏刘列传》云:"上观天心,下察民志,足以知事之得失"等都将"天心"与"民意"对等。而张衡这种人事的运作以天象为准则的思想更是有汉一代天人感应论的一个缩影。《汉书·天文志》云:

> 凡天文在图籍昭昭可知者,经星常宿中外官凡一十八名,积数七百八十三星,皆有州国官宫物类之象。其伏见早晚,邪正存亡,虚实阔狭,及五星所行,合散犯守,陵历斗食,彗孛飞流,日月薄食,晕适背穴,抱珥虹蜺,迅雷风祅,怪云变气,此皆阴阳之精,其本在地,而上发于天者也。政失于此,则变见于彼,犹景之象形,响之应声。是以明君睹之而寤,饬身正事,思其就谢,则惑除而福至。

人道即天道,人间的事变都有天象显示。政之得,见于天;政之失,亦见于天。天象与政事的这种对应关系,既是为政者自省自查的依据,又是万民对为政者实施监督的依据。在这种对应关系之中,天成了君民共同期待的对象。只是在这种期待中,天是君敬畏的对象,是民信仰的对象。这种思想在张衡的政治哲学中亦有体现。

第四节　张衡的政治哲学与人生哲学

一、政治哲学:事依礼制与驳谶返经

1. 事依礼制

张衡一生长期担任朝廷史官,并超迁至侍中,成为皇帝的左右顾问。这种经历既成就了他的哲学思想与科学修养,又形成了他独特的政治主张。在张衡所处的时代,东汉王朝内忧外患。内忧体现在外戚宦官专权,朝廷官府奢靡成风,以及灾荒连连;外患则主要指异族寇边。而在所有的忧患之中,人祸是造成这种内外交困局面的根源,即外戚宦官专权与朝廷官员的奢靡之风使天灾与边境问题显得更加严重。张衡的政见

亦由此而发。他在《陈事疏》中说道：

> 愿陛下思惟所以稽古率旧，勿令刑德八柄不由天子。若恩从上下，事依礼制，礼制休则奢僭息，事令宜则无凶咎。

在张衡看来，当时的政弊有两端，一是"奢"，一是"僭"。二者互为因果，彼此助长。奢僭之风的持续泛滥最终会导致毁灭性的后果，这是因为：

首先，这种"奢僭"之风有违天道，致使阴阳失和，灾异频现。张衡在《陈事疏》中利用太史令"考变攘灾，思任防救"的机会劝诫顺帝"亲履艰难者知下情，备经险易者达物伪"，意指顺帝的废立皆因宦官与外戚之臣而发，之所以如此，正是因为皇帝大权旁落、威德扫地所致。如若顺帝不及时纠正这种"奢僭"之风，那么就会随时面临再度颠覆的危险。况且，延光四年（125）十月京师发生大疫之灾、郡国发生地震的现象，预示着朝野上下的"奢僭"之风已经到了天怒人怨的程度。"因德降休，乘失致咎，天道虽远，吉凶可见"，张衡假灾异说意图规劝顺帝救治弊政。

其次，这种"奢僭"之风毁堕人之性情，不利于教化之功。张衡指出："夫情胜其性，流遁忘返，岂唯不肖，中才皆然。"如果任凭人的情感欲望无度的宣发，那么就必然导致人变成欲望的奴隶，那些宵小之辈，阿谀之徒当然只知有情，不知有性，更不知复归性之本然。更为严重的是，那些暂时尚未有"奢僭"之实的"中才"长期熏染于奢靡僭越之风，也将陷入不肖之列。因此，张衡说："苟非大贤，不能见得思义，故积恶成衅，罪不可解也。"对于"中才"与"不肖"之人而言，奢侈与僭逆只会助长他们的贪鄙之心，这种欲壑难填的心理只会需求更多的奢侈与更加无礼的僭越，最终吞噬皇帝权威。

最后，张衡指出，人臣分有君王的威德，不符合礼政的要求，势必要害家害国。他借用《尚书·洪范》语曰："原有作威作福玉食，害于而家，凶于而国"（《后汉书·张衡列传》），反复申明僭越是危亡之兆。

张衡在历数"奢僭"之祸的基础上向顺帝提出"事依礼制"的政治主

张,具体而言,就是"勿令刑德八柄不由天子"。所谓"八柄",指爵、禄、予、置、生、夺、废、诛八种关于刑德的权力。张衡希望天子通过掌握刑德八柄而重建权威,并进一步把一切失范、失序的政制都纳入到礼制的轨道上来。

2. 驳谶返经

如果天子意欲让现行政治走向礼制的常态,就必须有所本据,那就是要把儒家经典奉为圭臬。而在当时的情形中,谶纬已经盛行百年有余,泥沙俱下,良莠难辨。更有甚者,黄钟毁弃,瓦釜雷鸣,不少人对经典置若罔闻,而专事图谶,乐此不疲。有鉴于此,张衡高扬他实证的理性大旗,讥刺图谶的虚妄不经,这集中体现在他写给顺帝的《请禁绝图谶疏》中。

首先,张衡在《疏》中区分了阴阳历数与图谶的区别,他说:

> 臣闻圣人明审律历,以定吉凶,重之以卜筮,杂之以九宫,经天验道,本尽于此。或观星辰逆顺,寒燠所由,或察龟策之占,巫觋之言,其所因者,非一术也。立言于前,有征于后,故智者贵焉,谓之谶书。

张衡并不反对律历、卜筮、九宫,相反,他认为这些是能够体现天道的圣人之法。而他所批驳的谶书并非出于圣人之法,而是经由各种方术取得,其法驳杂,甚至荒诞不经。由此可见,在区分圣人之法与图谶的意义上,张衡认为谶书:一方面因为其不具备科学方法而是伪书,另一方面因其乖离常道有违圣训而为邪说。

其次,张衡指出图谶的出现有其历史因素,他说:

> 自汉取秦,用兵力战,功成业遂,可谓大事,当此之时,莫或称谶。若夏侯胜、眭孟之徒,以道术立名,其所述著,无谶一言。刘向父子领校秘书,阅定九流,亦无谶录。成哀之后,乃始闻之。

> 至于王莽篡位,汉世大祸,八十篇何为不戒? 则知图谶成于哀平之际。

在张衡看来,一方面,如大汉之代秦,是有德以武力讨伐无道,上应天道,下合民心,成就盛德大业。当此名正言顺之际,无需图谶。而如王莽篡汉,则是私欲膨胀,别有用心,即使汉逢衰世,亦无禅代之义。作为外戚的王莽实属篡逆,因此他需要大量的图谶为其鼓噪声势。另一方面,虽然夏侯胜、眭孟等人的学说言及灾异,旁通历数,但是这些都属于"道"的范畴,因此他们的著作中,没有一句谶言。刘向、刘歆父子校定九流,梳理百家,亦无谶录。成哀之前,图谶虽然存在,但被以"道术立名"者所摒弃。而成哀之后,图谶才开始大行其道,甚至流行于主流思潮之中。因此,张衡认为,当君上崇德尚义时,谶书不能够大行其道,在盛世太平之际,谶书也不会大行其道,而只有在背德离道之时、世道衰落之际,图谶才能够泛滥蔓延,甚嚣尘上。

再其次,张衡通过考辨图谶之谬以说明好谶者趋名逐利的谄媚心态。

《尚书》:尧使鲧理洪水,九载绩用不成,鲧则殛死,禹乃嗣兴。而《春秋谶》云:"共工理水"。凡谶皆云黄帝伐蚩尤,而《诗谶》独以为"蚩尤败而后尧受命"。《春秋元命苞》中有公输班与墨翟,并当子思时,出仲尼后,事见战国,非春秋时也。又言"别有益州"。益州之置,在于汉世。其名三辅诸陵,世数可知。至于《图》中讫于成帝。一卷之书,互异数事,圣人之言,势无若是,殆必虚伪之徒,以要世取资。王者,侍中贾逵摘谶互异三十余事,诸言谶者皆不能说。

永元中,清河宋景遂以历纪推言水灾,而伪称洞视玉版。或者至于弃家业,入山林。后皆无效,而复采前世成事以为证验。至于永建复统,则不能知。此皆欺世罔俗,以昧势位,情伪较然,莫之纠禁。

他一方面通过考证史料,指出图谶所载混淆史实,张冠李戴,另一方面通过考量现实,说明图谶关于当下的预言皆无证验,实属子虚乌有。基于此两个方面,张衡认为图谶之言虽藉圣人之口,但绝非圣人之言,而是虚妄之徒、无学之辈欺世罔俗的伪辞。

最后,张衡提议顺帝鼓励圣学,禁绝虚伪。他说:

　　且律历、卦候、九宫、风角，数有征效，世莫肯学，而竞称不占之书。譬犹画工，恶图犬马而好作鬼魅，诚以实事难形，而虚伪不穷也。宜收藏图谶，一禁绝之，则朱紫无所眩，典籍无瑕玷矣。

张衡之所以认为律历、卜筮、九宫等与圣人之道不相违逆，不仅是因为他精思天文、阴阳、历算的学术性格，而且还因为这些道术经常能够得到验证。而世人之所以竞称那些没有征效的图谶，则是因为学习圣人之法，不仅需要极深研几的探赜能力与态度，而且需要持之以恒的人格修养，这是"难形"之"实事"，因此，那些好逸恶劳、急功近利之徒就选择临虚务伪的不占之学。不占之学因其易学近利而大行其道，势必恶朱夺紫，玷污经典。张衡深忧经典被束之高阁，弃置不用，而旁门左道盛行于朝野，故其疾呼禁绝谶纬，用正经治理天下，激励士人。

二、"与仁义乎逍遥"的人生哲学

尽管张衡的种种政见皆是针对时弊而发，但是他恰逢东汉由盛至衰的下转时期，又兼外戚宦官擅权，忠言善谋难以伸张。当是时，不乏有识之士陷于权力斗争的漩涡而难以自拔，身败名裂；亦不乏抗言直行之君子触怒天威而殒身毁命；也不乏怀瑾握瑜之人因志之不申而终老户牖。而张衡则有"道德漫流，文章云浮，数术穷天地，制作侔造化"之名，这固然与他"天资睿哲"的禀赋有关，而更得益于他"训俭""昭仁""克己""常足"之儒道兼用的人生修养。因此，他的生命实践中既体现通经致用、谨修仁义的儒者品格，又显现出静思玄远、逍遥六合的老庄之风。

张衡天资聪颖，自幼涵泳儒家经典，"通《五经》、贯《六艺》"，及其年长，儒家经世济用、强调个人对社会责任与义务的思想无疑成了他为人处世的指导思想。纵观张衡的一生，通经致用的入世情怀始终体现在他的生命实践中。从他任南阳主簿到入朝廷为郎官，至迁为太史令、公车司马令、侍中的人生历程中，无不贯彻着践行仁义、务德尚化的儒家大义。这一方面表现在他对别人的评价中，如他夸赞鲍德"导以仁惠，教以义方"(《大司农鲍德诔》),而在《南阳文学儒林书赞》中云:"南阳太守,上党鲍君,愍文学之弛废怀儒林之陵迟,乃命匠修而新之,崇肃肃之仪,扬济济之化",鲍德以仁爱、惠民、公平、正直之心教导百姓,且修文学、崇礼仪的做法正是儒者仁义之行,张衡盛赞鲍德,亦是对儒家之道的推扬。另一方面表现在他的诗赋中,在人生的早期,面对"天下承平,自王侯以下,莫不逾侈"的奢靡现象,他刻意效仿班固《两都赋》而作《二京赋》,精思傅会,十年乃成,此作就是为了讽谏顺帝依据礼经施行礼政以匡弊救颓。这既是他作为人臣尽职尽责的体现,也是他关注时政、关心民瘼的政治意识的体现。在他人生的中后期,面对当时难以逆挽的衰退洪流,他仍然恪尽职守,表现出忠君爱民的品格,如他在《应间》中回应"间者"责其"去史官五载而复返"非"进取之势"、亦非"佐国理民"之举时说:

> 君子不患位之不尊,而患德之不崇;不耻禄之不夥,而耻智之不博。是故艺可学而行可力也。天爵高悬,得之在命,或不速而自怀,或羡慕而不臻,求之无益,故智者偭而不思。阽身以徼幸,固贪夫之所为,未得而豫丧也。枉尺直寻,议者讥之。盈欲亏志,孰云飞羡!于心有猜,则箪飧馔脯犹不屑餐,旌瞀以之。意之无疑,则兼金盈百而不嫌辞,孟轲以之。士或解褐褐而袭黼黻,或委咸筑而据文轩者,度德拜爵,量绩受禄也。输力致庸,受必有阶。

可以看出,首先,张衡认为位尊与德崇并非对等的关系,德位相当只能出现在理想的太平盛世,而在现实的政治生活中,尤其在张衡所处的时代,有位无德或有德无位乃司空见惯之事。因此,不能以爵位的高低来衡量德性的修养。其次,张衡认为艺可学、行可力,而爵位不可求。才智可以通过不断的学习得到扩充,而德性可以通过力行不息而得到培养。而爵位的获得与保持则有很多不确定的因素,甚至需要舍弃德性的修养。身处污浊之世,与其戕德以求爵,毋宁舍爵以全德。最后,张衡主张见得思义,义然后取。如果合乎道义的话,即使是"兼金盈百",那么也受之无愧。张衡主张"度德拜爵，量绩受禄"，他之所以选择"遁隐史职"，正是他度德义取的结果。当一己之力难以挽救行将倾颓的东汉政权时，不如退居史职，潜心学问。他说：

> 公旦道行，故制典礼，以尹天下，惧教诲之不从，有人之不理。仲尼不遇，故论六经，以俟来辟，耻一物之不知，有事之无范，所丁不齐，如何可一？

当道之将行之时，周公制礼作典，垂范天下；而当道之不行之时，孔子删定六经，述而不作，以俟来者。周公之世与孔子之时，不仅时间不同，而且情势迥异，因此有周公道遇与孔子道不遇的区别。先圣后圣，遇与不遇，都是道在不同时的不同表现，而并非道本身出了问题。张衡适逢道之不遇之时，效仿孔子修身著述，以俟来者。他说：

> 故樊哙披帷，入见高祖，高祖踞洗，以对郦生。当此之会，乃鼋鸣而鳖应也。故能同心戮力，勤恤人隐，奋受区夏，遂定帝位，皆谋臣之由也。故一介之策，各有攸建，子长谍之，烂然有第。夫女魃北而应龙翔，洪鼎声而军容息；溽暑至而鹈火栖，寒冰冱而鼋鼍蛰。今也皇泽宣洽，海外混同，万方亿丑，并质共剂，若修成之不暇，尚何功之可立！立事有三，言为下列。下列且不可庶矣，奚冀其二哉？

一方面，遇与不遇不仅有"时"的因素，而且有人的因素。君臣共志，勠力同心是遇，反之则为不遇。张衡不愿与时局同流合污，在一定程度上，是君臣志向不同的结果。另一方面，事有巨细，功有大小，因此司马迁在写功臣传时，粲然各有第序。因此，张衡自愿在立德、立功、立言三者中选择立言。

在道之不行之时，张衡选择著书立说以自修其身。然而，他毕竟还居于朝堂之上，面对黑暗现实的重压，难免有意难平的时候，当此之际，张衡自身好玄覃思的学术性格又指引他归向老庄的逍遥之乡。《文选·思玄赋》李善注云："顺、和二帝之时，国政稍微，专恣内竖，平子欲言政事，又为阉竖所谮蔽，意不得志。欲游六合之外，势既不能，义又不可，但思其玄远之道而赋之,以申其志耳。"道家之逍遥,一则在于摆脱名缰利锁对自由生命与本真之性情的束缚,一则在于超脱生死,豁然物外,通达人生化境。这两者在张衡身上都有体现。

张衡认为如果因为名利或官爵而降身辱节的话,那么毋宁无所系累而逍遥。他在《思玄赋》中说道,"不抑操而苟容兮,譬临河而无航。欲巧笑以干媚兮,非余心之所尝",若想不降低操守就能够容身于当时的官场,就如同想过河而没有舟楫一样。只有同流合污,降志没节,才能获得世俗的功名。张衡对那种奴颜婢膝以获得名利的谄媚行径嗤之以鼻。面对当时宦官谗毁的困境,他不是想着如何投机取巧地逢迎,而是"愿得远渡以自娱,上下无常穷六区",他试图在天地六合之境自由地遨游从而实现精神的解脱。但是在《思玄赋》中,张衡并没有为他的心灵找到安顿之所,他嗟叹"悲离居之劳心兮,情悁悁而思归"。

在《骷髅赋》中,张衡进一步指出以荣位为表征的名利对生命本身的危害,并且在对生死的思量中获得了精神的大自在。他说:

> 死为休息,生为役劳。冬水之凝,何如春冰之消!荣位在身,不亦轻于尘毛,飞锋翟景,秉尺持刀,巢许所耻,伯成所逃。况我已化,与道逍遥……以造化为父母,以天地为床褥。以雷电为鼓扇,以日月为灯烛……合体自然,无情无欲,澄之不清,浑之不浊。不行而至,不疾而速。

在张衡看来,死亡恰是生命在休息,而为"生"而生则是生命在劳役,是生命的消耗。荣位等功名利禄与生命的逍遥相比,不足为道。死亡对于生命而言是与道逍遥,与造化为伍,死后既无"间者"之问,亦无"应者"之答,完全与自然合体,才是一种真正的逍遥。

张衡一生都在践行着儒道双修的精神品格,即"与仁义乎消摇"的理念是他人生哲学的全部旨趣。张衡道:

> 收畴昔之逸豫兮,卷淫放之退心。修初服之娑娑兮,长余佩之参参。文章焕以粲烂兮,美纷纭以从风。御《六艺》之珍驾兮,游道

德之平林。结典籍而为罝兮，驱儒墨而为禽。玩阴阳之变化兮，咏《雅》《颂》之徽音。嘉曾氏之《归耕》兮，慕历陵之钦崟。共夙昔而不贰兮，固终始之所服也。夕惕若厉以省愆兮，惧余身之未勅也。苟中情之端直兮，莫吾知而不恧。墨无为以凝志兮，与仁义乎消摇。不出户而知天下兮，何必历远以劬劳。（《思玄赋》）

感老氏之遗戒，将回驾乎蓬庐。弹五玄之妙指，咏周孔之图书。挥翰墨以奋藻，陈三皇子轨模。苟纵心于物外，安知荣辱之所如？（《归田赋》）

以仁义为伴，与道德为伍，以阴阳为化，在张衡的生命实践与精神世界中，始终贯穿着立足现实而应化自然的与"仁义"共"消摇"的人生理念。这是一种既不同于汉儒注经解文，恪守师法家法传统的僵化思想，也不同于此后玄学清谈、毁坏礼法的致用精神，这是一种敦本厚俗而又不失个性的生命实践，也是"道"的一种，张衡称之为"朝隐"，即隐于朝堂之上。

第十一章 《白虎通德论》的儒学理论系统与思想贡献

第一节 《白虎通德论》的产生背景

两汉之际,王莽"改革",儒学内部出现了今、古文之争。因各自尊奉的儒家经典不同,文字书写方式不同,对经典的解释出现分歧。儒学理论系统本身的多义性,及作为官方学说条件下的兴趣与重心的转移,使儒学"博而寡要"的理论系统和应政治实践需要而出现的谶纬现象,对于制度化儒学过程中出现的学术与政治的诸多复杂矛盾,均须作出理论上的重新解释和说明。由此,章帝建初四年(79)冬,召开了白虎观会议,"帝亲称制临决",主题是"讲议《五经》同异"。这是一次经学史上集学术与政治为一体的重要会议。这次会议的主要成果,即是《白虎通德论》。

《白虎通德论》产生在"备制"即制度化儒学逐步固定的过程中,这是政治与伦理实践而非专门理论探讨的重要时期。相对于先秦及前汉儒学而言,其突出现实性、制度化和宗教性特征是十分明显的。

一、《白虎通德论》的产生背景

《白虎通德论》,亦称《白虎通义》,简称《白虎通》,东汉班固据白虎观儒家经学会议议奏编撰而成。会议有两个成果:一是《白虎议奏》(即会议原始记录,已遗);二即《白虎通德论》。

西汉末年,王莽以符命篡汉,天下散乱,礼乐分崩,典文残落。光武以谶纬而遂帝位,是为东汉。其时,先秦学说几已失传。然光武爱好经术,访儒雅,求阙文,补缀漏逸。于是四方学士莫不抱负坟策,云会京师。正是在这种背景下,范升、陈元、郑兴、杜林、卫宏、刘昆、桓荣之徒,继踵而集。于是立《五经》博士,各以家法教授。两汉之际,政权之争中掺杂着愈演愈烈的儒学内部的今、古文之争。因经学的思想逻辑和现实政治需要未必协同一致地演绎,出现了与方术相结合也颇遭人诟病的谶纬政治。几种因素交织一起,使东汉政权面临思想淆乱、莫衷一是的局面。

学术方面,儒术形式上虽仍居于“独尊”地位,但在方法上却发生了变化。西汉自宣帝以来兴起的章句之学是今文经学解经学著作的一种形式,随后逐步兴盛。经学兴盛当与政治上对儒学的推动有关。“宰相须用读书人,由汉武开其端,元、成及光武、明、章继其轨。”[1]经学确到了极盛时代。学术在受到政治诱导的同时,也受到官禄的引诱。“自武帝立《五经》博士,开弟子员,设科射策,劝以官禄,迄于元始,百有余年,传业者浸盛,支叶蕃滋,一经说至百余万言,大师众至千余人,盖禄利之路然也。观此,可知当时上以官禄而劝经,下为禄利而习经。故经之官学,遂为梯荣致显之捷径。”[2]显然,在经学时代,利益分配往往也要以学术话语的方式来表达。既然宗法关系或“泛宗法”关系是人难逃的罗网,则利益、学术、政治和社会关系的彼此交织使本来就有势力的宗族组织更加稳固。然而,章句经学并不能解决现实问题特别是政治问题。当谶纬日益频繁地成为政治的组成部分,特别是光武也利用其夺取天下后,它就对学术的方式和方法产生影响了。史载王莽新朝和光武、明、章、和等朝,均出现了“省《五经》章句”“改定章句”的举动。政治上举孝廉制度的主体地位虽未改变,但因社会关系对于政治的渗透,功利的追求,使种种

---

① 皮锡瑞:《经学历史》,周予同注释,第 101 页。
② 马宗霍:《中国经学史》,第 51 页,上海,上海书店出版社,1984。

孝和忠的惊世的表演,乃至经学中的家法与经义的解释背后,难免都深藏着权谋策术一类"机心"。

章帝"好儒术"且"雅好文章"。章帝自谓"以眇身,托于王侯之上,统理万机,惧失厥中,兢兢业业,未知所济"①。又诏曰:"盖君人者,视民如父母,有憯怛之忧,有忠和之教,匍匐之救。"君臣在治理国家的认识上逐步达成"宽"的原则。所谓"宽",不仅是在政策法令、经济领域,而且特别考虑到君臣之间乃至言论上稍有宽松气氛。

这种在治术上重归儒术的发展趋势十分明显。

在这种条件下,杨终上书提出"宣帝博征群儒,论定《五经》于石渠阁。方今天下少事,学者得成其业,而章句之徒,破坏大体,宜如石渠故事,永为后世则"②的建议,章帝接受,下诏说:

> 盖三代导人,教学为本。汉承暴秦,褒显儒术,建立《五经》,为置博士。其后学者精进,虽曰承师,亦别名家。孝宣皇帝以为去圣久远,学不厌博,故遂立大、小夏侯《尚书》,后又立京氏《易》。至建武中,复置颜氏、严氏《春秋》,大、小戴《礼》博士。此皆所以扶进微学,尊广道艺也。中元元年诏书,《五经》章句烦多,议欲减省。至永平元年,长水校尉(樊)儵奏言:先帝大业,当以时施行。欲使诸儒共正经义,颇令学者得以自助。③

白虎观会议的参加者,可考的有:魏应、淳于恭、鲁恭、贾逵、丁鸿、桓郁、成封、楼望、杨终、李育、刘羡、班固、章帝刘炟等。会议大致开了一两个月。因《白虎议奏》已佚,无从知道其体裁,但据其模仿石渠会议,从中可推出是"先由问难者奏请提出问题,然后与会者提出自己的看法加以回答。这就是大家的议论,所以称为'议奏'。最后由皇帝权衡众说,做最后的判断,所谓

①《后汉书·肃宗孝章帝纪》。
②《后汉书·杨终列传》。
③《后汉书·肃宗孝章帝纪》。

'称制临决'。从《石渠议奏》可以推断《白虎议奏》也是同样的体裁"①。

二、《白虎通德论》与谶纬的关系

《白虎通德论》与谶纬之学是什么关系？

白虎观会议的根本目的是要承三代之"教学为本"，和西汉之"扶进微学，尊广道艺"的传统，要讲求学问，具体解决"《五经》章句烦多"与"共正经义"的问题。所谓"《五经》章句烦多"，指经学陷入繁琐的章句释义，需要删削简省；而"共正经义"，则是不同门派对经的解释、所奉经典内容不同，需要统一思想方法。二者虽有一定区别，但也有联系。如果说章句繁多主要是经学政治化和进一步世俗化的必然现象，那么，经义解释上的分歧原因则要多得多。如师法、家法、文字差异乃至解释原则和方法等问题。其中，还穿插着复杂的谶纬问题。

一般以为"谶"为图谶，以诡谲的隐语预决吉凶；"纬"，指解释或说明"经"的书籍。清阮元说："谶者，纬之流弊。"②《四库提要·易纬后叙》说："案儒者多称谶纬，其实纬自纬，谶自谶。非一类也。"谓二者有区别。赵在翰亦云："纬自纬，谶自谶。"徐养原《纬侯不起于哀平辨》则推测："窃意纬书当起于西京之季，而图谶则自古有之。"③黄复山说："郑玄之前绝无'纬书'传世，亦无'配经'之书命名曰'纬'者。"④但是，也有论者认为二者本为一回事。⑤ 如果我们考虑桓谭、尹敏、张衡诸人皆未论及纬书，则纬出汉末可以肯定。以此，"共正经义"其实即是在经学前提下的正本清源，统一思想，以便于思想可以指导社会政治实践。

图谶的政治功能在为光武打天下方面立下了功劳，而它另一方面的作用却少为人所注意，那就是使深奥的儒学义理世俗化。因为，"国君除

① 钟肇鹏：《求是斋丛稿》（下），第 728 页。
② 《四库提要·七纬叙》。
③ 姜忠奎：《纬史论微》，第 17 页，上海，上海书店出版社，2005。
④ 黄复山：《东汉谶纬学新探》，第 7 页，台北，学生书局，2000。
⑤ 郭伟川：《儒家礼治与中国学术》，第 157 页，北京，北京图书馆出版社，2002。

规范天命预兆知谶言外,又可将常人难理解之经义,偷天换日假借'谶'为包装,使全国学子皆得受习,或如今日习见之古文白话注解,现代新诠;是以当时颇为求速成之学子接受"①。在世俗化气息浓厚的氛围中,儒家经义的普及,有时也需要采取为大众所能接受的方式。

《白虎通德论》并未像近人认为的那样绝大多数内容都出于谶纬,但也不意味着它与谶纬、儒学经义之间不存在着共性。其实,谶纬乃至符图等仍是汉代儒家天人关系理论向现实的一种延伸,它是天人感应思想的实证化,也是伦理哲学的实证化。许多人(包括侯外庐《中国思想通史》)夸大《白虎通》受谶纬影响的深刻原因在于直觉到这一点。然而,哲学,特别是和政治存在密切关系的伦理哲学,不言而喻是一种价值观。"所谓价值,就是在人的实践……认识活动中建立起来的,以主体尺度为尺度的一种客观的主客关系,是客体的存在、性质及运动是否与主体本性、目的和需要等相一致、相适合、相接近的关系。"②价值观最抽象也是最高级的形式应是形而上学的。可是,当一种"以主体尺度为尺度"即按人的需要而建立起来的关系可以达到一种社会的乃至政治的效应的时候,为了使人们相信其效用,其哲学形上性质必有弱化趋势,转而寻求宇宙论、宗教信仰乃至经验实证就不可避免。比较而言,谶纬更符合政治的需求。

第二节 《白虎通德论》所构造的儒学理论系统

一、以宇宙论为基础的伦理思想、政治思想和宗教观

《白虎通德论》糅合西汉以来流行的五行思想,建立了以"天地""阴阳""五行"学说为中心的宇宙观以及"三纲六纪"的伦理观。

《白虎通德论》不仅以道德和自然现象相比附,认为道德的根源在于

---

① 黄复山:《东汉谶纬学新探》,第 17 页。
② 孙伟平:《事实与价值》,第 99 页,北京,中国社会科学出版社,2000。

自然,而且将道德上的拟人化推广到极端,认为人事总是与自然现象相互联动。这一思想显然来自董仲舒的天人感应论。

在《白虎通德论》看来,举凡天地日月、四时五行等自然过程和元素,乃至社会一切名物制度,宇宙间的一切事物都并非是随意产生之物,而具有其在宇宙中的位置并有其功能。它的宇宙观最核心的概念是天地和阴阳。天能"居高理下",地则"养万物怀任",阴阳相互对待,关系则是"阳唱阴和",从而形成宇宙的结构和秩序。日月之所以昼夜悬于天穹,乃在"助天行化,照明下地"。春夏秋冬各不相同,"春秋物变盛,冬夏气变盛"。此乃春生,冬终而已。"五行"是"为天行气","五行"之相生相害的原理和人伦社会相互影响的原理相通。它还吸收了《尚书》《月令》以"五行"配比"五声""五味""五藏(脏)"及四方和中央,提出天有"五行六合",人有"五藏六府"以及"情性生于阴阳"的思想。据此,《白虎通德论》提出了"五行更王"和"六情扶成五性"的学说。最后,又将"五行"联通四时,归入阴阳。因此,宇宙间事物都有自身的运行法则并都有其存在的意义。

《白虎通德论》以问答方式对包括"天子"在内的共四十三条名物(名号和器物、制度)概念等进行释义,以阐明它认可的宇宙、伦理秩序。如它以释义方法对职官、爵位的名号的涵义进行解释:"天子者,爵称也。爵所以称天子何?王者父天母地,为天之子也。故《援神契》曰:'天覆地载,谓之天子,上法斗极。'……《尚书》曰:'天子作民父母,以为天下王。'"[1]其中,有"君权天授"和天子要效法天地之德的要求。"帝王者何?号也。号者,功之表也,所以表功明德,号令臣下者也。德合天地者称帝,仁义合者称王,别优劣也……帝者天号,王者五行之称也。皇者,何谓也?亦号也。皇,君也,美也,大也。天人之总,美大之称也,时质,故总称之也。"[2]显然,"德合天地者称帝,仁义合者称王",和孟子所谓"贼仁者谓之贼,贼义者谓之残。残贼之人,谓之一夫"的思想一脉相承,而又

---

① 陈立:《白虎通疏证》上,第 2 页,北京,中华书局,1994。
② 同上书,第 43—44 页。

有所丰富。透过天子、帝王、皇、君等爵号字面的意思，可以看到儒家以"美""大"号君王的深层意义。它还说：

> 《王制》曰："王者之制爵禄，凡五等，谓公、侯、伯、子、男也，此据周制也。"《春秋传》曰："天子三公称公，王者之后称公，其余大国称侯，小者称伯子男也。"①

又曰：

> 爵者，尽也，各量其职，尽其才也。公之为言公正无私也；卿之为言章，善明理也；大夫之为言大，扶进人者也。故《传》云"进贤达能，谓之大夫也"，士者事也，任事之称也。故《传》曰："古今辩然否，谓之士。"《礼》曰："四十强而士。"不言"爵为士"。②

"爵者，尽也，各量其职尽其才也。"作为周制的公、侯、伯、子、男，还是作为内爵称的公、卿、大夫，是因其象征着伦理政治意义。"或称君子者何？道德之称也。君之为言群也；子者，丈夫之同称也。故《孝经》曰：'君子之教以孝也，所以敬天下之为人父者也。'"③之所以有大小国、乃至公侯伯子男的等级区分，是为引导向上的力量："犹有尊卑，亦以劝人也。"④即使帝王驾崩，也有谥号，可见，儒生们在当时政治许可的范围内试图以伦理道德化解可能的政治危机，付出了很大努力。对于社会活动与制度如祭祀、嫁娶、封公侯、三军、诛伐、谏诤、封禅、巡守、考黜、圣人、礼乐、社稷、灾变、辟雍、衣服、崩薨等都做了社会意义的解释。

其次，《白虎通德论》贯彻在其释义方法和庞杂思想内容背后的根本精神，是儒家伦理的政治化、实践化，具体实践的原则就是三纲六纪。它对思想概念和名物（名号和器物）制度的释义和对诸子思想的吸收，都是站在儒家道德主义立场完成的，并将儒家传统的道德发挥到无所不在的

---

① 陈立：《白虎通疏证》上，第6—10页。
② 同上书，第17—18页。
③ 同上书，第48页。
④ 同上书，第11页。

程度,使之贯彻到伦理生活之中,成为根本原则。

《白虎通德论》内容上最突出的是将儒家的伦理道德贯彻到以"三纲六纪"为核心的伦常之中,从而强化并在政治上肯定了笼罩中国传统社会的关系网络。与先秦孔、孟儒学重在将宗法观念理性化,上升为道德观念和道德规范不同,汉代儒学,特别是作为官方正统学说的儒学重在将比较抽象的道德观念细则化、具体化,使之能裁断生活中的纷争,更加符合现实需要。同时,在"一以贯之"思想的影响下,《白虎通德论》将道德观念贯彻到一切社会制度、名物概念、风俗习惯中去,通过政治的强大作用力,从而无限扩大了道德的功能作用。其结果也使社会现实披上了一层厚厚的道德面纱,以致使人有了如何认识社会真相的困惑。

《白虎通德论》集中体现了东汉时期儒家政治哲学。白虎观会议是具有政治性的学术会议。无论是儒学经世的需要,还是政治的完成,都促使学术与政治的相互渗透。儒家政治哲学因道德化要求,使政治具有维护、引导和实现道德的作用,成为制度化的儒学。

儒家政治哲学,是道德政治化和政治道德化的双向过程,其间,既是道德通过政治实现其观念,也是政治接受道德制约的德化过程。因为,道德乃人际规范,从己和从人的角度是有区别的。限制权力成为道德的首要要求。《白虎通德论》认为,天子并不因其号令天下就可肆意妄为。"爵人于朝者,示不私人以官,与众共之义也。封诸侯于庙者,示不自专也。明法度皆祖之制也,举事必告焉。"①天子不能任人以私。授人以爵位和官职,必有法度可寻,"与众共之义也"。所谓"自"当指皇帝个人,"不自专"指皇帝个人不能据一己之见专断独断。

同样,天子应有自谦的美德。"'或称一人。王者自谓一人者,谦也。欲言己材能当一人耳。故《论语》曰:'百姓有过,在予一人。'臣下谓之一人何? 亦所以尊王者也。以天下之大、四海之内,所共尊者一人耳。"②

---

① 陈立:《白虎通疏证》上,第23页。
② 同上书,第47—48页。

可见,天子、皇帝、君之身份与意义,和天子、皇帝、君之自视有别。在百姓眼中,天子是上天之子,但就本人论,仍不忘自己仅是一人,知"己材能当一人耳"。并不因政治上代天行法,就自视为天。

《白虎通德论》将道德和政治融合,并非是以道德取代政治的独立性,而是给政治以方向和伦理的规范。其作为传统社会自身独立发展的政治哲学思想不能一味抹杀。当然,其中也存在着政治道德化或道德政治化难免的弊端。其流弊就是行为空间的选择上对于掌权者有利,故不仅权力总是突破底线,有所谓"法之不行,自上犯之"之说,而百姓却被驱于脱离事实的道德之途。

概言之,《白虎通德论》认为,天地是道德的起源,而天地始于混沌未分之气。天地有其道德目的,人类道德应效法天地变化生物的性质,认为社会人事总是与自然现象相互感应,人事应顺应这种关系的变化。其云:"天所以有灾变何? 所以谴告人君,觉悟其行,欲令悔过修德,深思虑也。"[1]天子应根据各种灾变深刻反思行为中的过失。这是设立灵台和明堂的目的。"天子所以有灵台者何? 所以考天人之心,察阴阳之会,揆星辰之证验,为万物获福无方之元。"所谓"学",本质上就是去认识和自觉天人之间的变化关系。

最后,《白虎通德论》在制度化儒学的道路上也表达了它的宗教神学观。

《白虎通德论》的思想系统没有彻底摆脱宗教神学。它通过讲解经义,将经学与谶纬神学结合成为国家的统治意识形态。其中,"拟人化的'天'是《白虎通》崇信的至上神,系具意志性和权威性的'上帝',天鉴视且谴告惩戒时君"[2]。"天所以有灾变何? 所以谴告人君,觉悟其行,欲令悔过修德,深思虑也。"[3]同时,《白虎通德论》也继承了《尚书·稽疑》中的思想,并将其作为君主不可自专的思想依据,从而使传统的宗教遗存成

---

① 陈立:《白虎通疏证》上,第 267 页。
② 曾春海:《两汉魏晋哲学史》(第三版),第 94 页,台北,五南图书出版公司,2008。
③ 陈立:《白虎通疏证》上,第 267 页。

为政治考虑的因素之一。其云:"天子下至士,皆有蓍龟者,重事决疑,亦不自专。《尚书》曰:'汝则有大疑,谋及卿士,谋及庶人,谋及卜筮。定天下之吉凶,成天下之亹亹者,莫善乎蓍龟。'"①《白虎通德论》虽高扬作为至上神的天,却仍未陷入迷信的泥潭,而以人事作为基础。而强调"不自专"的原因,则是源于对人事限制的自觉。

二、《白虎通德论》的特点及评价

《白虎通德论》作为政治与学术相结合的会议议奏之整理稿,内容上有自身特点。

《白虎通德论》不拘泥于学术思想派别的某些差异与分歧,似也未拘泥于当时分歧还很大的所谓今文、古文不同的家法,这在当时是很难得的。就参会者的身份而论,丁鸿、桓郁治欧阳《尚书》,楼望治严氏《春秋》,属于今文经学;而班固、贾逵是当时古文经学大家。梁启超说:"两汉工作,最主要的是解经方法,鲁派即古文家,注重考释,专讲名物训诂,齐派即今文家,颇带哲学气味,讲究阴阳五行。"②按《白虎通德论》所讲许多名物训诂,也充斥着阴阳五行的思想。"学之为言觉也,悟所不知也。"(《辟雍》)以问答形式,兼以文义和义理探讨结合的方式来架构理论,是其一大特色。

庄述祖则在具体内容上指出其复杂的性质。他说:

> 《易》则施、孟、梁丘经,《书》则伏生传及欧阳、夏侯,大指相近,莫辨其为解故,为说义也。经二十九篇外,有"厥兆天子爵"与"五社"之文,在亡逸中。《诗》三家,则鲁故居多,《艺文志》所云"最为近之"者。《韩内传》《毛故训》,亦间入焉。《春秋》则《公羊》而外,间采《穀梁》。《左氏传》与《古文尚书》,当时不立学官,《书》且晚出,虽贾逵等以特明古学议北宫,而《左氏》义不见于《通义》。九族上凑高

---

① 陈立:《白虎通疏证》上,第 327 页。
② 梁启超:《儒家哲学》,第 131—132 页,天津,天津古籍出版社,2004。

祖,下至玄孙,《书》古文义也,在《经》《传》之外备一说,不以为《尚书》家言。《礼》,《经》则今《礼》十七篇,并及《周官经》;《传》则二戴,有《谥法》,《三正》,《五帝》,《王度》,《别名》之属,皆《记》之逸篇也。《乐》则河间之记。《论语》《孝经》《六艺》并录……①

《白虎通德论》求在诸学派和不同方法上的"通",显然不能以学者们求全的心理予以解释,某种意义上也是现实政治的需要。明智的统治者当不会恣意掩盖乃至曲解现实,而是意图冷静地面对和解释现实。尽管朝廷碍于今文经章句之繁琐而有祖古文经学之意②,但终不能超出其时代的限制。

《白虎通德论》的另一大特点是注重实践。注重实践就需要面对事实世界。因关注实践,故《白虎通德论》的哲学思想并不以儒家哲学中的心性论为重点,而是以宇宙论、社会政治哲学、礼乐教化论等为主要内容。本来就无一成不变的儒学,作为学术探讨的儒学不可能自然适合任何社会政治条件,儒学在实践上必然有一个在不同历史时期如何切中事实即关心其价值追求的普遍必然性问题。基于此,《白虎通德论》作为儒家登上官方政治舞台的思想系统,自然而然地在维护政治统治的同时,也将政治作为实现道德的手段。由此,它才得以提供一个既于先秦和西汉儒学有所继承,又有别于它们的切合现实的伦理政治的理论系统。学理的探讨、政治的需要,对实践总结与反思等因素结合,构成其哲学思想的主要面貌。这一点,贯彻在《白虎通德论》的始终。只有了解《白虎通德论》的上述性质,才能进一步谈其学术价值。

对《白虎通德论》的评价涉及政治批判和学术特点的评价问题。我们认为,仅仅指出《白虎通德论》对政治的支持和粉饰显然不够。它的作用至少是两面性的,故合理的政治批判至少应看到传统社会和伦理道德对于政治的依附性质的同时,也应看到政治对伦理道德的正面作用。因

---

① 庄述祖:《白虎通义考》,《白虎通疏证》附录二,第609页。
② 钱穆:《两汉经学今古文平议》,第241页,北京,商务印书馆,2001。

此,如果反过来,我们也看到,《白虎通德论》毫无疑问继承了儒家民本思想,明确提出"重民""为民"思想。其谓:"王者立三公、九卿、二十七大夫,足以教道照幽隐,必复封诸侯何?重民之至也。……上以尊天子,备蕃辅,下以子养百姓,施行其道,开贤者之路,谦不自专,故列土封贤,因而象之,象贤重民也。"①它认为封诸侯的目的,在于"使治其民""象贤重民"。这一思想实际上隐含着诸侯被封、贤士被任用乃至政府存在的根本理由,皆在"为民"。其真实的背景是,因民和社会存在的需要而设置政府。可见,《白虎通德论》继承了民本思想的遗产。

其"为民""重民"还表现在具体制度上:"考礼义,正法度,同律历,叶时月,皆为民也。"②"重民"还需要对官员进行严格的考黜。"诸侯所以考黜何?王者所以勉贤抑恶,重民之至也。""三年有成,故于是赏有功,黜不肖。"③经过考核,三年有功者皆得留用。二次考核无功则削其地。而对于有功德者则进行奖励。可见,《白虎通德论》虽有浓厚的意识形态特征,同时也继承了儒家的民本思想。因此,简单指责《白虎通德论》的政治立场也显得并不公允。

就学术上看,《白虎通德论》在繁杂的思想陈述中的确没有先秦学术那样的精密和精致,它的创造性和灵气虽没表现在心性理论的架构方面,却表现在了宇宙论哲学方面。在新的时代,儒学不能再像先秦时那样是抽象的理论或空言,而必须贯彻到制度和行为之中。换言之,理论上的思考代之以制度规范和具体的行为,将"赞天地之化育"的理想转换为助天地之化育的制度。梁启超说:"汉人发明者少。(他们)一部分的精神,用在整理方面,一部分的精神,用在实行方面,汉代四百年间,其事业大致如此。"④如果考虑到伦理思想的本质在实践,对汉代及《白虎通德论》的评价则又是另外一个调子。《白虎通德论》无疑是从先秦儒学的

---

① 陈立:《白虎通疏证》上,第133页。
② 同上书,第289页。
③ 同上书,第310页。
④ 梁启超:《儒家哲学》,第130页,上海,上海人民出版社,2009。

"空言"走向"备制"的不可或缺环节。孙筱认为:"'空言'与'备制'是先秦儒学与两汉经学的主要区别。"[1]无论是将伦理理想实践化,在制度上精确化,还是汉人的元气思想在社会的影响,都不应小觑。因为,思想的逻辑和创造性在实践的时代完全可以通过行为来表现。汉代的清流看起来也是主流的批判者,但其实二者是相辅相成的。

如果不是仅从时代的需要去批判而是从理解的角度来看《白虎通德论》的天人相应的神学理论系统的话,我们认为它并非仅仅是为了将社会生活纳入自然原则之下从而使人屈服于自然,以欺骗人民,而是在力图将道德秩序推广到人类生活的方方面面乃至整个自然界的同时,也对专制皇权形成一种舆论压力。只是,人类生活并非完全拘泥于道德领域,特别是特定历史条件下的道德。天人关系中并非一切自然现象与人类社会生活均有直接的关联。

第三节 天人关系

一、天、地、人

就《白虎通德论》而论,天人关系是其哲学思想的一条主线。儒家关于天的涵义,今人有多种解释,或认为具有自然义和神性义,或认为有最高主宰、大自然和最高原理诸义。[2] 在《白虎通德论》中,天仍主要是祭祀的对象,当然也是万物之所以产生和一切价值的根源。作为自然的天,它同时有神性,既是最高主宰也是最高原理,因此才可能与人们的社会生活产生实际的关联。

首先,天是宇宙万物得以生成的总根源。

"天者,何也? 天之为言镇也。居高理下,为人镇也。地者,元气之

---

① 孙筱:《两汉经学与社会》,第81页,北京,中国社会科学出版社,2002。
② 张岱年:《宇宙与人生》,第76页,上海,上海文艺出版社,1999。

所生,万物之祖也。地者,易也。言养万物怀任,交易变化也。"①"天"的地位是"居高",功能是"理下"。"镇",陈立说"当或填字之讹。天与镇、颠、神、陈、珍、填皆叠韵为词,填亦或借作镇字"。"天"非指高高在上的苍莽之天,而是支配人事行为的最高原则。在《白虎通德论》的思想语境中,"天"与"元气之所生",而又"养万物怀任,交易变化"之"地"相配合,方形成一般所谓宇宙即一切事物存在的基础和条件。这里,人们对"天""地"与"气"或"元气"彼此间的关系的理解存在一定分歧。有的学者认为《白虎通德论》的哲学体系与谶纬完全一样,"'元气'和'气'都不是第一性的,而是由具有人格神的'天''地'所派生"②。也有论者据"(天)者,元气之所生"而认为,"天地是由元气所生的"③。这种分歧固然反映了《白虎通德论》哲学系统本身的不严密和含混性质,也反映了对"天""地"的人格神性质的认定。但从其主要倾向上看,《白虎通德论》与谶纬明确宣扬"天"为人格神不应直接等同。因为,"天"是人事活动的原则,"地"是万物之祖,但并非天地从无中创生了宇宙万物。"天"与"元气"的先后问题并非是其基本问题,天作为人文道德之基础才是基本问题。

> 始起先有太初,然后有太始,形兆既成,名曰太素。混沌相连,视之不见,听之不闻,然后判清浊,既分,精曜出布,庶物施生,精者为三光,号者为五行。五行生情性,情性生汁中,汁中生神明,神明生道德,道德生文章。故《乾凿度》云:太初者,气之始也。太始者,形之始也。太素者,质之始也。阳唱阴和,男行女随也。④

"太初"一语始见于《庄子·天地》:"太初有无,无有无名"。"太初""太始"与"太素"分别指三个不同的演化阶段。《白虎通德论》依据《周易·乾凿度》认为,"太初"指气之初始;"太始"指气有形兆之始;"太素"

---

① 陈立:《白虎通疏证》下,第420页。
② 钟肇鹏:《谶纬论略》,第142页。
③ 金春峰:《汉代思想史》(第三版),第421页,北京,中国社会科学出版社,2006。
④ 陈立:《白虎通疏证》下,第421页。

则是指气之形兆已成的"质之始"。三者从时间上看虽均为"始",但内涵上有区别。"太初"强调其混沌无形不可分辨,"太始"突出其形兆始显初露端倪,"太素"则云其本始才朴。"初""始"意近,"素"常见于道家老庄,与孔子文质之"质"义近。《礼记·仲尼燕居》注云:"素,犹质也。"故"素""质"则突出其作为文化基础与本源的一面。

在《白虎通德论》看来,天是贯穿万物的总原则。天之初始乃是"混沌相连,视之不见,听之不闻"的超感官之气,因天之"镇"(即"正")的作用而使浑然一体的气剖判分明。"精者为三光,号者为五行。"因此,天地生物,不是说天地将万物从自己那里分离出来,产生出来,而是使混沌无形的气显现出其宇宙秩序并因而获得其现实性的存在。因此,天地生万物,不是从自身中生产出万物,像基督教中上帝创世一样从虚无中创造一切,而是使混沌无序的气有了秩序。因此,天地生物其实是生成了宇宙特别是人类社会的道德秩序和法则。这里,有两条重要原则可以从中引申出来:第一,天下不能没有"天覆地载"的天子来替天"理下",即管理天下,否则,就没有社会制度和道德法则;第二,天子代天"理下",虽必须变更其文化形式,如改正朔,易服色,殊徽号等,但不能变更文化的根本,这就是所谓"为质故不变,王者有改道之文,无改道之实"。这个不可改的道或文化的根本与可变的一面并非派生与被派生的关系,而是相对主次的关系。如"质家者据天,故法三光;文家者据地,故法五行"①。四时不可改变,而五行、天地万物也像人类社会一样在其原则支配下运转。如果执着于"天"与"气"的先后关系问题为其基本问题,则无法理解《白虎通德论》中常见的概念:"天地之气"——天地也仅是气而已矣。如其说:"社无屋何? 达天地气。故《郊特牲》曰:'天子大社,必受霜露风雨,以达天地之气。'"②乃至精神也是"气":"精神者,何谓也? 精者静也,太阴施化之气也。象水之化,须待任生也。神者恍惚,太阳之气也,出入无间。总云支体万化之本

---

① 陈立:《白虎通疏证》上,第6页。
② 陈立:《白虎通疏证》下,第89页。

也。"①这是气化思想的泛化。

其次,天的实指虽往往被人们看成是"人们头上所见的星象悬布、日月着明的天空",但其内含则是一切事物得以产生的条件、原则和根据。因为,天既然有神性和自然涵义,还是人们道德行为的根据,那么,天就不能仅仅是高高在上("天道远")的不和人们发生关联的天空,而必定是与人密切相关的、人们生命和生活的根据和条件。关于这一点,详后。

再其次,天与地配合,通过四时和五行之气而生化万物。《白虎通德论》论"地":"地者,易也。言养万物怀任,交易变化也。"②又说:"社者,土地之神也。土生万物,天下之所王也。尊重之,故自祭也。"③

在天和地的关系上,《白虎通德论》认为,"天"与"地"虽有区别但又是交织在一起的。一方面,"天圆地方不相类,故无总名也"。"不相类",固然指天之圆与地之方,及"天质"而"地文""天以高为尊,地以厚为德",彼此"异类";但是,另一方面,就"天""地"之运行而生万物的过程而言,则"天地动而不别,行而不离"。天地如同阴阳又如夫妻只有相互配合才能生万物及其秩序。可以说,正因其"不相类",所以如同不娶同姓一样,"异类乃相生",并生成人类。人皆有"天地之气"。然人之男女比附天地是相对的,人为男女之总名,天地却无总名。

具体就天地关系论,《白虎通德论》说:"地之承天,犹妻之事夫,臣之事君也。其位卑,卑者亲视事,故自同于一行,尊于天也。"④还说:"(天地运转)犹君臣阴阳,相对之义也。……阳不动无以行其教,阴不静无以成其化。虽终日乾乾,亦不离其处也。故《易》曰:终日乾乾,反复道也。"⑤天、地之外,《白虎通德论》中也间接地谈到人,其中,需要注意的有:其一,认为所有人都具有共性:无论君子小人,"人无不含天地之气,有五常之性"。这实

---

① 陈立:《白虎通疏证》下,第 390 页。
② 同上书,第 420 页。
③ 陈立:《白虎通疏证》上,第 91 页。
④ 同上书,第 166 页。
⑤ 陈立:《白虎通疏证》下,第 422—423 页。

际上肯定了人的共性,均既有天地之气,也有仁、义、礼、智、信"五常"之性,这种思想其实是与近代以来人们的理解很不相同的,表明当时的人们并没有将人一概作简单的二元划分。其二,它肯定了先儒"天生百物人为贵","人者,其天地之德,阴阳之交,鬼神之会,五行之秀气"的观点,认为人是万物中最尊贵的:"天道一时生,一时养。人者,天之贵物也。逾时则内有怨女,外有旷夫。"[1]"天地之性,人为贵,人皆天所生也,托父母气而生耳。"[2]其三,人乃不同性别的人之总名。"男女,总名为人。"男女和天地,虽常以阴阳两概念说明彼此之间的关系,但是二者还有不可完全通约的一面。

《白虎通德论》将战国时代以来流行的阴阳五行学说和儒家伦理熔为一炉,以解释宇宙变化和人间秩序。

二、天人关系

汉儒在天人关系上有两大趋势:一是凸显天的地位;二是主张天人感应。就第一点而论,其目的是为了"屈君而伸天"[3]。皇权无法在人间得到限制,故需借助于超人间力量的限制。第二点则是认为,人间活动及其相互关系,特别是皇权受命,与天的意志之间,是相互关联的。董仲舒是"天人感应"思想的得力倡导者,而"白虎观会议"倡议者杨终作有赞颂汉代嘉瑞的诗篇,另一儒生丁鸿亦曰:"人道悖于下,效验见于天,虽有隐谋,神照其情,垂象见戒,以告人君。"[4]

章帝驾崩后,刚刚即位的和帝,面临朝议北击匈奴事,鲁恭上书说:"万民者,天之所生。天爱其所生,犹父母爱其子。一物有不得其所者,则天气为之舛错,况于人乎?故爱人者必有天报。……夫人道义于下,则阴阳和于上。……夫以德胜人者昌,以力胜人者亡。"又说:"上观天

---

① 陈立:《白虎通疏证》上,第209页。
② 同上书,第216页。
③ 苏舆撰、钟哲点校:《春秋繁露义证》,第32页。
④《后汉书·丁鸿传》。

心,下察人志,足以知事之得失。"①

在这种氛围中,《白虎通德论》承认"人皆天所生也,托父母气而生耳",天子受天命,虽各有品德的优劣,但都"俱命于天"②。天子不能一人治理天下,故有臣。它说:"天虽至神,必因日月之光;地虽至灵,必有山川之化;圣人虽有万人之德,必须俊贤。三公、九卿、二十七大夫、八十一元士,以顺天成其道。"③大臣之义,即在"尽忠纳诚也"④。君臣地位不等,身份不同;不同身份的人,祭祀对象也就不相同。对于民而言,天子或帝王象征着天命和天意。"《礼记·谥法》曰:'德象天地称帝,仁义所生称王。'"⑤而民不可一日无君。"民臣不可一日无君也",乃因"民臣之心不可一日无君"。

这里,是否意味着天子和臣民的关系是纯粹单向的呢?天子和臣民的关系就是无条件服从的关系呢?深层而言,这是否意味着,在儒家思想所预设的逻辑中,天人感应"主要围绕着天子一个人来进行,和其他的人关系不大"⑥,抑或"只有周文王、周公等人才能摸到天的心坎"呢?⑦

就《白虎通德论》来看,其实臣民并非简单的绝对服从关系。一方面,重民是一切天子所代表的政府机构得以产生的原因。"王者立三公、九卿、二十七大夫,足以教道照幽隐,必复封诸侯何?重民之至也。善恶比而易知,故择贤而封之,以著其德,极其才。上以尊天子,备藩辅,下以子养百姓,施行其道,开贤者之路,谦不自专,故列土封贤,因而象之,象贤重民也。"⑧毫无疑问还是延续了前汉儒家的重民思潮。且明确地说:"王者即位,先封贤者,忧民之急也。故列土为疆非为诸侯,张官设府非为卿大夫,

① 《后汉书·鲁恭传》。
② 陈立:《白虎通疏证》上,第2页。
③ 同上书,第129页。
④ 同上书,第226页。
⑤ 同上书,第43页。
⑥ 任继愈:《中国哲学发展史》秦汉卷,第498页,北京,人民出版社,1985。
⑦ 刘泽华主编:《中国政治思想史》先秦卷,第25页,杭州,浙江人民出版社,1996。
⑧ 陈立:《白虎通疏证》上,第133页。

皆为民也。"①官府存在的理由是因重民、爱民,那么,重民、爱民的理由又是什么呢? 这当然就是与儒家伦理的基础——天人关系有关的。

就是从这个角度,天子不能"自专"。"虽天子,必有尊也,言有父也。必有先也,言有兄也。……尊三老,父象也……兄事五更,宠接礼交加,客谦敬顺貌也。"②天子品德不一,也得尊奉圣贤。

我们看到,天子或君是有多重身份的。《白虎通德论》和其他儒家典籍一样,都是强调其作为天子的政治身份和道德功能,却往往对其作为普通人的身份淡而化之。如果说在传统社会可能因特殊社会结构和文化传统而可以对此熟视无睹的话,那么,在时过境迁的近现代社会,人们应当首先注意到这一点。

就现实而言,天人感应强调人事活动必须效法天,认识天的意志。《白虎通德论》说:"天子者,爵称也。爵所以称天子者何? 王者父天母地,为天之子也。"③人道的根据在天道。"于是伏羲仰观象于天,俯察法于地,因夫妇,正五行,始定人道,画八卦以治下,下伏而化之,故谓之伏羲也。"④既然天并非人格神,而天又兼具神性义和自然义,那么认为汉儒对于天的看法具有泛神论色彩,是成立的。

天人感应思想的中心在于:天和人的活动彼此相互影响。这一思想进一步解析,可以分为无论作为神性义还是作为自然义的天及其变化过程,和人事活动是彼此相关的。

《白虎通德论》和传统儒家同样承认人事和自然的相互影响。在它那里,自然作为一个整体,有其神圣性质。重视祭祀表明了这一点。如其引《礼记》说:"天子祭天地……诸侯祭山川……卿、大夫祭五祀。"⑤所谓五祀,指门、户、井、灶、中溜。很明显,五祀具有实用性质。"人之所处

---

① 陈立:《白虎通疏证》上,第141页。
② 同上书,第248—249页。
③ 同上书,第1—2页。
④ 同上书,第51页。
⑤ 同上书,第79页。

出入,所饮食,故为神而祭之"①。所谓社稷,乃"封土立社,示有土也。稷,五谷之长,故立稷而祭之也。"

这一思想在某种意义上可找到许多理由。一方面,人事活动本身有服从自然进程的一面,比如,农事和四季时令是相关的;或人事活动又可能引起自然的某些变化。这些因素加在一起,使神性的天既可能成为人事活动遵循效法的对象,"天以高为尊,地以厚为德,故增泰山之高以报天,附梁甫之基以报地,明天之命,功成事就,有益于天地"②。也可能导致人对自己未知世界的某些警觉。"学之为言觉也。以悟所不知也。故学以治性,虑以变情。"③

另一方面,天虽有神性并对人事活动具有根源性,却并不能直接向人告知其意,而是以其独特的方式表达对人世的意见。由此,所谓灾异谴告、祥符嘉瑞就是承载着神秘天意的符号。作为具有官方半法典性质的言论集,《白虎通德论》最关心的当然是社会生活中的意外伤害以及导致这些伤害的种种不可控因素。"天所以有灾变何? 所以谴告人君,觉悟其行,欲令悔过修德,深思虑也。""灾异者,何谓也?《春秋·潜潭巴》曰:'灾之为言伤也,随事而诛。异之为言怪也,先发感动之也。'……变者,何谓也? 变者,非常也。"④然而,对灾异的解读是因人而异的。尧遭洪水,汤遭大旱,显然不是上天的谴告。那么灾变对人的意义不同的原因何在呢?《白虎通德论》说:"尧遭洪水,汤遭大旱,命运时然。"⑤所谓"命运时然",实则乃"各随其行,因其事也"。人的行为才是导致不同事变的根本原因。所谓"考天人之心,察阴阳之会""通神灵,感天地",无疑正是试图预知未来、减少灾祸的行为。

尽管《白虎通德论》宣扬谶纬迷信的色彩并未有想象的那么浓厚,但

---

① 陈立:《白虎通疏证》上,第77页。
② 同上书,第279页。
③ 同上书,第254页。
④ 同上书,第268—269页。
⑤ 同上书,第270页。

是,其中的哲理运思大体不脱离天人感应的轨道。不要说作为自然的天的活动,确实与人事活动存在着彼此相关的影响,即使就儒家系统中政治活动的中心人物君或帝王的言行,都可能引起一系列影响社会秩序乃至某些自然变化的情况。这样一来,预知天意,控制包括君主在内的一切人事活动可能导致的不利,是天人感应学说的中心。

第四节　性情说与寿命论

一、六情扶成五性

从天人感应的思维出发,在继承先儒人性学说的同时,《白虎通德论》提出"五常之性"的命题,以及"六情扶成五性"的思想,阐发了其性情说,以"五常之性"作为成德学说的人性论基础。为了进一步说明天命与人事关系上的种种复杂变化,它又提出独特的寿命论。

《白虎通德论》说:"性者,阳之施,情者,阴之化也。人禀阴阳气而生,故内怀五性六情。情者,静也。性者,生也。此人所禀六气以生者也。"[①]它以阴阳之气解释人的性情,既受到传统儒家影响,如《礼运》谓:"故人者,天地之德,阴阳之交。"又更直接受到纬书影响。

所谓"情者,静也。性者,生也",与《乐记》"人生而静,天之性也,感于物而动,性之欲也"的观点不同。《乐记》所说为天性本静,感于物而动者为欲。《乐记》认为"性"乃人生而具有的自然之性,故欲(情)是这种自然之性的表现;《白虎通德论》所谓"性"则是生于阳而可成人之本性,当然是动的。进一步看,《白虎通德论》之所以会坚持性"生"而情"静"的观点,是它未停留于人性自然的论调上,而认为生理上的反射其实算不上是"动"或"生",只有人格上的超越于生理欲求的"性",才是"动"或"生"。这样,它虽认为"性者,生也",却又同时认为人的本性即是"五常之性",简称五性。"五性

---

① 陈立:《白虎通疏证》上,第381页。

者何谓？仁义礼智信也。"①因而,仁义礼智信虽是人在本体论具备的,却需要"动"或"生"其属于"阳"的性质。这里包含着人事与自然不同的意义。之所以"托父母而生"的"眇身",能有别于"乐得其欲"而能上升到"乐得其道"②的原因在此。故《白虎通》以情静性生的意义在于,它把具有外在强制倾向的礼对'欲'的规制,转化成人内在的主动的自理,即人之去恶为善,应该遵循'阳'动'阴'随之理。故它引《钩命决》说,情是由当下的欲望牵念而动的,而性是内在的主导之理,具有'仁'的内涵。其潜台词是,情之动应随性之理,以至于善。在这个意义上,《白虎通》实际上是倾向于'性善'论的。"③

董仲舒视仁义礼智信为五常,即以此为人之行为应遵循的常道。《白虎通德论》则将五常提升为五性,视为人性的内容。道德规范内在地是人的本性,这一思想和孟子相近。既然五常是人的本性,那么,又如何解释人们日常行为并不一定遵循其本性的现象呢？同样是情性,由外而内的刺激是从生理欲望开始的,而由内而外的自觉是从人的道德"觉悟"开始的。《白虎通德论》认为,二者并非非此即彼的关系,而是虽以性为主导,但情也是有助于性的。这正是它认为情性相联,情性生于阴阳的原因。所以它才说:"人禀阴阳气而生,故内怀五性六情。"因此,这并不意味着性善情恶,反而包含性须情之辅而成的思想。正如性有五性,而情则有六情,六情者即"喜怒哀乐爱恶谓六情"。进而,《白虎通德论》引《礼运》提出"六情者,所以扶成五性"之说。④ 这一观点不仅肯定了性情并非仅是对抗的,而且承诺"君子"不是自然成就的,而是以礼的规范内化为行为准则而成,是"性"之阳所生且有情之阴所扶而成。这样,情性共同存在于人生的两个方面,性为人的本性,即仁义礼智信五常;情为人的利欲,即喜怒哀乐爱恶六情。情性既彼此有别,又互相联结。性不能离情而孤立存在,它表露在外为情,情

---

① 陈立:《白虎通疏证》上,第381页。
② 孙希旦:《礼记集解》下,第1005页,北京,中华书局,1989。
③ 许抗生等:《中国儒学史》两汉卷,第420页,北京,北京大学出版社,2011。
④ 陈立:《白虎通疏证》上,第387页。

反过来也扶成五性。所以,性对情是既依赖又制约的关系。它还说:"人本含六律五行之气而生,故内有五藏六府,此情性之所由出入也。"①仁义礼智信五性和喜怒哀乐爱恶六情出入于人体五藏六府。所谓五藏,即肝、心、肺、肾、脾,六府,即大肠、小肠、胃、膀胱、三焦、胆。五藏六府在人体是一个紧密联系的整体,所以五性六情在人也是一个彼此关联的统一体。性有仁,情有利欲,但不能简单地以性善情恶论性情。"情性生汁中,汁中生神明,神明生道德,道德生文章。"

在肯定性情从不同角度成就道德文章的前提下,《白虎通德论》还从人类学意义上考察。"天地之性人为贵,人皆天所生也,托父母气而生耳。"②人和万物均为天地所生。人是天地之中最尊贵者,天下也没有任何一物可以和人的珍贵相提并论。但天地是一个抽象概念,它并不能直接生人,人是托父母之气而生的。那么,父母之气从何而来? 父母之气,便是天地阴阳五行之气。这就是上节"天人关系"所述,人象天,天有阴阳五行之气,人怀五性六情之化。具体地说,气有阴阳之气,情生于阴气,性生于阳气。气又有金木水火土五行之气,由五行之气而生仁义礼智信五常和喜怒哀乐爱恶六情。阴阳五行之气的运行,决定了人生五性六情的善恶变化。"故《钩命诀》曰:情生于阴,欲以时念也。性生于阳,以就理也。阳气者仁,阴气者贪,故情有利欲,性有仁也。"③性据理而情欲利,性有仁义而情有利欲,都体现着阳气仁而阴气贪的性质。《白虎通德论》调和并改造了董仲舒仁贪之气决定贪仁之性的思想和刘向性善情恶的观念,形成了自己的情性论。

按《白虎通德论》,人有五性六情,六情可扶成五性,但是,人又是由阴阳之气构成的,不能自然成就其五性,这样,六情要扶成五性,不能完全听凭自然,而必须依靠圣人的教化。这样,它提出了"圣人象五常之道""以教人成德"的思想。其云:"人情有五性,怀五常不能自成,是以圣人象天五常

---

① 陈立:《白虎通疏证》上,第382页。
② 陈立:《白虎通疏证》下,第216页。
③ 同上书,第381页。

之道而明之,以教人成其德也。"①只有圣人才可能取象天地阴阳五行的道理,制作行为的纲纪法度和礼乐规范来引导人们,使之成就道德。"人皆怀五常之性,有亲爱之心,是以纲纪为化,若罗网之有纪纲而万目张也。"②"乐所以荡涤,反其邪恶也。礼所以防淫佚,节其侈靡也。"③礼乐是体现天地之气运变法则的纲纪,符合人的情性向善的要求,是教人成德、走向正道所必不可少的。

圣人之所以能教化万民的理由是"通"。《白虎通德论》说:"圣人者何?圣者,通也,道也,声也。道无所不通,明无所不照,闻声知情。"④一方面,圣人"闻声知情,与天地合德,日月合明,四时合序,鬼神合吉凶"。圣人是知类通达,能够"作"者。如伏羲作八卦,此后,伏羲、神农、黄帝、尧、舜,"文俱言'作'"。所谓"作",惠栋《古义》谓"作谓著作"。《乐记》云:"作者之谓圣"。但按《中庸》,作乃制作礼乐制度。按此标准,上古帝王,如伏羲、神农、黄帝、尧、舜,以及禹汤、文、武、周公等皆为圣人。

另一方面,圣人虽是人中英杰,却不是神。《白虎通德论》对圣人作了形象处理,甚至可以用数量形容。其述《礼·别名记》说:"五人曰茂。十人曰选。百人曰俊。千人曰英。倍英曰贤。万人曰杰。万杰曰圣。"⑤这样看,圣人仍然"只是人中的佼佼者而已",这和神有本质的不同。

《白虎通德论》的观点显然既承袭了传统,但也力图通过具体历史条件下的某些现象或暗示来影响时人的想象和行为观念。《白虎通德论》正是通过其既具有传统意识又有现实说服力的观点,来解释三纲六纪和人们需要圣人也确实存在圣人这样的观点的。

《白虎通德论》以五常之性规定性范畴的内涵,在以往情性论思想的基础上进一步提出六情以扶五性的思想,并据此确立五常之道以教人成

---

① 陈立:《白虎通疏证》下,第 447 页。
② 同上书,第 374 页。
③ 同上书,第 94 页。
④ 同上书,第 334 页。
⑤ 同上书,第 334—335 页。

德的治国之道,这是中国哲学性论的新的理论思维成果。它拓宽了道德认识之路。

二、寿命论

人情虽皆怀有"五性""五常",却不能自成,必依靠圣人的教导才能成其性。那么,构成人生这种限制性的东西是什么呢?这就是《白虎通德论》的"寿命"论要回答的问题。

孔子认为"知命"是"君子"作为君子的一个必要前提,其云:"不知命,无以为君子也。"①《周易·系辞》谓"穷理尽性以至于命",将"命"看成"穷理""尽性"的极限来看待。"命"作为一个重要概念,有谓"天所命生人者也"(郑玄《中庸注》)或"初所禀得而生者也"②,也可看成是从消极角度来看人的限制性。《白虎通德论》既在作为人生禀受的意义上,又在各种可能的具体限制性上来认识"命"。

> 命者,何谓也?人之寿也,天命已使生者也。命有三科以记验:有寿命以保度,有遭命以遇暴,有随命以应行。寿命者,上命也,若言文王受命唯中身,享国五十年。随命者,随行为命,若言息弃三正,天用剿绝其命矣。又欲使民务仁立义,无滔天。滔天则司命举过言,则用以弊之。遭命者,逢世残贼,若上逢乱君,下必灾变,暴至,夭绝人命,沙鹿崩于受邑是也。③

从其谓"寿命者,上命也,若言文王受命唯中身,享国五十年。随命者,随行为命,若言息弃三正,天用剿绝其命矣",及"遭命者,逢世残贼,若上逢乱君,下必灾变暴至,夭绝人命"可知,其虽以"寿命"论命,但实则不是专谈世俗所谓"寿命",而是论作为哲学概念之"命"的。

寿命,即上命,有谓正命者,并不因操行之善恶而变化,所禀受于天

①《论语·尧曰》。
② 黄晖:《论衡校释》一,第125页。
③ 陈立:《白虎通疏证》上,第391—392页。

之吉命者;随命乃因行为善恶而有相应的灾福变化;遭命为不论操行皆得灾祸者。显然,作者于此论及人的限制性可能的几种变化。一是天赋的寿命,与个人操行无关;再是有操行的善恶决定的随命;三是与个人操行完全无关的遭命。其中,仅随命是与行为有相关性的。当然,如果三种因素综合在一起,可能会使命显得更为复杂。这说明,作者意识到,人的行为的善恶所导致的反应在具体条件下是复杂的,它并非具有完全的确定性并以形式逻辑可加推论,而不能不依赖社会政治条件和大的社会氛围,并非善恶报应那么简单。

第五节　三统说

一、三统与通三统

《白虎通德论》的三统说继承发挥董仲舒的有关思想,是其历史和政治哲学的重要内容,并为教化思想提供理论基础。三统说在思想理路上隶属于宇宙观。

《白虎通德论》曰:"王者受命必改朔何? 明易姓,示不相袭也。明受之于天,不受之于人,所以变易民心,革其耳目,以助化也。故《(丧服)大传》曰:'王者始起,改正朔,易服色,殊徽号,异器械,别衣服'也。是以舜禹虽继太平,犹宜改以应天。王者改作,乐必得天应而后作何? 重改制也。《春秋瑞应传》曰:'敬受瑞应,而王改正朔,易服色。'《易》曰:'汤武革命,顺乎天而应乎民也。'"①为何正朔恰好只有三种相互区别呢? 它说:"天有三统,谓三微之月也。明王者当奉顺而成之,故受命各统一正也。敬始重本也。朔者,苏也,革也。言万物革更于是,改统焉。"②改正朔目的在于"变易民心,革其耳目,以助化也",受命之君各统一正,旨在"敬始重本"。

----

① 陈立:《白虎通疏证》上,第 360—361 页。
② 同上书,第 362 页。

可见,《白虎通德论》基本继承了董仲舒"三统说"的主要框架,认为夏、商、周三代分属黑统、白统、赤统,在历法上虽均以自然季节为本,但各以不同月份为一年的开始,如夏以孟春月为正,殷以季冬月为正,周以仲冬月为正。同时,《白虎通德论》亦有以下特点:

第一,认为朝代改统,目的是顺天应人,是出于天意。王者受命而改正朔,是表示自己的政权不是受于人,而是受于天。"王者受命必改朔何?明易姓,示不相袭也。明受之于天,不受之于人。"这是对政权神圣性的说明。同时,改正朔也是适应人事。

第二,突出事物变革之初、始的重要性。之所以要改正朔,乃"敬始重本也"。"朔者,苏也,革也。言万物革更于是,改统焉。"对"始""本"的敬重是汉时人们对事物规律性的自觉。《中庸》谓:"诚者,物之终始。"《大学》亦云:"物有本末,事有终始。知所先后,则近道矣。"对"本""始"的慎重其事,反映了作者们对人事之间的相关性、规律性有一定的领悟。万事开头难,改正朔也就是求得一个良好的开局。

第三,特别强调"通三统"。"王者所以存二王之后何也?所以尊先王,通天下之三统也。明天下非一家之有,谨敬谦让之至也。故封之百里,使得服其正色,行其礼乐,永事祖先。"①

关于"通三统"的涵义,存在分歧。古代学者因时代局限,主要分歧集中在"存二王之后"与"通三统"之间关系以及"三统"的含义究竟何所指的问题。治《鲁诗》的丞相韦玄成、治《易》的学者施雠引《外传》曰:"三王之乐,可得观乎?"清陈立云:"知王者所封,三代而已。"然郑玄注《礼记·郊特牲》有"天子存二代之后,犹尊贤也,尊贤不过二代"之说,加以驳斥:"所存二王之后者,命使郊天以天子之礼,祭其始祖受命之主,自行其正朔服色,此之谓通夫三统。"②其实,《白虎通德论》原文已经很容易理解:"通三统"的真义在于"明天下非一家之有",故"谨敬谦让之至也"。

---

① 陈立:《白虎通疏证》上,第 366 页。
② 同上书,第 368 页。

类似思想还可以在其他篇章中找到。《王者不臣》篇曰:"王者所不臣者三,何也? 谓二王之后……不臣二王之后者,尊先王,通天下之三统也。"可见,"三统"说不仅强调各统一正,而且还有一个"通"的问题。本来是不同的朝代,如何能"通"? 为何需要"通"? 这是作者思想的关键。显然,这一历史哲学观是奠定在任何制度体系日久年深,都会有积弊,其"通"恰恰就是要求适时汰出这些积弊。

与"三统"说相关的是"文质"论。文,指文明;质,指质朴。文质这一对概念反映的是人类文明和文化发展的概念。这对概念的积极意义表明文明的发展既是一个趋近于文明的过程,但又毕竟不能没有文明得以发展的基本条件。孔子所谓"文质彬彬,然后君子"就表明了这对概念的关系。

《白虎通德论》也以这对概念来解释历史发展。但是,它却与中国哲学中阴阳、天地的概念相比附,其云:"王者必一质一文者何? 所以承天地,顺阴阳。阳之道极,则阴道受;阴之道极,则阳道受。明二阴二阳不能相继也。"①从《易·系辞》所谓"一阴一阳之谓道",可理解"二阴二阳不能相继"的原因。又云:"质法天,文法地而已。故天为质,地受而化之,养而成之,故为文。《尚书大传》曰:'王者一质一文,据天地之道。'《礼·三正记》曰:'质法天,文法地'也。帝王始起,先质后文者,顺天下之道,本末之义,先后之序也。事莫不先有质性,乃后有文章也。"②

"三统说"和"文质论"并不是对应的。《礼·三正记》说:"正朔三而改,文质再而复。""通三统"重在汰出历史制度的积弊,而文质之论则在解释文明的进化,二者的重心不同,但其内在联系则在文明和文化的进化。文质本身是相对的。《礼记·表记》说:"虞夏之质,殷周之文,至矣。虞夏之文不胜其质,殷周之质不胜其文。""文质再而复"一定意义上就反映了"三统"之"通"。

---

① 陈立:《白虎通疏证》上,第 368 页。
② 同上。

二、三教

政治与教化的关系也是《白虎通德论》关注的问题之一。其中"教"，应指的是"教化"而非"教育"。

关于三代教化，《说苑·修文》和王充《论衡·齐世篇》所述大同小异，仅有文字差异。《白虎通德论》也是这样，它说："夏人之王教以忠，其失野，救野之失莫如敬。殷人之王教以敬，其失鬼，救鬼之失莫如文。周人之王教以文，其失薄，救薄之失莫如忠。继周尚黑，制与夏同。三者如顺连环，周而复始，穷则反本。"①比较而言，《说苑》和《论衡》均谓"小人野""小人鬼""小人薄"，而《白虎通德论》不强调这一点，显然，它更突出三教本身之有失，以及三教"如顺连环，周而复始，穷则反本"的循环。

《白虎通德论》又说："教者，何谓也？ 教者，效也。上为之，下效之。民有质朴，不教而（不）成。故《孝经》曰：'先王见教之可以化民。'《论语》曰：'不教民战，是谓弃之。'《尚书》曰：'以教祗德。'《诗》云：'尔之教矣，欲民斯效。'"②"为"者，行也。按文义，"民有质朴，不教而成"，应为"不教不成"。不教就只有质朴而无文明。所谓"教"，即是身居"上位"者的行为，会引起在下之民的仿效。这显然是说政治权力对于社会教化有难以替代的重要作用。文明虽是依靠教化完成的，但统治者的地位和权力使他们的操行成为人们模仿的对象。这里不仅说明统治者具有教化下民的责任，他们以行为示范，而且也暗示统治者之所以能够统治的根据在他们的德行。

因而，"教"绝非职业教育，而是与政治紧密相关的人格教育，它说："王者设三教者何？ 承衰救弊，欲民反正道也。"③所谓"欲民反正道"即希望下民回归正当或正确的生活轨道，故所谓"教"即是教化。其曰："教

---

① 陈立：《白虎通疏证》上，第 369 页。
② 同上书，第 371 页。
③ 同上书，第 369 页。

者,所以追补败政,靡弊溷浊,谓之治也。舜之承尧无为易也。"①

那么,为何要讲"三教"?其实,"三教"是与"三正"即"三统"相配合的。"三正之有失,故立三教,以相指受。"三教体现了"三统"之"通"的本意。

"三教"各有不同主旨。夏、商、周三代教化统称"三教",而"三教"的主旨分别是"忠""敬"和"文"。夏之王教在"忠",其民质朴,但其弊在粗野;商之王教在"敬",其弊在于迷信;周之王教在"文",其弊在轻。在作者看来,后世兴起之教化都是对原来的补救,但并非否定原来的教化。

《礼记·表记》记子曰:"夏道尊命,事鬼敬神而远之,近人而忠焉,先禄而后威,先赏而后罚,亲而不尊。……殷人尊神,率民以事神,先鬼而后礼,先罚而后赏,尊而不亲……周人尊礼尚施,事鬼敬神而远之,近人而忠焉,其赏罚用爵列,亲而不尊……"可见,无论《白虎通德论》还是《礼记·表记》,都说明了教化的内容是历史累积性的,不同时代的教化内容虽有其时代特点,但绝不可能是单一的、割断历史的。

"三教"有如下特点:第一,"三教"作为完备的教化系统在于其效法天、地、人。"教所以三何?法天地人。内忠外敬,文饰之,故三而备也。"②其中,忠效法人,敬效法地,文效法天。"人以忠教,故忠为人教也。地道谦卑,天之所生,地敬养之,以敬为地教也。"③第二,"三教"与"三统"是相配合的,"三者如顺连环,周而复始,穷则反本。"在这里,作者不仅认为教化是历史文化的积累和发展,而且主张政与教的统一。第三,"三教"是一个整体。其云:"三教一体而分,不可单行。"虽然不同朝代所行之教有先后之别,"何以言三教并施,不可单行也?以忠、敬、文无可去者也。"

从《白虎通德论》反复强调"三正之相承,若顺连环","帝王始起,先质后文者,顺天地之道,本末之义,先后之序也"④,三教"如顺连环,周而复

---

① 陈立:《白虎通疏证》上,第370页。
②③ 同上书,第371页。
④ 同上书,第368页。

始",但终不免"衰""弊"而"穷则反本"来看,作者对传统政治与教化的看法正如生命有机体一样,是一个循环往复的过程,没有永恒不变的机体。

需补充的是,关于三教,《白虎通德论》还认为其内容在"法天地人。内忠,外敬,文饰之,故三而备也。即法天地人各何施? 忠法人,敬法地,文法天。人道主忠,人以至道教人,忠之至也。人以忠教,故忠为人教也。地道谦卑,天之所生,地敬养之,以敬为地教也"。而三教之先"忠",在于其乃"行之本也"。就其关系论,虽有先后,但不可或缺:"三教一体而分,不可单行。"

三、五行更王说

与三统说相关的历史哲学观中还包括"五行更王说"。

《白虎通德论》说:"五行者,何谓也? 谓金、木、水、火、土也。言行者,欲言为天行气之义也。……《尚书》曰:'一曰水,二曰火,三曰木,四曰金,五曰土。'"[①]它认为五行是与不同方位与属性相对应的。如水位在北方。北方者阴气,在黄泉之下,任养万物。木在东方。东方者,阳气始动,万物始生。火在南方。南方者,阳在上,万物垂枝。金在西方。西方者,阴始起,万物禁止。金之为言禁也。土在中央,中央者,主吐含万物,土之为言吐也。《乐记》曰:"春生夏长,秋收冬藏。"四方与春夏秋冬四时的循环是对称的。

为什么土没有四时之名呢? 地,是土的另一名称,"比于五行最尊,故不自居部职也"[②]。这和董仲舒"土者,五行之主也;土者,五行最贵者也;五行莫贵于土"(《春秋繁露·五行对》)的思想一脉相承。《白虎通德论》引《元命苞》说:"土无位而道在,故大一不与化,人主不任部职。"不仅四季皆不可以离土,而且"土扶微助衰,历成其道,故五行更王,亦须土

---

① 陈立:《白虎通疏证》上,第 166 页。
② 同上书,第 168 页。

也。王四季,居中央,不名时"①。这种对土的独特品格的认识,是独具特色的。因土不居部职,故可与天相配。

相对天之阳而言,地属于阴,处于卑位,所谓"天尊地卑"。但是,相对五行的水、木、火、金而言,土却处于尊位。另一方面,水、木、火、金四者像四方、四时而据天,土则是地。天质地文。在此,天地、四时、五行关系的错综复杂,不可以简单地以线性逻辑分析。五行、阴阳的思想中既有某些牵强附会的地方,也存在着丰富的辩证法思想。

与早期其他五行说不同的是,《白虎通德论》提出了"五行更王"说,大抵以五行生克的理由来解释社会政治的运行规律。

> 五行所以更王何? 以其转相生,故有终始也。木生火,火生土,土生金,金生水,水生木。是以木王,火相,土死,金囚,水休。王所胜者死。(王所生者相)[胜王者囚],故王者休。②

"五行更王",是以五行变化来解释社会政治变化的原因。其关键是认为社会变迁与宇宙构成元素间的生克关系存在着内在的关联。应该说,社会与自然宇宙之间存在着本质差异,二者之间即使存在相关性,也不是这样的简单对应关系。因此,"五行更王"说无疑有牵强之处。唯一可以肯定的是,我们不能因此否认古人试图去认识社会变化规律的尝试,不能否定不同社会形态乃至朝代之间的生克关系。作为以政治行为发生关系的不同朝代以及具有反思和反省特性的人而言,改朝换代和以史为鉴之间是存在着因果关系的。不能因社会与自然之间的差异一概否定它们乃至社会关系中的联系。滤去某些荒谬和附会之处,客观上反映了论者们试图解释政治历史变化的规律性的努力,说明其不满足于仅为统治者的统治合法性作赤裸裸的论证。

《白虎通德论》亦以一种目的论哲学解释五行关系,其实是要为社会伦理寻求理论根据。它说:

---

① 陈立:《白虎通疏证》上,第190页。
② 同上书,第187—190页。

子不肯禅何法？法四时火不兴土而兴金也。父死子继何法？法木终火王也。兄死弟及何法？夏之承春也。"善善及子孙"何法？春生待夏复长也。"恶恶止其身"何法？法秋煞不待冬。主幼臣摄政何法？法土用事于季、孟之间也。子之复仇何法？法土胜水，水胜火也。子顺父，妻顺夫，臣顺君，何法？法地顺天也。男不离父母何法？法火不离木也。女离父母何法？法水流去金也。娶妻亲迎何法？法日入，阳下阴也。君让臣何法？法月三十日，名其功也。①

像君让臣、臣谏君、子谏父之类，也用五行生克的原理来解释。"父为子隐何法？木之藏火也。子为父隐何法？法水逃金也。""子养父母何法？法夏养长木，此火养母也。""子丧父母何法？法木不见水则憔悴也。""不娶同姓何法？法五行异类乃相生也。"

人间的秩序和规范，都是模仿五行的客观秩序与原则。这就将社会道德规范永恒化。可见，《白虎通德论》是东汉儒家今、古文经学的综合，是汉儒对诸子思想的融合，当然也是经学和谶纬神学合流的产物。不仅普通人之间的谦让美德有其根据，如"善称君，过称己，何法？法阴阳共叙共生，阳名生，阴名煞"，而且社会等级也是天定的秩序，甚至某些特殊的社会政治现象也是先定的。臣谏君不从则去，是"法水润下达于上"也。君子远子近孙，是"法木远火近土"也。亲属臣谏不相去，是"法（水）木枝叶不相离"也。父子相隐，是法"木之藏火"与"水逃金"也。君有众民，是"法天有众星"也。王者赐，先亲近，后疏远，是法"天雨高者先得之"也。长幼之序法四时有孟、仲、季也。朋友法水合流相承也。父母生子养长子，法水生木长大也。子养父母，法夏养长木，此火养母也。乃至于"君一娶九女，何法？法九州，象天之施也。不娶同姓，何法？法五行异类乃相生也"。这种论调的依据在于：任何人类的道德规范与社会法则，虽然都是人类生存发展过程必然产生的，但是，也有其自然的根据。如果以两汉儒者比较重视的荀子的眼光看，人一方面是属于自然界的，

---

① 陈立：《白虎通疏证》上，第 194—195 页。

当然应服从自然法则,但是,在《白虎通德论》的作者们看来,人却不能如荀子那样强调对于自然(天)的主体性,"制天命而用之",而是效法具有价值和目的的"天"。

在《白虎通德论》的论证方式中,既有根据汉人的日常经验以论说五行关系的一面,也有从社会政治需要而牵强附会地将社会道德规范投射于五行关系上的一面。然而,社会与自然宇宙之间存在着本质差异,二者之间即使存在相关性,也不是这样的简单对应关系。可是,当牵强附会的五行学说和社会政治与道德规范联系起来时,在当时就具有了不同的社会意义,人们便很难深入反思经验的限制性和政治的影响力。

三统说和五行更王说均为《白虎通德论》试图将王朝更迭解释为非人力可为的客观历史过程的努力,它不仅服务于君权神授的统治思想,而且也有力图探寻历史和政治规律性的意味。比较而言,"五行更王说"更是将王朝更迭说成是个客观的历史过程。

第六节　三纲六纪说

一、三纲六纪说

《白虎通德论》中一个影响深远广泛的学说,即是三纲六纪。三纲六纪的具体内容是什么呢?

> 三纲者,何谓也? 谓君臣、父子、夫妇也。六纪者,谓诸父、兄弟、族人、诸舅、师长、朋友也。故《含文嘉》曰:"君为臣纲,父为子纲,夫为妻纲。"……何谓纲纪? 纲者,张也。纪者,理也。大者为纲,小者为纪。所以张理上下、整齐人道也。①

三纲的具体内容就是"君为臣纲,父为子纲,夫为妻纲";而六纪则是君臣、父子、夫妇之外的其他六类人际关系上的原则:诸父、诸舅、族人、

① 陈立:《白虎通疏证》上,第373—374页。

昆弟、师长、朋友等。其中,三纲是核心,六纪受三纲的制约。

需说明的是,三纲先是引用《含文嘉》的文字为证;其次,它受到董仲舒的影响。《春秋繁露·基义》提出:"王道之三纲,可求于天。"董仲舒认为,一切事物的根本原则就是"合"。合必有上下、左右、前后、表里、美恶、顺逆、喜怒、寒暑、昼夜的配合。它们的相互依赖就是"兼"。这些都可用阴阳二者相辅相成的关系来理解。在人伦上阴阳关系的常见表现是君臣、父子和夫妇三类。所谓"纲",即强调在"合"与"兼"的前提下"阴道无所独行。其始也,不得专起;其终也,不得分功"。他的这些思想虽也是对《易经》中阴阳思想的发挥,但明显反映了汉代后宫专权的弊端。

《白虎通德论》说:"君臣、父子、夫妇,六人也。所以称三纲何? 一阴一阳之谓道,阳得阴而成,阴得阳而序,刚柔相配,故六人为三纲。""六人为三纲"即六个不同社会角色因阴阳搭配而构成三纲的基本内容。在作者看来,复杂的社会关系中最基本是家庭关系(父子、夫妇)和政治关系(君臣),其中政治关系是首要的,家庭关系从属于政治关系。这当然反映了儒学"备制"时代和"空言"时代的很大不同。在先秦,典籍中有强调丧服制度中父子关系中心的特点,故有"为父绝君,不为君绝父"之说(《郭店楚简·六德》),以及"资于事父以事君"之说(《孝经》),但亦有"有君丧服于身,不敢私服"之说。[①] 显然,不同时代对忠孝之间存在的冲突解决方法不同。这说明,忠、孝所反映的两种不同关系的内容彼此虽可相互促进,但也是相互区别和制约,有时是冲突的。在强调文化道德意义的重要性时,先秦典籍中不乏选择家庭一伦而让君臣一伦做出让步的记载。如孟子所载"窃负而逃"就是例子。但在汉代,特别在《白虎通德论》中,"备制"的需要而将政治关系植于家庭关系之前,后者从属于前者。

所谓"纲者,张也;纪者,理也。大者为纲,小者为纪,所以张理上下,整齐人道也。人皆怀五常之性,有亲爱之心,是以纲纪为化,若罗网之有

---

① 《礼记·曾子问》。

纪纲而万目张也",是将三纲六纪的伦理原则看成社会化、文化的大纲大法,认为是其他事业的基础。在具体解释三纲时,又说:

> 君臣者,何谓也?君,群也,群下之所归心也。臣者,缠坚也,厉志自坚固也。《春秋传》曰:"君处此,臣请归"也。父子者,何谓也?父者,矩也,以法度教子也。子者,孳也,孳孳无已也。故《孝经》曰:"父有争子,则身不陷于不义。"夫妇者,何谓也?夫者,扶也,以道扶接也。妇者,服也,以礼屈服也。

这里以释义学方式阐明君臣、父子、夫妇之间的义理关系,显然是强调宗法伦理在实践上的落实。它既是突出伦理实践的原则,最切实的问题就是解决人伦中的分歧与冲突。故所谓三纲,原则上是解决君臣、父子、夫妇间矛盾和冲突的基本原则。六纪是三纲在人际关系上的进一步延伸。在作者们看来,三纲是效法天地人三材的,而六纪乃扩大的生存环境中的规范。"三纲法天地人,六纪法六合。君臣法天,取象日月屈信,归功天也。父子法地,取象五行转相生也。夫妇法人,取象人合阴阳,有施化端也。"①

君臣关系取法于天人关系,因天授予其各自的合法性。这一思想根源于《礼记·表记》:"唯天子受命于天,士受命于君。"《白虎通德论》则说:"天子者,爵称也。爵所以称天子何?王者父天母地,为天之子也。"②王作为上天之子,受命于天,虽能受命改制,却也应如孝子尊奉天地。这样,君与天的关系仍类比父子。天因其神圣性,使这种关系也获得神圣性质。因此,天、君关系具有很大想象和诠释空间。另一方面,天虽具神圣性,但仍因其不离世俗生活而需通过必要环节落实于人。在儒家的人伦关系中,与之最相近的当然就是父子关系。事实上,"虽天子,必有尊也,言有父也"。从父子推及兄弟"必有先也,言有兄也"。故王者"父事三老,兄事五更"③。但这不意味着君臣关系完全可以比拟为父子关系。

---

① 陈立:《白虎通疏证》上,第375页。
② 同上书,第1—2页。
③ 同上书,第249页。

因为,政治关系不能还原为宗法伦理。如"为人臣之礼,不显谏。三谏而不听,则逃之。子之事亲也,三谏而不听,则号泣而随之。君有疾,饮药,臣先尝之。亲有疾,饮药,子先尝之"(《礼记·曲礼下》)。这便是所谓君臣以义和,父子以恩制。"门内之治恩掩义,门外之治义断恩。"《白虎通德论》也不能例外。所有的比附都不是绝对的。如父子、夫妇皆可"一体"言之,而君臣非是。

虽说"君臣法天,父子法地,夫妇法人",而"男女总名为人,天地所以无总名何? 曰:天圆地方,不相类,故无总名也"①。可见,线性思维并不能合理解释三纲彼此之间的关系。伦理政治实践中,君臣、父子不仅有相比附的一面,也存在着一定冲突。一旦作为道德原则的三纲成为实践上依赖习惯和修养决定的自觉意识,则其抽象的意义仍取决于具体人格。这在夫妇一伦中表现尤其充分。由此,可以看到,《白虎通德论》一面说"男女总名为人",另一面则强调"妇人无专制之义,御众之任",就是如此。

至于六纪,则是要么"以其有亲恩连也",要么"以其皆有同志为己助也"。

显然,朋友一伦服从父子、兄弟的家庭伦理。

在人伦关系及道德的底线和理想之间,存在着冲突和可选择的空间。这些冲突和空间在道德上若还是可理解并能得到必要的控制的话,那么,政治和道德彼此之间还能维持平衡的关系,否则,当道德政治化为制度和体制时,不是政治伤害道德,就是道德妨碍政治。然而,三纲六纪则维系着社会所需要的平衡。

二、对三纲思想的评价

应该说,三纲是几个主要的社会角色的行为规范,其所以会如此规定当是由复杂的人类社会生活的方方面面的理由所决定的。而如此规范人们的行为的理由究竟是什么呢? 这当然就需要对不同社会角色的

① 陈立:《白虎通疏证》下,第422页。

行为进行一定的分析。

法国存在主义者梅洛·庞蒂认为:"行为不是一个事物,但它更不是一个观念,它并不是某一纯粹意识的外壳。"[1]在他看来,行为是一种"形式"。"无论是在生产的因果性的粗浅意义上,还是在函数与变量关系的意义上,行为都不是物理世界的一种效应。在行为所处的物理场(各种定向力量的系统)之上,还必须承认一个生理场、一个第二级的'紧张和舒张系统'(它以一种决定性的方式单独规定了实际行为)的原初特征"。此外,行为还有第三个场即"心理场"。它们分别属于物质、生命和精神的不同层次。个体行为往往同时受三个层面"非均衡"的影响。"最后,应该构成一个个体在其中始终都能够获得进一步实现的等级"。依照这个观点看三纲思想,显然在君臣、父子、夫妇关系之间因存在着的物质、生命和心理的差异,落实到宗法社会色彩浓厚的汉代社会,似只有这种规范才能使"个体在其中始终都能够获得进一步实现的等级"。

梅洛·庞蒂从独立个体角度分析行为的生理、生命和精神三个不同层次及其关系,旨在说明任何个体行为都是可以在不同条件下去充分揭示其各种意义的。没有一种行为的意义是固定不变的。当然,另一方面,行为的心理场往往不可对象性观察,此所谓"人藏其心,不可测度也"[2]。进一步说,三纲是特定条件下三对人际关系的行为规范,是将心理层的行为动机"悬置"只论行为的规范的。

当然,从理想看,它要求三者统一。但是,人的三个场的分配并不是恒定的,特别是在精神层面更有偶然性和随机性。在行为动机上有"或安而行之,或利而行之,或勉强而行之"(《中庸》)的分别;从认知上人不免有所不知,总是需要通过"学",方才能"觉悟所不知"等等。相对某一已实现的行为而言,其引起的反应活动不可预测性很大。但是,客观社会需要行为上一定的稳定性,否则,社会的秩序不可预期。正是从这个

---

[1] 里斯·梅洛·庞蒂:《行为的结构》,杨大春等译,第 195 页,北京,商务印书馆,2010。
[2]《礼记·礼运》。

角度,三纲提出了君、父、夫所代表的社会秩序对于其他人行为的根本性和决定性的意义。换言之,在相对的人际关系上行为之间虽都可以有某种因果关系,或彼此互为函数,但是,就系统的整体而言,君、父、夫们并非仅是孤立的个体,而是家庭或国家的象征,所以,他们成为了三纲的主体有当时的充足理由。

《白虎通德论》继承了先儒的思想传统,认为人道的根本在于天道。社会的一切纲纪、制度皆取法于阴阳五行,取法于天地。天地、阴阳必具体落实在人伦关系之中。

《白虎通德论》非常重视"三纲六纪"的规定。它说:"古之时,未有三纲六纪,民人但知其母,不知其父,能履前而不能覆后。卧之詓詓,行之吁吁,饥即求食,饱即弃余,茹毛饮血,而衣皮苇。于是伏羲仰观象于天,俯察法于地,因夫妇,正五行,始定人道。画八卦以治下,下伏而化之,故谓之伏羲也。"①显然,三纲六纪被看成是作为文化象征的礼。礼仪化即文化。

近代以来,因社会生活和家庭生活的巨大变革,为批判专制制度的需要,对作为其文化象征的三纲思想进行了尖锐的批判,专制制度和宗法社会也在这种批判中垮台了。应该说,传统社会中的确给三纲思想提供了实现的条件,并且限制了人们生活的创造性和社会进步,生活条件的改变已经使三纲思想明显不适应新的生活环境。

首先,《白虎通德论》并不否认而是支持臣、子、妇的谏议权。它专门有《谏诤》篇就臣、子、妇的谏诤权利做了说明。其云:"谏者,间也,更也,是非相间,革更其行。"根据智、仁、礼、信、义的不同情况分别可以有讽谏、顺谏、窥谏、指谏、伯谏五种方式。讽谏乃对熟谙之事尚在萌芽中,"未彰而讽告";顺谏为"出词逊顺,不逆君心"之谏;窥谏是视具体情形"以礼进退"之谏;指谏"指质相其事"的直陈,伯谏"为君不避丧身""臣所以有谏君之义何? 尽忠纳诚也。……《孝经》曰:'天子有诤臣七人,虽无

---

① 陈立:《白虎通疏证》上,第50页。

道,不失其天下;诸侯有诤臣五人,虽无道,不失其国;大夫有诤臣三人,虽无道,不失其家;士有诤友,则身不离于令名;父有诤子,则身不陷于不义"。所谓天子有诤臣七人,除三公外,还有左辅、右弼、前疑、后承,"四弼兴道,率主行仁"①。谏之事乃郑重的事,必有三谏而后可。"必三谏者何? 以为得君臣之义,必待放于郊者,忠厚之至也,冀君觉悟能用之。"意思是,作为诤臣,无论所谏之事用与不用,都需要经历三年的时间,才可以定去留。

不仅天子、诸侯需要有诤臣,夫、父也同样需要有诤妻、诤子。"妻得谏夫者,夫妇一体,荣耻共之。"《诗经》"相鼠有体,人而无礼。人而无礼,胡不遄死",就是妻子谏丈夫的诗。不过,妻子谏而不用,不如臣一样可去而已。同时,子谏父也不可去。"因父子一体而分,无相离之法。"

虽然作者以五行思想比附诤臣、诤妻、诤子和君、夫、父的关系,认为臣谏君乃"法金正木",子谏父"法火以揉木也",有牵强之处,但认为有诤臣诤子的必要性,还是承认人的限制性并加以正视的。

其次,在最复杂的夫妇一伦上,《白虎通德论》主张"阳唱阴和,男行女随"②,持男性中心论。"男女者,何谓也? 男者任也,任功业也。女者如也,从如人也。在家从父母,既嫁从夫,夫殁从子也"③。《爵》篇有类似言论:"妇人无爵何? 阴卑无外事,是以有'三从'之义:未嫁从父,既嫁从夫,夫死从子。故夫尊于朝,妻荣于室,随夫之行。"④强调夫妻一体、夫贵妻荣这一套。在解释家庭中夫妇分工时又说:"夫妇者何谓也? 夫者扶也。……妇者服也,服于家事,事人者也";"妇人无专制之义,御众之任,交接辞让之礼,职在供养馈食之间,其义一也"⑤。在农业社会中男性中心是由其生产和生活方式决定的,今天显然应该加以批判。这些思想,

① 陈立:《白虎通疏证》上,第226—227页。
② 陈立:《白虎通疏证》下,第421页。
③ 同上书,第491页。
④ 陈立:《白虎通疏证》上,第21页。
⑤ 同上书,第358—359页。

除了因生理和心理的差异而论男女分工的思想有一定合理性外,总体上是具有浓厚时代特点的落后思想。

　　当然,君、父、夫虽代表国或家,但同时又是一有限制性的个体,其德行和才能乃至个性深刻地决定了整体的发展可能,同时决定着臣、子、妇的生杀予夺。其间没有严格的制度规定而仅靠不成文的习惯来要求他们自我节制,显然隐藏着巨大危机。家庭因有自然血缘关系为基础的情感或许可能减轻其危险性,但对于国家而言,不能没有风险。陈寅恪说:"君为李煜亦期之以刘秀",一个"期"字表达了古代中国士人对君主的所有思想感情。在《王观堂先生挽词·序》中,他说:"吾中国文化之定义,具于《白虎通》三纲六纪之说,其意义为抽象理想最高之境,犹希腊柏拉图所谓 Eidos(Idea)者。若以君臣之纲言之,君为李煜亦期之以刘秀;以朋友之纪言之,友为郦寄亦待之以鲍叔。其所殉之道,与所成之仁,均为抽象理想之通性,而非具体之一人一事。"①显然,陈寅恪更侧重从文化道德意义上来理解三纲六纪的思想。可以说,他对于纲纪之说既有感情上的某种依恋,而对其隐含的危机也有清醒认识,甚至对纲纪的废弛难免忧虑。

---

① 陈流求、陈美延编:《陈寅恪诗集》,第 12—13 页,北京,清华大学出版社,1993。

第十二章　王充的自然哲学

王充是东汉时个性鲜明的哲学家。他崇尚独立思考,重经验实证和逻辑,以此作为武器对当时流行的"天人感应"、谶纬思想提出了批评,对世俗鬼神观念乃至传统儒家经学提出异议,其著名的《问孔》《刺孟》等著作表现出极大的理论勇气。在哲学思想方面,王充提出元气自然论的思想体系,主张实知和效验,不仅在当时独树一帜,而且对后世气论哲学有重要影响。他是东汉最重要的一个哲学家。

第一节　王充的生平及著作

一、生平

王充(27—约97),字仲任,会稽上虞(今浙江上虞)人。王充原籍魏郡元城(今河北大名县),因祖上有军功,封会稽阳亭,于是全家迁居于此。但仅一年便失去了封地和爵位,从此家道中落,以农桑为生。曾祖王勇"任气",致邻里不和。遇到灾荒之年,又"横道伤杀",结怨于众。赶上兵荒马乱,恐被仇人所逮,于是祖父王泛带领全家打算搬到会稽郡城安家,但中途停留于钱唐县,以经商为业。伯父王蒙、父亲王诵更是继承了王家任气的特点,兄弟二人在钱唐县又"勇势凌人",与土豪丁伯等人结下了怨仇,最后只能迁到虞县居住。

王充少时成孤儿,乡里有孝名。六岁时开始受教育,自谓"恭愿仁顺,礼敬具备,矜庄寂寥,有臣人之志。父未尝笞,母未尝非,闾里未尝让"①。他与同龄孩子喜捉鸟、捕蝉、玩钱、爬树不同,父亲觉得惊奇。八岁进入有一百多孩子的书馆学习,许多孩子常因过失或字写得不好受老师责打,王充则特别优秀,很快学完识字课程。于是他告别老师,转习儒家经典。《自纪》未明确说他在什么地方完成学业,按《汉书》本传,应该是到京师入太学,师事班彪。然而,王充为何不明确说明这一点,抑或他根本就没有到过京师并师事班彪,却是个疑问。据本传,王充家贫无书,常游洛阳书肆,翻阅所卖之书,皆能记忆。他每天能背诵一千多字的《论语》《尚书》,德业有很大升进。《自纪》说,"经明德就,谢师而专门,援笔而众奇"。显然,王充思想虽通众流百家之学,但不守章句,也没有人云亦云,而是有一个阅读量越来越大并独立进行钻研的过程。他虽有辩才但不喜欢与人对谈。无论在言谈,还是写作,乃至操行上都有一个共同点,那就是开始人们觉得很古怪,但最后众人都会认为他的说法和做法有道理。后归乡里教授生徒。

王充后来开始其仕宦生涯,但并不顺利。先在州县任掾功曹、功曹一类低级官吏。自称:"在县位至掾功曹,在都尉府位亦掾功曹,在太守为列掾五官功曹行事,入州为从事。"②《后汉书》谓其:"仕郡为功曹,以数谏诤不合去。"操行上,自谓:"不好徼名于世,不为利害见将。常言人长,希言人短。""能释人之大过,亦悲夫人之细非。好自周,不肯自彰。"勉力修养操行作为做人之本,而羞于以才能沽名钓誉。在乡里,"慕蘧伯玉之节";在朝廷,"贪史子鱼之行"。性格恬淡,为人清节自守,不好苟交。受到污蔑中伤也不愿自我辩解,官位不升迁也不怀恨。在竞争激烈的官场和复杂的人际关系应对方面,王充似并未像他的言谈与文章那样得到众

_____

① 黄晖:《论衡校释》四,第 1188 页。
② 同上书,第 1189 页。

人的认可,但他却将自己关心的重点放在学问上。"处逸乐而欲不放,居贫苦而志不倦。淫读古文,甘闻异言。"王充的为人与学问在近代出现分歧。关于这个问题,可参见徐复观《王充论考》和周桂钿《王充评传》《虚实之辩》等。

二、著作

王充的著述,据《论衡》中对写作目的的介绍,大致可分为四类:首先是讥时讽世,劝善砺节类,如《讥俗》之书。他说:"俗性贪进忽退,收成弃败,充升擢在位之时,众人蚁附,废退穷居,旧故叛去,志俗人之寡恩,故闲居作《讥俗节义》12 篇。"①《讥俗节义》,今不见于《论衡》书中,简称即为《讥俗》。朱谦之以为《讥俗》《节义》分为两书,其中,《言毒》《薄葬》《四讳》《询时》《讥日》《卜筮》《辨祟》《难岁》《诘术》《解除》《祀义》《祭意》等篇本属《论衡》诸篇的内容,统统被当作《讥俗》,另外如《答佞》《程材》《量知》《谢短》《效力》《别通》《超奇》《状留》《定贤》等九篇属于《节义》。但周桂钿认为,《论衡》之讥俗,与《讥俗》的内容是有区别的。他说:"《对作》篇说:'是故《论衡》之造也,起众书并失实,虚妄之言胜真美也。''其本皆起人间有非,故尽思极心,以讥世俗。'又说:'今《论衡》就世俗之书,订其真伪,辩其实虚。'可见,《论衡》也有讥俗内容,因此,这十二篇应是《论衡》的篇目。"而《自纪》中"称《讥俗》一书所讥的是'贪进忽退,收成弃败'的势利观念,讥的是世情炎凉的'寡恩'行为"②。二者所讥的对象是不同的。"上述十二篇全无这方面的内容。可见,他们不是《讥俗》之书的篇目。"《自纪》将《讥俗》与《论衡》相提并论,还在写作风格上作了比较:"充既疾俗情,作《讥俗》之书,欲悟俗人,故形露其指,为分别之文。《论衡》之书,何为复然?岂材有浅极,不能为深覆?何文之察,与彼经艺殊轨辙也?"显然,虽然二书写作对象和目的有所不同,但风格相近。

---

① 黄晖:《论衡校释》四,第 1192 页。
② 钟肇鹏、周桂钿:《桓谭王充评传》,第 137 页。

其次是议论政事类,主要有《政务》。《自纪》说:"充既疾俗情,作《讥俗》之书,又闵人君之政,徒欲治人,不得其宜,不晓其务,愁情苦思,不睹所趋,故作《政务》之书。"①所谓《政务》之书是为人君讲明"所宜""所务""所趋"的治国安邦之策的。具体内容涉及"治民之道"及"为郡国守相,县邑令长,陈通政事所当尚务。欲令全民立化,奉称国恩"②。该书还探讨了地方长官如何治民的问题,内容较为丰富。王充青年时代游学京师,后又常在地方任职,官位虽不高,但博闻奇识,学通古今,所言必有其理,持之有故。他说:"古有命使采诗,欲观风俗,知下情也。……《论衡》《政务》,其犹诗也。冀望见采,而云有过。"这是将《政务》和《论衡》比作可供王者览观各地风俗的《诗经》,希望人们能指出其中的不足。对于一部讲治国安民之道等政务事宜的书,王充如此的自信,可见其花费了作者多少心血。

《论衡》是现在研究王充思想的主要依据,其创始于明帝永平之末,初成于章帝建初时期。虞翻《会稽典录》:"《论衡》造于永平末,定于建初之年。"至晚年穷居乡里,又重加整理。朱谦之《王充著作考》(载《文史》第一辑)认为"《论衡》一书经过三次摆集"。王充于章和二年(88)罢州家居后所定为最终的定本。

对《论衡》的评价反差很大,有谓其为"冠伦大才",亦有云其为"诋毁圣贤",抑或"大抵皆文人辩议之语,并无明确深切之理论或见解"③。《论衡》的宗旨在"疾虚妄""贵是""养实",即考证事实,实事求是。王充说,"《论衡》者,所以铨轻重之言,立真伪之平"④。平,即平实、实诚。又说:"(下)实得,则上教从矣。冀悟迷惑之心,使知虚实之分。实虚之分定,而华伪之文灭;华伪之文灭,则纯诚之化日以孳矣。"只有基于客观事实之上,才能谈得上教化。分辨事实和增饰其上的虚伪各自的地位,才能

---

① 黄晖:《论衡校释》四,第 1194 页。
② 同上书,第 1180 页。
③ 劳思光:《新编中国哲学史》二,第 107 页,桂林,广西师范大学出版社,2005。
④ 黄晖:《论衡校释》四,第 1179 页。

使"纯诚之化"日益滋长。而要考论实事,先要剔除虚妄。王充说:"《论衡》之造也,起众书并失实,虚妄之言胜真美也。故虚妄之语不黜,则华文不见息;华文放流,则实事不见用。故《论衡》者,所以铨轻重之言,立真伪之平,非苟调文饰辞,为奇伟之观也。"具体内容上,《对作篇》说:"《论衡》九虚、三增,所以使俗务实诚也;《论死》《订鬼》,所以使俗薄丧葬也。……《论死》及《死伪》之篇,明(人)死无知,不能为鬼,冀观览者将一晓解约葬,更为节俭。斯盖《论衡》有益之验也。"又说:"且凡造作之过,意其言妄而谤诽也。《论衡》实事疾妄,《齐世》《宣汉》《恢国》《验符》《盛褒》《须颂》之言,无诽谤之辞。造作如此,可以免于罪矣。"

《论衡》的写作和修改历时二十多年。王充亦常以"《论衡》之人"自居,用力之深可见一斑。谢承《后汉书》说他"于宅内门户庐柱,各置笔砚简牍,见事而作,著《论衡》八十五篇"[①]。范晔《后汉书》亦说充"以借儒守文,多失其真。乃闭门潜思,绝庆吊之礼,户牖壁墙各置刀笔,著《论衡》八十五篇"。可见他晚年闭门深思,断绝社交往来,在家里到处都放有笔墨简编,灵感所到,即行著录。通过这样深思熟虑,潜心著述,才写成了《论衡》的最后定本。其思深,其功勤,于此可见。

第二节 自然观:"天"与"气"

一、天

自然观是王充哲学思想的基石,自然观也就是他的天道观。他认为"天道自然",天并无意志。"天道自然"的思想中涵摄对人事及天人关系的深层看法。他解释天道的基本概念则是所谓"气"。

当时的儒者认为"天,气也,故其去人不远。人有是非,阴为德害(暗中做了好事或坏事),天辄知之,又辄应之"。故天是有意志能赏罚的。

---

① 《艺文类聚》卷五八引。

王充则指出，"如实论之，天体，非气也"①。又说，"夫天，体也，与地无异"②，"夫天者，体也，与地同"，"天之与地皆体也"。坚持天是自然界的物质实体。王充强调天是与地相同的"体"而非气，一方面力图将天看作可以和地一样加以把握与理解的，另一方面却突出天（地）对于人的客观性质。"（天地）无体则气也，若云雾耳。"

在《物势篇》中他一开始即指出儒者"天地故生人"的虚妄。他说："夫天地合气，人偶自生也；犹夫妇合气，子则自生也。夫妇合气，非当时欲得生子，情欲动而合，合而生子矣。且夫妇不故生子，以知天地不故生人也。然则人生于天地也，犹鱼之于渊，虮虱之于人也，因气而生，种类相产。"③儒者认为，人乃天地所生，因人有伦理道德，故天地是人伦道德的根源。王充则认为，天地不可能成为道德的根源，因为天地是自己如此的，就如夫妇生孩子，并非意志使然，而是情欲激动的客观产物。虽然以夫妇之生子比喻天地之生人，未必完全恰当（因今人可"计划生育"），但夫妇生子也有其客观一面。深水并不想养鱼，但鱼恰好生长在深水中；人不希望生虮虱，但虮虱却生于人身上，这是自然的过程。这一思想正是"不以人灭"观念的延伸。

天的运行轨迹即天道，它本质上自然而然，与人事没有必然联系。王充说："天地之性，自然之道也。"④所谓"自然"，在王充这里有两层意思：一是自己如此、自然而然的意思，它相对人事而言是"无为"，如他说："天道自然，非人事也。"⑤又说："夫天道，自然也，无为。"⑥"夫地动，天时，非政所致。"⑦自然无为的含义是什么呢？他说：无为乃"无心于为而

---

① 黄晖：《论衡校释》二，第482页。
② 黄晖：《论衡校释》一，第206页。
③ 同上书，第144页。
④ 黄晖：《论衡校释》二，第627页。
⑤ 黄晖：《论衡校释》三，第696页。
⑥ 黄晖：《论衡校释》二，第636页。
⑦ 黄晖：《论衡校释》三，第836页。

物自化,无意于生而物自成。"①这就将"无为"理解为没有主观私意的作为而万物自己变化的过程。"天动不欲以生物,而物自生,此则自然也。施气不欲为物,而物自为,此则无为也。……恬淡无欲,无为无事者也。"②天虽动,气虽施,但都并无主观的意愿去生物或为物,万物自生,这就是无为。所以,自然之道,就不是人所欲所为者。天地并无自己的目的。"物自生而人衣食之,气自变而人畏惧之。"他把这个过程看成是人在母体中不知不觉自然成长的过程。木人、泥人虽成千上万,但不能称为人,原因就在它们的鼻口耳目,并不是如人在娘胎里那样天生自然生成。

为何说天的品格乃自然无为呢?王充说:"以天无口目也。案有为者,口目之类也。口欲食而目欲视,有嗜欲于内,发之于外,口目求之,得以为利,欲之有为。""有欲故动,动则有为。""何以知天无口目也?以地知之。地以土为体,土本无口目。天地,夫妇也,地体无口目,亦知天无口目也。"在他看来,天地相联,天无感觉器官,因地亦无感觉器官。天地没有人那样的感官,没有感官也就没有欲求,没有主观欲望,故自然无为。如果要说人也能做到自然无为,典型的就是上古之圣王。"《易》曰:黄帝、尧、舜垂衣裳而天下治为也。"有为者须有口目一类感觉器官,发之于外,而天无感觉器官,不能垂衣裳而天下治。"垂衣裳者,垂拱无为也。"③舜、禹承安继治,任贤使能,恭己无为而天下治。

显然,王充关于天的本性乃自然无为的思想,受到老子的影响。他说:"恬淡无欲,无为无事者也,老聃得以寿矣。老聃禀之于天……"还说,"黄、老之操,身中恬淡,其治无为"。

自然的另一含义是指四季和昼夜变化过程,而可作为人事活动前提条件者。他说:"夫一阳一雨,犹一昼一夜也。其遭若尧、汤之水旱,犹一

---

① 黄晖:《论衡校释》三,第 781 页。
② 同上书,第 776 页。
③ 同上书,第 781 页。

冬一夏也。"①自然现象有自身的法则,天气的阴晴犹昼夜的变化,尧时遭水灾,汤时遇大旱,皆非因二圣的德行问题,或政治失败,而是因如冬夏一样的自然现象使然。自然的变化是一客观的过程,人事可能遭逢这个过程的某一时刻,但从天性自然的角度说,就是道。以其谋求政事生活,就不是自然。人们如果想通过祭祀来求雨,就好比是要求冬季为夏天一样荒唐。而讲什么谴告,那就是人为,不是自然。

自然的变化过程,很难确切地认识,从外面看仿佛有所作为,但内在地看它其实就是自己如此的。"人在天地之间,犹虮虱之著人身也。如虮虱欲知人意,鸣人耳傍,人犹不闻。何则? 小大不均,音语不通也。今以微小之人,问巨大天地,安能通其声音? 天地安能知其旨意?"②人既然如同虮虱生于人身一样生长在天地之间,那他也就同渺小的虮虱不可能认识人那样,不能认识天地、和天地音讯相通。

王充的天和自然观念与道家还是有区别的。他批评道家,"道家论自然,不知引物事以验其言行,故自然之说未见信也"。换言之,道家的自然概念没有落实到事物之上,无法验证,因而成为"虚""无"的概念。

然而,王充并不认为儒家经典或圣人所言之天就是指外在的苍苍之天。他说:"及其言天,犹以人心,非谓上天苍苍之体也。"③他反对把大人之德、贤人之言视为外在之天的意志的表现,却认为:圣人的道德,即是天的道德;贤者之言论,即为天的言论。这表明,王充所谓天与儒家的天有一定的分别。"大人刺而贤者谏,是则天谴告也,而反归告于灾异,故疑之也。"圣人的指责,贤者的规劝,在儒家那里就应该是天的谴告。因而,以灾异为谴告就是可疑的了。

不过,正如王充吸收道家自然无为观念一样,他也有条件地肯定了儒家将外在的神圣的天,内化为圣贤之心,并将圣贤之心,还原为百姓之心的倾向。"验古以(知)今,知天以人,'受终于文祖',不言受终于天,尧

---

① 黄晖:《论衡校释》二,第 688 页。
② 黄晖:《论衡校释》三,第 999—1000 页。
③ 黄晖:《论衡校释》二,第 647 页。

之心知天之意也。尧授之,天亦授之,百官臣子皆乡与舜。舜之授禹,禹之传启,皆以人心效天意。"在王充看来,天虽难知,却仍可从人而知天。圣人(如尧)之心可推知天意。因此,尧禅让于舜,也就是天授命于舜,百姓群臣皆拥护他。后世的舜之授禹,禹再传启,都是以人心来说明天意。《诗》之"眷顾",《洪范》之"震怒",同样是以人心说明天意。即使周公居摄之时,难道真的有上天的教导吗? 同样也是周公推其心而与天意相符合。因此,上天之意,既是圣贤之意,也是百姓之心。

在王充看来,不可理解的天,神话传说中的天,外在的苍苍之天,都是可疑的。他断言:"案太史公之言,《山经》《禹纪》,虚妄之言。凡事难知,是非难测。"①

可见,王充所谓天,其本性乃自然无为,有道家思想的成分;但他又有条件地承认儒家天概念的含义,即道德义。论者因以指王充所说的"'天'词义甚为模糊"②,是有道理的。

二、气

王充所谓天,是独立实体,其运行的轨迹和本性却是一切自然事物存在的根据。天落实下来,则是气的动变。因而,气既是他说明天道也是表述事物变化的一个重要概念。

天之本性是自然无为,而各种变化之所以成立,乃因气的动变所为。他说:"夫天无为,故不言。灾变时至,气自为之。"③"气变之见,殆自然也。""性自然,气自成……"④气如"云烟"一样,自然形成和变化。"天之动行也,施气也,体动气乃出,物乃生矣。……谓天自然无为者何? 气也。"可见,王充强调天与气的区别,认为天是体,和地相同,是为了说明天地是施气的主体。

---

① 黄晖:《论衡校释》二,第 476 页。
② 劳思光:《新编中国哲学史》二,第 113 页。
③ 黄晖:《论衡校释》三,第 785 页。
④ 同上书,第 930 页。

"万民(物)生于天地,犹毫毛生于体也。"①天地和人都是一个整体。"风伯、雨师、雷公,是群神也。风犹人之有吹煦也,雨犹人之有精液也,雷犹人之有腹鸣也","日月犹人之有目,星辰犹人之有发",完全是从人的角度来比附天。但王充的有些说法并不一致。一方面,他认为"天地,含气之自然也"②。"天地合气,万物自生。犹夫妇合气,子自生矣"③。"夫天地气和,即生圣人"④,似乎只有"天地合气","夫妇合气",才能生人和生物,因而,天地、夫妇,应皆含气;另一方面,又认为"凡天地之间,气皆统于天"⑤,"天地,夫妇也,天施气于地以生物。人转相生,精微为圣,皆因父气,不更禀取"⑥。气乃由天所施,"人转相生……皆因父气,不更禀取",显然,两种说法有所不同。

但无论怎样,"气"在王充和在整个汉代人那里一样,都不具有宋代朱熹所说的"生物之具"的质料义。王充认为,在天地之间,气皆统属于天,日月星辰从天向地显示各种形象,天上的气降下来而生成万物。阴阳之气是否和谐或有益,或伤害那些活着的事物。气在天地间就是一个循环。它们本来有各自的星象在天上,如果降下来,就会在地上产生出各种形象。因而,"(万物)俱禀元气,或独为人,或为禽兽"⑦。"人禀元气于天,各受寿夭之命,以立长短之形。"⑧

以此看来,人不过是气的变化。"天禀元气,人受元精,岂为古今者差杀哉!"⑨古往今来,人都是禀受上天之元精而没有什么差别的。"人生于天地之间,其犹冰也。阴阳之气,凝而为人,年终寿尽,死还为气。"⑩人

---

① 黄晖:《论衡校释》四,第 1049 页。
② 黄晖:《论衡校释》二,第 473 页。
③ 黄晖:《论衡校释》三,第 775 页。
④ 同上书,第 812 页。
⑤ 同上书,第 934 页。
⑥ 黄晖:《论衡校释》一,第 162 页。
⑦ 同上书,第 40 页。
⑧ 同上书,第 59 页。
⑨ 黄晖:《论衡校释》二,第 615 页。
⑩ 黄晖:《论衡校释》三,第 873 页。

的生死,或凝结而有形体,或分散而朽坏,都是气的不同形态的变化。但是,"物随气变,不可谓无"①。即使是通常所谓灵魂,在王充看来也是气,不过是气之精华而已。"夫魂者,精气也,精气之行与云烟等"②。人就是由阴阳之气或骨肉与精神生成的。"夫人所以生者,阴、阳气也。"③作为阴阳二气凝结而成的人,其阴气所主宰的即是实体性的骨肉,阳气所主宰的则是精神。阴阳关系在这里就是骨肉与精神相互依持的关系。没有骨肉,精神无处依附;没有精神,骨肉将很快腐朽。一句话:"人未生,在元气之中;既死,复归元气。元气荒忽,人气在其中。"④甚至人的道德智愚,也有气作为基础。"人之善恶,共一元气;气有多少,故性有贤愚。"⑤这样一来,天性如何,善恶观念,皆不能不取决于气的禀赋。

应该说,王充此说是基于道德的实践而言的,也略及后世天地之性与气质之性的区分。事物都由气的变化而成。"人之受气,有与物同精者,则其物与之交。"⑥正如人饮食与物相交那样。"天地之性,本有此化"。这不是道术之家的论辩能清楚的。

气化过程是自然过程,有需人力辅助者,也有人力无可为者。想要人力改变自然,则如揠苗助长。在说明气化问题时,王充认为无论阴物还是阳虫,"出应其气,气动其类"⑦。天上的星象出现了,地上和它相应的东西也就现身了。阴阳之气到来,同类事物就相应感动,这是天地的本性。"象出而物见,气至而类动,天地之性也。"

于此,王充认识到气变之规律性和复杂性。一方面,他认为"气性随时变化,岂必有常类哉?""种类无常,故曾皙生参,气性不世;颜路出回,古今卓绝。"故世间必有"溪水之鱼,殿基上之草,无类而出……天地未必

---

① 黄晖:《论衡校释》三,第733页。
② 同上书,第918页。
③ 同上书,第946页。
④ 同上书,第875页。
⑤ 黄晖:《论衡校释》一,第81页。
⑥ 黄晖:《论衡校释》三,第935页。
⑦ 同上书,第708页。

有种类也"。由此,他将事物的变化说成是"物无种","人无类","灾变无种,瑞应亦无类也",皆"以体变化"而成。故"人有佞猾而聚者,鸟亦有佼黠而从群"。另一方面,他又认为,"气性异殊,不能相感动也"①(虽然此语王充是假借儒者之口而言的)。因"体状似类,实性非也"②。即使外表相似,但本性不同,就不可能有相同作用。如孔子去世,外貌如孔子的有若并无圣人那样的言行。

因而,虽然天人感应这类事情并不真实,但是,同类是相应的。天地间一切事物,都是"含气之自然","从始立以来,年岁甚多,则天地相去,广狭远近,不可复计。儒书之言,殆有所见"③。但是有些著作上说共工氏触不周山而折天柱,系大地的绳子断绝,乃至说女娲炼五石以补苍天,断鳌之足以立四极,这些说法并不真实。物随气变,同气可能相应,但是,却不存在气类变化随人之意的事。

灾变并非是上天的谴告,而是气运变化的结果。"灾变时至,气自为之。夫天地不能为,亦不能知也。腹中有寒,腹中疾痛,人不使也,气自为之。"④人们以为是上天的谴告,其实只是气自身的变化。"天地犹人身,气变犹蚩色,人不能为蚩色,天地安能为气变? 然则气变之见,殆自然也。变自见,色自发,占候之家因以言也。"⑤"蚩色",指脸部突然出现的颜色。气变就如人脸上突然出现的颜色,不是随心所欲,而是自然变化的。他称一些不知缘由的灾祸乃为"无妄之气"产生的结果。

三、天人关系

在天人关系问题上,王充首先是从人与物的区别来看。他说:"人,物也,虽贵为王侯,性不异于物也。"⑥又说:"人,物也,万物之中有智慧者

---

① 黄晖:《论衡校释》三,第695页。
② 同上书,第722页。
③ 黄晖:《论衡校释》二,第473页。
④ 黄晖:《论衡校释》三,第785页。
⑤ 同上书,第785页。
⑥ 黄晖:《论衡校释》二,第318页。

也。其受命于天,禀气于元,与物无异。"①从同禀受于气而言,人与物相同;人与物的区别,在人有"智慧"。同时,他也承认儒家的基本观念:人有仁义礼智信五常。"人生禀五常之性,好道乐学,故辨于物。"②如果人无五常之性,则堕落为饭坑、酒囊而成为物了。"今则不然,饱食快饮,虑深求卧,腹为饭坑,肠为酒囊,是则物也。"正是因人有五常之性,使人成为百虫之长,万物之灵。"倮虫三百,人为之长。天地之性,人为贵,贵其识知也。今闭暗脂塞,无所好欲,与三百倮虫何以异,而谓之为长而贵之乎?"若丧失五常之性,失去识知等智慧能力,就失去其作为人的存在。从这个思想看王充是基本认同儒家的。

但是,天道自然无为的思想决定了王充的天人观的主基调。所谓天道自然无为,其实就是强调宇宙的最高原理并非是人事决定的,相反,天道规定了人事。这个说法表面看来和董仲舒"天乃百神之大君"思想若合符节,但其实似是而非。因为,王充强调作为道德仁义之根源的"天道"的本性乃自然无为而非人为,因此,人事和所谓道德仁义也应以此作为最高原则。这样一来,自然无为和道德仁义成为相表里的东西。从这里,既可得出他"对'价值根源问题'(即'好坏'及'善恶'之意义如何出现之问题)全无立场"③的结论,可以说他对世俗所谓道德有一种批判的向度。因为,自然无为因其内容是道德仁义,故它不能归结为自然法则;同时,道德仁义因其实质是自然无为,故它亦是不能裹挟着私欲偏见的。因为,天道并非按人意运行,人事以自然无为为根本,当然也不一定符合每个人的主观意愿。

在王充看来,有些人将天道和人事牵强附会地等同起来,是不对的。

王充认识到,天地变化可影响人和物,但"人不能动地,而亦不能动天"④,因"寒暑有节,不为人改变也"。无论君主的政治如何,都影响不了

---

① 黄晖:《论衡校释》三,第1011页。
② 黄晖:《论衡校释》二,第600页。
③ 劳思光:《新编中国哲学史》二,第114页。
④ 黄晖:《论衡校释》二,第654页。

"春生而秋杀"的自然规律;无论人怎样至诚,也不能使夏寒冬热。天地间没有比桀纣更妄行不轨者,没有比幽厉更过分者,但桀纣不早死,幽厉不夭折。他认为传说中的邹衍呼天而降霜,杞梁妻哭夫而崩城等说法均为不可信的"伪书游言"。"日月之行,有常节度。"不因人的需要或偏见发生改变。"天之旸雨,自有时也",雩雨岂可得雨? 水旱,乃天之运气,非政治所致。"夫人不能以行感天,天亦不随行而应人。""夫祸福随盛衰而至,代谢而然。"①显然,王充在这里是将天当作客观自然界的规律,思想上接近荀子"天行有常"的观点。

王充认为,天作为人和物存在的条件,能作用于物,即"天能动物",但不能反过来认为人能动天。因为,"人、物系于天,天为人、物主也"。天下雨,蚂蚁搬家,蚯蚓出现,琴弦松弛,旧病复发,这是物、人受天影响的自然现象。有大量这种"天气动物,物应天气之验"的现象。"夫天无为,故不言。灾变时至,气自为之。夫天地不能为,亦不能知也。"②以此而论,"(人)生于天,含天之气,以天为主,犹耳目手足系于心矣。心有所为,耳目视听,手足动作,谓天应人,是谓心为耳目手足使乎"? 但人不能改变天地,不能改变春生冬杀的现象。人的喜怒哀乐乃至道德,不能改变天的运行。"夫至诚,犹以心意之好恶也",怎能改变天象呢?

但这不是说王充完全否认人事的作用,否则,其所谓"人贵于物"的识知或五常之性将无用武之地。他认为人通过修养可以有德,通过学习,可以知道。"儒生所学者,道也。文吏所学者,事也。"③儒生务忠良,文吏趋事理。只是,他强调无论才学还是道德,都是应以天道作为根本原则。

从这个思想出发,王充认为,对于人而言,天道有真有伪。他说:"天(夫)道有真伪:真者故自有与天相应,伪者人加知巧,亦与真者,无以异

① 黄晖:《论衡校释》三,第 989 页。
② 同上书,第 785 页。
③ 黄晖:《论衡校释》二,第 543 页。

也。"①这是说，从客观方面看，虽然天道和人为有区别，但无论从认识还是效果上，一般人们无法区别真实的天道和人的伪巧。从真实的天道而言，天人是有感应的。比如，天然生出的真玉珠宝和道人销铄五石而做成的五色之玉，都是玉珠，即如天性之善和后世修养之善一样无从区别。这就是他所谓的"以伪致真"。

这样，王充天人观呈现出较复杂的情况。一方面，他强调天与天道的根本性，而其本性则是自然无为；另一方面，他又有条件地承认人事的作用和意义，甚至同情儒家思想。概略说来，王充天人观的基本要点是：天本人末；天人同道。

所谓"天本人末"，即天与天道对人事具有根源性、支配性。天为本，人是天地自然的产物，应遵循天道自然无为的原则。他说："天本而人末也，登树怪（摇）其枝，不能动其株。如伐株，万茎枯矣。人事犹树枝，能温犹根株也。生于天，含天之气，以天为主，犹耳目手足系于心矣。心有所为，耳目视听，手足动作。"②天人关系好比树干和树枝、人心和各肢体器官的关系。人事好比树枝，寒温之气好比树根树干。人为天所生，就含有天之气，以天为根本，好比耳目手足受心支配。心里想做什么，耳目就听什么看什么，手足就会随着动作起来。

天本人末思想是天道自然无为的展开。上述所谓"天地合气，人偶自生也；犹夫妇合气，子则自生也"③的观点，充分说明了这一点。对此，徐复观认为，王充在此所说，固然是事实；"但把父母生子完全作一种事实的判断，当然从这里产生不出孝的观念"④。徐氏所云，指出了王充将伦理还原为自然事实从而可能消解伦理以及价值本源。从自然界本身的活动是不能产生伦理的。显然，在这个问题上，王充的确没有充分的自觉，故"对'价值根源问题'可说全无立场"。但同情地看，王充强调天

---

① 黄晖：《论衡校释》一，第 75 页。
② 黄晖：《论衡校释》二，第 654 页。
③ 黄晖：《论衡校释》一，第 144 页。
④ 徐复观：《两汉思想史》第二卷，上海，华东师范大学出版社，2001，第 346 页。

道自然无为的原因是针对虚伪盛行的社会现实的。在他看来,人虽能"以伪致真",但不是无条件的。他说:"盖非自然之真,方士巧妄之伪,故一见恍忽,消散灭亡。"①

所谓"天人同道",一方面是指天人因气而通。"象出而物见,气至而类动,天地之性也。"另一方面是指人只能以人的方式理解天。王充从"天道自然无为"的观点出发,对"卜者问天,筮者问地"提出批评,指出以为天能回答人提出的疑问纯属谎言。他说:"天与人同道,欲知天,以人事。"②这里显然蕴涵着深层意思。人和人之间相互探问,不亲自面对面相互交流,是不可能知道对方心意的。"欲问天,天高,耳与人相远。如天无耳,非形体也。非形体,则气也,气若云雾,何能告人?"无法交谈,人们当然就很难认识天。结果他们又将龟兆蓍数看成是天地的回答,其实这只是"戏弄天地"。地有形体,与人相同。但它向人提问,不靠近耳朵,人听不见。听不见,口就不会回答人。总起来看,要问天,天只是一种气,不能使龟甲产生兆象;问地,地的耳朵很遥远,听不见人的提问。因而,在王充看来,天地和人的道理相通。

但是,以人的方面理解天,因人有主观意识和私欲,可能形成障碍。所谓自然无为,就是从去碍的意义上讲的。天人也有不相类的一面。"原天心以人意,状天治以人事,人相攻击,气不相兼,兵不相负,不能取胜。"③

毫无疑问,王充对儒家哲学重人伦,有时不免将道德主体性夸大的现象不满。这种夸大的主体性可能以各种形式表现出来。在王充看来,传说中的共工怒触不周之山,使天柱折断,地维绝裂,女娲炼五色石补苍天,断鳌足以立四极,都很难经得住检验。古今天地应是相同的,共工并未使天坠落于地上。女娲也是人,就算她身长,但也无法到达天穹,她借助什么样的梯子上去补天呢? 这是讲不通的。王充认为,这其实是天道与人事不分,人事混淆天道的结果。王充说:"触不周山而使天柱折,是

---

① 黄晖:《论衡校释》三,第789页。
② 同上书,第999页。
③ 黄晖:《论衡校释》二,第687页。

亦复难。信,颛顼与之争,举天下之兵,悉海内之众,不能当也,何不胜之有!"①为何难信天柱折呢?因个人力量无论如何也不可能导致天柱折断。如果说天是气的话,那它就是云烟一类东西,谈不上折断;如果天是可补的,那它就是玉石一类东西。玉石一类东西很重,怎能做千里那么长的柱子呢?在撞坏了天柱之后,又怎么可能用易朽坏的鳖的足做擎天的四足呢?可见,在王充看来,天人有区别,正如荀子说"天人有分"一样。即使是上古的神话传说,在他看来也需要理性的审视。

这样,在天人关系上,王充的观点在中国古代哲学史上独树一帜。他既不赞成天人感应的迷信思想,也不同于荀子的"制天命而用之",而是认为天人不是同类,人事活动并不能取胜于天。

王充的天人观存在着复杂性,有时也有前后不一乃至抵牾之处。据此,或以为王充批判天人感应思想借以为据的乃道家的自然主义,或将其思想归属于"元气自然论"。任继愈说:"元气自然论哲学充分利用当时自然科学成果,根据科学实践,在自然观、认识论、道德观、人性论、形神问题上,对目的论进行了有力的驳斥。唯物主义阵营从陆贾、贾谊开始,经过《淮南》、司马迁、桓谭等,到王充达到了高峰。""王充在中国哲学史上开创了元气自然论的新形态,把元气自然论的原则贯彻到哲学问题的各个领域。它是先秦老子、宋尹、荀子、韩非等哲学路线的直接继承人,并有所发展和提高。"②但考虑到《论衡》非一时完成的作品,其思想前后不尽相同,有发展变化是正常的。③

第三节　人性论

一、人生之三累与三害

在人性论上,王充并未仅从思想资料,而是同时从事实观察和亲身

---

① 黄晖:《论衡校释》二,第 470 页。
② 任继愈:《中国哲学史》(修订本)第二册,第 15 页,北京,人民出版社,2003。
③ 李维武:《王充与中国文化》,第 8 页,贵阳,贵州人民出版社,2000。

实践出发来展开其人性自然和气化的思想的思考，从而提出他的性命观。

由于王充是兼顾事实而非仅从伦理道德角度来考察性命问题的，所以，他的观点与一般儒者不同。他认为，道德修养和人生祸福没有必然联系。他说："修身正行，不能来福，战栗戒慎，不能避祸。祸福之至，幸不幸也。"[①]他所谓祸，是"来不由我"的，所谓福，乃"得非己力"者。可见，所谓祸福在他看来都不是由自己的操行决定的。从这一角度出发，它提出了人生的"三累"与"三害"。

何为"三累"与"三害"？他说："凡人操行，不能慎择友；友同心恩笃，异心疏薄；疏薄怨恨，毁伤其行，一累也。人才高下，不能钧同；同时并进，高者得荣，下者惭恚，毁伤其行，二累也。人之交游，不能常欢，欢则相亲；忿则疏远，疏远怨恨，毁伤其行，三累也。""三累"是在人际交往中因存在个体差异、才能高下乃至亲疏远近所导致的"毁伤其行"的几种情况。"三害"则涉及仕宦竞争。"位少人众，仕者争进；进者争位，见将相毁，增加傅致；将昧不明，然纳其言，一害也。将吏异好，清浊殊操；清吏增郁郁之白，举涓涓之言；浊吏怀恚恨，徐求其过，因纤微之谤，被以罪罚，二害也。将或幸佐吏之身，纳信其言，佐吏非清节；必拔人越次，迕失其意，毁之过度，清之仕，抗行伸志，遂为所憎，毁伤于将，三害也。"无论是仕进竞争的见将相毁与将昧不明、还是清浊过招中因纤微之谤，被以罪罚，抑或是宠信近臣，都不免于受到伤害。在王充看来，"三累"与"三害"是难免的人生遭遇。古往今来，能从这些遭遇中顺利度过，即使是圣贤也未必容易。"夫未进也，身被三累；已用也，身蒙三害；虽孔丘墨翟不能自免；颜回曾参不能全身也。"与孔孟主张"为仁由己，岂由人乎"的道德立场不同，王充是从客观社会和成败得失上来观察人的行为与其后果之间关系的。在他看来，道德评价和事实评价的标准不同。毫无疑问，王充的思想，受到他个人的经历的深刻影响。徐复观说："切就王充而

---

① 黄晖：《论衡校释》一，第10页。

论,他个人的遭遇,对于他表现在《论衡》中的思想所发生的影响之大,在中国古今思想家中,实少见其比。"①

二、人性论

从道德和事实的区别、特别是强调客观效应角度来理解人性,是王充和孟子的根本不同。综合考究先秦诸子以来的人性论,王充比较认同世硕的性有善有恶论。他说"周人世硕以为人性有善有恶,举人之善性,养而致之则善长;性恶,养而致之则恶长"。因此,"(情)性各有阴阳善恶,在所养焉"②。密子贱、漆雕开、公孙尼子等人的看法,与世硕相出入,皆认为性有善有恶。

王充认为,孟子以人幼小时"无有不善",以证人性本善,是不完善的。因为,当纣还是孩子时,微子就看出其有不善之性。再说,若孩子天性是善良的,那么,后来的不善又是如何产生的呢?尧舜时代,贤人辈出,可比屋而封,然尧子丹朱傲和舜子商均虐,"并失帝统",又该如何解释呢?他认为,孟子以为人性本善,孟子"言情性,未为实也"。

与孟子辩论的告子,认为人性既无所谓善,也无所谓恶。人性如同水性,"决诸东方则东流,决诸西方则西流"。然而人又既可为善,又可为恶。王充认为,告子之论虽指出了不上不下的"中人"之性,合于孔子的"性相近也,习相远也"之论,却没有看到"极善极恶"两极端者,不知孔子"唯上智下愚不移"的真义,所以,告子之言虽有一定道理,但亦与事实不全相符。

荀卿针对孟子的性善论提出性恶论。他认为人性恶,其善者伪也。故人幼小时无善良之人。然而,王充却举出现实中相反的例子。如"稷为儿,以种树为戏,孔子能行,以俎豆为弄"。因此,"石生而坚,兰生而香。(生)禀善气,长大就成,故种树之戏,为唐司马;俎豆之弄,为周圣

---

① 徐复观:《两汉思想史》第二卷,第344页。
② 黄晖:《论衡校释》一,第133页。

师;兰石之性,故有坚香之验"①。虽然如此,荀子之性恶论也有合理之处。如婴儿"无推让之心:见食,号欲食之;睹好,啼欲玩之。长大之后,禁情割欲,勉励为善矣"。但正如刘子政所指出的那个老问题,既然人性恶,"则人之为善安从生"?

陆贾认为人以礼义为性,在人能察己受命。但是,王充认为,性善者固然不待察而自善,性恶者即使能察,在行为上却"背礼畔义,义挽于善,不能为也"。乃至于"贪者能言廉,乱者能言治"。如盗跖庄跻一类人,"明能察己,口能论贤,性恶不为,何益于善?"

至于董仲舒的人性论,王充认为,他是看到了孟荀二人的人性论各有所长,又皆有所蔽。孟子看到了人性的正面,荀子则看到了人性的背面。董仲舒试图将二者统合起来,以为人之情性有阴阳二面,是有道理的;但是,他却以性善情恶二分来看待人性,却不符合实情。因为"夫人情性,同生于阴阳。其生于阴阳,有渥有泊;玉生于石,有纯有驳。情性于阴阳,安能纯善"?换言之,人是有差别的,性不可能纯善,情也不可能纯恶,怎么能认为人性皆善而人情全恶呢?所以,"仲舒之言,未能得实"。

刘子政的观点更奇特:"性生而然者也,在于身而不发,情接于物而然者也,出形于外。形外则谓之阳,不发者则谓之阴。"对此,王充说:"夫如子政言之,乃谓情为阳,性为阴也。不据本所生起,苟以形出与不发见定阴阳也,必以形出为阳。"王充认为"性在内不与物接"之说"恐非其实"。因为:"性也与物接,造次必于是,颠沛必于是。恻隐不忍;不忍,仁之气也。卑谦辞让,性之发也。有与接会,故恻隐卑谦,形出于外。"

以上,乃王充大体点评了孟子以来的所有人性理论,最为他认可的当是世硕、公孙尼子的观点。他分析评判思想的标准不是抽象的原则,而是他所谓"实"。这个"实"当是他自己观察综合而成的。"实者,人性有善有恶,有人才有高有下也。高不可下,下不可高。谓性无善恶,是谓人才无高下也。"可见,其所为性,非孟子的"心性",而是"性"与"才"合说

---

① 黄晖:《论衡校释》一,第138页。

的"才性"。

正是从这种立场,他又说:"亦有三性:有正,有随,有遭。正者,禀五常之性也;随者,随父母之性;遭者,遭得恶物象之故也。"作为人,都禀有五常之性;但又受到父母之性的影响。所谓"遭者,遭逢非常之变,若成汤囚下台,文王厄羑里矣。以圣明之德而有囚厄之变,可谓遭矣。变虽甚大,命善禄盛,变不为害,故称遭逢之祸"①。由此看来,他所谓性,是人所禀的五常之性及其行为中的习性乃至才能等的综合。墨子悲练丝,而扬子哭歧路,说明既没有一定不变永恒的人性,也没有可逆的人性。

从没有不变的人性角度看,王充认为性是有善亦有恶的。"论人之性,定有善有恶。其善者,固自善矣;其恶者,故可教告率勉,使之为善。"②因此,他所谓性与正统儒家的性不是同一个概念。现实中,他比较悲观:"清廉之士,百不能一。居功曹之官,皆有奸心。"③性有善有恶的观点其实是为教化论做基础。为人君父,观察臣子之性,"善则养育劝率,无令近恶;近恶则辅保禁防,令渐于善。善渐于恶,恶化于善,成为性行"。三代之所以直道而行,圣主之民如此,而恶主之民如彼,关键"在化不在性"也。

王充的人性论基本属于汉代居主流地位的性有善有恶论。这种观点不仅使他的人性论以天道和气化论为基础,也为其教化论、政治法制观和社会历史观提供了人性的基础,同时,也为他的时命论作了预设。

第四节　认识论:"实知"与"效验"

一、实知

在认识论上,王充坚持朴素的认识论观点,一方面强调"实知",另一

① 黄晖:《论衡校释》一,第55页。
② 同上书,第68页。
③ 黄晖:《论衡校释》三,第707页。

方面又注重实效,认为认识需要在实践中得到检验。他的这种思想对于中国古代哲学而言是十分有特色的。

王充将"识知"看作"人为贵"的基本特征。他说:"'天地之性人为贵',贵其识知也。"①识知和智慧是人所独有的。他甚至说:"人无耳目则无所知,故聋盲之人,比于草木。"②此话后半部分当然不对,但其前半句,则肯定了感性认识不仅产生于感官,且为认识的基础。他说:"世间安得有无体独知之精?"③但是,重视知识却不意味着他视知识的获得为探囊取物。他对哲学的追求所谓"疾虚妄""讥俗"等思想中隐含的思想内核则是知识获得之难。

王充说:"凡事难知,是非难测。"④还说:"大(天)道难知。"⑤《纪妖》《订鬼》《讥日》诸篇都有"天道难知"之语。又说:"天下事有不可知,犹结有不可解也。"⑥"故夫难知之事,学问所能及也;不可知之事,问之学之,不能晓也。"难知之事毕竟通过学问而可以知,"不学自知,不闻自晓,古今行事,未之有也"。圣人不能先知。但他同时承认有通过学问仍"不能晓"和"不可知之事"。天下事虽有某些原因才产生,但要清楚地认识并不容易。

王充认为,世间或许已有凤凰、麒麟混杂在天鹅、喜鹊、獐、鹿之中,世人无法辨认出来。就如美玉隐于石头中,楚王、令尹不能识别那样,故卞和有抱玉泣血之痛。人的德性也是这样难以认识,"夫圣人难知,知能之美若桓(谭)、杨(雄),尚复不能知,世儒怀庸庸之知,赍无异之议,见圣不能知,可保必也"⑦。子贡事孔子一年,自谓胜过孔子;二年,自谓与孔子同;三年,自知不及孔子。以子贡识孔子,三年而后方定,世儒无子贡

① 黄晖:《论衡校释》二,第600页。
② 黄晖:《论衡校释》三,第871页。
③ 同上书,第875页。
④ 黄晖:《论衡校释》二,第467页。
⑤ 同上书,第689页。
⑥ 黄晖:《论衡校释》四,第1084页。
⑦ 黄晖:《论衡校释》三,第723页。

之才,其见圣人,当然不识。

对于不可知之事怎样面对呢? 他说:"天意难知,故卜而合兆,兆决心定,乃以从事。"①这不失为是对卜祀活动的一种解释。

当然,王充并未突出事物不可知的一面,不能说他是不可知论者。但他是一个对人类认识持谨慎态度的人,这在中国古代哲学中是不多见的。人们要使自己的行为正确有效,就须了解事物本身的相互关联及其与人事活动联系。王充说:"故夫贤圣之兴文也,起事不空为,因因不妄作。作有益于化,化有补于正,故汉立兰台之官,校审其书,以考其言。董仲舒作道术之书,颇言灾异政治所失,书成文具,表在汉室。"②所谓"起事不空为,因因不妄作。作有益于化,化有补于正",就是认为圣贤教人,在于人事和教化的有效性、正确性。客观的政治情势是抽象思想或重要著述产生的原因。但可惜的是,一般人没有认识到。

相反,世俗之人易被自身官能所限制,更易被日积月累的文化和社会现象所蒙蔽。

在王充看来,如果圣贤能"先知",也并非凭空臆断,而是"据象兆,原物类","原理睹状",然后"任术用数,或善商而巧意",才能"处着方来,有以审之也"。因而,圣贤据此可"见变名物,博学而识之。巧商而善意,广见而多记,由微见较,若揆之今睹千载,所谓智如渊海"。他断定:"圣贤不能性知,须任耳目以定情实。"③还说:"所谓圣者,须学以圣。以圣人学,知其非圣。天地之间,含血之类,无性知者。"④没有生而知之者,圣人须学而后成。既然这样,就必是"任耳目以定情实"。他认为,理性认识需要感性经验做基础。"独思无所据,不睹兆象,不见类验",即使是圣人也不能有知识。但仅靠耳目却又有限制。王充认识到,"夫论不留精澄意,苟以外效立事是非,信闻见于外,不诠订于内,是用耳目论,不以心意

---

① 黄晖:《论衡校释》四,第 1094 页。
② 同上书,第 1178 页。
③ 同上书,第 1084 页。
④ 黄晖:《论衡校释》三,第 962—963 页。

议也。夫以耳目论,则以虚象为言,虚象效,则以实事为非。是故是非者不徒耳目,必开心意"。如果以外在现象来确定是非,相信见闻,不经过内心理性的"诠订",这就是以耳目来判定是非。如果以耳目判定是非,那就是以虚假的现象当作言说和效应的真实,反而以真实的东西为虚假了。所谓"不徒耳目,必开心意",即不能停留于耳目闻见等感性认识上。

怎样才能超越耳目之见而"开心意"呢? 王充认为,圣贤可"放象事类以见祸,推原往验以处来事",即可以通过"案兆察迹,推原事类"而有"先知之见方来之事"①,既然耳目可能限制认识,那么就需要超越耳目等感性认识,不受具体历史时代的限制,理性地认识实事。这样,"千岁之前,万世之后,无以异也。追观上古,探察来世,文质之类,水火之辈,贤圣共之。见兆闻象,图画祸福,贤圣共之。见怪名物,无所疑惑,贤圣共之"②。人们若要明晓祸福的变化,谋划未然,并不需什么神怪之知,而可"皆由兆类"推定。具体说来,对可知之事,通过思虑就能晓见;对不可知之事,即使博学审问也未必知。他承认人才有高下,有"知物由学,学之乃知,不问自识"者。但根本上说:"不学自知,不问自晓,古今行事,未之有也。……故智能之士,不学不成,不问不知。"并不存在着所谓"达视洞听之聪明"的"不学自能,无师自达"之人,"如无闻见,则无所状"。在王充看来,人类行为的相关性中,当然有人事活动与心理变化的某些共同的规律性可以遵循,如在春秋之时,诸侯可"见动作之变,听言谈之诡,善则明吉祥之福,恶则处凶妖之祸"。自然界的鸟兽草木,人事中的好恶,可以今而见古,以此而知来。

人们想要从文化累积和社会积弊所造成的被蒙蔽状态中解放出来,则应有对文化和社会问题的深刻反思。因为,正是由于种种文化负累和对世俗习惯缺少批判的环境中,人们丧失对实事或真实的追求,自觉不自觉地处于被蒙蔽情形中。

---

① 黄晖:《论衡校释》四,第 1075 页。
② 同上书,第 1083 页。

"是故《论衡》之造也，起众书并失实，虚妄之言胜真美也。故虚妄之语不黜，则华文不见息；华文放流，则实事不见用。故《论衡》者，所以铨轻重之言，立真伪之平，非苟调文饰辞，为奇伟之观也。其本皆起人间有非，故尽思极心，以讥世俗。"①在王充眼里，传统儒家经传都存在着"失实"即远离生活事实的问题，结果是"虚妄之言胜真美"，这是他写作《论衡》一书的理由。

虚妄反倒比真实更能显赫于世，实诚反而与虚伪的东西混为一谈，大家都没深刻认识到其中深层的危机。如此，则"是非不定，紫朱杂厕，瓦玉集糅"。甚至，不仅人间有作假的现象，天也有假象："人可以伪恩动，则天亦可巧诈应也。"②这显然是导致"天道难知"的原因之一。王充觉得他不能熟视无睹，而"冀悟迷惑之心，使知虚实之分"。

王充分别虚与实，常指斥"虚文""虚妄""虚说""虚语"等，皆因其虚而不实。本实而斥虚，是王充与道家虚无思想根本的不同，也表现他作为东汉儒者的性格。在认识论上，他认为，"实者，圣贤不能知性，须任耳目以定情实。其任耳目也，可知之事，思之辄决；不可知之事，待问乃解。天下之事，世间之物，可思而（知）愚夫能开精，不可思而知，上圣不能省。孔子曰：'吾尝终日不食，终夜不寝以思，无益，不如学也。'"③"实知"当然始于知实。他说："论贵是而不务华，事尚然而不高合。"④主张"丧黜其伪，而存定其真"。"是""然""真"，其实都是客观存在的事实、实诚，"华""伪""合"都是文化装饰。"实知"即对客观真实之知。王充因之被称为"唯物主义者"。

之所以主张"实知"，是因王充认为，作文论事，要有根据，不可过分夸张。"论事过情，使实不着。"⑤"情指不达，何能使物？"儒者比附圣人，

---

① 黄晖：《论衡校释》四，第1179页。
② 同上书，第1105页。
③ 同上书，第1084页。
④ 同上书，第1197页。
⑤ 黄晖：《论衡校释》三，第743页。

"称凤皇、骐璘,失其实也。""儒者说圣太隆,则论凤璘亦过其实。"纬书将圣人描述为"前知千岁,后知万事,有独见之明,独听之聪,事来则名,不学自知,不问自晓",可"不案图书,不闻人言,吹律精思,自知其世"者,王充则认为"此皆虚也"。"谶书秘文,远见未然,空虚暗昧,豫睹未有,达闻暂见,卓谲怪神,若非庸口所能言。"①

当然,"实知"或"知实",都并非是支离破碎一鳞半爪的知识,或个人独知独见,而是系统性的认识。他说:"夫术数直见一端,不能尽其实。虽审一事,曲辩问之,辄不能尽知。何则? 不目见口问,不能尽知也。"王充认为人只有见多识广才能有真知,只有到大都市方可见到各种异事奇物。"圣人不以独见立法"②,而最奇异的莫过于百家之言。"百家之言,古今行事,其为奇异,非徒都邑大市也。游于都邑者心厌,观于大市者意饱,况游于道艺之际哉?"③人若真要有知识,获得智慧,需要通古博今。知识如同大海,海纳百川,通人纳百家之言。

所谓"通人",乃《效力篇》中提到的"文儒"。他认为要做"通人",必须不拘于掌握一经的浅陋,而需博大的识见和圣人的胸怀。"《五经》皆习,庶几之才也"。因而,"不与贤圣通业,望有高世之名,难哉! 法令之家,不见行事,议罪不可审。章句之生,不览古今,论事不实。"在他看来,经术如日光,人心如内室。"日光照室内,道术明胸中"不见古今之书,安能建美善于圣王之庭乎? 他讽刺那些不习经典不谙世事者,但求闭门静坐者为"闭心塞意,不高瞻览者,死人之徒也哉"!

人在身体方面要与物之气相通,在学问方面也同样如此。"故人之不通览者,薄社之类也。是故气不通者,强壮之人死,荣华之物枯。"不通就是死枯之类了。

《效力篇》的"文儒",《别通篇》的"通人",《超奇篇》的"鸿儒",《状留篇》的"贤儒",均指博学通识、有德行的儒者。王充"通人""文儒"的思想

---

① 黄晖:《论衡校释》四,第 1070 页。
② 同上书,第 1094 页。
③ 黄晖:《论衡校释》二,第 592 页。

其实是讲人之人格、才学不能局限于闭塞、幽暗和散乱,需要知识的深刻性、广博性和系统性。"故夫大人之胸怀非一,才高知大,故其于道术无所不包。学士同门,高业之生,众共宗之。"其"知经指深,晓师言多也。夫古今之事,百家之言,其为深,多也,岂徒师门高业之生哉"?农夫耕种的水平有高下,儒士也是这样。子贡曰:"不得其门而入,不见宗庙之美,百官之富。"这就是以宗庙、百官比喻孔子之道,其"道达广博者,孔子之徒也"。"夫德不优者,不能怀远,才不大者,不能博见。"

在"天人同道"的思维背景中,王充敏锐意识到以人的方式去认识天可能的限制性。他所谓"疾虚妄""讥俗",原则上是就剔除世俗社会形成的认识上的障碍而言的。以人的方式去认识天,须超越人耳目闻见的限制,以及术数的偏颇和习惯的浅陋。在传统社会没有专业分工之前,以道德理性为入路的儒家学说,落实在特定社会结构中,不免于依赖风俗习惯和随机的情感,其对道德理性的限制是十分明显的。在这种条件下,王充主张"实知"和"知实",突出真实、实诚的根本意义,其实就是强调事实对于价值的前提作用,应该说在中国哲学史上是有独特意义的。

二、效验

王充哲学认识论的另一特点是主"效验"。他认为理论应落实到生活实际中。"论则考之以心,效之以事,浮虚之事,辄立证验。"[1]这是他不仅区别于老子自然哲学,也有别于董仲舒的"正其谊而不谋其利,明其道而不计其功"的地方。他说:"道家论自然,不知引物事以验其言行,故自然之说未见信也。"[2]因此无法落实在日常生活之中而流于空泛。董仲舒则将儒家重道义的原则发挥到超功利的程度。王充则凭其"实知""实诚"的态度来讨论思想理论的根据和检验问题。他说:"事莫明于有效,

---

[1] 黄晖:《论衡校释》四,第1183页。
[2] 黄晖:《论衡校释》三,第780页。

论莫定于有证。空言虚语，虽得道心，人犹不信。"①"凡论事者，违实，不引效验，则虽甘义繁说，众不见信。"②"信"的问题包含两层含义：一是思想理论能否信实、实诚，这是理论是否符合实际的问题。二是理论是否为人们所相信的问题。显然，前者是前提，后者是建立在前者基础之上的。理论是否符合实际的问题，在王充看来，就是一个理论是否有效、有征，是否有效验的问题。理论若有效验，就能被人相信。同时，人们相信一种理论本身，也是某种意义上的效验。

王充认为，议论辩说要"实事考验"，包括"效""验"两个方面。效，即效应、效果；验即能得到验证、检验。是否有效是检验的重要尺度。违背实事的事情，一般不可能有长期的良好效果，不能得到检验，也就不会为人所信服。他认为没有"效验"的空洞说教只能是"虚"而无"实"的。凡事需要"证验，以效实然"。某种意义上说，《论衡》的宗旨即是"疾虚妄"。

从效验的原则出发，王充认为著述必须"得实"，要"考实根本"，而非"华虚夸诞""道乖相反违其实"；同时，应有利于操作以便"富国丰民，强主弱敌"，而非追逐析言剖辞，务曲折之言，"无道理之较，无益于治"。没有道理的言说，不能说服人。王充认为，单纯言论本身是不可轻信的，需要"试""考"即实证。无论好事坏事，都不能仅凭听闻来裁决。赏善罚恶之事都要据实来决定。

> 夫闻善不辄加赏，虚言未必可信也。若此，闻善与不闻，无以异也。夫闻善不辄赏，则闻恶不辄罚矣。闻善必试之，闻恶必考之，试有功乃加赏，考有验乃加罚。虚闻空见，实试未立，赏罚未加。赏罚未加，善恶未定。未定之事，须术乃立，则欲耳闻之，非也。③

善恶之事需要在现实中验证，然后奖善罚恶。若善恶不能确定，就需要求实的方法来探究，而非依靠道听途说。道是贯穿在一切事物中的

---

① 黄晖：《论衡校释》三，第 962 页。
② 黄晖：《论衡校释》四，第 1086 页。
③ 黄晖：《论衡校释》二，第 444 页。

法则或规律,成功者必须以遵道而行为必要条件。在此,王充认为圣人之言和文章的关键都在真实可验。"圣人之言与文相副,言出于口,文立于策,俱发于心,其实一也。"①所以,求学问,即使是贤圣之知,也理应在实际事务中得到验证。

虽然理论、言说都应符合事实,可检验有效应,但就不同的理论和言说而言,其所谓实事则是不相同的。他说:"美善不空,才高知深之验也。《易》曰:'圣人之情见于辞。'文辞美恶,足以观才。"②文章成就是国家和人格成就的表征。他说:"鸿文在国,圣世之验也。"③"(孔子)从知天命至耳顺,学就知明,成圣之验也。"④检验才是否高、知是否深,是否是"圣世",是否"成圣",其效应是不同的。他认为:"唯圣贤之人,以九德检其行,以事效考其言。行不合于九德,言不验于事效,人非贤则佞矣。"⑤王道政治也需事实作为效验。

"故夫王道定事以验,立实以效,效验不彰,实诚不见。"⑥"上书不实核,著书无义指,'万岁'之声,'征拜'之恩,何从发哉?"⑦如果要作文著书,也应言之有物,否则口呼"万岁"、接受"征拜",都无恰当理由。论事不以支干和五行相生的迷信去推演,而应强调"有事理曲直之效"⑧。比如,武王以甲子日胜,纣却以同日败,"二家俱期,两军相当,旗帜相望,俱用一日,或存或亡",胜败的原因不在日期。

既然凡事都要讲效验,那么,面对东汉符瑞应盛行的状况,王充是何态度呢?应该说,他没完全否认瑞应,甚至在年轻时还有歌功颂德以求仕进的动机,但可能在发现仕途无望之后,就基本坚持他的本来的立场

---

① 黄晖:《论衡校释》二,第 406 页。
② 黄晖:《论衡校释》三,第 863 页。
③ 同上书,第 868 页。
④ 黄晖:《论衡校释》四,第 1101 页。
⑤ 黄晖:《论衡校释》二,第 518 页。
⑥ 黄晖:《论衡校释》三,第 815 页。
⑦ 黄晖:《论衡校释》二,第 617 页。
⑧ 黄晖:《论衡校释》三,第 1030 页。

和观点了。不过，他却认为儒者通常言过其实。"夫儒者之言，有溢美过实。瑞应之物，或有或无。夫言凤皇、骐驎之属，大瑞较然，不得增饰，其小瑞征应，恐多非是。"①瑞应可有可无，因而，"圣主治世，期于平安，不须符瑞"②。王充并不否认当世有圣人的可能，只是世儒不知，汉代为太平之世，但世儒厚古薄今，不愿承认。他认为："实商优劣，周不如汉。""汉有实事，儒者不称；古有虚美，诚心然之。信久远之伪，忽近今之实。"③即使没有瑞应，也有足够证据证明这一点。虽无物瑞，但百姓宁集，风气调和，也是祥瑞。

如果剔除王充在漫长人生岁月中偶有呈歌功颂德之词的动机，总体看他仍是保持"实诚"品格注重效验的学者。这一点和桓谭很相似。在王充看来，像公孙龙、邹衍这样的"大才之人，率多侈纵，无实是之验；华虚夸诞，无审察之实"④。"其文少验，多惊耳之言。"他说："论说之出，犹弓矢之发也。论之应理，犹矢之中的。夫射以矢中效巧，论以文墨验奇。奇巧俱发于心，其实一也。"⑤无论是古书言论，还是历史传说，王充均主张"验之于物""实核之"。但是，以物来核实检验，需要所说的东西是实际存在的，"殆无其物，何以验之"？显然，王充的这种思想确有科学实证论的倾向，自然也有其限制性。

不过，王充并未陷入以成败得失作为标准的狭隘功利主义。他说："夫道无成效于人，成效者须道而成。""故事或无益而益者须之，无效而效者待之。"⑥并不能就事论事地看待有无效益。"时或实然，证验不具，是故王道立事以实，不必具验。"⑦

王充的求实就是求真。这种求真的精神在当时的氛围中实属难得。

① 黄晖：《论衡校释》三，第753—754页。
② 同上书，第816页。
③ 同上书，第856页。
④ 黄晖：《论衡校释》四，第1166页。
⑤ 黄晖：《论衡校释》三，第609页。
⑥ 黄晖：《论衡校释》二，第434页。
⑦ 同上书，第600页。

如果说他的所谓实知一方面在求知实,那么,另一方面就是识知的效验,即在求找到真问题的同时,真的解决问题。王充在对世风时弊的批判中表现出了他的勇气,求真求实的实证精神则作为其批判现实的锐利武器表现了他的睿智。同时,人文道德也需要考虑事实基础的问题。无视或者脱离这个基础的善与美是难以具有绝对的价值和完全正面的意义的。王充之所以把他的学术探讨看成"疾虚妄",就是因为那种仅讲社会名教层面的善与美,脱离生活实际,都可能离开了生活的真实,形成全民族共同造假的局面。因为,一定意义上,只有实证精神可以"作为真正解决精神与道德大混乱的唯一可行基础"①。

第五节　历史观:德力与时命

一、德与力

王充并非一般儒生,但他对道德还是肯定的。他说:"诸夏之人所以贵于夷狄者,以其通仁义之文,知古今之学也。"又说:"任胸中之知,舞权利之诈,以取富寿之乐,无古今之学,蜘蛛之类也。含血之虫,无饿死之患,皆能以知求索饮食也。"②所谓"古今之学",即包括人和动物之别的仁义道德。一个民族的道德自觉与自识的程度,决定着这个民族发展的高度和深度。

但王充对人的道德评价已较宽容:"且论人之法,取其行则弃其言,取其言则弃其行。今宰予虽无力行,有言语。用言,令行缺,有一概矣。"③又如:

> 子张问:"令尹子文三仕为令尹,无喜色;三已之,无愠色。旧令尹之政,必以告新令尹。何如?"子曰:"忠矣!"曰:"仁矣乎?"曰:"未

---

① 奥古斯特·孔德:《论实证精神》,黄建华译,第 40 页,南京,译林出版社,2011。
② 黄晖:《论衡校释》二,第 601 页。
③ 同上书,第 407 页。

知,焉得仁?"子文曾举楚子玉代己位而伐宋,以百乘败而丧其众,不知如此,安得为仁? 问曰:子文举子玉,不知人也。智与仁,不相干也。有不知之性,何防为仁之行? 五常之道,仁、义、礼、智、信也。五者各别,不相须而成,故有智人,有仁人者,有礼人,有义人者。人有信者未必智,智者未必仁,仁者未必礼,礼者未必义。

客观地说,五常并非如王充认为的没有联系。而他之所以故意强调五常的区别,在于他不再从理论的完备和理想主义立场来对待儒家伦理,而是从认知及实践的角度来看待道德。

从道德实践即行的角度,王充重视德、力两个方面。他说:

治国之首,所养有二:一曰养德,二曰养力。养德者,养名高之人,以示能敬贤;养力者,养气力之士,以明能用兵。此所谓文武张设、德力且足者也。事或可以德怀,或可以力摧。外以德自立,内以力自备;慕德者不战而服,犯德者畏兵而却。①

王充认为应以两手,即德与力,来实现国家治理。特别是实力弱小的国家,更应如此。他说:"夫敬贤,弱国之法度,力少之强助也。"强大的秦国想要进攻弱小的魏国,因魏国君敬重贤士段干木而作罢,证明此说不虚。

在德与力之间,王充首先是讲德治。他认为,治理国家和个人修养差不多。修养身心,若恩德少而伤害人的事太多,往往人际交往就会稀疏甚至断绝,最后侮辱之事会找到头上。"推治身以况治国,治国之道,当任德也。"②韩非治理国家专任刑罚,这就好比修养之人,专门伤害其身心一样。韩子并不是不知道德治的好处,却认为世道不好,民心靡薄,故作刑名法术。其实,人世间不能缺少道德,就如年岁不能没有万物生长的春天一样。天不会因年岁不好就不要春天,国家治理也不能不要仁

① 黄晖:《论衡校释》二,第438页。
② 同上书,第441页。

德。他总结说："夫治人不能舍恩,治国不能废德,治物不能去春。"

不过,王充不是泛泛地谈论德治,而是更强调道德如何更具有现实性。在他看来,道德的实现并非是没有条件的。"匮乏无以举礼,赢弱不能奔远,不能任也。是故百金之家,境外无绝交;千乘之国,同盟无废赠,财多故也。使谷食如水火,虽贪吝之人,越境而布施矣。故财少则正礼不能举一,有余则妄施能于千,家贫无斗筲之储者,难责以交施矣。"[1]道德如果涉及他人就不是不讲任何条件的。这一思想显然与孔子"为仁由己"的观点着眼点不同。他无疑倾向于认同管子"仓廪实则知礼节,衣食足则知荣辱"。他说:"实体有不与人同者,则其节行有不与人钧者矣。"显然,王充的道德观更倾向于如何实践。

面对现实,道德落实在人格上,他主张首先应分清是非善恶,鉴别君子和小人。王充以为,君子小人其才相同,基本的生理需求并无区别,区别在于君子能"以礼防情,以义割欲",小人则"纵贪利之欲,逾礼犯义"。"夫贤者,君子也;佞人,小人也。君子与小人本殊操异行,取舍不同。"[2]二者"殊操异行",不仅在于是否能分清是非,而且关键在是否能择善而从。"君子在世,清节自守,不广结从。出入动作,人不附从。豪猾之人,任使用气,往来进退,士众云合。"[3]这里,王充揭露了人性的阴暗面,面和机深的豪猾之人,追随者众多,而清节自守的高节之人,却曲高和寡,门庭冷落。

王充认为,区分善恶,重在观察心之善与不善。他说:

> 观善心也。夫贤者,才能未必高也而心明,智力未必多而举是。何以观心? 必以言。有善心,则有善言。以言而察行,有善言则有善行矣。言行无非,治家亲戚有伦,治国则尊卑有序。无善心者,白黑不分,善恶同伦,政治错乱,法度失平。故心善,无不善也;心不

---

① 黄晖:《论衡校释》四,第 1113 页。
② 黄晖:《论衡校释》二,第 517 页。
③ 黄晖:《论衡校释》三,第 727 页。

善,无能善,心善则能辩然否。然否义定心善之效明,虽贫贱困穷,
功不成而效不立,犹为贤矣。①

他将"善心"看成是价值标准,认为"言行"是观其心之善恶的标的。
心善才能判断是非,才能"举是";相反,心不善则黑白不分,善恶不辨。
心善,即使无功效,仍属贤者。由此说明,王充的效验只是检验认识的标
准,不是判断善恶的标准。他说:"夫功之不可以效贤,犹名之不可
实也。"②

成功与否虽是一个人识见的表征,但是却不能说明一个人贤德,正
如名虽反映实却不是实一样。他对苏秦、张仪一类的纵横之士并不肯
定,而称他们虽"功钧名敌,不异于贤",但只是"处扰攘之世,行揣摩之
术"的"排难之人"而已。人有内外、是非、利益等的分别与纠缠,有人内
心虽非,却可以其才装饰自己,掩饰其非;相反,内心虽是,却可能无以自
表。但王充还是持乐观态度。从主观方面,知人知面难知心,但从客观
方面,人的行为和客观条件是可以考核验证的。"事效可以知情,然而惑
乱不能见者,则明不察之故也,人有不能行,行无不可检;人有不能考,情
无不可知。"③只有不善于考察的,没有不可考察的行为及其条件。

在他看来,操行不好的都是恶人,恶人中犯上作乱的,称为"无道";
恶人中善于伪装的,称为佞人。善人中最好的,是贤人中的圣人;恶人中
极坏的佞人,是恶人中的枭雄。然而,现实中善恶往往交织,并不好分
辨。因为,普通人也有缺点,对于缺点,是可宽宥的。"刑故无小,宥过无
大。"那么,恶和缺点的区别何在呢? 在此王充和董仲舒达成共识:"圣君
原心省意,故诛故赏误。"④即明君考察犯罪动机,严惩故意犯罪,宽赦误
犯过失的人。董氏在法律上提出"原心定罪",王充则从认知角度提出
"原心省意",以分辨故意与过失。分辨不清是故意还是过失,也就分不

① 黄晖:《论衡校释》四,第1119页。
② 黄晖:《论衡校释》二,第524页。
③ 同上书,第519页。
④ 同上书,第520—521页。

清过与罪,以及孰为君子小人了。

在王充看来,儒者虽道德高尚,但其仕进则多不如其他人。"今贤儒怀古今之学,负荷礼义之重,内累于胸中之知,外劬于礼义之操,不敢妄进苟取,故有稽留之难。"[1]贤儒迟留,非因不学无能,而恰恰是因"学多、道重为身累也"。

生活在广大而又变化的宇宙中,要应对复杂变化的生活,人们往往会"操行无恒,权时制宜,信者欺人,直者曲挠。权变所设,前后异操;事有所应,左右异语",面对此种局面,怎么办呢?

王充说:"贤者有权,佞者有权。贤者之有权,后有应;佞人之有权,亦反经,后有恶。故贤人之权,为事为国;佞人之权。为身为家。"权为权变。经权的关系很清楚。无论贤佞,虽都有权变,但其动机和目的不同,对国家的意义不同,正邪也就各异。

王充显然没在制度方面寻求问题的根本答案,而是认为,德治的根本应靠儒生。他认为"儒生以节优","所学者,道也",其"志在修德,务在立化"[2],非一般文吏所可取代。故"取儒生者,必轨德立化者也"。"夫事可学而知,礼可习而善,忠节公行不可立也。"社会治理的根本在教化而不在事务,这恰恰是儒生所倾心用力之处。他甚至说:"苟有忠良之业,疏拙于事,无损于高。"因"儒生之性,非能皆善也,被服圣教,日夜讽咏,得圣人之操矣"。

他指出当时社会以为儒生的才智不及文吏是偏见,而认为他们各有所长。"儒生所学者,道也;文吏所学者,事也。"比较而言,"儒生治本,文吏理末"。国家的根本与政务之细枝末节比较,其"定尊卑之高下,可得程矣"。而儒生之所以被轻视,文吏之所以被推崇,"本由不能之将"。王充指责"阿意苟取容幸"的文吏虽能理事但无节操,从一定层面揭露了当时仕途和官场的腐败。

---

[1] 黄晖:《论衡校释》二,第 620 页。
[2] 同上书,第 534 页。

但是,王充的德治观念并不局限于内在的道德修养,而是十分关注外在事实的改变。我们知道,王充关注的重心并不在传统儒家所留心的价值的领域而在事实领域,正如他的视野不限于美善而力图进入到认知领域。当他试图改变的并非仅是道德境界而同时也是客观现实之时,就自然而然地关注到"力"的问题。

"力"是人们运用肢体搬运或移动外在事物的力量。人们只有通过运用肢体力量才能真实地改变外在事物的状态,而不是单凭想象或观念即可改变事物。他说:"夫壮士力多者,扛鼎揭旗"①;"举重拔坚,壮士之力也"。这是很具体形象的说法。但"力"并不限于体力,它还是甚至更重要的是知识才学。他说:"人有知学,则有力矣。"他将传统社会世世代代都十分重视的知识学问,看成是一种可改变外在事物的力量。"文吏以理事为力,而儒生以学问为力。""儒生力多者,博达疏通。故博达疏通,儒生之力也。"在许多人看来,读书人手无缚鸡之力,可在王充看来,他们的知识学问就是一种力量。"夫然则贤者有云雨之知,故其吐文万牒以上,可谓多力矣。"②

推而广之,"力"在人事活动中表现广泛。垦草殖谷,农夫之力;勇猛攻战,士卒之力;构架斫削,工匠之力;治书定簿,佐史之力;论道议政,贤儒之力。

论者将王充"人有知学,则有力矣"的思想和培根的"知识就是力量"相提并论,其实,王充的思想还要更加广泛,不限于对象性的科学知识。举重扛鼎、经验知识、文化学习,莫不是"力"。"行有余力,则以学文。贤人亦壮强于礼义,故能开贤,其率化民。化民须礼义,礼义须文章。能学文,有力之验也。"③能学习文化知识,修己化民,都是"力"。

王充认识到儒生之力并不能直接引起外在事物的改变,而需借助政治和壮士之力才能有相应效果。他说:"故夫文力之人,助有力之将,乃

①黄晖:《论衡校释》二,第578页。
②同上书,第582页。
③同上书,第580页。

能以力为功。"当然,现实中须体力才能真的改变事物的状态。他认为文章需要反映真实,就是因它要成为对真实有所触及乃至可能改变的事实。如他说:"论文以察实","用心与为论不殊指"。①

但"力"有高下尊卑之别。"所以为力者,或尊或卑。孔子能举北门之关,不以力自章,知夫筋骨之力,不如仁义之力荣也。"为什么呢?因为,"凡人操行,能修身正节,不能禁人加非于己"②。道德修养是最高级的"力",因它是人们自己对自己的要求,不是外来力量的强制。然而,道德修养本身不能阻止别人对自己的非议。即使圣人也不能自免于厄。

壮士之力和才学之力可相互类比。秦武王跟大力士孟说比举鼎,不能胜任,筋脉崩断而死。才学差的人想要像董仲舒那样抒发自己胸中的才思,一定不会胜任,有血脉枯竭之险。即使颜渊,"已曾驰过孔子于涂矣,劣倦罢极,发白齿落。夫以庶几之材,犹有仆顿之祸,孔子力优,颜渊不任也。"因此,他得出结论说:"才力不相如,则其知思不相及也。""谷子云、唐子高章奏百上,笔有余力,极言不讳,文不折乏,非夫才知之人不能为也。孔子,周世多力之人也,作《春秋》,删《五经》,秘书微文,无所不定。"

王充将人的身体状况和其德行才力对应起来考察,有一定根据,但不是绝对的。因为,影响人之身体力量和才力发挥的因素并不完全一致。在王充看来,真有能力者,并非是能说一经的儒生,也非是能处理公文的文吏,而是担当仁德,熟谙先王之道,博览古今,学富五车,下笔万言的文儒。文儒的才力高于儒生,更非文吏可比。然而,"儒生博观览,则为文儒。文儒者,力多于儒生……文儒才能千万人矣"。文儒虽有才力,但不放到相应位置,得不到任用,不能得意,就发挥不出应有的能力。究其原因,是没得到有力之将的"推引"。得不到推引,就可能因能力而带来灾祸:"有力无助,以力为祸。"故有因自己的才力学识而招来杀身之祸

---

① 黄晖:《论衡校释》四,第 1122 页。
② 黄晖:《论衡校释》三,第 742 页。

者。"文儒之知……文章浩沛,不遭有力之将援引荐举,亦将弃遗于衡门之下。"这一思想是汉代儒生讨论士之"遇"与"不遇"的回应。他提出:"火之光也,不举不明。"正所谓"力重不能自称,须人乃举,而莫之助,抱其盛高之力,窜于闾巷之深,何时得达"?

这是王充对政治集权体制中人们得以发挥自己才干的必要条件的认识。个人的学识、才华,需要得到地方官的肯定和引见,才能在朝廷或官场发挥作用。"力重不能自称,须人乃举",才华盖世,不能自进,是体制决定的。然而,现实中往往"贤臣有劲强之优,愚主有不堪之劣",这却是当时无法根本解决的问题。

王充认识到:人力要改变现实是须有实际的力量的,但力必须用在"相类"的事物上才有效果。"攻社,一人击鼓,无兵革之威,安能救雨?"①何况社为土,雨为水,不求水而求土,五行异气,相去远。再如人有病而祷请求福,终不能愈;改变操行,也不能救。只有使医食药,才可得愈。

德与力是相互关联的。道德文化也是"力"。他特别指出文人和文章的力量之所在。"《易》曰:'大人虎变其文炳,君子豹变其文蔚。'又曰:'观乎天文,观乎人文。'此言天人以文为观,大人君子以文为操也。"②这就是说,天与人都以文采作外观,大人和君子都以文饰来表现仪表。文章可"发胸中之思,论世俗之事"。然而,可惜的是,很多人的文德之操,治身之行,皆为徇利为私而已。其实,文章有很重要的教化功能。"天(夫)文人文文(章),岂徒调墨弄笔,为美丽之观哉?载人之行,传人之名也。善人愿载,思勉为善;邪人恶载,力自禁裁。然则文人之笔,劝善惩恶也。"③道德文章,扬善责恶,对社会或后世有重要作用。古代礼法中的谥法,是通过褒贬人物的方式来彰善著恶的。"文人之笔,独已公矣。贤圣定意于笔,笔集成文,文具情显,后人观之,见以正邪,安宜妄记?足蹈于地,迹有好丑;文集于礼,志有善恶。故夫占迹以睹足,观文以知情。"

① 黄晖:《论衡校释》二,第687页。
② 黄晖:《论衡校释》三,第865页。
③ 同上书,第868—869页。

总之,王充因意识到价值不能完全取代事实,故不像先儒过分重行为动机,而是同时关注效验,这样,王充认识到"力"的重要意义。然而,因为"力"是具体改变事物状态的能力,无论德还是力的发挥,在社会历史中的作用都受到限制。

二、时与命

王充"时命"思想受到班彪影响。班彪云"神器有命,不可以智力求也"(《王命论》)。其主旨乃"穷达有命,吉凶由人"。班氏的目的在于斥责"乱臣贼子",其主题则是"神器之有授",王充发展班氏思想成为人生哲学。

所谓"时",即时代条件。王充说:"物生为瑞,人生为圣,同时俱然,时其长大,相逢遇矣。衰世亦有和气,和气以生圣人……圣王遭见圣物,犹吉命之人逢吉祥之类也,其实相遇,非相为出也。"[①]"是故气性随时变化,岂必有常类哉?"[②]又说:"虎所食人,亦命时也。命讫时衰,光气去身,视肉犹尸也,故虎食之。"此乃"天道偶会"。王充认为,"物随气变,不可谓无",但"时"在其中起着重要作用。他在评价祥瑞时说:"种类无常,故曾皙生参,气性不世,颜路出回","瑞应之出,殆无种类。因善而起,和气而生"[③]。

显然,"时"乃世事变化所处的具体时代特点,往往由许多偶然际遇所致。王充虽凡事讲效验,但也意识到并非事事均能证验,贤德或有力的文儒发挥其才性,是依赖一定条件的。

因时代条件不同构成人生命的限制,就是"命"。如他说:"案人操行,莫能过圣人,圣人不能自免于厄。"[④]还说:"圣兽不能自免于难,圣人亦不能自免于祸。"之所以不能自免于祸患,是"命穷""时厄"所决定的。

---

① 黄晖:《论衡校释》三,第 747 页。
② 同上书,第 733 页。
③ 同上书,第 732 页。
④ 同上书,第 742 页。

"夫不能自免于患者,犹不能延命于世也。命穷,贤不能自续;时厄,圣不能自免。"①如文王拘羑里,孔子厄陈、蔡,均非操行不好所致。显然,王充也没跳出传统政治给人们提供的那个生活场景,当然无法揭示其本质。

既然"时命"是落实在具体时代条件下某个人生命上的限制,它与个人的操行无关,那么,它就完全是时代或个人人生上的客观境遇所决定的。"人之于世,祸福有命;人之操行,亦自致之。其安居无为,祸福自至,命也;其作事起功,吉凶至身,人也。""祸福之至,时也;死生之到,命也。人命悬于天,吉凶存于时。命穷操行善,天不能续;命长操行恶,天不能夺。"在他看来,人的福佑非德操所带来的,祸福与善恶无关。"祸福不在善恶,善恶之证不在祸福。"②

在王充看来,从成功与否并不能分辨出贤与不肖。贤人也得依凭"时"与"术"而获得成就。贤人"能因时以立功",但"不能逆时以致安"。"得其术也,不肖无不能;失其数也,贤圣有不治。""道为功本,功为道效,据功谓之贤,是则道人之不肖也。"③那种"义有余,效不足,志巨大而功细小"的事情是常见的,而智者赏之,愚昧者则惩罚之。"必谋功不察志,论阳效不存阴计,是则豫让拔剑斩襄子之衣,不足识也。"可见,他并不赞成只计结果不择手段。

就社会而论也是如此。并非尧、舜贤圣导致太平,桀、纣无道导致乱世,而是他们的命数即"天地历数当然也"④。天灾乃年岁所致,"年岁水旱,五谷不成,非政所致,时数然也"。

王充虽认为人生有命,但又认为事物皆有"随气""随时"之变,并因此使其出现奇怪的变化。第一,"物无种"。种下嘉禾种子,不一定能长出嘉禾。经常见到的粢、粱这类一般谷物,茎穗也有生得很奇异的。"嘉禾、醴泉、甘露,嘉禾生于禾中,与禾中异穗,谓之嘉禾;醴泉、甘露,出而

---

① 黄晖:《论衡校释》四,第1111页。
② 黄晖:《论衡校释》三,第774页。
③ 黄晖:《论衡校释》四,第1106页。
④ 黄晖:《论衡校释》三,第769页。

甘美也,皆泉、露生出,非天上有甘露之种,地下有醴泉之类。"①第二,"人无类"。如尧生下丹朱,舜生下商均。商均、丹朱,是尧、舜后代,骨相情性不同罢了。鲧生下禹,瞽瞍生下舜。舜、禹,是鲧、瞽瞍的后代,才智德性大不相同。第三,"体变化"。"人见叔梁纥,不知孔子父也;见伯鱼,不知孔子之子也。张汤之父五尺,汤长八尺,汤孙长六尺。"②这里,与"气性异殊,不能相感动"③的观点有别,他又得出"灾变无种,瑞应亦无类也"的观点。

从事物的变化在时与命而不在技巧,历史的发展在幸偶而不在德操的观点出发,王充认为:"世之治乱,在时不在政;国之安危,在数不在教。贤不贤之君,明不明之政,无能损益。"因而,天时好,"谷足食多",即国泰民安;反之,"谷食乏绝,不能忍饥寒",就会"盗贼从多,兵革并起"。社会的治乱是由于"命期自然",与统治者好坏没有关系。

良医不能治不治之症,贤君不能化当乱之世。圣人孔子,也并非什么事都能做。民之治乱,皆有命限,不可勉强。治国安民和救死扶伤一样,需要策术但也有赖于时命。"故夫治国之人,或得时而功成,或失时而无效。术人能因时以立功,不能逆时以致安。良医能治未当死之人命,如命穷寿尽,方用无验矣。故时当乱也,尧、舜用术不能立功;命当死矣,扁鹊行方不能愈病。"④可见,王充认为,一方面,人的操行是受到限制的,成与败并非仅取决于人事,而同时受制于时事条件;另一方面,他批评了天人感应的思想。"阴阳和,百姓安者,时也。时和,不肖遭其安;不和,虽圣逢其危。"以为天必然按照个人的修为或喜好作出反应,是痴心妄想。

王充认为,人皆有"命"。从王公大人到黎民百姓,从圣贤到愚昧,

---

① 黄晖:《论衡校释》三,第730—731页。
② 同上书,第732页。
③ 同上书,第695页。
④ 黄晖:《论衡校释》四,第1107页。

"凡有首目之类,含血之属,莫不有命"①。"天性,犹命也。""禀性受命,同一实也。命有贵贱,性有善恶。"②人因不可逃之命决定了有许多的遭遇和累害,又因其命乃天所禀者,所以,命也是无可奈何、自然无为的。如有才能不能施展,有智慧不能实行,或实行不能成功,"且达者未必知,穷者未必愚。遇者则得,不遇失之"③等。

具体说来,命有二品:"一曰所当触值之命,二曰强弱寿夭之命。"④所谓"所当触值"之命,指由外在的原因如兵烧压溺所致之命;"强弱寿夭"之命,为"禀气渥薄"所产生。由于王充不是从个人的行为特别是道德操行角度解释人生遭遇与命运,而力图从客观的外在原因来寻找答案,结果就归结为"气禀"和"遭际"的原因。

就气禀而论,"人禀元气于天,各受寿夭之命,以立长短之形"⑤。就遭际而论,则不一而足。人之操行必有贤愚之别、是非之分,但就其所遭遇的祸福、幸与不幸、赏还是罚,则不是彼此对应的,其中存在着偶然性。并不存在着修养好就寿命长,或品行好必富贵的现象。否则,无法解释为何有颜回、冉伯牛这等修行的人会短命,而孔孟圣贤却于生活之时代终究不遇的现象。遇与不遇,不取决于才能和操行,而决定于不受个人控制的时运。"故夫临事知愚,操行清浊,性与才也;仕宦贵贱,治产贫富,命与时也。"对于偶幸之人,王充说:"佞幸之徒,闳、藉、孺之辈;无德薄才,以色称媚,不宜爱而受宠,不当亲而得附,非道理之宜,故太史公为之作传。邪人反道而受恩宠,与此同科,故合其名谓之佞幸。无德受恩,无过受祸,同一实也。"⑥在王充看来,"命则不可勉,时则不可力,知者归之于天"⑦。才高未必位高。"命""时"是人力不能决定的。

显然,从传统儒家伦理不能解释"无德受恩,无过受祸"的现实,王充

---

① 黄晖:《论衡校释》一,第 20 页。
② 同上书,第 142 页。
③ 黄晖:《论衡校释》四,第 1204 页。
④⑤ 黄晖:《论衡校释》一,第 28 页。
⑥ 同上书,第 40 页。
⑦ 同上书,第 20 页。

则从其元气自然的人性论角度来加以说明,难免是机械的。佞幸之徒恰恰是专制体制、人性弱点,以及社会发展水平所能给人们提供条件的有限性等多种原因产生的。

从这种自然人性论观点出发,王充对《白虎通德论》为代表的命论作了批判。《白虎通德论》将命一分为三:正命、随命、遭命。按王充的命有二品,由气禀之寿命略相当于正命,所当触值之命为遭命。王充则对所谓"随命"说进行了批判。他说:

> 《传》曰:"说命有三:一曰正命,二曰随命,三曰遭命。"谓本禀之自得吉也。性然骨善,故不假操行以求福,而吉自至,故曰正命。随命者,戮力操行而吉福至,纵情施欲而凶祸到,故曰随命。遭命者,行善得恶,非所冀望,逢遭于外,而得凶祸,故曰遭命。凡人受命,在父母施气之时,已得吉凶矣。夫性与命异,或性善而命凶,或性恶而命吉。操行善恶者,性也;祸福吉凶者,命也。或行善而得祸,是性善而命凶;或行恶而得福,是性恶而命吉也。性自有善恶,命自有吉凶。使命吉之人,虽不行善,未必无福;凶命之人,虽勉操行,未必无祸。正命者至百而死。随命者五十而死。遭命者初禀气时遭凶恶也,谓妊娠之时遭得恶也,或遭雷雨之变,长大夭死。此谓三命。[1]

显然,王充试图针对社会上永远存在的"宜遇其祸",却"乃以寿终";"行善于内",却"遭凶于外",以及"行善当得随命之福",但实际却"乃触遭命之祸"的现象提出严肃的质询。传统儒家的道德观不能对此提供一个完满的解释。在王充看来,按《白虎通德论》所论,则"言随命则无遭命,言遭命则无随命",显然二者不能自洽。所以,他最终得出了"富贵贫贱皆在初禀之时,不在长大之后随操行而至也"的观点。

虽然,根据孟子,"求之有道,得之有命"(《孟子·尽心上》),但现实中,既不免"性善命凶,求之不能得也",亦不免"无道甚矣,乃以寿终",因

---

[1] 黄晖:《论衡校释》一,第49—53页。

而,所谓求善得善、为非得恶的随命在他看来也不能成立。他认为,有随命便无遭命,有遭命,便无随命。他的结论是:"贵贱在命,不在智愚;贫富在禄,不在顽慧。"①人身有病,如"命尽期至,医药无效"②。

其实,王充没有意识到遭命很大程度上都是依赖外在条件的,随命则是或然的,修养、才能和智慧都只是其必要条件,而非充分条件。他没有意识到在宗法色彩还很浓厚的社会中,血缘、裙带关系乃至性别、年龄这些东西,都被礼的原则所肯定,这些属于人的自然属性的东西并非人努力的结果,但是,却与人事修为一样参与到儒家伦理之中来了,并很可能影响到个人乃至整个社会的未来。王充事事求效验的思想是植根于历史事实判断而非道德价值判断之上的。

王充"贵贱在命,不在智愚;贫富在禄,不在顽慧"的思想,固然是从利害得失和客观历史角度观察事物的认识结果,但也是对当时的社会情况的客观反映。它和《淮南子·齐俗》中所谓"仁鄙在时不在行,利害在命不在智"的思想是相通的,均在突出"时"的重要性,而否认道德修养乃至智慧对于利害和历史进程的决定性意义。于此,王充显然扭曲了孟子"求之有道,得之有命"的本义。

《孟子·尽心上》说:"求则得之,舍则失之,是求有益于得也,求在我者也。求之有道,得之有命,是求无益于得也,求在外者也。"孟子并未张扬"求在外者也",而是肯定"求在我者也"的道德修养。反之,王充完全忽视了人的"长短之形"与贫贱富贵之间的区别,没有看到自然禀赋与人事修为在人生命运中各自不同的作用,结果得出"慎操修行,其何益哉"的结论,就是否认道德主体性的一种命定论了。

命的前定性和时的或然性质,往往使人产生生存上的疑问。王充否定有所谓随命,而认为只有正命和遭命。他由气禀之论进而认为一切皆命中注定。"故命贵从贱地自达,命贱从富位自危。故夫富贵若有神助。

---

① 黄晖:《论衡校释》一,第 22 页。
② 黄晖:《论衡校释》二,第 688 页。

贫贱者若有鬼祸。命贵之人,俱学独达,并仕独迁;命富之人,俱求独得,并为独成。"①就如珠玉之在山泽不求富贵于人而其自贵,人也"不须劳精苦形求索"②而信命即可富贵。既然人从胚胎形成就一切皆被决定了,那么又主张"以学问为力""须学以圣",意义何在呢?

同样是人,命贵的人,"俱学独达,并仕独迁";命富的人,"俱求独得,并为独成",其中难道真的没有道理可以追问吗? 世俗所谓"王侯将相,宁有种乎",就是对这种命定论的抗议。

对于质相同而实异的处境似乎无法解释,王充则以幸、偶等遭遇来解释。"物善恶同,遭为人用,其不幸偶,犹可伤痛,况含精气之徒乎! 虞舜圣人也,在世宜蒙全安之福。父顽母嚚,弟象敖狂,无过见憎,不恶而得罪,不幸甚矣。孔子,舜之次也,生无尺土,周流应聘,削迹绝粮。俱以圣才,并不幸偶。舜尚遭尧受禅,孔子已死于阙里。以圣人之才,犹不幸偶,庸人之中,被不幸偶,祸必众多矣。"③

汉代特别是东汉,黄色之金、紫灵芝、黄龙等祥瑞屡现,王充认为是"皇瑞比见,其出不空,必有象为,随德是应。"④然都不是必然,而是"天道自然,厥应偶合。"⑤幸、偶、遇,都有偶然性的意思。王充一方面认为必然性的命与代表偶然性的时不可分离。他认为:"命非过也""遇与不遇,时也。"⑥但幸偶总是以某种方式表现出来的必然性。他说:"一生之行,一行之操,结发终始,前后无异。一成一败,一进一退,一穷一通,一全一坏,遭遇适然,命时当也。"⑦因而,又没有纯粹的偶然。王充由命定论陷入机械主义和悲观主义的人生哲学。

因而,王充也因个人遭遇而有否认能动性的机械主义之虞。他将事

① 黄晖:《论衡校释》一,第 20 页。
② 同上书,第 26 页。
③ 同上书,第 42—43 页。
④ 黄晖:《论衡校释》三,第 844 页。
⑤ 同上书,第 845 页。
⑥ 黄晖:《论衡校释》一,第 273 页。
⑦ 同上书,第 281 页。

物变化中的幸偶、时、遇等均看成必然性的"命",构成事物变化的决定性因素,同时又认为"天道自然","无为",这样一来,"自然性、必然性、偶然性在王充看来是一个道理:就整个世界来说,天地之施气、人物之出生,都出于'自'或'自然',并非由上天在主宰,也并非出于神的某种目的;就个别的物或人来说,那么,它的生成发展是一开始就已决定了的,这种决定,即是一种自然性的决定,而非由于某种外力所加;这种决定,在人即谓之'命'"①。既然偶然性也罢,必然性也罢,它们都是为人力所不可控制的因素,它们也都成为神秘不可捉摸的力量了。由此,王充的时命论难以和宿命论区别开来。

王充一方面认为"人禀元气于天,各受寿夭之命,以立长短之形",而且"贵贱在命,不在智愚;贫富在禄,不在顽慧"②,似乎血统种类决定一切;另一方面却又看到圣人尧子丹朱、舜子商均不肖,似乎否定了血统论。而且,"遭祸虽属'命',专说修短问题,却以为有'禀性'决定,于是此处'性命'又相混矣"③。这些交代不清楚甚至互相抵触的地方,导致论者以为王充或"未经详细校核所致",或认为"他本人实在无法自解,亦未可知"④。

王充说:"富贵者天命也。命富贵,不为贤;命贫贱,不为不肖。"⑤很显然,他描述的是一个社会事实,现实中居于富贵地位的人之所以富贵,并非一定是因他们的贤德与才能,这在当时是不能以理性来解释的。"命"在这里就是指无法以理性完全说明,因此也不是人为努力就可改变的。

基于"命"在王充思想体系中的重要地位,人们认为它"是王充思想哲学体系的中枢和基本点"⑥。的确,王充的命论涉及人的生活的方面面

---

① 侯外庐:《中国思想通史》第二卷,第 275 页。
② 黄晖:《论衡校释》一,第 59 页。
③ 劳思光:《新编中国哲学史》二,第 115—116 页。
④ 贺凌虚:《东汉政治思想论集》,第 71 页。
⑤ 黄晖:《论衡校释》四,第 1103 页。
⑥ 邓红:《王充新八论》,第 89 页,北京,中国社会科学出版社,2003。

面,诸如自然生命,人生际遇,乃至涉及必然性与偶然性、绝对与相对等重要的哲学问题,值得深入研究。他否认人事修为对于改变"命"的积极意义,而将"命"视为适遇或幸偶,显然是有失当之处的。但客观地看,王充的命论仍然受到传统儒家命观的影响,多少也打上了一些个人体验的烙印。

王充为了撇清政治治乱与自然灾害的直接联系,认为吉凶的事实和道德上的善恶并不一致,并不是否定道德的意义,而是为了解释社会生活的随机性和复杂性。所谓"富饶因命厚""昌衰非德操所为","昌衰兴废,皆天时也"①,"达者未必知,穷者未必愚。遇者则得,不遇失之"②等,不仅和《中庸》"大德者必得其位,必得其禄"的观点不相合拍,且是"夫命厚禄善,庸人尊显;命薄禄恶,奇俊落魄"③的社会现实的写照。可以说,他的这个思想主观上也许并不全是消解主体性的宿命论,而是对传统社会政治格局的解释,同时也是自我解脱。位高权重还是官卑禄薄,在注重宗法血缘的时代,的确与个人才能和操行没有必然关联。当然,王充这一思想既反映了细门孤族者的不满,也与成王败寇的思想大异其趣。

王充"时命论"相对班彪《王命论》,思想主旨有很大改变。《王命论》的主题是王权受命,其"历古今之得失,验行事之成败,稽帝王之世运,考五者之所谓,取舍不厌斯位,符端不同斯度,而苟昧于权利,越次妄据,外不量力,内不知命,则必丧保家之主,失天气之寿,遇折足之凶,伏铁钺之诛"。重心在论"神器之有授",不可私觊。告诫英雄"诚知觉寤,畏若祸戒,超然远览,渊然深识",结论是"穷达有命,吉凶由人"。王充命定论则主要不是探讨王权受命问题,而是考察贫贱富贵与个人操行智慧的关系问题。王充的命论显然更具有普遍性,他关注的中心不在政治而在人生哲学。

王充"时命"思想试图去解决一些深刻的哲学问题,有很大启发性。

---

① 黄晖:《论衡校释》三,第 771 页。
②③ 黄晖:《论衡校释》四,第 1204 页。

首先,他以必然性作为底线论证或然性。时代条件中一些幸偶或偶然的遭遇可能对事物的发展有决定性,却不能突破必然性的范畴。"气变无类",同时良医虽能治病却不能治命。既认为"气性异殊,不能相感动也",又认为"灾变无种,瑞应亦无类",揭示了事物发展中的必然性与偶然性的关系。其次,善恶的道德判断不能取代吉凶的历史判断。孔孟儒家以伦理道德作为一套解释生活事实的系统,到西汉董仲舒进一步以天人感应的系统解释宇宙,存在着一个重大的理论缺陷,那就是遗忘了生活中大量的非道德领域。事实和历史并不完全符合人们的道德价值的判断。王充指出吉凶祸福不是善恶是非,正是基于现实中权力与其他因素可能导致的事实变化与是非善恶并无必然联系。这一思想的重要意义不仅在于回归了生活的本来面目,而且无情地撕去了笼罩在统治者身上的美丽画皮。最后,"命"的思想无疑揭示了人们主体性的范围和界限。主体地看,人们面对生活有很大的选择性,这是人作为智慧生物的地位所决定的;但是,历史地看,人的行为受到时代条件的限制。生活中存在着不为人们完全直接决定的东西。

第六节　对鬼神思想和儒家的批判

一、对鬼神思想的批判

王充是中国古代无神论的代表。其无神论思想继承了桓谭的观点,主要体现在对流行的鬼神思想的批判方面。其中,《论死篇》《伪死篇》的主要内容就是批判传统鬼神思想。

当时流行看法是,人死后成为鬼,还有知觉,并会害人。王充恰好相反,认为人死后无知觉,也不能变成鬼来害人。

首先,王充从人和物的共性来论人死不能为鬼。"人,物也;物,亦物也。物死不为鬼,死人何故独能为鬼?"[1]"死人"应为"人死"。显然,从物

---

[1] 黄晖:《论衡校释》四,第 871 页。

死不能为鬼来说明人死后是否为鬼的说服力不够。基于人和物的差别，他又说：

> 人之所以生者，精气也，死而精气灭。能为精气者，血脉也。人死血脉竭，竭而精气灭，灭而形体朽，朽而成灰土……朽则消亡，荒忽不见，故谓之鬼神。

人死精气灭，血脉竭，因而其形体腐朽，化为灰土。所谓鬼，即归于土之意。从其荒忽无形看不见的角度说，可称为神。他还说："妖气为鬼，鬼象人形，自然之道，非或为之也。"①

关于鬼神，当时还有另一看法，认为阴气逆物而归谓之鬼，阳气导物而生谓之神。王充则认为："神者，伸也，申复无已，终而复始。人用神气生，其死复归神气。阴阳称鬼神，人死亦称鬼神。"气之生人，好比"水之为冰也。水凝为冰，气凝为人；冰释为水，人死复神"一样。王充把人之生死看成是一个自然过程，所谓鬼神就是阴阳的两个方面而已。

类似关于鬼神的观点亦见于《韩诗外传》《孔子家语·哀公问政》和《礼记·祭义》。王充所谓"人死精神升天，骸骨归土，故谓之鬼。鬼者，归也；神者，荒忽无形者也"，和《祭义》"众生必死，死必归土，此之谓鬼"，"骨肉毙于下，阴为野土"，"其气发扬于上……此百物之精也，神之着也"②的说法大体相同。王充的主要特点是批判当时流行的人死之后还有知觉并能害人的观点。

王充有时又认为人死为鬼之事难认定："实者死人暗昧，与人殊途，其实荒忽，难得深知。有知无知之情不可定，为鬼之实不可是。"③圣心贤意，也只能"方比物类"来认识。人看见鬼像活人的形状，仅凭这一点就可认定鬼并非死人的精气变成的。同理，人死精气散亡，"何能复有体，而人得见之乎"？他认为，人死后，其形体朽坏，不可能再变化为活人的

---

① 黄晖：《论衡校释》三，第779页。
② 《十三经》上，第541页，北京，国际文化出版公司，1999。
③ 黄晖：《论衡校释》四，第962页。

身体。假如人死还能转化为有形的鬼，那么，自古以来死人何止亿万数！岂不是道路上一步一鬼，到处是鬼？人死像火灭一样，岂能复燃？人们都认为鬼为人死后之精神，为何见到的鬼并非"裸袒之形"？衣服是无精神的。"精神本以血气为主，血气常附形体，形体虽朽，精神尚在，能为鬼可也。今衣服，丝絮布帛也，生时血气不附着，而亦自无血气，败朽遂已，与形体等，安能自若为衣服之形？"①所以，鬼是不可能有活人形体的。最后，人死不能为鬼，因为人未生无所知，其死归无知之本，何能有知乎？

人有知是因有以五藏为基础的形体，形体则须气而成，气须形而知。人死形体朽坏，当然就无知了。

围绕人死是否有知觉的问题，王充还反复进行了分析论证。他认为，人死和昏迷、处于睡梦中是一样的没有知觉。"人梦不能知觉时所作，犹死不能识生时所为矣。"他认为，若死人也有知觉，必怨恨凶杀，那么，破案就没任何困难。人就像火一样，死无知觉，火灭不会复燃。"谓人死有知，是谓火灭复有光也。"如果人死有知觉，那么夫死妻改嫁，妻死夫更娶，以有知验之，定会大忿怒。现在夫妻死者寂寞无声，再嫁娶者平安无祸，这就证明人死而无知。

人死枯骨在野外。野外有时发出哀鸣之声，好像夜间人哭一样，有人认为这是死人发出的声音，其实是错误的。活人能说话叹息，是因气包含在口喉中，动摇舌头，口一张一合，所以能说话。"人死口喉腐败，舌不复动，何能成言？"

从精神依赖形体的观点出发，王充认为表达心意知觉的语言能力，也依赖形体。他说："人之所以能言语者，以有气力也。气力之盛，以能饮食也。饮食损减则气力衰，衰则声音嘶，困不能食，则口不能复言。夫死，困之甚，何能复言？"既然人的形体是基础，在此基础上才有语言，那么，形体死亡毁坏，就不可能再有能力害人。

王充认为，人禀受自然之气，与物有相同的精气，所以能与物相交

---

① 黄晖：《论衡校释》三，第 875 页。

换。等到人生了病,精气衰弱之时,那种物的精气就会来侵犯他了,它就以熟悉或不熟悉的所谓鬼的形象出现了。所谓鬼不过是人思念存想而为的。"凡天地之间有鬼,非人死精神为之也,皆人思念存想之所致也。"①人死与鬼无关,是疾病所致。人不生病则不畏惧,人生病则气倦精尽,"畏惧鬼致"。"病人命当死,死者不离人",即病人命当死的话,还是由人的身体原因而非鬼所决定的。史上关于鬼的各种传说,除个别可存疑外,他通常都用气构成万物的观点加以解释。所谓鬼,不过是世间各式各样的由无知的"阳气"构成的。他说"凡天地之间,气皆纯于天,天文垂象于上,其气降而生物。气和者养生,不和者伤害。本有象于天,则其降下,有形于地矣。故鬼之见也,象气为之也"。

王充还认为人们难解的现象如"妖"也是气。他说:"夫非实则象,象则妖也。妖则所见之物非物也,非物则气也。"其所谓"非物则气"的妖象,与人死为鬼或有不同,但终归都是气。有的妖气模仿人的形状,有的则是人含着妖气表现出一种怪异现象。如果妖气现出人形,人们就以为所见是鬼。如果人含气为妖,就成巫之类了。然而,事情发生时都有一定的征兆,还有一个逐步的过程,不会猝然出现。其间情况复杂,但还是有迹可循。"国将亡,妖见;其亡非妖也。人将死,鬼来,其死非鬼也。"真实情况是:"亡国者,兵也;杀人者,病也。"

王充认为,无论妖还是鬼,都是"太阳之气"。能伤人之气为毒。"天地之气为妖者,太阳之气也。妖与毒同,气中伤人者谓之毒,气变化者谓之妖。""太阳之气",盛而无阴,所以只能为象不能为形。其无骨肉,有精气,故一见恍惚,很快就会消失。"诸鬼神有形体法,能立树与人相见者,皆生于善人,得善人之气,故能似类善人之形,能与善人相害。"这样一来,王充对鬼的看法又不能完全与他所反对的鬼神观完全区别开。"天道难知,鬼神暗昧,故具载列,令世察之也。"②他把人难知的太阳之气看

① 黄晖:《论衡校释》三,第 931 页。
② 同上书,第 936 页。

成是实有的。"或谓之鬼，或谓之凶，或谓之魅，或谓之魑，皆生存实有，非虚无象类之也。"①但是，鬼不能有知不能害人这一点，王充是始终坚持的。人们之所以有祭祀活动，不过是"主人自尽恩勤而已，鬼神未必歆享之也"②。至于古人的占卜活动，则是求知的需要。"天意难知，故卜而合兆，兆决心定，乃以从事。"③

在《解除篇》中，对祭祀和解除作了分析。祭祀为了求福，解除则为去凶。然而，王充认为，"祭祀，厚事鬼神之道也，犹无吉福之验"，因鬼神无形无知不能害人。鬼神无形体，无口舌，也无喜怒。吉凶祸福终归"在人不在鬼，在德不在祀"④。他说："论解除，解除无益；论祭祀，祭祀无补；论巫祝，巫祝无力。"在他看来，祭祀不可得福，解除不可去凶。礼义败坏才会导致迷信鬼神，"衰世好信鬼，愚人好求福"。"不修其行而丰其祝，不敬其上而畏其鬼"，"通人"不会做这种事情。然而，国运有远近，人命有长短，皆有定数。"鬼神之集，为命绝也"，驱鬼无补于事，正如"杀虎狼，却盗贼，不能使政得世治"一样。正所谓"夫礼不至则人非之，礼敬尽则人是之"。其"推人事父母之事，故亦有祭天地之祀"，"推人事鬼神，缘生事死。人有赏功供养之道，故有报恩祀祖之义"。

总体来看，王充批判鬼神思想的主要特点是：第一，他的主要论据是人与物相"通"，都是元气的变化。精神依附于元气。若精神有病，可因"知其物然而理之，病则愈矣"。但人死而形体朽坏，精神失去依靠而散亡。"夫人之精神，犹物之精神也。"虽然人贵于物，有精神能够成事，但若崇拜鬼神则就是崇尚物的精神了。只有人活着有形体，才有力量，也才可能害人，人死精神散亡，当然也就不可能害人。只有五行之物可以害人。因此，"使人死，精神为五行之物乎，害人；不为乎，不能害人"。第二，王充以实证科学的立场和逻辑推理的方法分析和认识人们鬼神的观

① 黄晖：《论衡校释》三，第 937 页。
② 黄晖：《论衡校释》四，第 1047 页。
③ 同上书，第 1094 页。
④ 同上书，第 1043 页。

念。他认为"与世俗同知,则死人之实未可定也"①。又认为生死异途,人鬼异类,"鬼神未定"。因此,分析和认识鬼神始终是以人的经验观察和理性思考为结论的根本。人世间所有祭祀,就如人事关系往往都是为了功利目的一样,"皆为思其德,不忘其功也","祀为报功者"。他的所谓鬼神,其实是人的理性可理解的鬼神,而非非理性之鬼神。这是他彻底贯彻中国古代无神论的鲜明体现。他的所有批判都服从这一原则。

王充观点的合理性在于:他从物理和生理的角度,从人和物、生物在不同程度上有相通之处思考。人活着需要和物质世界进行物质和能量的交换,否则,人无法生存。人也因其有身体、有体力才可能害人,人死之后,不可以害人。针对史书所记与世上流传的一些所谓人死后变成鬼、有知、能害人的事例,运用大量生活常理进行类比推论,逐个分析其说的不合理处,加以批驳,指出"世多似是而非,虚伪类真",始终坚持"死人不为鬼,无知,不能害人"的观点。其对鬼神迷信的批判在许多地方是较有说服力的。

二、对儒家的批判

王充对儒家的批判首先是针对当时流行的天人感应思想。儒者认为"思虑深,避害远,中国有道则来,无道则隐"。"称凤皇、骐驎之仁知者,欲以褒圣人也。非圣人之德,不能致凤皇、骐驎。"王充认为,此言妄也。"王者以天下为家。家人将有吉凶之事,而吉凶之兆豫见于人,知者占之,则知吉凶将至,非吉凶之物有知,故为吉凶之人来也。"②他认为,天地之间,常有吉凶,吉凶之物到来,自当与吉凶之人相逢遇。有的人说是天使所为。然而,巨大之天,役使细小之物,言语不通,情指不达,怎能役使呢?"物亦不为天使,其来神怪,若天使之,则谓天使矣。"

《变动篇》综合《寒温篇》《谴告篇》思想,进一步对天人感应思想提出

---

① 黄晖:《论衡校释》三,第891页。
② 同上书,第750页。

批评。"天能遣告人君,则亦能故命圣君,择才若尧、舜,受以王命,委以王事,勿复与知。今则不然,生庸庸之君,失道废德,随遣告之,何天不惮劳也?"①只有违背自然,才有所谓遣告。"心险而行诐,则犯约而负教。教约不行,则相遣告。遣告不改,举兵相灭。由此言之,遣告之言,衰乱之语也,而谓之上天为之,斯盖所以疑也。"②关于遣告,可以用人间常识来验证。若君可以遣告臣,那么,天就可以遣告君;反过来,臣也可以纳谏于君,君也可以纳谏于天。但是,却看不到效果何在。如果说上天道德完美,人不可以谏,那上天就应保持沉默。王充认为,灾变不过是阴阳之气不和所致,人们"引过自责,恐有罪,畏慎恐惧之意",然而未必实有其事。

　　　　且瑞物皆起和气而生,生于常类之中,而有诡异之性,则为瑞矣。故夫凤皇之至也,犹赤乌之集也。谓凤皇有种,赤乌复有类乎?嘉禾、醴泉、甘露,嘉禾生于禾中,与禾中异穗,谓之嘉禾;醴泉、甘露,出而甘美也,皆泉、露生出,非天上有甘露之种,地下有醴泉之类,圣治公平,而乃沾下产出也。蓂荚、朱草,亦生在地,集于众草,无常本根,暂时产出,旬月枯折,故谓之瑞。③

　　其实,瑞应就是灾变。瑞以应善,灾以应恶,善恶虽反,其应相同。"灾变无种,瑞应亦无类也。阴阳之气,天地之气也。遭善而为和,遇恶而为变,岂天地为善恶之政,更生和变之气乎?然则瑞应之出,殆无种类,因善而起,气和而生。"④

　　他认为天人并不感应。"衰世亦有和气,和气时生圣人。圣人生于衰世,衰世亦时有凤、骐也。孔子生于周之末世,骐驎见于鲁之西泽。"⑤王充虽也常将天地之体以人体来比附,但他也和桓谭一样反对天人感应

---

① 黄晖:《论衡校释》三,第 777 页。
② 同上书,第 784 页。
③ 同上书,第 730—731 页。
④ 同上书,第 732 页。
⑤ 同上书,第 747 页。

的神学思想。

王充还批判了一些流行的观点，特别是对汉人尊为神的圣人孔子及追随者孟子提出质疑，对传统儒家经籍的记载表示怀疑。

王充认为，圣人不能先知，孔子不是先知。在《知实篇》中，王充举出了十六条理由论证这一思想，最终他提出，圣人并非是有达视远见，洞听潜闻，能与天地谈论，与鬼神言语，知天上地下之事，可谓神而先知，与普通人根本不同的人。他说，"（圣人）今耳目闻见，与人无别；遭事睹物，与人无异，差贤一等尔"①。圣人只是能根据事物的形迹征兆，推原其本源，然后经判断得出结论。

王充还以求实的态度针对儒家典籍中存在的一些疑问提出质询，其中，尤其重要者是针对《论语》《中庸》的思想的怀疑。他说：

> 孔子言"天丧予"者，以颜渊贤也。案贤者在世，未必为辅也。夫贤者未必为辅，犹圣人未必受命也。为帝有不圣，为辅有不贤。何则？禄命、骨法，与才异也。由此言之，颜渊生未必为辅，其死未必有丧，孔子云"天丧予"，何据见哉？……且天不使孔子王者，本意如何？本禀性命之时不使之王邪，将使之王复中悔之也？如本不使之王，颜渊死，何丧？如使之王，复中悔之，此王无骨法，便宜自在天也。且本何善所见而使之王？后何恶所闻中悔不命？天神论议，误不谛也。②

在这里，王充并未提到《中庸》，但所针对的无疑是"大德者必受命"这一思想。而这一思想内部包含着儒家"天生人成"逻辑在道德上的延伸，王充批判依据的乃是自己的命定论。显然，"天生人成"思想虽然有其一定的现实解释力，但也包含着许多复杂而微妙的内含。很明显在注重验证的王充那里，"天生"的性质需要"人成"的事实来显现，其中的逻辑就是成王败寇，难免"受命者必大德"。同时，他指出儒家道德修养也

① 黄晖：《论衡校释》四，第1096页。
② 黄晖：《论衡校释》二，第419页。

并不一定在社会上有客观效应。"凡人操行,能修身正节,不能禁人加非于己。"显然,这是他坚持从历史和事实而非从道德价值立场出发观察事物所必然得出的结论。

《刺孟篇》中,王充抓住孟子理论前后矛盾、言行不统一、转移论题和神秘难解的地方,逐一进行揭露和驳斥。例如针对孟子"五百年必有王者兴","天故(有意)生圣人"的天命论说法,用历史事实证明完全是"浮淫之语"。对于自认为"如欲平治天下,当今之世,舍我而谁"的孟子,则指出他不是什么"贤人",而是"俗儒"。不过,王充对孟子"人无触值之命""天命于操行也"的合理东西,也进行了错误的责难。

在经学盛行的汉代,读经乃学术以至从政的必要条件。但其后果就可能使学术的创造性降低。王充以为,典籍中所记载的未必实有其事。"夫实有而记事者失之,亦有实无而记事者生之。夫如是,儒书之文,难以实事,案附从以知凤凰,未得实也。"①儒者说《五经》,不一定有事实依据,经学沦为进身之阶。据此,王充从讲求"效验"的原则出发,批评儒生对经典的态度多失其实。"前儒不见本末,空生虚说。后儒信前师之言,随旧述故,滑习辞语。苟名一师之学,趋为师教授,及时蚤仕,汲汲竞进,不暇留精用心,考实根核。故虚说传而不绝,实事没而不见,《五经》并失其实。"②在他看来,经之传不可从,《五经》皆多失实之说。而"世俗用心不实,省事失情"③,往往流于虚妄。他认为著述须"得实",故应"考实根本"。文章言辞应落实在事实基础之上。

王充认为,世儒学者,好信师崇古,以为贤圣所言皆是,专精讲习,不知问难,这是不对的。其实贤圣下笔造文,即使用意详审,也不一定均曲尽事实,何况还有仓促之言,怎能皆是?"不能皆是,时人不知难;或是,而意沉难见,时人不知问。案贤圣之言,上下多相违;其文,前后多相伐者,世之学者,不能知也。"(《问孔篇》)对这种不求查实盲目信奉的现象,

---

① 黄晖:《论衡校释》三,第727页。
② 黄晖:《论衡校释》四,第1123页。
③ 同上书,第1170页。

王充不能苟同。

王充认为,学生跟随老师学习,不能一味唯师命是从,而应亦"核道实义,证定是非"为本,颇有点"更爱真理"的味道。他说:"凡学问之法,不为无才,难于距师,核道实义,证定是非也。问难之道,非必对圣人及生时也。世之解说人者,非必须圣人教告乃敢言也。"①他还认为,"《五经》以道为务,事不如道,道行事立,无道不成。"②但世俗学者,却不肯深入研究经典学问,通晓古今,只想做升官发财的章句之学。

王充对俗儒是古非今的习惯提出批评。《齐世篇》的"齐世",意思是古今社会齐同。其主旨在于批判汉儒尊古卑今的社会历史观。"圣人之德,前后不殊;则其治世,古今不异。上世之天,下世之天也,天不变易,气不改更。上世之民,下世之民也,俱禀元气。元气纯和,古今不异,则禀以为形体者。"③气如水火。水火之性古今没有差异。一个人十几岁所见之物和他百岁时所见之物也没有差别。"以今之人民,知古之人民也。"④上世之士也即今世之士,"俱含仁义之性,则其遭世,必有奋身之节。"⑤王充认为今世之士"尊古卑今","好褒古而毁今",此为贵远贱近。导致这种看法的原因在世俗之性,"少所见而多所闻","贱所见贵所闻也"⑥。在他看来,古代人和今天的人没有什么不同,崇古尚古之风导致人们厚古薄今。

他说:"夫古今一也,才有高下,言有是非,不论善恶而徒贵古,是谓古人贤今人也。"⑦"善才有浅深,无有古今;文有伪真,无有故新。"应不为古今变心易意。但王充却犯了以今况古、齐同古今的毛病,关键在于为汉朝说法,所以《齐世篇》的消极因素多于积极因素。

---

① 黄晖:《论衡校释》二,第396页。
② 同上书,第543页。
③ 黄晖:《论衡校释》三,第803页。
④ 同上书,第804页。
⑤ 同上书,第809页。
⑥ 同上书,第812页。
⑦ 黄晖:《论衡校释》四,第1173页。

王充对儒家的批判其实是基于一种普遍性的社会批判。他称社会为俗世或世俗，普通人为俗人、俗夫，流行的文章为俗文，此外，还有俗儒、庸人、俗情、俗性、俗材、俗说、贯俗、俗言、俗耳、品俗等等。虽然我们看不到他的重要文章《讥俗》《节义》的内容，但在《自纪》《对作》《艺增篇》等篇中还是针对"俗"提出了深刻批判。

> 世俗所患，患言事增其实，著文垂辞，辞出溢其真，称美过其善，进恶没其罪。何则？俗人好奇，不奇，言不用也。故誉人不增其美，则闻者不快其意毁人不益其恶，则听者不惬于心。闻一增以为十，见百益以为千，使夫纯仆之事，十剖百判；审然之语，千反万畔。墨子哭于练丝，杨子哭于歧道，盖伤失本，悲离其实也。蜚流之言，百传之语，出小人之口，驰间巷之间，其犹是也。①

其所谓"俗"，主要是针对言辞"失实""华虚""虚妄"、迷信等不求实际、盲目崇古即不独立思考的流弊而言的。它一方面指人类文化所形成的虚华、虚伪，另一方面也包括耳目自然的限制。

因为"实事不能快意，而华虚惊耳动听也。是故才能之士，好谈论者增益实事，为美盛之语；用笔墨者，造生空文，为虚妄之传"②。在这种虚伪的氛围中生活的时间久了，人们逐渐丧失了觉悟真实的能力。他"讥俗"的目的就在于追求"养实""调行""离俗"，回到真实的生活本身。他说："夫养实者不育华，调行者不饰辞。"③又说："论贵是而不务华，事尚然而不高合。"文章言论就是要分辨是非，"明辨然否"，认识真相，这当然要涤除虚伪，透视假象。要认识事物的真相，是需要对世俗之见有一种怀疑和批判精神的。他说："论说辩然否，安得不谲常心、逆俗耳？"文章和言论，往往要增饰其华，这是审美的需要。但过分的华章则是"饰貌以强类者失形，调辞以务似者失情"。这样，真相往往被遮蔽。如果论说不能

---

① 黄晖：《论衡校释》二，第 381 页。
② 黄晖：《论衡校释》四，第 1179 页。
③ 同上书，第 1199 页。

体现与其所说的"然""实""情"等相符合,那就会真伪不分,虚实不别,乃至是非不分、善恶不辨、礼俗相背,人们便会惶惑、手足无措。

王充批判虚伪流行得到人们的肯定。章太炎说:"华言积而不足以昭事理,故王充始变其术……作《论衡》,趣以正虚妄,审乡背。怀疑之论,分析百端,有所发摘,不避孔氏。汉得一人焉,足以振耻。至于今,未有能逮者。"①梁启超亦说:"(王充)是一个批评哲学家,不用主观的见解,纯采客观的判断……对过去及当时各种学派,下至风俗习惯,无不加以批评。他是儒家,对儒家不好的批评亦很多,虽然所批评的问题或太琐碎,但往往很中肯……在儒家算是一种清凉剂。"他老实不客气地攻击儒家的短处,"可以说是东汉儒家最重要的一个人"②。

王充对儒家的批判也有限制性。他把经验知识和理性知识混为一谈,从而忽视了理性知识的重要性。在《知实篇》中,王充通过许多常识之论证明孔子、舜等圣人并非先知,是有道理的,但因此而否定理性和道德知识却是他的不足。

① 《章太炎全集》(三),第 444 页,上海,上海人民出版社,1984 年版。
② 梁启超:《儒家哲学》,第 134 页。

第十三章 王符、崔寔、仲长统、徐干哲学思想合论

　　王符、崔寔、仲长统、徐干诸人,或终身不仕,或虽仕而时间并不长,或并无政治上的大建树,但他们共同的特点就是对儒学经世以来出现的诸问题进行深刻的检讨,对现实政治采取批判的立场。他们并不一定都是醇儒,其思想也往往与正统不完全合拍,但作为儒学社会政治实践的自我反思,是不可多得的一份思想遗产。

第一节　汉末的社会、政治批判思潮通说

一、汉末的社会政治背景

　　王夫之说:"东汉之衰自章帝始,人莫之察也。"① 到了和帝时期,虽延续了东汉盛世的惯性,但衰乱征兆日显。至安、顺之时,盛世已然结束,衰乱局面加剧。这是东汉后期主要的社会面貌。

　　首先是政治生活混乱。基于西汉时代外戚专权特别是王莽篡逆的深刻教训,光武帝、明帝时期,杜绝外戚干政。但章帝时则出现了窦皇后兄弟邀宠专权的情况。和帝即位,刚刚 10 岁,由窦太后临朝,窦氏兄弟

————————

① 王夫之:《读通鉴论》卷七,第 166 页,北京,中华书局,2013。

掌控朝廷，权势日重，以至竟敢霸占皇家公主的田园。[1] 和帝成年后，不得不依靠宦官诛灭窦氏兄弟，却又导致宦官郑众等人恃宠陵贤。宦官不仅能因功封土封侯，还可"超登公卿之位"[2]，参与朝廷议政。安帝13岁即位，邓太后临朝，因而邓骘兄弟"常居禁中"，威势日增，外戚再次掌控朝政。安帝后来联合宦官李闰、乳母王圣诛灭邓骘兄弟，李闰封雍乡侯，王圣封为野王君。[3] 此外，又令阎皇后兄阎显任禁军首领，由此出现了宦官、外戚共掌朝政的局面。此后的情况更加复杂而凶险。安帝驾崩，宦官孙程等19人消灭阎氏势力，拥立年仅11岁的顺帝登基，这些拥立有功的宦官均被封侯，史称"十九侯"。[4]但顺帝立梁贵人为皇后之后，梁氏父子先后就任大将军。尤其是梁冀，其"专擅威柄，凶恣日积，以私憾杀人甚众，威行内外，天子拱手"[5]。他竟然毒死称其为"跋扈将军"的年幼的质帝。史称梁家亲属"前后七封侯，三皇后，六贵人，二大将军，夫人、女食邑称君者七人，尚公主者二人，其余卿、将、尹、校五十七人"[6]。梁氏把持朝政前后二十余年，权势熏天，几难遏制。直到桓帝与五宦官密谋，铲除外戚势力，但权力又回到宦官手里。整个东汉后期，权力几乎就是在外戚、宦官手里接力，酿成政治上的恶性循环。

中国的政治历史很难不受皇权的深刻影响。而皇权无论是强势还是弱势，都可能导致严重的社会政治问题。在皇权强势的情况下，"以皇帝为代表的官僚集团，可以以各种各样的理由剥夺普通公民的财产和自由"[7]。而在皇权弱势的情况下，则往往是外戚、宦官弄权，从而引发政治危机。毫无疑问，东汉中后期政局中，皇权总体上处于绝对的弱势格局中。章帝以后至被董卓所废之帝，时间不过100年，经历了前后9位皇帝，平均每位在位刚11年。其中，即位时年龄最大的是桓帝，15岁，最小

① 《后汉书》，第236页。
② 同上书，第734页。
③④ 同上书，第236页。
⑤⑥ 同上书，第345页。
⑦ 孙筱：《两汉经学与社会》，第57页。

的是生下刚百余日的殇帝。在位时间最长者,为 12 岁即位的灵帝,最短者是 14 岁即位然在位仅 6 个月即被废的废帝。皇权的弱势必然引起外戚和宦官的专权,戚阉秉政,陷害忠良,党锢之争愈演愈烈。这种历史形成的态势使东汉社会陷于难以自拔的境地。

在选官仕进制度上,东汉沿袭西汉的做法,主要有察举、征辟、赀选、任子、军功等方式。其实质大体由血缘、姻亲、籍贯、师承、朋党等私人关系的远近亲疏决定。

东汉末年,因政治斗争而导致社会上酿成代表士大夫和部分豪族与逸民利益的"清流"与代表部分外戚和宦官利益的"浊流"之间的斗争。"清流"往往希冀正常的政治和社会生活秩序,抵制和批判外戚宦官势力架空和利用君权营私舞弊、贪赃枉法的种种丑恶行径。范晔说:"逮桓灵之间,主荒政缪,国命委于阉寺,士子羞与为伍,故匹夫抗愤,处士横议,遂乃激扬名声,互相题拂,品核公卿,裁量执政,婞直之风,于斯行矣。"[1]然而,"浊流"必扰乱社会政治生活应有的秩序,利用权力打击与他们相对抗的"清流"势力,以维护其对权势的贪欲。灵帝建宁元年(168)九月,中常侍曹节矫诏诛太傅陈蕃、大将军窦武及尚书令尹勋、侍中刘瑜、屯骑校尉冯述,"皆夷其族"。二者的斗争最后酿成党锢之祸。建宁二年十月,中常侍侯览"讽有司奏前司空虞放、太仆杜密、长乐少府李膺"等人,"下狱,死者百余人,妻子徙边,诸附从者锢及五属。制诏州郡大举钩党,于是天下豪杰及儒学行义者,一切结为党人。"[2]汉末险恶的政治情势使士人一再吟诵《诗经·小雅·正月》:"畏天盖高,不敢不跼,畏地盖厚,不敢不蹐",可见当时的悍臣恶竖之猖獗。"上以残暗失君道,下以笃固尽臣节。臣节尽而死之,则为杀身以成仁,去之不为求生以害仁也。"[3]李固、杜乔及后来党锢之祸中的"清流",都是"节尽而死""杀身成仁"之士。

传统的思想和行为方式是道器不离的。在深刻的社会背景、传统体

---

① 《后汉书》,第 638 页。
② 同上书,第 96 页。
③ 同上书,第 610 页。

制和行为方式的交互影响下,任何一个环节出现危机都可能导致整体的危机。体制与观念间的不一致,通过形而上之道与形而下之器"不即不离"的关系,如果在政治昏暗、社会衰乱之相频仍、功利至上的时代,难免酿成普遍的奢靡,造假成为必然。东汉后期的社会正是这样。当时人们普遍舍本逐末、竞相牟利。这种情况早在汉明帝时就已露端倪,如永平十二年(69)五月的诏令中说当时"田荒不耕,游食者众"[1]。灵帝不仅让宫女们在后宫开商店,自己扮成商人去购买,至舍下酒,一起嬉戏,他甚至还常常感叹桓帝身为帝王竟然不会过日子,竟然设法敛天下之财"聚为私藏",公开"榜卖官爵",按照职务高低和俸禄的多少决定价格。据《山阳公载记》:"时卖官,二千石二千万,四百石四百万,其以德次应选者半之,或三分之一,于西园立库以贮之。"

价值观上贵末贱本、争相逐利的结果就是舆服、丧葬制度形同虚设,奢靡之风盛行。虽然从明帝时就曾明令抑禁奢华,如上引永平十二年(69)五月的诏令中说:"今百姓送终之制,竞为奢靡。""又车服制度,恣极耳目,田荒不耕,游食者众,有司其申明科禁,宜于今者,宣下郡国。"[2]章帝建初二年(77)三月诏:"今贵戚近亲,奢纵无度,嫁娶送终,尤为僭侈。有司废典,莫肯举察。"[3]又安帝永初元年(107)秋九月,"庚午,诏三公明申旧令,禁奢侈,无作浮巧之物,殚财厚葬。"[4]但由于社会积弊兹久,无法挽回。正所谓"上为淫侈如此,而欲使民独不奢侈失农,事之难者也"[5]。因此抑奢之令,虽言之凿凿,听之则藐藐,几无成效。而和、安以后,纲纪颓弛,政衰时乱,朝廷禁令,形同空文。于是奢靡僭越之习,相沿成风。正如崔寔所说:"王政一倾,普天率土莫不奢僭者,非家至人告,乃时势驱之使然。"[6]

---

[1][2]《后汉书》,第 30 页。

[3] 同上书,第 35 页。

[4] 同上书,第 57 页。

[5]《汉书》,第 2858 页。

[6] 孙启治:《政论校注》,第 80 页,北京,中华书局,2012。

政治的腐败和经济的盘剥,使东汉后期社会危机日益加剧。沉重的赋税和连年的水、旱、蝗、疫灾害加速了社会的危机,到处是一片惨象。天灾和人祸本不是一回事,但是,天灾却可能加重原有的人祸。更不幸的是,汉代人天人感应的思想,使人们相信天灾是人祸所导致的。这种观念令混在一起的流民、灾民难以忍受的痛苦无以复加,不断有农民起义发生。开始是几百人、几千人,到最后发展为几万人、几十万人。虽遭到镇压,规模却越来越大,参与的人数愈来愈多。灵帝中平元年(184)二月,终于爆发了以巨鹿人张角为首的黄巾大起义。起义是有准备的。张角自称"黄天",当时,青、徐、幽、冀、荆、扬、兖、豫八州,共三十六方(万)同时行动,起义军所到之处,焚烧官府,捕杀贪官污吏,没收地主财产,接连打了好多胜仗,也得到各地农民武装的响应。但是,最后还是因农民自身的限制,九个月后黄巾军主力失败了。然而,即使如此,也彻底动摇了东汉的统治。从此,腐朽的东汉王朝再也没有中兴的可能了。

总之,作为汉末政治紊乱、纲纪失坠的必然结果,整个社会从上到下呈现出一派浮华奢侈、恣意妄为、人欲横流的喧嚣场景。民风之殇已经说明东汉王朝必然趋向灭亡的大背景。

二、汉末的社会、政治批判思潮通说

东汉末年,政治腐败,一批庶族地主和代表平民利益的官吏,对现实猛烈批判,与古文经学对谶纬之学的批判相互唱和,蔚然而成"清流"。这股"清流"与"天人感应"今文经学的官方意识形态及昏暗、肮脏的政治行为共同形成的"浊流"相抗衡。代表"清流"的一般是士族知识分子、少数大臣或豪族人士,而代表"浊流"的基本上是宦官、外戚一类。于是,被赶出朝廷、成为纯粹学术的古文经学与士族知识分子阶层及太学生集团的"清议"运动相结合,酿成一股强劲的社会批判、怀疑的思潮,其中在学术上的典型代表就有王充、王符、崔寔、仲长统等人。仲长统说:

> 孝桓皇帝起自蠡吾,而登至尊。侯览、张让之等以乱承乱,政令

多门,权利并作,迷荒帝主,浊乱海内。高命士恶其如此,直言正论,与相摩切,被诬见陷。谓之党人。灵皇帝登自解犊,以继孝桓。中常侍曹节、侯览等造为维网,帝终不寤,宠之日隆,唯其所言,无求不得。凡贪淫放纵、僭凌横恣、扰乱内外、螫噬民化,隆自顺、桓之时,盛极孝灵之世,前后五十余年。天下亦何缘得不破坏耶。①

由于政治腐败、儒学的庸俗化,导致社会为某些门阀豪族提供了"太多损害国家和个人的专断或随意行为的空间"②,致使出现严重的社会危机,有责任感的知识分子们从而开始严厉批判政治的腐败。

具体地说,东汉后期知识阶层的社会批判主要表现在政治、经济及社会层面。批判考察的重点是社会风俗和政治,其中,特别是君臣关系、人才选拔、人际关系成为重点。

在政治方面,在传统宗法社会与秦以后形成的君主政体二者长期的彼此适应过程中,一方面,政治主导着社会生活的方方面面;另一方面,以血缘为主轴的人际关系渗透到政治的腹地,左右着政治运行的大方向。门阀世族和游宦结成联盟,破坏了政治上的选拔制度。王符说:"今当涂之人,既不能昭练贤鄙,然又却于贵人之风指,胁以权势之嘱托,请谒阗门,礼赞辐凑;追于目前之急,则且先之。此正士之所独蔽,而群邪之所党进也。"③那些能够得到高位者,往往是凭借"女妹之宠以骄士",全赖"亢龙之势以陵贤",并借此"欲使志义之士匍匐曲躬以事己、毁颜谄媚以求亲,然后乃保持之,则贞士采薇冻馁、伏死岩穴之中而已尔,岂有肯践其阙而交其人者哉?"因此,"举世多朋党而用私,竞背质而趋华"④。这是王符对宗法社会中一般用人原则的批评。他说:"然则所难于非此土之人、非将相之世者,为其无是能而处是位,无是德而居是贵,无以我尚而不秉我势

---

① 孙启治:《昌言校注》,第 341 页,北京,中华书局,2012。
② 鲁惟一:《汉代的信仰、神话和理性》,王浩译,第 161 页,北京,北京大学出版社,2009。
③ 张觉:《潜夫论校注》,第 113 页,长沙,岳麓书社,2008。
④ 同上书,第 176 页。

也。"①甚至出现"官无直吏,位无良臣"的困局。

顺帝、桓帝之际,李固、杜乔也批判时政。顺帝阳嘉二年(133),诏李固策对,李固对不正之风提出尖锐批评。他说:"古之进者,有德有命,今之进者,唯才与力。""而今长吏多杀伐致声名者,必加升迁。"他指斥奸佞之人"乘权放恣,侵夺主威,改乱嫡嗣",外戚权贵则"以爵位尊显,专总权柄,天道恶盈,不知自损,故至颠仆。"②桓帝建和元年(147),太尉杜乔抵制外戚大将军梁冀专权,他说,"大将军梁冀兄弟奸邪倾动天下,皆有正卯之恶,未被两观之诛,而横见式叙,各受封爵,天下惆怅,人神共愤,非所为赏必当功、罚必有罪也"③。

王符指斥腐败的现实说:"今世得位之徒,依女妹之宠以骄士,藉亢龙之势以陵贤,而欲使志义之士匍匐曲躬以事己、毁颜谄媚以求亲。"④仲长统批判当时政治是"权移外戚之家,宠被近习之竖,亲其党类,用其私人,内充京师,外布列郡,颠倒贤愚,贸易选举,疲驽守境,贪残牧民,挠扰百姓,忿怒四夷,招致乖叛,乱离斯瘼"⑤。在这样的乱世,"小人宠贵,君子困贱。当君子困贱之时,踽高天,蹐厚地,犹恐有镇压之祸"⑥。

经济方面,土地兼并现象日益严重。王符说:"人皆智慧,苦为利昏。行污求荣,戴盆望天。为仁不富,为富不仁。"⑦"世人之论也,靡不贵廉让而贱财利焉;及其行也,多释廉甘利。之于人徒知彼之可以利我也,而不知我之得彼,亦将为利人也。知脂蜡之可明灯也,而不知其甚多则冥之。知利之可娱己也,不知其称而必有也。前人以病,后人以竞,庶民之愚而衰暗之至也。"⑧

① 张觉:《潜夫论校注》,第 46 页。
② 《后汉书》,第 603 页。
③ 袁宏:《后汉纪》,《两汉纪》下册,第 396 页,北京,中华书局,2002。
④ 张觉:《潜夫论校注》,第 113 页。
⑤ 孙启治:《昌言校注》,第 308—309 页。
⑥ 同上书,第 265 页。
⑦ 张觉:《潜夫论校注》,第 630 页。
⑧ 同上书,第 26—27 页。

针对田荒不耕、游食者众的情况，王符又说："今民去农桑，赴游业，披采众利，聚之一门，虽于私家有富，然公计愈贫矣。"①在《浮侈》篇中他说："今举世舍农桑，趋商贾，牛马车舆，填塞道路，游手为功，充盈都邑；治本者少，浮食者众。'商邑翼翼，四方是极。'今察洛阳，浮末者什于农夫，虚伪游手者什于浮末。是则一夫耕，百人食之，一妇桑，百人衣之。以一奉百，孰能供之？天下百郡千县，市邑万数，类皆如此，本末何足相供？则民安得不饥寒？饥寒并至，则安能不为非？"②许多农夫不耕织，士人不读书，商贾不正经经商而重包装。许多人游手好闲却希冀多福多寿。当时无论男女老少价值观高度统一，一切都只是为了钱。崔寔也看到当时人们纷纷弃农从商的现实，他认为"农桑勤而利薄，工商逸而入厚。故农夫辍末而雕镂，女工投抒而刺绣，躬耕者少，末作者众"③。

王符在《潜夫论》中批判奢侈浮华之风时说："今京师贵戚，衣服、饮食，车舆、文饰、庐舍，皆过王制，僭上甚矣。从奴仆妾，皆服葛子升越，筒中女布，细致绮縠，冰纨锦绣，犀象珠玉，琥珀瑇瑁，石山隐饰，金银错镂；麇麂履舄，文组彩继，骄奢僭主，转相夸诧，箕子所唏，今在仆妾。富贵嫁娶，车軿各十，骑奴侍童夹毂并引。富者竞欲相过，贫者耻不逮及。是故一餉之所费，破终身之业。"④崔寔也观察到了这种社会危机，他说当时社会存在三患：一曰：奢僭。时人竞为"僭服""淫器"；"璘玑玩饰匿于怀袖，文绣弊于帷帏"，"王政一倾，普天率土莫不奢僭者"。二曰：弃农经商。因"躬耕者少，末作者众结果弄得仓廪空虚，监狱倒是满了"。或"饥绥流死，上下相匿"。三曰：厚葬。父母送终，尽为"高坟大寝""饷牛作倡"；"輀梓黄肠，多藏宝货"。因厚葬风习蔓延，人人仿效，不惜倾家荡产，结果是"穷厄既迫，起为盗贼"。⑤

---

① 张觉：《潜夫论校注》，第20页。
② 同上书，第143页。
③ 孙启治：《政论校注》，第85页。
④ 张觉：《潜夫论校注》，第151页。
⑤ 孙启治：《政论校注》，第80—85页。

仲长统在批评社会风气破败和普遍的奢靡时说：

> 汉兴以来，相与同为编户齐民，而以财力相君长者，世无数焉。而清洁之士，徒自苦于茨棘之间，无所益损于风俗也。豪人之室，连栋数百，膏田满野，奴婢千群，徒附万计。船车贾贩，周于四方；废居积贮，满于都城。琦赂宝货，巨室不能容；马牛羊豕，山谷不能受。妖童美妾，填乎绮室；倡讴伎乐，列乎深堂。宾客待见而不敢去，车骑交错而不敢进。三牲之肉，臭而不可食；清醇之酎，败而不可饮。睇盼则人从其目之所视，喜怒则人随其心之所虑。此皆公侯之广乐，君长之厚实也。①

徐干的批判集中在文化方面。他说：

> 仲尼之没，于今数百年矣，其间圣人不作，唐虞之法微，三代之教息，大道陵迟，人伦之中不定。于是惑世盗名之徒，因夫民之离圣教日久也，生邪端，造异术，假先王之遗训以缘饰之，文同而实违，貌合而情远，自谓得圣人之真也。各兼说特论，诬谣一世之人，诱以伪成之名，惧以虚至之，使人憧憧乎得亡，惙惙而不定，丧其故性而不自知其迷也，咸相与祖述其业而宠狎之。斯术之于斯民也，犹内关之疾也，非有痛痒烦苛于身，情志慧然不觉，疾之已深也。然而期日既至，则血气暴竭，故内关之疾，疾之中夭，而扁鹊之所甚恶也，以庐医不能别，而遘之者不能攻也。②

徐干认为，圣人的善恶观念，必然权衡轻重、根据能实行的人多少来确定。但社会上那些追逐名声的人，却使真伪混淆，是非易位，而民众由此决定他们的生活，这是邦家的大灾难。即使杀人也只能害一人，而是非善恶的颠倒会祸害多少人？"然则何取于杀人者以书盗乎？荀卿亦曰：'盗名不如盗货'。乡愿亦无杀人之罪也，而仲尼恶之，何也？以其乱

---

① 孙启治：《昌言校注》，第 265 页。
② 徐干：《中论》，第 26 页，上海，上海古籍出版社，1990。

德也。今伪名者之乱德也,岂徒乡愿之谓乎？万事杂错,变数滋生,乱德之道,固非一端而已。"①所以,虚伪之名,是会伤害人的。人仅知名好的一面,却不知伪善者会导致不善！

在政治腐败、社会风气败坏的情况下,"霸德既衰,狙诈萌起。强者以决胜为雄,弱者以诈劣受屈"②。而社会面貌则是"夫志道者少友,逐俗者多俦。"③"鸣呼哀哉！凡今之人,言方行圆,口正心邪,行与言谬,心与口违；论古则知称夷、齐、原、颜,言今则必官爵职位；虚谈则知以德义为贤,贡荐则必阀阅为前。处子虽躬颜、闵之行,性劳谦之质,秉伊、吕之才,怀救民之道,其不见资于斯世也,亦已明矣！"④

崔寔针对传统社会世俗生活的特点所造成之弊端进行揭露。他说:"凡天下所以不治者,常由人主承平日久,俗渐敝而不寤,政寖(浸)衰而不改,习乱安危,逸不自睹,或荒耽嗜欲,不恤万机；或耳蔽箴诲,厌伪忽真；或犹豫歧路,莫适所从；或见信之佐,括囊守禄；或疏远之臣,言之贱废。是以王纲纵弛于上,智士郁伊于下。悲夫！"⑤王符说:"以汉之广博,士民之众多,朝廷之清明,上下之修治,而官无直吏,位无良臣。"这样的看法是很悲观的。他认为,社会之所以得不到很好的治理是因"贤难",即贤能之人不能才尽其用。"此非今世之无贤也,乃贤者废锢而不得达于圣主之朝尔。"⑥虽然,王符的政治思想并无多少创见之处,但他对东汉儒学实践所面临的许多具体问题都有深入思考。

范晔以王充、王符、仲长统三人同传,其称赞王充"好论说,始若诡异,终有实理"；王符则"指讦时短,讨谪物情,足以观见当时风政"；仲长统"性俶傥,敢直言,不矜小节",三者皆指事类情,不作虚妄之语,但范氏仍谓:"数子之言当世失得皆究矣,然多谬通方之训,好申一隅之说。贵清静者,以席上位腐议；束名实者,以杜下为诞辞。或推前王之风,可行于当年；有

---

① 徐干:《中论》,第 28 页。
②《后汉书·党锢列传》,第 638 页。
③ 张觉:《潜夫论校注》,第 176 页。
④ 同上书,第 413 页。
⑤ 孙启治:《政论校注》,第 29 页。
⑥ 张觉:《潜夫论校注》,第 175 页。

引救敝之规,宜流于长世。稽之笃论,将为敝矣。"①诚然,在儒学成为官方正统意识形态,并通过政治制度复制制度实在的情况下,任何个人都很难超越这个时代,他们往往容易发现的就是当时儒学实践中所表现出来的弊端。同时,他们的治国思想相对传统的儒家德治而言,有一种愈来愈消极乃至悲观的倾向。萧公权说:"汉儒之中如贾谊、董仲舒等皆认天下事大有可为。至桓谭、王符、崔寔、荀悦诸人始渐露悲观之意,不复坚持圣君贤相,归仁化义之崇高理想,而欲以任刑参霸之术为补定治标之方。"②

当然,他们虽因时代出现的种种弊端而反思儒家政治理念,却并未将诸种问题都还原到儒家伦理身上,因而他们也就没有认识到现实中专制政体应该负有什么样的责任。对这一点的明确认识,是由仲长统来实现的。萧氏认为仲长统对传统的批判乃"推究治乱原因,则深中专制政体之病,为前人所未发"。"推其言中之意,殆无异于对专制政体与儒家治术同时作破产之宣告。此诚儒家思想开宗以来空前未有睹之巨变。"

东汉知识分子的社会批判和政治批判的一个题中之意,就是认为政治不仅应该是道德的,而且是应该扶持良善的。这个思路反映在孔子那里就是"政者,正也"。《中庸》亦谓:"人道敏政""人道,政为大。"因为,如果仅仅从功利和效率来看,不仅良善被欺侮成为常事,而且终将导致道德的崩溃。

第二节　王符的"德化"思想和"崇本抑末"的主张

一、生平与著作

王符,字节信,东汉安定郡临泾县(今甘肃镇原县西)人,《后汉书》本传言其生平仅二百余字,述及他自小好学,涉猎诸子百家之学,与汉末学者马融、窦章、张衡、崔瑗等人友善。因出身俗鄙庶孽,无外家之援,本人又生性耿介,无法进入仕途,为乡人所鄙视。政治上无前途,在愤懑中王

---

①《后汉书》,第 490 页。
② 萧公权:《中国政治思想史》上,第 337 页。

符从事学术,隐居著述三十余篇,批判时政,范晔论"其指讦时短,讨谪物情,足以观见当时风政"。

王符的代表作是《潜夫论》。所谓"潜夫",当作者自谓。"潜"者,《周易》乾卦文言云:"'潜'之为言也,隐而未见,行而未成,是以君子弗'用'也。"①可见,"潜"乃"潜龙勿用"之乾,然"夫"非"龙",怎可谓为"潜"? 又如何"潜"呢? 显然,它极有可能是作者戏谑自嘲之词,然而却也反映了在古代选举未严格制度化之前底层读书人的生存处境。王符声称"自托于先圣之经典,结心于夫子之遗训"②。又谓:"中心时有所感,援笔记数文,字以缀愚情,财令不忽忘。"③范晔《后汉书》本传上说从《潜夫论》"足以观见当时风政",认为他和王充、仲长统"言当世失得皆究矣",对当时政治的批评都是很深刻的。《四库全书总目提要》评论说:《潜夫论》"洞悉政体似《昌言》,而明切过之,辨别是非似《论衡》,而醇正过之"④。细读《潜夫论》,确为用心之作,其中,"任何社会问题和时政问题,王符都不是简单地就事论事,而是贯通古今,从理论上认真地分析,从哲学上严肃地思考,并明确地提出自己的见解和主张。所以《潜夫论》的思想,广泛地涉及到许多理论领域"⑤。

王符毕生未仕,又生活在东汉时期相对安定的社会氛围之中,使他的勤奋好学都用在消化吸收前人的思想成果,以解读和批判现实社会的学术工作上。在学术上,他不仅主张将法家的治国之术纳入儒家的思想系统之中,而且在理论思想的根柢上吸收了道家元素,以充实儒家的伦理道德哲学。总之,可以将他的思想概括为"德化"和"崇本抑末"两个重要方面。

二、"德化"思想

"德",是儒家的重要伦理观念。"德者,得也。内得于己,外得于

---

① 高亨:《周易大传今注》,第 71 页,济南,齐鲁书社,1979。
② 张觉:《潜夫论校注》,第 11 页。
③ 同上书,第 627 页。
④《四库全书总目提要》上册,第 773 页,北京,中华书局,1965。
⑤ 刘文英:《王符评传》,第 29 页,南京,南京大学出版社,1998。

人"。王符则不是从概念出发而是从修己的实践出发来理解。他说:"德者,所以修己也。"①"化"包括二层意思。一是去掉、消除、消解、改变、淳化的意思,如"化性""化俗";二是生成、产生、变成的意思,如"天地之化育""人化物者也"。"德化"思想因而一方面是要以"德"去"化"解和消除流弊乃至人性的负面,另一方面是以"德"生成和成就美德。王符主张的"德化"或"敦德化"思想是包含着这两个方面的。

王符说:"人君之治,莫大于道,莫盛于德,莫美于教,莫神于化。道者所以持之也,德者所以苞之也,教者所以知之也,化者所以致之也。民有性,有情,有化,有俗。情性者,心也,本也。化俗者,行也,末也。"②"苞"与"包"同义。可见,所谓"德",是具有包容性、涵容性的。道德教化,可淳化人之情性,规范人的行为。他不仅认为人君治理国家,应该尊道德,美教化,认为这是因人的性情之根本所决定的;而且认为"德化"政治只有君主权力才可以实现。就民之本性而言,上智与下愚者都是很少的,多数为"中庸之民"。对于"中民",若蒙善化,则人们大都有士君子之心;若被施恶政,则人们皆难免有怀奸乱之虑。单独看,"德化即是性情人格之完成"③。为此,他提出了"德气"和"正气"的概念。

"气"原本属于物质性的概念,如天、地、山、水、日、月、星辰,都是"气"之"动"与"变";而"德""正"属于伦理修养的范畴。王符提出"德气""正气"的观念,无疑是认为道德精神的修养不仅可以变化人心,影响形体面貌,而且"德"的修养可以感动"气"的变化。这里,显然,他已触及儒家道德实践的重要问题:社会正义的存在需要大环境作支持。他认为,气本身的运动变化,影响是很大的,一切不过是气的变化。一当正气树立,德气流布,万物皆从此而化。"正气所加,非唯于人,百谷草木,禽兽鱼鳖,皆口养其气。声入于耳,以感于心,男女听,以施精神。资和以兆胚(胚也——引者),民之胎,含嘉以成体。及其生也,和以养性,美在其

① 张觉:《潜夫论校注》,第 440 页。
② 同上书,第 434 页。
③ 牟宗三:《政道与治道》,第 25 页,桂林,广西师范大学出版社,2006。

中,而畅于四肢(肢也——引者),实于血脉,是以心性志意耳目精欲无不贞廉、絜怀履行者。此五帝三王所以能画法像而民不违,正己德而世自化也。"①"正气"通于人也通于百谷草木,禽兽鱼鳖。这是指人有"正气",天地自然正。正气之声可以感动人心,从还在娘胎之中到日后的生活,皆凭借"和"(和气)而得以养。伦理品德的涵养和身体四肢的发育是一体相关的。这里,含有儒家工夫论的基本原理。在王符看来,只有做到"和德气与未生之前",才能享有"天地交泰,阴阳和平……德气流布而颂声作也。"②"德气""正气"的思想表明,王符并非简单重复先儒的伦理道德思想,而是在前人所未明确彰显之处有独到发挥。

"德化"的实现却不能不依赖政治,"德化"政治的具体表现就是"德政",相反则是"恶政"。"德政"和"恶政",往往导致截然相反的社会格局。不同的政治,造就不同的国民与国家。"夫化变民心也,犹政变民体也……国有伤明之政,则民多病目;有伤聪之政,则民多病耳;有伤贤之政,则贤多横夭。夫形体骨干为坚强也,然犹随政变易,又况乎心气精微不可养哉?"人生寿夭容颜,都与政治密切相关。只要在上的统治者能够实现"德化"之政,就没有冥顽不化的黎民百姓。王符说:"夫化变民心也,犹政变民体也。德政加于民,则多涤畅、姣好、坚强、考寿;恶政加于民,则多罢癃、尪病、夭昏札瘥。"③这里结论明显。国之不治,有子暴父臣弑君的事情发生,都不是一朝一夕演变成的,而是日积月累的"恶政"所导致的。王符不仅认为"德化"是必需的,而且认为政治面貌和治理方法,对于国家社稷乃至人民生命有极其重要的地位。所以,他不是一个就事论事的学者,而是认为手握权力的君主,对于天下负有重要的责任。君主能"仁",则百姓无不仁者。可见,中国古代儒家的所谓人治,并非一般的人治,其实质是精英政治。

王符和大多数儒家一样不仅意识到政治对于社会生活的重要意义,

---

① 张觉:《潜夫论校注》,第 431 页。
② 同上书,第 194 页。
③ 同上书,第 435 页。

而且认识到政治和道德二者必然的互动关系。王符认为,上古时代,以道事君,以仁抚世,润泽草木,兼利外内,"普天率土,莫不被德"①。在后世则不然。后世之臣不知顺天意民心,往往以破敌者为忠,以多杀者为功臣。那些曾经为秦国立下大功的人,如白起、蒙恬,天以之为贼。那些为汉世皇上所宠幸的佞臣,天以之为盗。因为"德不称其任,其祸必酷;能不称其位,其殃必大"。可见,在王符看来,所谓德政其实已经包含着按德与能而授官行政的内容在内。

　　"德化"的社会意义虽需要通过政治权力才能充分实现,但是,如果君主自己无德,要实现"德政"乃至"德化"就是不可能的。"德化"除了表现为社会化的"德政",也可以表现在个人的内心精神方面。在个人内心生活方面,他认为要做到四个条件才能成为理想的"大男"人格:"世有大男者四,而人莫之能行。一曰恕,二曰平,三曰恭,四曰守。"②所谓恕,是孔子"恕"德的发挥。概言之,"大男"不以自己做不到的事责备人;不以自己能够做到而讥笑做不到的人;待人接物须讲究礼敬与恩爱;己欲立而立人,己欲达而达人;先善人之忧己而忧之,不记恶人之忘我而常念之。所谓"平",是指公平、平正。"内怀鸤鸠之恩,外执砥矢之心;论士必定于志行,毁誉必参于效验。"不人云亦云,善恶无关于富贵贫贱地位高下。所谓"恭",指谦恭。无论内外、贵贱、长少,"其礼先入,其言后出;恩意无不答,礼敬无不报;睹贤不居其上,与人推让;事处其劳,居从其陋,位安其卑,养甘其薄"。所谓"守",即守"心"。"有度之士,情意精专,心思独睹,不驱于险墟之俗,不惑于众多之口;聪明悬绝,秉心塞渊,独立不惧,遁世无闷,心坚金石,志轻四海,故守其心而成其信。""守"之"情意精专,心思独睹","独立不惧,遁世无闷,心坚金石,志轻四海",可以说就是诚一之心,不动之心,是修养所达到的心灵之自觉,不为任何环境而发生改变。

---

① 张觉:《潜夫论校注》,第 131 页。
② 同上书,第 405—406 页。

王符直面东汉社会的现实,他发现按照儒家伦理,并非在任何情况下都普遍必然地导致善的后果。之所以贤愚不肖的人品并不一定导致相应的社会地位,是因为人的内心可虚伪做假,"以其心行恶也"①。特别是在利益关系敏感的政治体制中更为明显。"忠臣必待明君,乃能显其节,良吏必得察主,乃能成其功。"②相反,如果不是这样,那么"修善则见妒,行贤则见嫉。"③针对《诗经·小雅·十月之交》所说:"无罪无辜,谗口敖敖","彼人之心,于何不臻",王符说:"由此观之,妒媚之攻击,亦诚工矣,贤圣之居世也,亦诚危矣。"④因此,"德不孤,必有邻"是一方面,而在人心不古的时代,则亦会有人性的另一面。

由于时代特点,王符不仅没有简单重复先儒的伦理道德思想,而且对先秦诸子的思想有所吸收。故人称其学的特点是:"其学折中孔子,而复涉猎于申、商、刑名、韩子杂说,未为醇儒。"⑤他的学术思想"是不能简单地用'儒家'二字来概括的"⑥。

比如,体现在国家治理问题上,王符就并未局限于"德治"而同时主张借鉴法制。他说:"夫法令者,君之所以用其国也。君出令而不从,是与无君等。"⑦他认识到,社会之所以有一定秩序而不乱,是因为有官吏,官吏之所以不敢犯奸作科,是因为有法。"法者,君之命也。"⑧还说,"法以君为主,君信法,则法顺行。君欺法,则法委弃"⑨。"国君之所以致治者,公也。公法行,则轨式绝。"⑩因此,官吏和君主政体与法,都是不可没有的。他还主张以选举方法选贤能,而不是任人唯亲;主张考核官吏;对

① 张觉:《潜夫论校注》,第 37 页。
② 同上书,第 419 页。
③ 同上书,第 50 页。
④ 同上书,第 61 页。
⑤ 彭铎:《潜夫论笺校正》,第 487 页,北京,中华书局,1985。
⑥ 张觉:《潜夫论校注》前言,第 19 页。
⑦ 同上书,第 269 页。
⑧ 同上书,第 268 页。
⑨ 同上书,第 105 页。
⑩ 同上书,第 116 页。

于人治条件下沽名钓誉的大赦有种种批评,甚至主张不姑息养奸的重刑,等等。这些思想,和韩非子"因任而授官""重法"的思想有相近的地方。

不过,王符主体上仍以儒家为主,法家思想只是其思想的辅翼。所以,如果说他主张法治,也是德化条件下的"法治"。

三、"崇本抑末"

"本""末"在王符这里也是一对重要概念。虽然,王符所谓"本""末",已不是一种狭窄的经济概念,而是含义丰富的哲学概念了,[①]但是其所指仍没有摆脱具体生动的内容。

归纳起来,王符的"本"有基本、根本、本原、本源、本体、主体等意思。首先,"本"是作为基本、基础的"基"。如云:"(国以民)为本,君以民为基。"[②]他还说:"国以民为基,贵以贱为本。"[③]许慎《说文解字》说:"基,墙始也。"引申则有起始、基本、根本等义。贵贱虽为社会中的价值判断,但从事实上,所谓"贵"必须依赖于作为下层民众之"贱"。这个思想可谓是十分独特的。有史以来,哪里有民危而国安的呢? 又哪里会有下贫而上富的呢? 他还说:"国之所以为国者,以有民也。"他奉劝君主要"深惟国基之伤病,远虑祸福之所生"。可见,这里"本"是作为基础性的概念。其次,"本"又是根本。如云:"情性者,心也,本也。"基本和根本当然有区别。基本是强调必要前提的概念,而根本则是突出本源与派生者之间的必然联系。如"本"有时指本源,"天本诸阳,地本诸阴,人本中和。三才异务,相待而成。各循其道,和气乃臻,玑衡乃平"[④],"富民"是"德化"政治的基本内容,但是不能说是根本内容。因为,"富"之后还有"教"的问题。价值观才是人的根本。他强调富民,是因"民富乃可教,学正乃得

---

① 张觉:《潜夫论校注》前言,第 18 页。
② 同上书,第 199 页,据汪继培补。
③ 同上书,第 305 页。
④ 同上书,第 426 页。

义,民贫则背善,学淫则诈伪……故明君之法,务此二者,以为成太平之基,致休征之祥"。所谓"仓廪实则知礼节,衣食足则知荣辱"是一个或然判断。"仓廪实""衣食足"才可能"知礼节"和"知荣辱",但是,并不必然。物质生活条件是人生活的基本条件而非根本的价值。当然,如果从"德化"的立场看,则"富民"就是必要的内容,不是或然的。富裕本身并不必然产生儒家道德,但"德化"政治内在地包涵着富民。再其次,"本"还指"德化"或"德治"的主体,如"君以恤民为本"。有时,"本"是哲学上的本原:如"阴阳者,以天为本。天心顺则阴阳和,天心逆则阴阳乖"①。但是,"天以民为心,民安乐则天心顺,民愁苦则天心逆。民以君为统,君政善则民和治,君政恶则民冤乱",由此可推出"君以恤民为本"。此外,"本"是政治事务的根本:"臣以选为本""选以法令为本"。

总体上,他主要是在"本""末"的相互关系中来使用"本"的概念。

"末"的涵义是相对于"本"的。大体分为两种情况:一是从哲学上讲本末关系。如果说"道"为本,则"气"为末;内在的"持操"为本,则外在的"准仪"为末;"本心"为本,则富贵贫贱为末;天生的性情为本,则化俗的"行"为末等。二是具体的人事之间的关系。如说:富民以农桑为本,以游业为末;百工以致用为本,以巧饰为末;商贾以通货为本,以鬻奇为末;教训者以道义为本,以巧辩为末;辞语者以信顺为本,以诡丽为末;列士者以孝悌为本,以交游为末;孝悌者以致养为本,以华观为末;人臣者,以忠正为本,以媚爱为末等等。可见,"末"概念的涵义是由"本"的复杂性所决定的。"本""末"概念的复杂性又决定了其关系的复杂性。

首先,"本"决定"末","末"是派生的。《德化》云:"民有性,有情,有化,有俗。情性者,心也,本也。化俗者,行也,末也。"民之天生的情性为"本",而"化俗"的文化活动(行)为"末"。就二者关系而言,"末生于本,行起于心"②。"本"产生"末","心"决定"行"。"本""末"关系决定了国家

---

① 张觉:《潜夫论校注》,第 105 页。
② 同上书,第 434 页。

政治的方针："是以上君抚世,先其本而后其末,慎(通顺)其心而理其行。心精(通情)苟正,则奸慝无所生,邪意无所载矣。"治理国家,就要"先其本而后其末,慎其心而理其行"。由于王符的"本""末"概念并未止于狭隘的具体内容上,所以,其思想有较强的哲理性。他的"慎其心而理其行"的思想受到《中庸》《大学》"慎独"的思想的影响,更为重要的是,有了朦胧的"心本"思想,认为本心不可失,心乃行的主宰,得出"上圣不务治民事而务治民心"。

其次,在人事关系和政治事务方面,王符主张"抑末而务本",反对本末倒置的"离本而饰末"。治国安民在经济上以"富民"为"本":"凡为治之大体,莫善于抑末而务本,莫不善于离本而饰末。夫为国者以富民为本,以正学为基。"①如治理国家要以富民、正学为要务,而非以口头上的"道德"作为装点"太平"的门面。做到民富才可为教化打下基础,学正才可能维护道义,只有务此二者,方可"以为成太平之基,致休征之祥"②。农桑、百工、商贾三者,各有其本。富民以农桑为本,游业为末;百工以致用为本,巧饰为末;商贾以通货为本,鬻奇为末,"守本离末则民富,离本守末则民贫"。又说:"教训者,以道义为本,以巧辩为末;辞语者,以信顺为本,以诡丽为末;列士者,以孝悌为本,以交友为末;孝悌者,以致养为本,以华观为末;人臣者,以忠正为本,以媚爱为末。"教训、辞语、列士、孝悌、人臣五者,"抑末而务本则仁义兴,离本守末则道德崩。慎本略末犹可也,舍本务末则恶矣"③。

王符主张"抑末而务本""守本离末",是基于当时社会上出现的本末倒置、舍本逐末的弊端而言的。"本"既包括内在的德性,也包含各种人事之根本,"末"是其外在的显现或"设准",二者不可混淆。但是,传统哲学突出综合、一体的思维方式,"道高明而中庸",自有其优长之处,但其流弊不仅模糊"本""末"的界线,甚至出现舍本逐末的现象。综合的总体

---

① 张觉:《潜夫论校注》,第18—19页。
② 同上书,第19页。
③ 同上书,第20页。

思维方式有优越于孤立的分析思维之处,但如失去了主次、本末的界线,就可能失去善恶、是非的判断标准。针对这种情况,王符认为君主应该清醒认识到其中的微妙与利害。他说:"夫本末消息之争,皆在于君,非下民之所能移也。夫民固随君之好,从利以生者也。是故务本则虽虚伪之人皆归本,居末则虽笃敬之人皆就末。"①君主是否务本对社会有导向作用。舍本逐末现象如果从贤者的角度看是应该加以批判的,但是从民众角度看,则是由他们的生活之所迫。因而,"衰暗之世,本末之人,未必贤不肖也,祸福之所势不得无然尔。故明君莅国,必崇本抑末,以遏乱危之萌。此诚治之危渐,不可不察也"②。

王符的思想有哲学上的基础。在宇宙论上,他受到《易传》和道家思想的影响。"上古之世,太素之时,元气窈冥,未有形兆,万精合并,混而为一,莫制莫御。若斯久之,翻然自化,清浊分别,变成阴阳。阴阳有体,实生两仪,天地壹郁,万物化淳,和气生人,以统理之。"③"太素"是阴阳未分,万物尚未成形而浑然一体的状态。通过其自身的变化而阴阳两仪的剖判,从而产生了天地人物。宇宙变化是从混沌到逐步有序的过程,"天地壹郁,万物化淳,和气生人,以统理之",其中有一定之理。

这样,他认为,宇宙万物的形成既有道也有气。他论述道气的关系为:"道者,气之根也。气者,道之使也。必有其根,其气乃生;必有其使,变化乃成。"④他认为道为气的根本,气为道所差使。有根才有生,有使才有诸种变化。"是故道之为物也,至神以妙;其为功也,至强以大。"⑤对于此段,因对汪继培《潜夫论论笺》的移简和改补而认识不同。认同汪氏所移和改动者,倾向于认为王符并不属于"气一元论"者。如张觉认为,"在王符的观念中,'道'和'气'两者实际上是对立的统一体的两个方面,它

①② 张觉:《潜夫论校注》,第 25 页。
③ 同上书,第 425 页。
④ 原文为:"道者之根也,气所变也,神气之所动也。"汪继培《潜夫论论笺》在"道者"二字下加"气"字,在"气所"二字中间移入《德化》篇文字 176 字,今张觉《潜夫论校注》从汪氏,本书从汪。
⑤ 张觉:《潜夫论校注》,第 428 页。

们之间实际上是一种内在法则和物质外壳的对立统一"①。相反,不认同者则认为王符"继承和扬弃了前人的各种思想成果,明确地把'元气'作为宇宙万物的本原,因而提供了两汉最彻底的元气一元论"②。刘文英说:"《四部丛刊》影印的现存最早的《潜夫论》宋写本中,根本没有这样的话。汪继培'以己意改补'不足为据。经他'改补'后的文字,明显地同王符强调的'变异吉凶,何非气然?''气运感动……何物不能?'相抵触。"③

的确,气并非是不重要的。王符说:"天之以动,地之以静,日之以光,月之以明;四时五行,鬼神人民,兆亿丑类,变异吉凶,何非气然?"④但是,这却是从表现上说的。而如果按《潜夫论》宋写本,则所谓"道者之根也,气所变也;神气之所动也"的意思理解起来就比较模糊。显然,道与气虽非一回事,二者却是不可分割的。不过,是否将王符的"道""气"关系用对立统一这个笼统的公式解释就可以曲尽其复杂意蕴,却需要深究。即使可以将二者的关系理解为"对立统一"关系,它们也非同一层次事物对立双方的统一。因为,王符虽认为天地日月万物之分别,乃气使之然,但气之根本却在道。"道"因为不仅"必有其根,其气乃生",而且后文还有"夫欲历三王之绝迹,臻帝皇之极功者,必先原元而本本,兴道而致和,以淳粹之气,生敦庬之民,明德义之表,做信厚之心,然后化可美而功可成也"⑤。很清楚,"必先原元而本本","兴道"然后而"致和",这是将"道"视为本原,或元。至于"道之为物也,至神以妙;其为功也,至强以大",是套用老子"道之为物,惟恍惟惚"之说,"道"具有形上意味是明显的。

据此,可以认为王符所谓"道",至少有三种含义:一是从"未有形兆,万精合并,混而为一,莫制莫御"的"太素","翻然自化"为阴阳两仪和天

---

① 张觉:《潜夫论校注》,前言。
② 刘文英:《王符评传》,第 131 页。
③ 同上书,第 135 页。
④ 张觉:《潜夫论校注》,第 428 页。
⑤ 同上书,第 432 页。

地人物之过程所循之"理";二是作为"气"之根本或本原的形上存在,类似老子的"道";三是属于不同事物的具体的道,如天地之道、人道等等。三种含义的"道"与"气"的关系并不完全一致,结果导致对其道气关系理解上的分歧。可见,将王符看成是气一元论者显然并不准确,说其道气关系就是对立统一的关系失之笼统。道与气虽不可分割但无疑道是支配或决定气的,但若从宇宙演化的角度说,作为"理"之"道"却是"太素"自身演化的原理。如果不细辨其中的差异,就会被表面上的现象所迷惑。

就天地人各自的禀赋不同而言,"天本诸阳,地本诸阴,人本中和。三才异务,相待而成,各循其道,和气乃臻,玑衡乃平"[1]。由此决定了它们的功能不同。他说:"天道曰施,地道曰化,人道曰为。"因为人乃阴阳之中和,故人之为人乃阴阳之感通。"为者,盖所谓感通阴阳而致珍异也。"这里,虽然王符也附会当时流行的祥瑞符命说,但是,他强调人的行为的意义,并借用《尚书》中的"天工人其代之"来反复强调。

天有其超越性,某种意义上构成人的限制。在性命论上,王符受到《易》和《白虎通》的影响。《易传》"穷理尽性以至于命"将"命"视为"穷理尽性"等人事活动的极限,《白虎通》则提出所谓"三命"的思想。王符在此基础上则进一步讨论行与命的关系。他说:"行有招召,命有遭随。吉凶之期,天难谌斯。圣贤虽察不自专……"[2]人的行为之间有某种联系,命亦分为遭命和随命,但是,对人而言,"吉凶之期,天难谌斯",人因认识和实践方面的限制,不可能事先准确预测吉凶,圣人虽能明察但也不能专断。他说:"故论士苟定于志行,勿以遭命,则虽有天下不足以为重;无所用,不足以为轻,处隶圉,不足以为耻,抚四海,不足以为荣。况乎其未能相县若此者哉? 故曰:宠位不足以尊我。"[3]这里,不仅显示王符有不以世俗所谓荣辱为荣辱的独立人格,且有儒者品格。"二命自天降之",但

---

[1] 张觉:《潜夫论校注》,第 426 页。
[2] 同上书,第 323 页。
[3] 同上书,第 39 页。

"士,苟定于志行,勿以遭命"。王符认为,遭命、随命虽乃上天所降,但只要有了确定的志行,就不会因遭命而有所改变。

东汉流行一时的性命论探讨人生命运和人事行为间的关系。《白虎通》曾论及"三命","命有三科以记验,有寿命以保度,有遭命以遇暴,以随命以应行"①。王充则谓正命、随命、遭命。他说:"正命谓本禀之自得吉也,性然骨善,故不假操行以求福而吉自至,故曰正命。随命者,戮力操行而吉福至,纵情施欲而凶祸到,故曰随命。遭命者,行善得恶,非所冀望,逢遭于外,而得凶祸,故曰遭命。"②

显然,王符强调的则是遭命和随命,虽然二者均为天授,但对于人而言却有不确定性质。这其中贯彻了他的"人道曰为"的思想。他说:"凡人吉凶,以行为主,以命为决。行者,己之质也;命者,天之制也。在于己者,固可为也;在于天者,不可知也。"③换言之,人生的遭遇祸福虽由人事行为起主观方面的作用,但是,也不能因此完全忽略客观历史方面的影响,不能超越历史和时代。"若有其质而工不材可如何!"人天主客,人们能够决定主观人为的方面,但是,吉凶祸福则不能由人完全决定。即使人们可以从主观需要的角度看待自己的行为及其后果,也很难预测其行为的客观方面的后果。

他说:"故凡相者,能期其所极,不能使之必至。十种之地,膏壤虽肥,弗耕不获。千里之马,骨法虽具,弗策不致。夫觚而弗琢,不成于器;士而弗仕,不成于位。若此者,天地所不能贵贱,鬼神所不能贫富也。"④天地、鬼神并不能决定人的贵贱和贫富,然而,人之贵贱和贫富虽决定于人为,却也有其性命上的根据。其中,人的能动性在于"王废有时,智者见祥,修善迎之;其有忧色,循行改尤。愚者反戾,不自省思,虽休征见相,福转为灾。于戏君子,可不敬哉"? 这里,王符看到了人的能动性以

---

① 陈立:《白虎通疏证》上册,第391页。
② 黄晖:《论衡校释》一,第49—50页。
③ 张觉:《潜夫论校注》,第339页。
④ 同上书,第359页。

及限制性。人之行是能动的一面,命却是限制性的一面。人有智慧能够转危为安、化险为夷,但是却并非没有一定的条件限制。人的知识智慧受到命的制约。"王符所以对当时流行的三命说只采纳其遭、随二命而舍弃所谓的'寿命'或'正命',主要原因是他虽然承认命由天降,吉凶期会,禄位成败,有时并非人的聪明慧智所能左右或预知,但他却不赞成像王充的那种'性成命定……命不可减加'(《论衡》,《无形第七》)之驱趋于绝对的命定论。"①但可能更为重要的是,王符意识到命对于行为活动者的人而言,虽是一种限制性,却在认识和实践上有不确定的性质。导致这种不确定的原因是人事活动中的方方面面。

但是,吉凶祸福与人的道德行为之间还是存在内在的联系。"福从善来,祸由德痛。吉凶之应,与行相须。"②因此,不修其行,福禄不臻。

王符这种重视人为又不否定其限制性的思想也贯穿在其知识论中。他说:"虽有至圣,不生而知;虽有至材,不生而能。"③人的才能知识,都是后天学习而成的,自古以来的圣贤,都有向老师学习的经历。同时,他也强调君子能"假"物而"自彰"的能动性。他说:"造父疾趋,百步而废,自托乘舆,坐致千里;水师泛轴,解维则溺,自托舟楫,坐济江河。是故君子者,性非绝世,善自托于物也。人之情性,未能相百,而其明智有相万也。此非其真性之材也,必有假以致之也。君子之性,未必尽照,及学也,聪明无蔽,心智无滞,前纪帝王,顾定百世。此则道之明也,而君子能假之以自彰尔。"④"君子能假之以自彰尔",正所谓人能借助于自己制造的工具而延长其器官,增强人的才能。王符认为"物之有然否也,非以其文也,必以其真也"⑤。即使是在政治上也应求"真贤","真贤"才真的知人性并懂得治理之术。"夫治世不得真贤,譬犹治疾不得良医也。"⑥如果自

① 贺凌虚:《东汉政治思想论集》,第162页。
② 张觉:《潜夫论校注》,第647页。
③ 同上书,第2页。
④ 同上书,第13页。
⑤ 同上书,第381页。
⑥ 同上书,第96页。

己不认识真贤、真药，就会被人欺诳而反谓"经不信而贤皆无益于救乱"。天地之道，神明之为，人是不能知见的，人可以知道的是学问圣典，心思道术。但是，人们可以借助于圣典这些先圣所制作的经典而知道。"先圣得道之精者，以行其身；欲贤人自勉，以入于道。故圣人之制经以遗后贤也，譬犹巧倕之为规矩准绳以遗后工也。"[①]显然，他肯定典籍的知识文化意义，是对传统文化之继承性的发挥，而他主张求学假物的根本目的并非单纯的求知，而是增进道德，成就君子人格。

第三节　崔寔的霸政论

崔寔，生年不详，按《后汉书·崔骃传》所附《崔寔传》，于桓帝即位初入朝为官，于灵帝建宁(168—172)中病故。字子真，一名台，字元始。冀州博陵郡安平(今河北安平)人。[②] 少时沉静，喜好典籍。出身官宦世家，有家学渊源。崔寔六世祖崔朝，西汉昭帝时为御史，五世祖崔舒历任四郡太守，高祖崔篆在新莽时代被迫出任建新大尹，但"称疾不视事，三年不行县"(《后汉书·崔骃传》)。东汉光武帝时闭门著《周易林》64篇。祖父崔骃少通《诗》《易》《春秋》，为东汉著名学者，为人正直，曾规谏窦宪"擅权骄恣"。父崔瑗锐志好学，能传父业，善文辞，有名于世。曾为汲县令时，"为人开稻田数百顷""百姓歌之"。其临终顾命崔寔说："夫人禀天地之气以生，及其终也，归精于天，还骨于地，何地不可臧形骸，勿归乡里。其赗赠之物，羊豕之奠，以不得受。"(《后汉书·崔瑗传》)葬父之后，家产耗尽，为生计，"以酤酿贩鬻为业，时人多以(此)讥之"，崔寔则不以为意。服丧毕，三公并辟，皆不就。桓帝初，由郡举为郎。其后二十余年间，崔寔先后被拜为议郎，辟大将军梁冀府军司马，入东观参与撰《汉纪》，又出京任五原太守。后复入朝再拜议郎，勘定《五经》。因梁冀被

---

① 张觉：《潜夫论校注》，第14—15页。
② 据贺凌虚考证，安平原属涿郡，东汉桓灵之世，改隶博陵郡。博陵郡隶冀州，涿郡属幽州。见《东汉政治思想论集》，第241页注1。

诛,崔寔为其故吏而免官禁锢。延熹四年(161),经司空黄琼推荐,崔寔再出任辽东太守,适值其母病故,请求归葬服丧。三年丧毕,召拜尚书。因世道混乱不堪,遂称疾不办事,数月免归。此后数年,崔寔可能居家度日,直至病故。死后,"家徒四壁立,无以殡敛",有光禄勋杨赐、太仆袁逢、少府段颎为备棺椁葬具,大鸿胪袁槐为树碑颂德。

崔寔著作与哲学思想有关的是他所撰的议论政治的《政论》一书。按《后汉书·崔骃传》附《崔寔传》称其"桓帝初……除为郎。明于政体,吏才有余,论当世便事数十条,名曰《政论》",又据《政论》文称"自汉兴以来,三百五十余岁矣"①,可知撰写该书时间至少在其从政之初就开始了。从汉高祖元年至质帝本初元年崩,桓帝即位,计凡三百五十二年。桓帝驾崩则在永康元年(167),在位二十年。孙启治说:"'自汉兴以来,三百五十余岁矣',则当桓帝时也。"②又《政论》称"今朝廷以圣哲之资,龙飞天衢",即指桓帝即位。但据佚文"仆前为五原太守"云云,③可推断大约在任五原太守之后一段时期仍然在续写,也可能该书是崔寔政论文章的裒辑。《隋书·经籍志》子部法家类著录《政论》为六卷,《旧唐书·经籍志》子部法家类著录则谓五卷,而《新唐书·艺文志》子部法家类又著录为六卷,但是,《宋史·艺文志》不见著录,其他宋代的类书仅郑樵《通志艺文略》(成书于南宋绍兴年间)著录"崔氏《政论》六卷,汉尚书崔寔撰"。可见,"此书及崔寔其他著作于北宋时即开始散佚,最迟至南宋宁宗之时已全部遗佚"④。今《政论》乃清严可均所辑,载《全后汉文》第四十六卷。

一、霸政论

崔寔的主要著作《政论》往往被著录在子部法家类,但范晔却说"论曰:崔氏世有美才,兼以沉沦典籍,遂为儒家文林"(《后汉书》)。显然,这

---

① 孙启治:《政论校注》,第38页。
② 同上书,第39页。
③ 同上书,第182页。
④ 贺凌虚:《东汉政治思想论集》,第245页。

是因为，与传统儒家在政治上一般主张"仁政"或"德政"相比，崔寔的最大不同在于沿着王符吸收法治思想的方向继续向前，而主张"霸政"。在崔寔看来，"德政"与"霸政"各适应不同的时代。

"凡天下所以不治者，常由人主承平日久，俗渐弊而不寤，政寖（浸）衰而不改，习乱安危，逸不自睹。或荒耽耆欲，不恤万机；或耳蔽箴诲，厌伪忽真；或犹豫歧路，莫适所从；或见信之佐，括囊守禄；或疏远之臣，言以贱废。是以王纲纵弛于上，智士郁伊于下。悲夫！"①在崔寔看来，政治只要长时间维持相同格局，无论什么制度，即使这些制度原来是有某些针对性并切实解决问题的，但只要"承平日久"，必会产生新的弊端而生混乱。这些可能导致产生新弊端的原因是因人性有"荒耽耆欲，不恤万机"的状况使然，也可能是由认知上的浅陋不信圣贤箴言、既无视文化又不直面事实的自以为是所致，还可能是分不清是非真伪，无所适从，所谓"既不知善之为善，又将不知不善之为不善"②，或听信左右亲信的话，政体上下不通，阻断言路所招致。在这里，崔寔不仅揭示了政治问题的复杂性，而且说明了导致传统政治产生弊端的人性论、认识论乃至政治体制上存在的诸种弊端。

崔寔认识到当时的政制需要变革。他认为，政制本身，主要有两种情况，"受命之君每辄创制，中兴之主亦匡时失"，商汤、周武王、汉高祖为"受命之君"，盘庚、周穆王则谓中兴之主。盘庚迁都，令商朝中兴，周穆王有过失，则命甫侯修正之。此外，还有因上述人性和认知的限制，政治的复杂，"俗人拘文牵古，不达权制，奇玮所闻，简忽所见，策不见珍，计不见信"，结果导致庸主时代"政令垢翫（玩），上下怠懈，风俗凋敝，人庶巧伪，百姓嚣然，咸复思中兴之救矣"③的情况。既然世道承平日久，任何政制都不免于出现衰敝的状况，那么，济时振世的方法，就并非一定是模仿尧舜时代的做法，而是应"补绽决坏，枝柱邪倾，随形裁割，取时君所能行，要措斯世于安宁之域

---

① 孙启治：《政论校注》，第29页。
② 同上书，第42页。
③ 同上书，第38页。

而已"。治术若永远不变,显然就不能"随形裁割",不尊实势,就不能面对真实。

那么,面临政制衰敝的状况,如何变革呢? 他提出了"霸政"的思想。崔寔说:

> 图王不成,弊犹足霸……故宜量力度德,《春秋》之义(此二语袁宏《纪》二十一作"《春秋》之义,量力而举,度德而行")。今既不能纯法八世,故宜参以霸政,则宜重赏深罚以御之,明著法术以检之。自非上德,严以则理,宽之则乱。①

所谓"霸政",首先,是主张在"世有所变"的情况下,针对不同于治世采取不同的治国策略,不必拘泥过去的治国方略。"圣人执权,遭时定制,步骤之差,各有云施,不强人以不能,背所急而慕所闻也。"②这个策略虽能够体现仁爱的实质,但是,却需要采取严格的法令制度来贯彻。他说,不同时代有不同的治国措施。方法上虽有"宽"或"严"的区别,但目的都在"治平"。人的情欲是需要健全的法度来平抑的。"是故先王之御世也,必明法度以闭民欲,崇堤防以御水害。法度替而民散乱,堤防堕而水泛滥。"③凡俗之人不可能认识到关键问题,也不能识别"异量之士",在复杂社会面前一筹莫展。其实,不诚信者往往是从官府开始的。如果因此风俗变坏,世道则每况愈下。"故圣人能与世推移,而俗士苦不知变,以为结绳之约,可复治乱秦之绪;干戚之舞,足以解平城之围。"④因此,没有一成不变永远有效的治国方法。

其次,所谓"霸政",重要内容之一是针对"不轨之民"而用,目的在"破奸宄之胆"⑤,由此他也反对专制社会经常会使用的大赦,认为这不利于社会的治理。崔寔追溯大赦的历史根源时说:"大赦之造,乃圣王受命

---

① 孙启治:《政论校注》,第 57 页。
② 同上书,第 38 页。
③ 同上书,第 78 页。
④ 同上书,第 62 页。
⑤ 同上书,第 57 页。

而兴,讨乱除残,诛其鲸鲵,赦其臣民,渐染化者耳。"①大赦最初之兴,在于圣王受命,讨昏乱,除残暴,惩罚首恶而宽宥臣民,使之感化。在战国时期,情况有所变化。"及战国之时,犯罪者辄亡奔邻国,遂赦之以诱还其逋逃之民"。汉承秦制,将这种制度沿袭下来,在文帝及以后几代本来还有一定作用。但是,最近大赦之举措越来越多,抱侥幸心理而轻易犯罪的人数越来越众,甚至一年之中就发生了四次大赦,如此以往,社会将何以得到治理? 人们"以赦为常俗,初切望之,过期不至,亡命蓄积,群辈屯聚,为朝廷忧"②。这样就不得不赦,然赦又导致大量犯罪,"赦以趣奸,奸以趣赦,转向驱蹴,两不得息,虽日赦之,乱甫繁耳"。

最后,崔寔的"霸政",并非他所谓"暴秦"般的强权政治,而是王道不能实行时代所采取的政治策略。"图王不成,弊犹足霸。"正是退而求其次的意思。梁肉不可以治疾,药石不可以供养,兴平之世与乱世的治理之术不能千篇一律。但是,这并不意味着崔寔的思想性质属于法家。他引汉武帝诏书说:"三代不同法,所由路殊,而建德一也。盖孔子对叶公以来远、哀公以临民、景公以节礼,非其不同,所急异务也。"③又说:"图王不成,弊犹足霸。图霸不成,弊将如何? 故宜量力度德,《春秋》之义。今既不能纯法八世,故宜参以霸政,则宜重赏深罚以御之,明著法术以检之。自非上德,严以则理,宽之则乱。"④他还说:"苟割胫以肥头,不知胫弱亦将颠仆也。"⑤

袁宏针对崔寔的"霸政"论提出批评。他认为:"观崔寔之言,未达王霸之道也。"圣王之道,在德礼之教,"德苟成,故能仪刑家室,化流天下;礼苟顺,故能影响无遗,翼宣风化……及哲王不存礼乐凌迟,风俗自兴,户皆为政,君位犹未固,而况万物乎! 于斯时也,臣子当自尽之日,将守

---

① 孙启治:《政论校注》,第157页。
② 同上书,第159页。
③ 同上书,第42页。
④ 同上书,第57页。
⑤ 同上书,第101页。

先王之故典,则元首有降替之忧,欲修封域之旧职,则根本无倾拔之虑"①。

其实,崔寔所说的是面对制度积弊太多,难以轻易改变时,他主张"重赏深罚",这和忠臣的职守没有矛盾,只是在社会治理上采取"乱世用重典"的具体办法而已。所以,崔寔说:"且守文之君,继陵迟之绪。譬诸乘弊车矣。当求巧工使辑治之,折则接之,缓则楔之,补琢换易,可复为新,新新不已,用之无穷。"②而王夫之则将崔寔的思想极端化,粱肉不可以治重病,但并非治病吃药石就不需要食粱肉。

再者,在崔寔看来,伦理政治的问题并非仅仅是上下的行政隶属关系问题。在兴平之时,固然是上行下效,一呼百应,可是,一当"王政一倾,普天率土莫不奢僭",人们就不再信任统治者了。如果"礼坏而莫救,法堕而不恒",则岂止是"尊卑无别",产生"网漏吞舟"的现象,③乃至于整个社会"移风于诈,俗易于欺,狱讼繁多,民好残伪"④。所谓造假成风,举世无一真人的情况即可能出现。

针对崔寔的重赏深罚的严刑政论,萧公权说:"崔寔立论'指切时要,言辨而确',且'明于政体,吏才有余',较桓氏(谭)尤近法家。"但他又说:"吾人以按桓灵时之政事,即知此论乃有为而发。虽然,实非根本放弃儒家治术。"⑤萧氏所言得当。

二、人情论与畏民论

崔寔在论述其"霸政论"时也旁及他对人性的认识,而汉代人论人性又往往是通过"情"来显现的,这一点,崔寔也不例外。

崔寔说:"夫人之情,莫不乐富贵荣华,美服丽饰,铿锵眩耀,芬芳嘉

① 袁宏:《后汉纪》,《两汉纪》下,第400页。
② 孙启治:《政论校注》,第34页。
③ 同上书,第80页。
④ 同上书,第101页。
⑤ 萧公权:《中国政治思想史》上,第332页。

味者也。昼则思之,夜则梦焉,唯斯之务,无须臾不存于心,犹急水之归下,川之赴壑。不厚为之制度,则皆侯服王食,僭至尊,逾天制矣。"①可见,他认为所谓"人情"相当于人的欲望。他认为,人心昼夜思慕富贵荣华,就如急流之水往下奔流,河川之奔赴沟壑,是正常现象。但是,人情虽不可免,却需要制度作出规范。这种思想显然是受到荀子性恶思想影响的。

荀子认为"人生而有欲",欲望不可去。人情中包含着求生的本能和基本的物质生活需求。欲望得不到满足,就必然争斗而导致社会秩序的混乱。但荀子认为,"欲虽不可尽,可以近尽也,欲虽不可去,求可节也"②。崔寔基本承认荀子的观点,强调自然欲望的满足是礼仪教化的前提。"人非食不活,衣食足,然后可教以礼义,威以刑罚。苟其不足,慈亲不能畜其子,况君能捡其臣乎! 故古记曰:'仓廪实而知礼节,衣食足而知荣辱。'"③但他也提醒重视人对待自己的态度。他认为,"凡人情之所通好,则恕己而足之。因民有乐生之性,故分禄以颐其士,制庐井以养其萌,然后上下交足,厥心乃静"。人们通常都容易原谅自己,因其有乐生的天性。"民有乐生之性""人非食不活",礼义教化是应该建立在基本的物质生活需求的满足基础之上的。如果没有这些条件,不要说其心难静,难谈教化,甚至"慈亲不能畜其子,况君能捡其臣乎"?

基于此,他主张一方面应给予官员必要的生活条件,使他们能够养家畜子。但另一方面亦不能使官员过分纵欲。他说:"圣王知其如此,故重其禄以防其贪欲,使之取足于奉,不与百姓争利,故其为士者习推让之风,耻言十五之计,而拔葵去织之义形矣。故三代之赋也,足以代其耕。"④崔寔批评朝廷的某些举措不切实际,"今朝廷虽屡下恩泽之诏,垂恤民之言,而法度制令,甚失养民之道,劳思而无功,华繁而实寡"。因

① 孙启治:《政论校注》,第78页。
② 王先谦:《荀子集解》,诸子集成本,第285页,上海,上海书店出版社,1986。
③ 孙启治:《政论校注》,第141页。
④ 同上书,第148页。

此,必须根据实际情况,"必欲求利民之术,则宜沛然改法,有以安固长吏,原其小罪,阔略微过,取其大较惠下而已"①。那些华而不实的虚言不能照抚百姓的疾苦,只有有利于人们的办法和制度法令,才是安民之策。他盛赞汉初文、景时代的社会风貌:"安官乐职,图累长久,而无苟且之政。吏民供奉亦竭忠尽节,而无一切之计。故能君臣和睦,百姓康乐。苟有康乐之心充于中,则和气应于外,是以灾害不生,祸乱不作。"②

从对人情的这种认识,崔寔提出了应该如何对"民"的微妙而复杂的"畏民论"。一方面,他和王符一样承认"民"乃"国"之根本。他说:"国以民为根,民以谷为命,命尽则根拔,根拔则本颠,此最国家之毒忧,可为热心者也。"③热心,犹言"焦心"。另一方面,他又认为,"民"作为"俗人"和"愚人",乃"瞑瞑无所知"者,需要君主进行"牧养处置"。否则,危及深重。他说:"小人之情,安土重迁,宁就饥馁,无适乐土之虑。故人之为言瞑也,谓瞑瞑无所知,犹群羊聚畜,须主者牧养处置,置之茂草则肥泽繁息,置之硗卤则零丁耗减。"④既然一方面是"国之根",另一面又"瞑瞑无所知",必须人主来"养"或加以处置,则"民""人"的地位就非常独特了。

在此基础上,崔寔提出了敬畏"民"的思想。他说:"夫民,善之则畜,恶之则仇,仇满天下,可不惧哉!是以有国有家者,甚畏其民。既畏其怨,又畏其罚,故养之如伤病,爱之如赤子,兢兢业业,惧以终始,恐失群臣之和,以堕先王之轨也。"⑤因此,这种对"民"的敬畏当然不是把他们当作国家的主人,而是当作社稷的基础的"敬畏"。

得罪"民"是十分危险的,有国有家者"甚畏其民"。既担忧他们会抱怨,又担忧他们的惩罚。这里,"畏其罚"是双关语,一面是畏"民"因无知受到刑罚(这无异于是惩罚"国家"),另一面则暗示社会的暴乱。这都是动摇

① 孙启治:《政论校注》,第 132 页。
② 同上书,第 118 页。
③ 同上书,第 85 页。
④ 同上书,第 175 页。
⑤ 同上书,第 131 页。

国家之根本的。他主张对民要"养之如伤病，爱之如赤子"，小心翼翼，勤勤恳恳，始终保持戒备谨慎的心态。否则会"失群臣之和""堕先王之轨"。崔寔强调了君主在担负责任的同时，又要"畏民"的论点，较之王符单方面讲"帝王之所以尊敬，天之所甚爱者，民也"，可能更有说服力。

崔寔认为，在复杂的社会和政治生活中，一面要针对时政实行"霸政"，另一方面又要"甚畏其民"，这两方面因素决定了必须实行安民任贤的措施。但是，在他看来，困难的是，政治需要的贤德之才并不为世人所认识。"且世主莫不愿得尼、轲之伦以为辅佐，卒然获之，未必珍也。自非题榜其面曰'鲁孔丘''邹孟轲'，殆必不见敬信。何以明其然也？此二者善已存于上矣。当时皆见薄贱而莫能任用，困厄削逐，待放不追，劳辱勤瘁，为竖子所议笑，其故获也。夫淳淑之士，固不曲道以媚时，不诡行以邀名，耻乡原之誉，绝比周之党，必待题其面曰'鲁仲尼''邹孟轲'，不可得也。而世主凡君，明不能别异量之士，而适足受谮润之诉。……常患贤佞难别，是非倒纷，始相去如毫厘，而祸福差以千里，故圣君明主其犹慎之。"①精英政治所需之精英如何可能产生和被识别与任用才是问题的关键。

第四节　仲长统的无神论与政治哲学

仲长统(179—220)，复姓仲长，名统，字公理，兖州山阳郡高平(今山东省邹县西南)人。东汉末年哲学家、政论家。仲长统从小聪颖好学，博览群书，长于文辞。东汉时期盛行游学，青年时期，仲长统亦和大多数年轻人一样，曾游学于当时的文化重镇青、徐、并、冀诸州之间。因才智超群，和他交游过者无不惊异其识人之才。并州刺史高干是袁绍的外甥，有尊重名士的声誉，意欲招徕各方人才，许多有抱负者都投靠他。仲长统拜见高干，受到盛情款待，问及时事，仲长统向高干直言："君有雄志而

---

① 孙启治：《政论校注》，第50页。

无雄才,好士而不能择人,所以为君深戒也。"①高干一向自以为是,并未采纳仲长统的意见,于是,他离开了高干。不久,高干因并州叛变,终告失败,一时,并州、冀州之士均因此十分惊异于仲长统的先见之明。史载其性情洒脱,敢于直言上谏,不拘小节,默语无常,时人视他为一狂生。每次州郡召唤,均托病不就。平生旨趣在"俯仰二仪,错综人物",并不十分热衷政治。他认为交结帝王权贵者,都想以此立身扬名,但名声不永存,人生也易逝,他的理想在于"弹《南风》之雅操,发清商之妙曲。逍遥一世之上,睥睨天地之间,不受当时之责,永保性命之期。如是则可以陵霄汉、出宇宙之外矣。岂羡夫入帝王之门哉!"②可见其精神意趣确有道家色彩。汉献帝时,尚书令荀彧闻其名,举为尚书郎,之后,曾参与丞相曹操军事,但未得到重用,不久便又回到尚书郎的位置。仲长统的思想和才华集中表现在《昌言》之中。

仲长统的著作,据《后汉书》本传载,有《昌言》,凡三十四篇,十余万言。此外,还有《乐志论》和《咏志诗》二首。《旧唐书》《经籍志》录有《兖州山阳先贤赞一卷》,下注"仲长统撰",《新唐书·艺文志》则称之为《山阳先贤传》,宋以后不见著录,应已亡佚。至于《昌言》一书的成书经过,《后汉书》本传谓其"参丞相曹操军事,每论说古今及时俗行事,恒发愤叹息,因著论名曰《昌言》"。昌,按字面意思,谠也,亦有正当、直接之意。《说文解字》说:昌,美言。故"昌言"乃含有正当和直陈无忌的美言之意。

本书引文依据孙启治《昌言校注》(中华书局 2012 年版)文字为准。

一、无神论思想

由于仲长统生活在汉末社会大动荡的历史时代,经历了风起云涌的黄巾军农民大起义、残酷的党锢之祸以及献帝最终逊位于曹氏这一标志东汉最终覆亡的重大历史事件之后,他对社会特别是传统儒家天命的认

①《后汉书》,第 484 页。
② 孙启治:《昌言校注》,第 401—402 页。

识和东汉其他的思想家有很大的不同。仲长统认为获胜的一方并非取决于神秘的天命,甚至不是道德仁义的观念,而是实力。他说:

> 豪杰之当天命者,未始有天下之分者也。无天下之分,故战争者竞起焉。于斯之时,并伪假天威,矫据方国,拥甲兵与我角才智,程勇力与我竞雌雄,不知去就,疑误天下,盖不可数也。角知者皆穷,角力者皆负,形不堪复仇,势不足复校,乃始羁首系颈,就我之衔继耳。夫或曾为我之尊长矣,或曾与我为等侪矣,或曾臣虏我矣,或曾执囚我矣。彼之蔚蔚,皆匈噇腹诅,幸我之不成,而以奋其前志,讵肯用此为终死之分邪?①

天下本无分,故起争端。正统儒家认为应以礼义来规定不同人的度量分界,从而组成社会秩序井然的和谐社会。但仲长统则以他在乱世的观察认为是豪杰"角知"和"角力"的结果。只是因为他们"角知者皆穷,角力者皆负,形不堪复仇,势不足复校",方才"羁首系颈,就我之衔继耳"。这样,社会秩序的终极理由不是命定或所谓时运,也不是人们所标榜的伦理道德原则,而是豪杰彼此之间的"知"与"力"等实力的较量。

但是,伦理观念虽不能最终决定历史,却能以某种方式解释并影响历史,在特殊的政体中使人有一种特殊的感受。"及继体之时,民心定矣。普天之下,赖我而得生育,由我而得富贵,安居乐业,长养子孙,天下晏然,皆归心于我矣。豪杰之心既绝,士民之志已定,贵有常家,尊在一人。当此之时,虽下愚之才居之,犹能使恩同天地,威侔鬼神。"②因"豪杰之心既绝,士民之志已定",使所有的纷争成为徒然;而又因政体的原因,长久的"贵有常家,尊在一人",无疑滋生新的弊端,就是凡庸之才似乎也能够起到很大作用,甚至于"能使恩同天地,威侔鬼神"。问题还在于,社会一经稳定,秩序一旦形成,又有巨大惯性,其中出现的危机,不容易为普通人所自觉。这时,"暴风疾霆,不足以方其怒;阳春时雨,不足以喻其

---

① 孙启治:《昌言校注》,第257页。
② 同上书,第259页。

泽,周、孔数千,无所复角其圣;贲、育百万,无所复奋其勇矣"。

从这种思考中,他得出这样的结论:"人事为本,天道为末。不其然与? 故审我已善,而不复恃乎天道,上也;疑我未善,引天道以自济者,其次也;不求诸己,而求诸天者,下愚之主也。"①在他看来,"人事为本,天道为末",即人事是成败的根本,所谓天道是因人事修为上的不同而有差别地与人发生关系,归根结底是由人事决定的。他将人事与天道的关系分为三种情况:一是自我反省达到已善,则不依赖天道;二是怀疑自己仍未善,借天道以助己力;最后是不求诸己,而求诸神秘之天的凡庸愚昧。他认为,作为王者,应争取第一种情况:"诚忠心于自省,专思虑于治道,自省无愆,治道不谬,则彼嘉物之生,休祥之来,是我汲井而水,出爨龟而火燃者耳,何足以为贺者耶? 故欢于报应,喜于珍祥,是劣者之私情,未可谓大上之公德也。"

在仲长统那里,"天道"类同儒家所谓"天命",和"天"的概念有区别。"天"即自然,"天"无意志和目的。"天"的运行有着不以人的意志为转移的客观规律,人们只要顺"天时",如适时播种,辛勤管理,及时收获,就有好收成。收多收少不在于"天命",而是在于充分发挥人的主观能动性。"天为之时,而我不农,谷亦不可得而取之。青春至焉,时雨降焉,始之耕田,终之簠、簋,惰者釜之,勤者钟之。矧夫不为,而尚乎食也哉?"②人只有尊重"天",不失时机地利用客观条件,才能达到自己的目的。又说:"稼穑不修,桑果不茂,畜产不肥,鞭之可也;杝落不完,垣墙不牢,扫除不净,笞之可也。此督课之方也。且天子亲耕,皇后亲蚕,况夫田父而怀窳惰乎。"③各行各业,应各司其职,若不尽责,方可责罚。如果皇帝亲耕,皇后亲蚕,农夫断无有他心而不事耕作者。

由此,仲长统批判了所谓"神的旨意"。他认为创业者夺得天下,建立霸业是由人事所致。同样,王朝由盛而衰,毁业亡国,也是由人事所

---

① 孙启治:《昌言校注》,第 398 页。
② 同上书,第 411 页。
③ 同上书,第 412 页。

为。这就从根本上否定了宗教"天命"决定社会兴衰的说教,从而否定了宗教神学的统治地位。这在两汉历史上,是"破天荒的卓见"。

同时,仲长统通过反思历史而描述了天人关系上的几种可能。"昔高祖诛秦、项,而陟天子之位;光武讨篡臣,而复已亡之汉,皆受命之圣主也。萧、曹、丙、魏、平、勃、霍光之等,夷诸吕,尊大宗,废昌邑而立孝宣,经纬国家,镇安社稷,一代之名臣也。二主数子之所以震威四海,布德生民,建功立业,流名百世者,唯人事之尽耳,无天道之学焉。然则王天下、作大臣者,不待于知天道矣。所贵乎用天之道者,则指星辰以授民事,顺四时而兴功业,其大略也。"①一切均"唯人事之尽耳,无天道之学焉"。如果说还有什么天之道值得人们重视的话,那就是,无论君臣,所贵者都在根据季节时令而颁布政令,根据客观条件来建功立业。这样的话,吉凶由人而不由天。"故知天道而无人略者,是巫医卜祝之伍,下愚不齿之民也。信天道而背人事者,是昏乱迷惑之主,覆国亡家之臣也。"②只有巫医卜祝和愚昧无知的人,才不从人事而寄望于天命。君臣如果信天命而不务人事,必然导致覆国亡家。因而,"丛林之下为仓庾之坻,鱼鳖之堀为耕稼之场者,此君长所用心也。是以太公封而斥卤播嘉谷,郑、白成而关中无饥年。盖食鱼鳖而薮泽之形可见,观草木而肥饶之势可知"③。

仲长统重人事的态度十分鲜明。人们只能在尽人事的前提下致力于身心修养,不幸如有疾病则以汤药去之,有灾祸则反思自己。即使有所谓祷祈之礼、史巫之事,其根本仍在教人尽中正,竭精诚,而非务那些"淫厉乱神之礼""俯张变怪之言"、抑或"丹书厌胜之物"这些可笑的事情。

他批评时政说:

简郊社,慢祖祢,逆时令,背大顺,而反求福右于不祥之物,取信

① 孙启治:《昌言校注》,第388页。
② 同上书,第412页。
③ 同上书,第392—393页。

诚于愚惑之人,不亦误乎? 彼图家画舍,转局指天者,不能自使室家滑利,子孙贵富,而望其能致之于我,不亦惑乎? 今有严禁于下,而上不去,非教化之法也。诸厌胜之物,非礼之祭,皆所宜急除者也。情无所止,礼为之俭;欲无所齐,法为之防。越礼宜贬,逾法宜刑,先王之所以纪纲人物也。若不制此二者,人情之纵横驰骋,谁能度其所极者哉? 表正则影直,范端则器良。行之于上,禁之于下,非元首之教也。君臣士民,并顺私心,又大乱之道也。①

为何历史上有那么多人不知这个道理呢? 仲长统认为,这是由于人们习惯并适应于某些事件而熟视无睹。"鲍鱼之肆,不自以气为臭;四夷之人,不自以食为异,生习使然也。居积习之中,见生然之事,孰自知也? 斯何异蓼中之虫,而不知蓝之甘乎?"②"至于运徙势去,犹不觉悟者,岂非富贵生不仁,沉溺致愚疾邪? 存亡之迭代,政乱从此周复,天道常然之大数也。"③这也从侧面说明,在仲长统看来,"天"或"天之道"并不容易为凡庸之人所认知。

仲长统虽然并不信天命、鬼神,但也未能彻底摆脱天人感应的神学思想的影响。

二、政治哲学

人生观方面,仲长统受道家影响较多,但就治术而言,却受法家影响大。和崔寔一样,他认为处于乱世,还是要重视法律问题及其对于"理乱"的重要作用。然而,在究竟是用德治还是实行法制的问题上,仲长统基本上还是坚持了儒家"德治为主,刑罚为辅"的"德主刑佐"立场。他说:"德教者,人君之常任也,而刑罚为之佐助焉。"④他认为,古代圣帝明王,之所以能亲百姓、训五品、和万邦、藩黎民,在于"实德是为,而非刑之

---

① 孙启治:《昌言校注》,第 353 页。
② 同上书,第 412 页。
③ 同上书,第 261 页。
④ 同上书,第 221 页。

攸致也。"至于革命时机到来，若不征伐用兵，则不能定其业；奸邪抱成团，不采用严刑峻法，则不能破其党。故"时势不同，所用之数亦宜异也"。讲教化须以礼义为宗，行礼义当以典籍为本。常道可行于百世，权宜则用于一时。所以，德教和法制是不可分离的，只不过在不同时期各自的重心有所变化。"故制不足则引之无所至，礼无等则用之不可依，法无常则网罗当道路，教不明则士民无所信。引之无所至则难以致治，用之不可依则无所取正，罗网当道路则不可得而避，士民无所信则其志不知所定，非治理之道也。"①可见，德治与法制不是对立的，礼法制度不健全，则治国无依据；政策法规没有稳定性，就无法保证不为民设陷阱而妨碍民生；民人若无可信赖的法律法规，则志气不能定，这都不是国家治理之道。可见，这在总的"为君治国之道上，仍属于德治、身教的范畴"②。仲长统认为，聪明才智者，往往可能使奸凶如虎添翼；勇敢力壮，可能是盗贼的爪牙。因此，才能不等于道德。他用秦政反证德治的合理性："昔秦用商君之法，张弥天之网，然陈涉大呼于沛泽之中，天下回应。人不为用者，怨毒结于天下也。"③

在政体问题上，仲长统说："易曰：'阳一君二臣，君子之道也；阴二君一臣，小人之道也。'"④少数方才能为人上者；多数只能为人下者。如一伍之长，才能管理伍人；一国之君，才能掌管一国；天下之王，才能够王天下。愚昧无知者被有智慧的人所管理，就如枝叶虽多，但依附于树干一样，这是天下恒久的原则。他说："有天下者，莫不君之以王，而治之以道。道有大中，所以为贵也。又何慕于空言高论、难行之术哉！"⑤

符合仲长统理想政体的君臣关系是怎样的呢？

首先，理想中的君主。他说："人主临之以至公，行之以至仁，一德于恒

① 孙启治：《昌言校注》，第321页。
② 同上书，第250页。
③ 同上书，第421页。
④ 同上书，第287页。
⑤ 同上书，第362页。

久,先之用己身;又使通治乱之大体者,总纲纪而为辅佐;知稼穑之艰难者,亲民事而布惠利;政不分于外戚之家,权不入于宦竖之门,下无侵民之吏,京师无佞邪之臣,则天神可降,地祇可出。"①君主应以"至公""至仁"之心理政,以德治国,身体力行,体恤下层。应做到"政不分于外戚之家,权不入于宦竖之门,下无侵民之吏,京师无佞邪之臣"。他还说:"我有公心焉,则士民不敢念其私矣;我有平心焉,则士民不敢行其险矣;我有俭心焉,则士民不敢放其奢矣。此躬行之所征者也。"②君主勤政亲民,有公平之心,那么下民就不敢铤而走险。"公心"即无私。他说:"王者官人无私,惟贤是亲,勤恤政事,屡省功臣,赏赐期于功劳,刑罚规乎罪恶,政平民安,各得其所,则天地将自我而正矣,休祥将自应我而集矣,恶物将自舍我而亡矣。"③"政平民安,各得其所"和"人享其宜,物安其所"④是他的政治理想,也是"足以称圣贤之王公、中和人君子"的一个标准。此和《中庸》"万物并育而不相害,道并行而不相悖"是一脉相承的。

仲长统认为,君主犯有不可谏之错者有五个方面:一废后黜正,二不节情欲,三专爱一人,四宠幸佞谄,五骄贵外戚。这五个方面都是非常严重的错误。

然而,"中"不容易做到。在位的人,有生活简朴、事必躬亲的,甚至有妻子不到官舍的,还有还俸禄、辞爵赏的,都可称有清廉的美德,却都不可说为"中"。有好节操之士,有虽腹饥而遇君子与之食而不食的,有妻子挨冻受饿而不纳他人之施舍的,有居住茅舍而不避风雨的,有穷居偏僻处找不到好的住处的,都可叹美他们品行高洁,但亦不可言"中"。世俗社会称道这些人的品行,当然有其理由。古制本来不复发挥作用,但现在的政治不公平、不公正,正直和公正不通行,欺诈虚伪却畅行,于是人们不约而同地认识到节义难以再坚守了,许多人抛弃正直而选择邪

---

① 孙启治:《昌言校注》,第 321—322 页。
② 同上书,第 327 页。
③ 同上书,第 392—393 页。
④ 同上书,第 370 页。

恶,背离正道而成奸人的跟班,如果有上述之士独能坚守节操,就显得特别可贵了。如果能使国家法度昭明,俸禄与授官皆从古,官服文饰不符合法度,均以典制纠正,货财不符合礼制,则按古制加以更正,那么,一向为人们称道的有清廉美德的人,将凭什么还矫情呢! 一向被人们叹为高洁的,将凭什么砥砺其志呢!"故人主能使违时诡俗之行,无所复剀摩,困苦难为之约,无所复激切,步骤乎平夷之涂,偃息乎大中之居,人享其宜,物安其所,然后足以称贤圣之王公,中和之君子矣。"①

其次,理想中的大臣。仲长统认为仁君应配贤臣。他说:"坐而论道,谓之三公;作而行之,谓士大夫。论道必求高明之士,干事必使良能之人,非独三太三少可与言也。凡在列位者,皆宜及焉。"②他认为,三公应该责权分明,并提出外戚不应该位列三公之位。"夫使为政者不当与之婚姻,婚姻者不当使之为政也。"③否则,少数外戚掌权,定会困顿臣民,举用失贤,百姓不安,争讼不断,这是导致天地多变、人物多妖的重要根源。仲长统还认为,行政有自身的特殊性,做君主的人应与从政者有交流,对其能力水平有深入了解。他说:"故士不与其言,何以知其术之浅深? 不试之事,何以知其能之高下? 与群臣言议者,又非但用观彼之志行,察彼之才能也,乃所以自弘天德,益圣性也。"④公卿列校,侍中尚书,皆九州所推选出来的人才,如果君主不与这些学有所成、术有专攻的人从容议论,不咨询请教、访国家正事、问四海豪英,何以将仁心贯彻于民物,使良策政令广闻于天下呢?

他认为,才士能臣并非那些沽名钓誉、没有士君子之志的人,也不是不食人间烟火的人。"今反谓薄屋者为高,藿食者为清,既失天地之性,又开虚伪之名,使小智居大位,庶绩不咸熙,未必不由此也。得拘洁而失

① 孙启治:《昌言校注》,第396页。
② 同上书,第377页。
③ 同上书,第314页。
④ 同上书,第377—378页。

才能,非立功之实也。以廉举而以贪去,非士君子之志也。"①所以,选用人才必取善士。然而善士富者少而贫者多,如果禄不足以供养,又怎能不少营私门呢? 以此而追究其罪,是设机置阱以待天下之君子也。

对于王侯,他说:"王侯者,所与共受气于祖考,干合而支分者也。"如果他们天性纯美,臭味芬香,也就没有什么可议论的。然而,实际上他们都生长于骄逸之处,自恣于色乐之中,不闻典籍之法言,不因师傅之良教,故使其心同于夷狄,其行比于禽兽也。长幼相效,子孙相袭,家以为风,世以为俗,故姓族之门不与王侯婚者,不以其五品不和睦,闺门不洁之风很盛呀! 在仲长统看来,人之所贵于善的原因,在于其有礼义也。之所以贱于恶者,以其有罪过也。可是现实却是"所贵者教民,以所贱者教亲",这不是自相矛盾吗? 他认为"可令王侯子弟,悉入大学,广之以他山,肃之以二物,则腥臊之污可除,而芬芳之风可发矣"②。所谓"肃之以二物",指"夏、楚二物",即木杖与荆条。孔颖达说:"学者不勤其业,师则以夏、楚二物以笞挞之"(《礼记·学记疏》)

他的政治理想是"下土无雍滞之士,国朝无专贵之人"③。如果君主能够做到"公心",大臣们的品格均为"直道正辞,贞亮之节"④。那么,就可以做到"政不分于外戚之家,权不入于宦竖之门,下无侵民之吏,京师无佞邪之臣"⑤。而要做到这一点,"唯不世之主,抱独断绝异之明,有坚刚不移之气,然后可庶几其不陷没流沦耳"⑥。

仲长统还考察了传统政体的历史演变。依《周礼》记载,由冢宰亦即大宰协助天子治理天下。春秋以来,诸侯国但凡治理得不错的,都用"一卿为政"的方式管理。战国时期一直沿袭这种政治模式。秦统一天下之后,则设置丞相总理全国政务,并以太尉、御史大夫从旁协助。汉承秦

---

① 孙启治:《昌言校注》,第 297 页。
② 同上书,第 357 页。
③ 同上书,第 276 页。
④ 同上书,第 420 页。
⑤ 同上书,第 322 页。
⑥ 同上书,第 337 页。

制，从高祖到孝成，因之不改。"汉之隆盛，是惟在焉。"①进而他肯定了这种政体的作用。他说："夫任一人则政专，任数人则相倚。政专则和谐，相倚则违戾。和谐则太平之所兴也，违戾则荒乱之所起也。"②

在他看来，理想的政治态势应该是：在政策法令方面应"诚令方来之作，礼简而易用，仪省而易行，法明而易知，教约而易从。篇章即著，勿复刊剟；仪故即定，勿复变易。"③而在选人用人方面要做到"官人无私""惟贤是亲"的同时，也应注意公卿大夫的"皆级次进"，因为"官之有级，犹阶之有等也。升阶越等，其步也乱。登朝越等级④，败礼伤法。是以古人之初仕也，虽有贤才，皆以级次进焉。贾生有言：治国取人，务在求能。故裁国之无利器，犹镂以铅刀，而望其巧，不亦疏乎？"⑤

仲长统认为，时代不同，政治的原则也就应该不同。大治和大乱的时代不同，治术不可能一成不变。"大治之后，有易乱之民者，安宁无故邪心起也；大乱之后，有易治之势者，创艾祸灾，乐生全也。刑繁而乱益甚者，法难胜避，苟免而无耻也；教兴而罚罕用者，仁义相厉，廉耻成也。任循吏于大乱之会，必有恃仁恩之败；用酷吏于清治之世，必有杀良民之残。此其大数也。"⑥这是以历史发展的辩证法来解释社会的治乱。因此，在"上有篡叛不轨之奸，下有暴乱残贼之害""强者胜弱，智者欺愚"⑦的情况下，即便有亲属之恩，但因客观情况的变化也不能沿袭过去的方法。因社会形势改变，原来完全能够维护正常秩序的规则不复起到它的作用，而需要改革。"时政凋敝，风俗移易，纯朴已去，智慧已来。出于礼制之防，放于嗜欲之域久矣，固不可授之以柄，假之以资者也。是故收其奕世之权，校其从横之势，善者早登，否者早去，故下土无壅滞之士，国朝

---

① 孙启治：《昌言校注》，第 337 页。
② 同上书，第 308 页。
③ 同上书，第 321 页。
④《御览》二〇三，此处为"乱登朝级"。
⑤ 孙启治：《昌言校注》，第 413 页。
⑥ 同上书，第 327 页。
⑦ 同上书，第 417 页。

无专贵之人。此变之善，可遂行者也。"①所谓"奕世之权"，即累世继承爵位的特权。在仲长统看来，社会会因人的参与而产生彼此相互关联的现象，统治者治理社会，应该能够认识这些现象之间的联系。仲长统和崔寔一样，特别强调"时"即时代特点的重要性。所谓"时势不同，所用之数亦宜异也"②。

实行政治改革的主要原则是："作有利于时，制有便于物者，可为也。事有乖于数，法有翫(玩)于时者，可改也。故行于古有其迹，用于今无其功者，不可不变。变而不如前，易有多所败者，亦不可不复也。"③可见，他认为，凡是有利于时代和事物发展的制度，是可以坚持的，相反，不利于事物规律和不合时代的制度都应改革；在古代虽有效而现在无其功的制度应该改，而改变之后效果反不如从前者，就应当坚持。有人认为其所谓"变而不如前，易有多所败者，亦不可不复也"，乃复古的主张，因此，这段话也反映了他"半变法半复古的原则"④，实则这是肯定制度文化有继承性的一面。因为，任何制度都是适应当时社会客观需要而产生的，所以对社会历史的影响也就不会昙花一现。

但这仍不能改变社会治乱变化的一般趋势。在仲长统看来，后世的君主大都为庸愚之主，自恃其手中的权势人们不敢违抗，殊不知其自然倾向会导致社会政治秩序的巨大变化。

当政权的神圣性随着庸愚之主的奢靡与腐化而烟消云散之后，就是全社会的众叛亲离，原来的社会秩序所决定的关系现在发生了根本的变化。这样，"昔之为我哺乳之子孙者，今尽是我饮血之寇仇也"⑤。

三、对伦理政治的反思

仲长统在政治思想上的主张虽然基本上倾向于儒家的"德治"或"德

---

① 孙启治：《昌言校注》，第 276 页。
② 同上书，第 321 页。
③ 同上书，第 274 页。
④ 侯外庐：《中国思想通史》第二卷，第 408 页。
⑤ 孙启治：《昌言校注》，第 261 页。

化"政治,但他又不完全是正统的儒家理路。他说:"百家杂碎,请用从火。""从火"即要经过炉火的淬炼。这说明,仲长统对儒家和诸子百家,都采取了一种批评的立场。这一点,尤其体现在对伦理政治的态度上。

传统儒家主张"孝道",且将这一点发展到政治伦理上去,认为"事君如事亲",仲长统肯定了其基本立场,认为"事亲"为常情,为人子理应竭尽其力,为人臣亦是如此。他说:"人之事亲也,不去乎父母之侧,不倦乎劳辱之事。唯父母之所言也,唯父母之所欲也。于其体之不安,则不能寝;于其餐之不饱,则不能食。孜孜为此,以没其身,恶有为此人父母而憎之者也? 人之事君也,言无小大,无所恚也;事无劳逸,无所避也。其见识知也,则不恃恩宠而加敬;其见遗忘也,则不怀怨恨而加勤。安危不二其志,险易不革其心,孜孜为此,以没其身,恶有为此人君长而憎之者也?"①人们还可以事亲、事君的品行与人交往,做到仁爱笃恕,谦逊敬让,忠诚发乎内,信效著乎外,流言无所受,爱憎无所偏,"幽暗则攻己之所短,会同则述人之所长。有负我者,我又加厚焉;有疑我者,我又加信焉。患难必相恤,利必相及。行潜德而不有,立潜功而不名。孜孜为此,以没其身,恶有与此人交而憎之者也?"如此行为固然不会遭致他人的怨愤和不满,但事实上却可能因智力和人性上存在差异,人与人之间总会存在着裂隙。从并不令人满意的事实来观察和推测人心的做法虽流行,却不能不从效果方面来看。

> 故事亲而不为亲所知,是孝未至者也;事君而不为君所知,是忠未至者也;与人交而不为人所知,是信义未至者也。父母怨咎人不以正,已审其不然,可违而不报也;父母欲与人以官位爵禄,而才实不可,可违而不从也;父母欲为奢泰侈靡,以适心快意,可违而不许也;父母不好学问,疾子孙之为之,可违而学也;父母不好善士,恶子孙交之,可违而友也;士友有患故,待已而济,父母不欲其行,可违而往也。故不可违而违,非孝也;可违而不违,亦非孝也;好不违,非孝

---

① 孙启治:《昌言校注》,第383页。

也;好违,亦非孝也。其得义而已也。①

显然,"孝"在他那里并非是是非不分的一味顺从,"孝"是服从于"义"的,在具体的事情上,"违"与"不违"的关键就在"义",即适宜与否。

在仲长统看来,伦理实践并非仅是个人闭门修养,其后果涉及他人和社会生活的方方面面。历史地看,既然社会不免于治乱交替,客观的形势则是:"乱世长而化(治)世短",就不能不针对乱世存在的复杂局面采取相应的策略。乱世则小人贵宠,君子困贱。在是非难分、清浊莫辨的时候,会令"使奸人擅无穷之福利,而善士挂不赦之罪辜"②。

人性在社会表现上也有其两面性。他说:"人之性,有山峙渊停者,患在不通;严刚贬绝者,患在伤士;广大阔荡者,患在无检;和顺恭慎者,患在少断;端悫清洁者,患在拘狭;辩通有辞者,患在多言;安舒沉重者,患在后时;好古守经者,患在不变;勇毅果敢者,患在险害。"③这种对人性复杂可变的认识已不是抽象地讨论善恶问题,而是具体观察人际行为相互作用的结论。

在仲长统看来,人性的复杂可变在政治上的表现尤为突出。如果君主不能诚敬大中,反而信任亲爱者,宠贵隆丰,"使饿狼守庖厨,饥虎牧牢豚",就会导致"熬天下之脂膏,斫生人之骨髓",结果将会是"怨毒无聊,祸乱并起,中国扰攘,四夷侵叛,土崩瓦解,一朝而去"。这时,"昔之为我哺育之子孙者,今尽是我饮血之寇仇也"。从这里,还可以看到崔寔的"畏民"思想对他的影响。

仲长统认为,现实中的君主、大臣乃至宦官都不符合他所提出的要求,除了时代特点之外,还会被所谓的"俗"所包围,因人"情"所惑,不能选择到符合条件的大臣。就"俗"而言,他说:"天下士有三俗:选士而论族姓阀阅,一俗;交游趋富贵之门,二俗;畏服不接于贵尊,三

---

① 孙启治:《昌言校注》,第 386 页。
② 同上书,第 265 页。
③ 同上书,第 426 页。

俗。"①选人才如果局限在有限的圈子内,当然难选出最好的。彼此交游或趋炎附势,或心有障碍不敢接近尊贵者,都是"俗"。三俗当然是由政府相关部门和所谓"士"共同具有的特点。此外,单就当时的"士"而言,也有他们自身难以克服的三种"可贱"现象:"天下之士有三可贱:慕名而不知实,一可贱;不敢正是非于富贵,二可贱;向盛背衰,三可贱。"好名而不求实际,不敢在权贵面前坚持是非对错的标准,或过分势利,在他看来都是自我人格的矮化。此外,学术界还存在着一些不实事求是和偷窃别人成果的现象:"天下学士有三奸焉:实不知,详不言,一也;窃他人之说,以成己说,二也;受无名者,移知者,三也。"②应该说,仲长统这些对时政和当时士人存在的特点的认识还是有道理的。因为学术思想和成果获得不易,而个人都有功利的追求,人们对自己的评价和社会评价总是存在差异,出现这些问题是难免的。但是,仲长统并不认为时代就没有人才,只是人们不一定具有发现人才的眼光。这需要认识风俗形成的背景,"疾其末者刈其本,恶其流者塞其源"③。

就"情"而言,他认为,"喜怒哀乐好恶,谓之六情"④。作为个人,其常情往往是"人爱我,我爱之,人憎我,我憎之",但是,作为君子,是需理性加以节制的。若君主"不节情欲",固然是"不可谏"者,需要所谓"以计御情"之智⑤;相反,不端正好恶之情,则有"以一人之好恶,裁万品之不同"的可能。如果官吏随其好恶而用私,必导致党同伐异,结党营私。他说:"同异生是非,爱憎生朋党,朋党致怨仇。"显然,这里的逻辑在于家与社会国家、情与理之间不可相互还原。

只有做到了"流言无所受,爱憎无所偏",并且"幽暗则攻己之所短,会同则述人之所长"⑥,能够"克己责躬",方可谓能够克服普通人人性的

---

① 孙启治:《昌言校注》,第423页。
② 同上书,第424页。
③ 同上书,第331页。
④ 同上书,第416页。
⑤ 同上书,第380页。
⑥ 同上书,第383页。

弱点，不为"俗""情"所困而能"唯贤是亲"。如此，才能理顺道德与价值的关系，"所贵者善"而"所贱者恶"。他说："惟不世之主，抱独断绝异之明，有坚刚不移之气，然后可庶几其不陷没流沦耳。"①对于民众，其措施为"敦教学以移情性，表德行以厉风俗"②。显然，仲长统其实是提出了在当时看来也是非常重要的情与欲的理性化问题，即要有所谓"无私之公心"，即使在今天也仍是一重要实践问题。

仲长统也明确表示了他对情感理性化的要求。他说："同于我者，何必可爱？异于我者，何必可憎？智足以立难成之事，能足以图难致之功。附者不党，疏者不遗。"③又说："知言而不能行，谓之疾。此疾虽有天医，莫能治也。"只有不"以同异为善恶，以喜怒为赏罚"，才能使情感理性化。显然，仲长统和王充一样对社会上出现的伦理亲情对政治的负面影响深有感悟。当然，他虽忌"俗"，但他并非那种自我标榜的"世外高人"。他说："清如冰碧，洁如霜露，轻贱世俗，高立独步，此士之次也。"④

总起来看，仲长统的政治哲学是基于对传统政治历史的清醒认识基础上而提出来的。他对传统政治情势的认识比之他的前辈要深刻和切实。萧公权说：仲长统对传统的批判乃"推究治乱原因，则深中专制政体之病，为前人所未发"⑤。"推其言中之意，殆无异于对专制政体与儒家治术同时作破产之宣告。此诚儒家思想开宗以来空前未有睹之巨变。"此言甚是。特别是仲长统直言秦汉以来的政权更迭的历史并非传统所谓的君权神授，而是豪杰依靠军事实力打下来的，继体之君则是依靠血缘继承得来。此外，就是西汉末年的王莽和东汉末的曹丕这种"禅让"了（仲长统称王莽之"禅让"为"乱"⑥）。打下来的江山不是建立在理性基础上的，其治理需要圣君贤相合作的德化政治，特别对君主品质有很高的

---

① 孙启治：《昌言校注》，第 337 页。
② 同上书，第 288 页。
③ 同上书，第 424 页。
④ 同上书，第 418 页。
⑤ 萧公权：《中国政治思想史》上，第 336 页。
⑥ 孙启治：《昌言校注》，第 271 页。

要求。他虽不能如开国之君那样的"抱独断绝异之明,有坚刚不移之气",但若能做到"诚忠心于自省,专思虑于治道,自省无愆,治道不缪"①,发挥人事的作用,也能够守得天下。然而,仲长统明确指出,继体之君多为平庸之君,实际上在东汉后期还多半是幼主,以后的所谓外戚干政,宦官专权,都是这种政体所导致的后果。至于王莽、曹丕的"禅让"则多被人们诟病为"伪受禅"。②　由此可见,虽然儒家关于政权的转移问题上有禅让和革命说,但是,在仲长统看来仅是一种说法,并不足以解释真实的历史。面对这种局面,他也没有设想出更好的办法来解决,因此,仍然是在君臣关系的专制政体和儒家的德治思想和法家的法治思想中来回打转。大体,仲长统这些思想虽触及传统政治的核心和儒家政治哲学的灵魂,却并不能超越于其外,故后来也受一些儒者诟病。

第五节　徐干的天道观与人才观

徐干(170—217),字伟长,晋州北海郡剧县(今山东寿光县)人,东汉末杰出文学家、思想家。

徐干年少之时,正值灵帝末年,宦官专权,朝政腐败,社会风气崇尚交游。其时"国典隳废,冠族子弟结党权门,交援求名,竞相尚爵号"③。而徐干不仅家风尚清明,其先十世"以清亮臧否为家,世清其美,不陨其德",而且他本人独能恬淡体道,不耽荣禄,清虚自守,惟"以六籍娱心而已"。建安中,曹操平定北方,中国统一有望,徐干终勉强应召为司空军谋祭酒掾,后转五官将文学,前后五六年,最后仍以疾辞归,直至逝世未再接受征召。此后,他"潜身穷巷,颐志保真",虽"并日而食",亦"不以为戚"。④　建安二十二年(217)春,瘟疫流行,徐干染疾而卒,时年四十八。

---

① 孙启治:《昌言校注》,第398页。
② 牟宗三:《政道与治道》,第15页。
③ 徐干:《中论》原序,第2页。
④ 同上书,第3页。

徐干以"清玄体道"著称,文才则以诗作、辞赋、散文见长,尤其辞赋卓然成家,为当时所推崇。他的诗作,可惜未被辑录成册,故多数散佚。今仅存 10 首(见逯钦立《先秦汉魏晋南北朝诗》上),而以《室思》6 首和《答刘桢》较有特色。在辞赋有《玄猿赋》《漏卮赋》《橘赋》(以上皆佚)、《圆扇赋》等,曾被曹丕评为"虽张(衡)、蔡(邕)不过也"(《典论·论文》);刘勰也曾把他与王粲一起作为魏之"赋首"而加标举(《〈文心雕龙〉·诠赋》)。今存作品不足 10 篇,而且多有残缺。其中《齐都赋》,从残文来看,原先的规模可能相当宏大。

徐干的传世之作,今有散文集《中论》。该书比较全面地反映了他的哲学思想及思想风格。当时的人们评价他写《中论》是"欲损世之有余,益俗之不足","上求圣人之中,下救流俗之昏者"。曹丕亦尝赞此书"成一家之言,辞义典雅,足传于后"(《与吴质书》)(陈寿《三国志·魏书》)。

今存《中论》辑本分上、下两卷,上下各 10 篇,上篇多论述处事原则和品德修养,下卷大部分论述君臣关系和政治思想,总的看,它是一部有关伦理及政治的论文集。其思想倾向,大体上遵奉儒家旨趣,多述先王、孔、孟之言,同时,也受道家、法家的某些影响。《中论》对时弊有所针砭,不过作者持论比较中庸谨慎,一般不指斥时事,所以显得辞旨邈远,较少锋芒。本书写作的中心意旨在述作者济世之心,"见辞人美丽之文,并时而作,曾无阐弘大义,敷散道教,上求圣人之中,下救流俗之昏者,故废诗赋颂铭赞之文,著《中论》之书二十篇"①。故与仲长统《昌言》相比,其揭露现实矛盾的深刻性和批判的尖锐性,或有所逊色。《中论》语言平实,论证讲求逻辑、条理贯通,还不失为一部较好的论说文专著。它是"建安七子"中今存唯一的专著。该书版本自明清以来逾二十种,《四部丛刊》有影印明嘉靖乙丑青州刊本,本书引用以上海古籍出版社 1990 年所出的江安傅氏双鉴楼藏明刊本为准。

---

① 徐干:《中论》原序,第 3 页。

一、天道观

在天道观方面,东汉以王充"天道自然"的思想占主流。经过王充、仲长统等对人事的强调,天道从形上的地位下滑,逐渐成为人们经验认识的对象。但徐干认为:"天道迂阔,暗昧难明。"①显然,在他看来,通常所谓形上的天道是神秘莫测、难以把握的,因而有不确定性。徐干更多的时候是讲大道或道。徐干指出:"夫小事者味甘而大道者醇淡,近物者易验而远数者难效,非大明君子则不能兼通者也。"②这是说,人们往往被那些生动具体的事件所迷惑,不能认识仿佛迂阔、暗昧的大道,他们往往"眩于所易,而不能反于所难"。但是,他也并不认为天道完全与人事无关。"故凡道,蹈之既难,错之益不易,是以君子慎诸己,以为往鉴焉。"③这里,他与崔寔、仲长统等人仅重人事的论点有所不同。天道作为自然之道,也就是"天时"。他认为,人应"奉赞天时以经人事"。"故孔子制《春秋》,书人事而因以天时,以明二物相须而成也。"④(所谓"二物"就是指"人事"与"天时")。凡事都是人事和天时"相须而成"。他也不把人的形体和道义对立起来,认为"夫形体者,人之精魄也;德义令闻者,精魄之荣华也。君子爱其形体,故以成其德义也。夫形体固自朽弊消亡之物"⑤。在徐干的这种复杂的思考中,可以推论出他的重要观点:世间一切事物的变化都既存在着"常道"也有"变数"。所谓"常道"即必然恒常之道,所谓"变数"即因时代不同而可能出现例外。事物的规律就由"常道"和"变数"构成,所以不能因"变数"而否定"常道"的存在和作用,亦不能因为"常道"而否定"变数"的存在和作用。他说:"世之治也,行善者获福,为恶者得祸。及其乱也,行善者不获福,为恶者不得祸,变数也。知

---

① 徐干:《中论》原序,第36页。
② 同上书,第37页。
③ 同上书,第18页。
④ 同上书,第33—34页。
⑤ 同上书,第34页。

者不以变数疑常道,故循福之所自来,防祸之所由至也。遇不遇,非我也,其时也;夫施吉报凶谓之命,施凶报吉谓之幸,守其所志而已矣。"①人的生命之长短与其性格、心理以及修养状态是有关系的,孔子所说的"仁者寿"应是一种"常道",不能因存在着颜渊仁而夭死这一"变数"而否定"常道"之存在。可见,徐干是否"并未否定乱世之中常道不再存在"②,是一个有争议的问题,但他也不认为人们可据此期待变数。或许,这正是他承认世界并不完美的表现。也就是在这个意义上,他认为"知者不以变数疑常道"。

徐干承认天道落实在人事上有"命"的存在,人的遭遇还有个时的问题,这都不是人事可完全决定的。比如,人都有对富贵福禄的追求,但并非人人都能达到目的。"求之有道,得之有命。舜、禹、孔子可谓求之有道矣;舜禹得之,孔子不得之,可谓有命矣。非惟圣人,贤者亦然。稷、契、伯益、伊尹、傅说得之者也,颜渊、闵子骞、冉耕、仲弓不得者也。故良农不患疆场之不修,而患风雨之不节;君子不患道德之不建,而患时世之不遇。"《诗》曰:"驾彼四牡,四牡项领。我瞻四方,蹙蹙靡所骋。""伤道之不遇也。岂一世哉,岂一世哉!"③所谓"命"在此乃人事的限制性,作为限制性,它受命于天,取决于时,这亦就是汉儒热衷讨论的所谓人生"遇"与"不遇"的问题。不同的人所面临的"命"与"时"是不同的,其"遇"也就不同。他还说:"故君子不遇其时,则不如流俗之士声名章彻也,非徒如此,又为流俗之士所制焉。"④即使有德行才干如荀子,生于战国末年需要才士的年代,却因人生际遇而被当时的人认为"迂阔不达时变",故在政治上并无多大建树。

但是,徐干认为,人间的祸福并非有意志的天所施予,而是人类自身行为的结果。比如比干、伍子胥由于重道义而坚持自己的信念,违背了

① 徐干:《中论》,第 12 页。
② 贺凌虚:《东汉政治思想论集》,第 407 页。
③ 徐干:《中论》,第 25 页。
④ 同上书,第 41 页。

君王的意旨,苦谏获罪而受戮,这是"已知其必然而乐为焉,天何罪焉"？故《易》虽说,"君子以致命遂志",但现实中"行善而不获福犹多,为恶而不得祸犹少"。二者比较,岂可舍多而从少呢？他引曾子的话说:"人而好善,福虽未至,祸其远矣;人而不好善,祸虽未至,福其远矣。故诗曰:习习谷风,惟山崔巍,何木不死？何草不萎？言盛阳布德之月,草木犹有枯落,而与时谬者,况人事之应报乎！"所以,因有天灾就荒其稼穑的人,不是好农人;以经商有盈亏而弃商者,不是良贾,因行为可能有祸福的不确定而改其善道者,不是良士。"诗云:颙颙昂昂,如珪如璋,令闻令望,恺悌君子,四方为纲,举珪璋以喻其德,贵不变也。"①因此,在乱世为善有变数的情况下仍为善才是有品德之士所当为。

道对人而言虽暗昧难明,但在徐干看来并非是无任何行迹难以把握的虚无。从道之体现于不同物之上来看,有不同的道。不同的道可总称为"群道"。学者不能局限于一道,而是要"总群道"。

道有本末。他说:"道有本末,事有轻重,圣人之异乎人者无他焉,盖如此而已矣。"②圣人和凡夫的区别就在于能否把握根本而不碍乎枝叶。"故人君多技艺、好小智,而不通于大道者,适足以距谏者之说而钳忠直之口也,只足以追亡国之迹而背安家之轨也。"就拿辩论来说,道为本,辩论是末。而世俗之所谓好辩者,追求嘴上输赢,是本末倒置。他们往往为了在辩论中取胜,"美其声气,繁其辞令,如激风之至,如暴雨之集,不论是非之性,不识曲直之理,期于不穷,务于必胜"。有些人偶然接触到事物的某个局部或某些方面,就自以为把握了大道,或口善辩而心不中道,不能服人。实际上,木讷而能通达大道的人,虽口服但心不服。真正的辩论"求服人心也,非屈人口也"③。他还说:"君子之辩也,欲以明大道之中也,是岂取一坐之胜哉！"④仁义之道才是根本。"问曰:夫人莫不好

_____

① 徐干:《中论》,第 12 页。
② 同上书,第 37 页。
③ 同上书,第 20 页。
④ 同上书,第 21 页。

生而恶死,好乐而恶忧,然观其举措也,或去生而就死,或去乐而就忧,将好恶与人异乎? 曰:非好恶与人异也,乃所以求生与求乐者失其道也,譬如迷者欲南而反北也。今略举一验以言之:昔项羽即败,为汉兵所追,乃谓其余骑曰:'吾起兵至今八年,身经七十余战,所击者服,遂霸天下。今而困于此,此天亡我,非战之罪也。'斯皆存亡所由,欲南反北者也。夫攻战,王者之末事也,非所以取天下也。王者之取天下也,有大本,有仁智之谓也。"①人与人的好恶是差不多的,之所以有人求生求乐,有人就死就忧,那是他们的追求是否合于道的原则所决定的。

在承认"天人相须"的前提下,徐干还和仲长统一样注重人事的重要作用。只不过大禹善治的是水,而君子善导的是人。"导人必因其性,治水必因其势。"②对于"暗昧难明"的道,他提出了"治学"与"虚道"的基本路径以近道。

首先是"治学"。他说:"学也者,所以疏神达思、怡情理性,圣人之上务也。"③人蒙昧无知时,就好比宝物深藏在幽暗的屋子,找不见,一旦白日照耀,则群物都能分辨清楚了。"学者,心之白日也"。古代社会立教官,掌教国子,教以智仁圣义中和六德、孝友睦姻任恤六行、礼乐射御书数六艺,"三教备而人道毕矣"。学是实现人的意愿的重要途径。他说:

> 倦立而思远,不如速行之必至也。矫首而徇飞,不如循雌之必获也;孤居而愿智,不如务学之必达也。故君子心不苟愿,必以求学;身不苟动,必以从师。言不苟出,必以博闻。是以情性合人,而德音相继也。孔子曰:弗学何以行,弗忠何以得。小子勉之,斯可谓师人矣。马虽有逸足,而不闲舆则不为良骏;人虽有美质而不习道则不为君子。故学者求习道也。……子夏曰:日习则学不忘,自勉则身不堕,亟闻天下之大言则志益广。故君子之于学也,其不懈犹

①徐干:《中论》,第43页。
②同上书,第17页。
③同上书,第6页。

上天之动。①

君子应是一个习道者，一位学者。"人虽有美质而不习道则不为君子。故学者求习道也。"并非只有贤者学于圣人，圣人亦相因而学。如孔子学于文武，文武学于成汤，成汤学于夏后，夏后学于尧舜。"故六籍者，群圣相因之书也，其人虽亡其道犹存。"同时，学者不是一朝一夕的事，而是终身的事。学要有志："志者学之师也；才者学之徒也。学者，不患才之不赡而患志之不立。学者所以总群道也。群道统乎己心，群言一乎己口，唯所用之。"②学者的根本在"立志"，而非才智上不足。学习的目标在于"群道统乎己心，群言一乎己口，唯所用之"。此外，他还认为知识的实践"行"重于单纯的思虑或思考："倦立而思远，不如速行之必至也。"可见，在徐干看来，"人道"虽非"天道"，却是需要通过"学"与"习"去掌握的。

其次是"虚道"。所谓"虚道"，即通过"虚"的方法而认识大道。"虚"主要是道家的思想方法和认识方法。老子说："致虚极，守静笃。"（《道德经》第十六章）庄子也说"唯道集虚"，（《庄子·人间世》）又说"虚室生白"。"虚"是一种减和损的认识方法。徐干吸收了道家的思想。他说："人之为德，其犹虚器与！器虚则物注，满则止焉。故君子常虚其心志，恭其容貌，不以逸群之才，加乎众人之上，视彼犹贤，自视犹不足也，故人愿告之而不倦。"③他非议人们的自以为是："人心之于是非也，如口于味也。口者非以己之调膳则独美，而与人调之则不美也。故君子之于道也，在彼犹在己也，苟得其中，则我心悦焉，何择于彼？苟失其中，则我心不悦焉，何取于此？"④道不是个人主观上所感觉到的，它不取决于个人的主观好恶或选择。所以，"君子之于道也，在彼犹在己也"。

如果说"学"是知识的累积过程，那么，"虚"就是心志的客观化过程。知识的累积并非直接通向大道，故老子说"为学日益，为道日损"（《道德

---

① 徐干：《中论》，第6页。
② 同上书，第7页。
③ 同上书，第12页。
④ 同上书，第21页。

经》第四十八章)。徐干则站在儒家立场吸收了老子的思想。他认为,君子之务在善道,善无大小,均载于心,然后举而行之。即使才智、口辩、勇决超过常人,也不足为贵。"君子之所贵者,迁善惧其不及,改恶恐其有余。"通常眼能察远而不能见近,心也如此。故"君子诚知心之似目也,是以务鉴于人以观得失"①。可见,和传统儒者一样,徐干所谓"道",并非仅指客观外在的自然规律,而主要是儒家所谓的"人道"。

对于鬼神,徐干一方面承认其存在,但另一方面又从认知角度表达他的观点。他说:"人性之所简也,存乎幽微;人情之所忽也,存乎孤独。夫幽微者,显之原也;孤独者,见之端也。胡可简也,胡可忽也。是故君子敬孤独而慎幽微。虽在隐蔽,鬼神不得见其隙也。"②鬼神似乎无所不在地监视着人们。故君子"敬孤独而慎幽微"。他还说:"故易曰:君子以恐惧修省,下愚反此道也,以为己既仁矣智矣神矣明矣,兼此四者,何求乎众人。是以辜罪昭著,腥德发闻,百姓伤心,鬼神怨痛。"③个人的修养无论达到什么程度,都可能存在瑕疵,都不是完美的。

二、人才观

徐干的人才观,主要讨论人才评价标准和如何选拔与使用人才,这是《中论》的重要内容之一。东汉实行名教之治,政治上采用荐举征辟的选士用人制度,以"孝悌""孝廉"作为评价人才和选拔官员的依据,十分注重操行。当时,砥砺名节、崇尚德行,成为一时风俗。这也是儒家伦理成为官方意识形态的必然结果。但其流弊,因权力获得途径中人为的因素,使之走向虚伪乃至腐败。总体看来,在汉魏之际,因社会秩序出现新变化,如仲长统所谓的在"豪杰之当天命"需"角才智,逞勇力"的时代,在人才价值观方面也出现了与传统观念不同的新思想,就是注重才智而不

---

① 徐干:《中论》,第 13 页。
② 同上书,第 8 页。
③ 同上书,第 14 页。

再一味强调德行的人才评价观念。这种思想在《中论》的《治学》《智行》《审大臣》等篇中也有体现。

在徐干看来,人才评价和官员选拔,不能忽视"才"的重要性。

但是,因此认为徐干就是主张"重才轻德",这是不能说服人的。在个人的敬德修业问题上,徐干却并不轻视德行。

德和艺对于人而言,一个是根干,一个是枝叶,虽彼此不能分割,但主次仍很分明。他认为,德和艺的关系就好比文质的关系。德是德行,是美质,艺是装饰,是表征,只是德的表现。君子以徒有其表、败絮其中为耻辱。他还说,德和艺的关系是内质和外在华饰的关系,道和仁德才是根本,华饰只是"心之使也,仁之声也,义之象也"。各种艺术只是事,而这些艺术所展示的"情实"才是道。

由于社会与人性的错综复杂,如何发现和使用贤臣对于实现其政治理想也是一个重要的问题。首先,贤者是那种有知识智慧之人,并非随时可发现的。其次,应该尊重贤人。第三,鉴别贤者的方法是"以考其德行,察其道艺"①,考核其是否真贤。

徐干才艺兼得的人才思想,批判了汉代门阀世族势力陈腐的人才观和政治上用人标准的单一性,为出身于庶族、平民的士人跃登政治舞台鸣锣开道,具有解放思想的重要作用。他对才智和才智之士之作用的肯定具有振聋发聩的意义,对于日益腐朽的儒学构成了强烈冲击,有利于人们从僵化的儒家经义和教条的束缚中解脱出来,为后来曹操"唯才是举",选拔"不仁不孝而有治国用兵之术"的用人政策提供了思想、理论方面的先导,在历史的发展中起到一定积极作用。

徐干还就先秦时期诸子百家讨论的一个很重要的问题即名实问题发表了自己的见解。到了汉魏之际,受王充疾虚妄的诘辩之学的影响,社会上兴起了"重征验""重思考"的学术风气,名实理论问题又得到当时思想家的普遍关注,仲长统《昌言》、徐干《中论》以及刘劭《人物志》等均

① 徐干:《中论》,第41页。

将此作为一个重要的问题加以讨论。先秦名家对名实关系的辩论,主要停留在一般概念的分殊与论辩的逻辑关系上,并没有与现实社会问题和政治问题联系起来,但汉魏之际的名实理论却是与对汉末社会实际问题的讨论联系在一起的,其所针对的对象是汉代"以名立教"思想统治措施导致的在取士用人方面出现的种种"名不副实"的政治弊端,因而具有明显的意识形态批判的特点。这样,名实关系问题,主要不是一个逻辑理论的问题,而是一个政治、伦理道德范畴的问题。汉魏之际的仲长统、徐干、刘劭等人,对惠施、公孙龙所关注的逻辑问题并无多少兴趣,他们更多地是接受了王充、王符、荀悦等人讲求"验实""征验"的思想传统,从讨论名实问题入手,对汉末因名立教、注重"名检"的政治思想展开尖锐批判。

《中论》中《考伪》《贵验》《谴交》《核辩》都涉及了名实辩言问题。所谓"名"指名称、概念,"实"指事实、实在。徐干在《考伪》篇中指出,社会政治腐败的一个突出问题就是一方面是追求实惠,另一方面则求名之风甚盛、尚名之人相诈的"虚伪浮华"风尚,对于许多人而言,"苟可以收名而不获实则不去也,可以获实而不必收名则不居也"①。欺世盗名的现象很普遍,"父盗子名,兄窃弟誉,骨肉相诟,朋友相诈",实际的情况则是"真伪相冒,是非异位"。对于这种崇尚虚名、名实分离的恶风陋习,徐干提出了自己的"实立而名从"的思想。他说:"名者,所以名实也。实立而名从之,非名立而实从之也。故长形立而名之曰长,短形立而名之曰短,非长短之名先立,而长短之形从之也。仲尼之所贵者,名实之名也。贵名乃所以贵实也。夫名之系于实也,犹物之系于时也。物者春也吐华,夏也布叶,秋也凋零,冬也成实,斯无为而自成者也。若强为之则伤其性矣。名亦如之,故伪名者皆欲伤之者也。人徒知名之为善,不知伪善者为不善也,甚惑矣。"②在这里,徐干将名实之间的关系,以及伪名废实的

---

① 徐干:《中论》,第26—27页。
② 同上书,第28页。

危害阐述得非常清楚。他认为概念之名乃反映客观事物的实在之有,故而物先而名后,实立而名从,其位置次序是不容颠倒的。从这一名实观念出发,徐干对当时社会上的种种伪名废实现象提出了尖锐的批判,并认为:"夫名者,使真伪相冒,是非易位,而民有所化,此邦家之灾也。"甚至比杀人的危害还大。杀人只害一人,乡愿并不杀人,而孔子厌恶,其根本原因就在"乡愿""乱德"。"今伪名者之乱德也,岂徒乡愿之谓乎?万事杂错,变数滋生,乱德之道,固非一端而已。"于是,他强调"考伪",反对"求名";强调"贵实",主张名实相符。由于痛恨虚伪之名,徐干明确地提出了证验的原则:"事莫贵乎有验,言莫弃乎无征。"[1]所谓"无征"之言,即是诡辩浮夸的言说,与实不符、也不可能得到验证之言。当然,是否可以验证的言论关键在于是否可行"久于其道"。"根深而叶茂,行久而名誉远。《易》曰:'恒亨,无咎,利贞',言久于其道也。"[2]当然,名实的关系并非那么简单,通常存在着"名有同而实异者矣,名有异而实同者矣,故君子于是伦也,务于其实,而无讥其名"[3]。所谓"务于其实",就是指"心澄体静,恬然自得,咸相率以正道,相属亦诚悫。"这也就是他所说的"贵实"。"俗士之所谓辩者,非辩也;夫辩者,求服人心也,非屈人口也。故辩之为言别也,谓其善分别事类,而明处之也,非谓言辞切给,而以陵盖人也。"[4]他讲"辩"的作用定位于一种分析工具,其作用是为了"论是非之性","识曲直之理",而不是只顾说得痛快,而不能明白处断,而真正的实,却是可行之言,是诚与道。因此,徐干所谓的道是实、诚,道是名实关系的根本原则。

东汉末年思想家们群体的批判意识反映了儒学实践中所遭遇的一些现实问题,是先秦儒学所始料未及的,有独特的价值。

---

[1] 徐干:《中论》,第14页。
[2] 同上书,第15页。
[3] 同上书,第30页。
[4] 同上书,第21页。

第十四章　荀悦的哲学思想

荀悦乃东汉末哲学家,曾生活在献帝身边若干年。他继承传统儒家哲学的基本理路和思维方式,并用以解释现实社会和政治,有些思想很有见地。如他提出"三势"说以解释人事成败的诸种要素,并认为无论人事后来发生什么变化,都在"天"的范围之内;在汉代谶纬盛行之时,他既主张探讨真实,追问真相,但同时又注重道义。对汉代出现的今古文学之异,各家异说之分歧,荀悦不以为然。

第一节　生平及著作

荀悦(148—209),东汉哲学家,字仲豫,出身于颍川颍阴(今河南许昌)的名门望族。祖父荀淑,字季和,相传为荀卿第十一世孙,少有高行,博学而不好章句,虽为俗儒所非,但州里称其"知人"。安帝时,征拜郎中,后任当涂长,应诏举贤良方正,因讥讽贵幸,遭人忌恨,出补朗陵侯相。不久去职,闲居养志。常以家产资助宗族朋友。当世名贤李固、李膺等皆师宗之,《后汉书》有传。荀淑有子八人,时人称"八龙",荀俭为其长子,荀悦是荀俭的长子。荀悦堂叔父荀昱、荀昙,曾因参与剪除阉党事,昱与李膺俱死,昙则终身监禁。叔父荀爽(128—190),字慈明,十二岁时通《春秋》《论语》，东汉著名经学家。献帝时，任司空，参与王允等谋除董卓事。著有《礼》《易传》《诗传》《尚书正经》《春秋条例》等。从弟荀彧(163—212)，字文若，三国时杰出军事家、政治家，官至汉侍中，守尚书令，谥曰敬侯。汉献帝时，应曹操征召，历任黄门侍郎、秘书监等职。

献帝喜好文学，亦好典籍，因见班固《汉书》文繁难读，乃使荀悦按照《左传》体裁，作《汉纪》三十篇。该书始作于建安二年(197)，完成于建安五年(200)。全书包括西汉十一帝及高后为十二(帝)纪，时间自秦二世胡亥元年(前209)刘邦起兵始，以王莽事败(23)止。其中，大部分篇章之后，都以"荀悦曰"的形式，表达了他个人的思想和观点。《后汉书·荀悦传》称其书"辞约事详，论辩多美"。《汉纪》史论结合，但并不止于就事论事，而多有发挥。其论虽从史学角度看，"价值并不高"[1]，但是，从哲学角度看，其价值则不可否定。荀悦借机在书中表达了他对汉统治者乃至传统社会和政治的批评，其中，也适当阐述了他的哲学思想。几年后，见曹操擅权，献帝仅有虚名，在巨大的社会政治变革即将来临之际，荀悦又作《申鉴》五篇，以曲为臣之志。该书完成于建安十年(205)。

《申鉴》包括《政体》《时事》《俗嫌》《杂言上》及《杂言下》五篇。文中主要是对现实政治的评论，对谶讳符瑞的讥刺，在反思历史和现实的过程中进一步表达其哲学观点。

《后汉书·荀悦传》称荀悦另著《崇德》《正论》及诸论数十篇，多佚。明代辑有《荀侍中集》，收入《汉魏六朝百三家集》中。《申鉴》有明黄省曾所作注，《四库全书总目》称其"引据博洽，多得悦旨"。有四部丛刊影印明文始堂刊本。荀悦于建安十四年(209)卒，时年六十二。

第二节 "性三品"与"情不主恶"说

在性命观上，荀悦融合了自先秦告子、孟子、荀子，到汉人的人性论

---

[1] 胡宝国：《汉唐间史学的发展》，第111页，北京，商务印书馆，2003。

思想,形成了他的"性三品"及"情不主恶"的学说。

一、"性三品"

"或问性命,曰:'生之谓性也,形、神是也。所以立生、终生者之谓命也,吉凶是也。夫生我之制,性命存焉尔,君子循其性以辅其命。'"①这是说,人生而具有的形与神即是其性,如同身与心;命既是人之生命得以确立的根据,也是天的命令和人生的命运,好比吉凶祸福夭寿之类对人生的影响一样。人生的法则中,包括性与命两个方面,君子善于遵循其天赋的本性,以帮助其成就人生的使命。荀悦的这一思想,显然和孟子的性善论观点有重要区别,而接受了告子以气言性的思想脉络。但是,这不意味着荀悦的人性论可归结为自然人性论,而是在修正了孟子的性善论思想的同时,吸收了告子和荀子乃至董仲舒等人的性命思想。这从他的"性三品"思想可以看出端倪。

> 或问"天命人事"。曰:"有三品焉,上下不移,其中则人事存焉尔。命相近也,事相远也,则吉凶殊也,故曰穷理尽性以至于命。孟子称性善,荀卿称性恶,公孙子曰性无善恶,扬雄曰人之性善恶浑,刘向曰性情相应。性不独善,情不独恶。"曰:问其理。曰:"性善则无四凶;性恶则无三仁人;无善恶,文王之教一也,则无周公管蔡。性善情恶,是桀纣无性,而尧舜无情也。性善恶皆浑,是上智怀惠而下愚挟善也。理也,未究也,惟向言为然。"

"四凶":传为尧舜时代四个恶名昭彰的部族首领。《左传·文公十八年》:"舜臣尧宾于四门流四凶",实指共工、驩兜、三苗与鲧。"三仁",殷纣时的箕子、微子、比干。这段话表明,荀悦并不赞成单纯的性善论和性恶论,抑或性无善恶论、性善情恶论,以及性善恶浑论。因为它们都无法解释现实中总是既有"三仁"这样的善人,也有"四凶"这样的恶人的情

---

① 孙启治:《申鉴注校补》,第195—196页,北京,中华书局,2012。

况,不能说明为何同一个文王所教育的后人中,却会有周公、管、蔡之善恶不同的分别,为什么同样有性情的人,会有尧舜之圣贤和桀纣之不肖的分别。如果相信扬雄的善恶相浑之论的话,那就会出现"上智怀惠而下愚挟善"的荒谬结论。就实际情况而言,荀悦自己倾向于刘向的"性情相应"和"性不独善,情不独恶"论。何为"性情相应"呢?

二、"情不主恶"

> 或曰:"仁义,性也。好恶,情也。仁义常善,而好恶或有恶。故有情恶也。"曰:"不然。好恶者,性之取舍也。实见于外,故谓之情尔,必本乎性矣。仁义者,善之诚者也,何嫌其常善? 好恶者,善恶未有所分也,何怪其有恶? 凡言神者,莫近于气。有气斯有形,有神斯有好恶喜怒之情矣。故人(黄省曾注:人当作神)有情,由气之有形也。气有白黑,神有善恶,形与白黑偕,情与善恶偕。故气黑非形之咎,情(神)恶非情之罪也。"①

有人问:仁义是人的天性,好恶是人的感情,人性本身是善的,所以,性是善的,而好恶之情可能就有恶,因而,情是恶的。荀悦则认为,仁义当然是善本身的内容,不能嫌弃仁义本身之善。好恶则是一种感情,本身没有善恶价值的分别,怎么能怪其有恶? 所谓善恶,是因为附着于气上之神而产生的。神之中有感情,就如气有形象一样。气包含白黑,而神包含善恶。正如气之黑不是由形象所导致的,神之恶也不是由情所产生的。荀悦的这一观点包含几个意思:第一,性与情不是没有关系的,性纯善情可能恶的思想不能解释现实中人性的复杂性,不能说明情恶的根源;第二,性本身无所谓善,情本身无所谓恶;第三,情中之恶源于性,正如形之黑源于气一样。可见,他的这种思想继承了刘向的"性情相应"之说。这一观点不仅和其性三品的思想相呼应,而且避免了性善情恶论

---

① 孙启治:《申鉴校注补》,第203页。

可能导致的理论和实践上的困境。

有人认为,人见利而爱,能够以仁义加以节制,是以性限制其情,所以性少欲而情多欲。如果性不能限制其情,则情独自行动,就会导致恶的行为。荀悦不赞成这一观点。他认为,这是由于善恶之多少所造成的,不是性情多少所造成的。好善好恶,就像有的人嗜酒嗜肉,肉胜则食,酒胜则饮,二者相争,胜者得逞,并非情欲饮酒,性欲食肉也。善与恶的关系,又好比利与义的关系,义胜则取义,利胜则取利,二者相争,胜的一方得逞。所以,并不是情欲的一方求利,而性欲的一方求义。义利若可兼得,当然二者兼取。其不可兼得,则只取重要的一方。

荀悦认为性既可能善,也可能恶。就一个人而言,都可能有善的一面,也有恶的一面。善和恶的关系,正如义与利的关系,都是人们的所好,甚至可以"兼得"。这种看法一定意义上破除了将善恶视为水火、冰炭的传统观点。显然,在他看来,人之有善恶是必然的,善恶相争、相持、相胜,乃至相融,都有可能。毫无疑问,荀悦的这种人性观,打破了一般性情善恶的常见之论,可能和《申鉴》一书写作时的具体环境有关。其人性观和他的天人观是一脉相承的。

据此,他论证了其"情不主恶"说。他说:"易称乾道变化,各正性命,是言万物各有性也。观其所感,而天地万物之情可见矣。是言情者,应感而动者也,昆虫草木,皆有性焉,不尽善也。天地圣人,皆称情焉,不主恶也。"天地万物,都有性与情,圣贤也不例外。性不尽善,情也不主恶。他还说:"爻象以情言亦如之。凡情意心志者,皆性动之别名也。情见乎辞,是称情也;言不尽意,是称意也;中心好之,是称心也;以制其志,是称志也。惟所宜,各称其名而已。情何主恶之有?故曰:必也正名。"①所谓情、意、心、志,都不过是性因物而动的别称。只是当情、意、心、志的实际情况和其言辞名称相符合时才是适宜的,这也就是"必也正名"的意思。这里,哪里有什么情主恶的意思呢?

① 孙启治:《申鉴注校补》,第208页。

在荀悦看来,性并非先天圆满的实体,而是和后天教化、实践难以分割的。他说,"性虽善,待教而成;性虽恶,待法而消。唯上智下愚不移。其次,善恶交争,于是教扶其善,法抑其恶"①。显然,性之"待教而成"和"待法而消"的人性论,是为其教化论作理论根据的。从现实效果来看,绝大多数人都能够通过法与教而得到教化。具体地说,有一半的人能够接受教育。余下的四分之三畏惧刑罚,不改变其恶之本性的,大体也就九分之一,其中,还有一些多少能有所改变的。因此,法教对于化民的作用,几乎可以说是完备的。如果法教失去其功能,其产生动乱的情况也就可想而知了。

显然,荀悦一方面根据人事的诸多变化,试图来理解现实中人性的复杂性,另一方面又根据现实中教化的需要来推知人性。但是,荀悦并未因为现实中人性的复杂而放弃儒家的基本立场。

具体说来,荀悦的性三品说,针对人性的复杂,儒家文化理想实现的现实困难,进一步指出如果"不抑情绝欲",想要成就一番功业者,是少见的。"或曰:'法教得则治,法教失则乱。若无得无失,纵民之情,则治乱其中乎?'曰:'凡阳性升,阴性降,升难而降易。善,阳也;恶,阴也。故善难而恶易。纵民之情,使自由之,则降于下者多矣。'"②在他看来,如果没有法与教,听凭人们的"自由",则为恶的可能性远远大于为善的可能性,此所谓"善难而恶易"。"曰:'中焉在'?曰:'法教不纯,有得有失,则治乱其中矣。纯德无慝,其上善也;伏而不动,其次也;动而不行,行而不远,远而能复,又其次也;其下者,远而不近也。凡此,皆人性也,制之者则心也,动而抑之,行而止之,与上同性也,行而弗止,远而弗近,与下同终也。"他认为天性纯善,是"上善"。情欲潜伏心中,但不付诸行为,是较次一等的。情欲萌动或不付诸行为,或者付诸行为但不远离道义,或者远离道义而又能够回归,是再次一等的。人性之下等,就是远离道义而

① 孙启治:《申鉴注校补》,第 210 页。
② 同上书,第 211 页。

不再回归的。这实际上是将人性分为四等。但他最后又认为,作为普通人来讲,可以用心来控制自己的情欲,其有所萌动而能抑制,或有所行为而能中止,在现实上是与上等人性相通的;而那种因欲而行动,动而不止,远离道义的,才是下一等的人性。这样,人性似乎又大体分为两类。在这里,荀悦将儒家的所谓"中",理解为"法教不纯,有得有失,则治乱其中矣",可能会导致误解。

总之,荀悦的人性论,反映了汉儒总结儒家人性论的特点。他不像孟子从人与动物的差异上来看人性,也不完全像荀子从人的自然倾向上来看人性,而是从后天的诸种变化的倾向来推测先天的人性。这样一来,他是将人性看成有多种发展趋势的可能性,接近告子"生之谓性"的思想。人性中的这些趋势,最终都需要法与教的作用才能实现。换言之,法与教正是因对人性的某种预设而制定的。显然,荀悦的人性论是为他的教化论思想做理论根据的。

从荀悦的人性论,可以看到,他不仅意识到人性的复杂,对人所面临的现实处境有深刻洞悉,而且对现实中救治人性的必要性有切实认识。他的人性论,上继承孟荀、董子,下影响了韩愈的性三品学说。

第三节 "三势"的天人观

一、三势

天人关系问题,是先秦哲学讨论的重点之一,也是荀悦哲学思想的基础和重点。荀悦的天人观既受到传统儒家思想的影响,又因为其生活的特殊时代而有自己的认识。从一定意义上还有极其精致细腻的地方。

荀悦继承了先儒思想中天人相互关联的思想,但也对天人观上的一些著名观点特别是神学思想提出了批评意见。这是因为,在汉儒将儒家思想推行到实践过程中,出现了新情况,产生了新认识。荀悦的天人观,集中体现在他关于"三势"的学说中。理解"三势"首先要了解"三术"。

荀悦肯定，人事要"达于道"，须以"通天人之理，达于变化之数"①为前提。他说："夫通于天人之理，达于变化之数，故能达于道。故圣人则天，贤者法地，考之天道，参之典经，然后用于正矣。"②所谓"理"与"数"，都是事物自身的法则或事物变化所必然遵循的定数。事物变化受多种因素影响，但其中有一定不移的"理"与"数"，这是荀悦思考的出发点。

但人们不可能孤立地去思考什么"理"与"数"的问题，而总是在与事物打交道的过程中或在确定的行为准则中去考虑这个问题。荀悦认为，就具体的决策而论，人们通常需要考虑三个方面的因素，即所谓"三术"。这"三术"影响事物的变化的方向和各种可能性。他说："夫立策决胜之术，其要有三：一曰形，二曰势，三曰情。形者言其大体得失之数也；势者言其临时之宜也，进退之机也。情者言其心志可否之意也。故策同事等而功殊者何？三术不同也。"③谓"形"，指影响得失的大体客观形势；所谓"势"，是指可进可退的具体时代特征而言；所谓"术"，是就主观心志方面的认同与否。由于这三个方面或"三术"的不同组合上细微的差别，会导致决策措施相同但功效不同，即所谓"策同事等而功殊"。具体来看，事物发展的大体形势与具体时代特征都允许，但若主观心志上没有认同，或没有认识到，就不能成就事业。反之，主观心志上认同或者有了认识，但是客观大趋势和具体时代特征都不允许，也不能获得成功。同样，大趋势允许，主观心志上也有认识，但是具体时机不宜或不成熟，仍然会功败垂成。如果小的机会来了，主观上也能认同，但是，客观大势不允许，虽可能得小利但长远看难说是真正意义上的成功。由此可见，所谓"三术"，是人事成败的三个重要条件。

"三势"思想，是荀悦为进一步说明人事成败的复杂情况而提出来的。所谓"三势"，又称"性命三势之理"。他说："夫事物之性，有自然而成者，有待人事而成者，有失人事不成者，有虽加人事终身不可成者。是

---

① 荀悦：《汉纪》，《两汉纪》上册，第67页。
② 同上书，第408页。
③ 同上书，第26页。

谓三势。凡此三势,物无不然,以小知大,近取诸身。"①所谓"三势"是讲事物变化中自身的趋势和人事之间的相互关系的,它指事物因人事变化而可能出现的三种趋势,是天和人的复杂关系。人事中,既有"不思而得,不为而成"②,"生而知之",乃至元气自然者;也有须足够努力才能完成,相反均不能完成的,如"择善而行","思则得之,不思则不得矣";还有虽经人事努力终身都不能成功的,比如"下愚不移"。由此"临时之宜"与"进退之机"就大为不同。任何事物都有这三种趋势,就具体人事而言,把握其中的奥秘虽并非十分容易,却很重要。举例而言,人生疾病,有因免疫力不治而自愈的,有治之而愈而不治则不愈的,还有虽治但终身不可愈的不治之症。教化上有不教而自成的,也有待教而成、不教不成的,还有虽加教化而终身不可成的。事物既然有这些不同的"势",观察成败与否就不能以凝固不变、整齐划一的方式。他说,"善恶之效,事物之类,变化万端,不可齐一"③。"故气类有动而未应,应而未终,终而有变,迟速深浅,变化错于其中矣。是故参差难得而均矣。天地人物之理,莫不同之。"④他认为,对于气类变化的相互感应,不能机械地认识。其中难免有迟速深浅的不同、参差不齐的状况。天人感应不是机械的,有时候是"出于此,应于彼"⑤。云从龙,风从虎,善则祥,否则眚。"政失于此,则变见于彼,由影之象形,响之应声。"⑥

对"三术"和"三势"略加分析,可以看到其中所包含的天人观。如果说"三术"中"形"主要突出天(天时),"三势"中的"自然而成者"和"虽加人事终身不可成者",总体都是强调客观方面的"天"或"命"的地位的话,那么,"三术"中的"情"与"三势"中的"有待人事而成者,有失人事不成者",则重在强调人的重要性。因此,"势"虽为天人关系在具体时空点上

① 荀悦:《汉纪》,《两汉纪》上册,第 85 页。
② 孙启治:《申鉴注校补》,第 36 页。
③ 荀悦:《汉纪》,《两汉纪》上册,第 85 页。
④ 同上书,第 86 页。
⑤ 孙启治:《申鉴注校补》,第 176 页。
⑥ 荀悦:《汉纪》,《两汉纪》上册,第 85 页。

的落实，具有天人彼此交织、交错、互动的特点，然而，天、命或客观方面
又都因主观心志即是否自觉意识的原因而作为人事的参数。这说明，天
人关系不是机械而是复杂乃至"深不可识"的。人事既然是影响事物变
化的重要参数，其变数必然难以把握。

　　需要指出的是，"三势"表面看虽乃"势"的展开，但其实必与"情"即
"心志可否之意"分割不开。"势"作为"临时之宜"和"进退之机"，必被确
定地意识到才可能作为人事而发生作用，否则，与人的主体性无关。作
为"心志可否之意"的"情"，应包括"心（认知、情感）"与"志（意志）"乃至
价值观念相宜与否在内。① 其云："万物各有性也，观其所感，而天地万物
之情可见矣，是言情者，应感而动者也。"②推而广之，"形"也只有当其被
认识，才能作为人事活动的参数现实地产生意义。因此，被意识到的
"形"与"势"也须通过意识方才对人事有影响，只是其影响会因"情"的
深刻复杂程度而有所不同。以此，不仅可认识到荀悦并无机械认同
"天人感应"观念，而且为天人相与之际乃至传统儒家伦理提供了新的
观察视野。至少从其"自然而成"与"虽加人事终身不可成"，及求福不
可以禳灾，证明天不一定应人。③ 天不应人，说明人类的活动是有一定
界线的，超出这个界线，天人不相通。同时，从客观方面看，天人相与
之际有人力须尊重和难改变的一面，从伦理上方引出所谓仁义礼智等
规范。

　　荀悦认为，虽然由于人事的参与，不同心志的人可能会导致事物多
种不同的变化趋势，他举出有"策同事等而功殊"或"策同事等而功同"，
抑或"策异事异而功同"等复杂的可能情形，但无论哪种趋势，其实都早
已存在于事物的本性中。他说："性命之本也，犹天回日转，大运推移，虽

---

① 陈启云曰："所谓'情'指的是人的心思（或内心、'心'）和目标（或理想），'志'，它们决定了人
　们作出某种决定的积极或消极的态度（或倾向、希望、'意'）。"见《荀悦与中古儒学》，第283
　页，沈阳：辽宁大学出版社，2000。
② 孙启治《申鉴注校补》，第33页。
③ 尽管荀悦也说"心诚则神明应之……志正则天地顺之"（《申鉴·杂言下》），显然是指在一定
　的人类道德文化活动的范围内，非指任何事情而言。

日遇祸福,亦在其中矣。"①这就是说,无论事情怎样变化无常,出乎人们的预料,但原则上仍是在诸多可能性之中。因此,天人之际的奥妙,并非天规定了人事命运只有一个走向,完全没有人事的空间;但也不是说人事可以超离性命之根本而独断专行。这样一来,所谓天人关系,在荀悦那里就不是简单的"崇天而颂",或者"制天命而用之",而是复杂的关系。人在天(自然)面前既不是无所作为的,但也绝对不是可以为所欲为的。"天时,非人力也。"②但"穷达有命,吉凶由人"③。"大数之极虽不变,然人事之变者亦众矣。"④不能因为大趋势大方向的不能改变,而否认人事参与所可能导致的许多变化。作为王者,"必则天地。天无不覆,地无不载"⑤。君王的工作,就是在法天则地的大原则之下,涵容人事中出现的种种复杂情况。可以说,把握当为而为,非不作为,亦不乱为,是"三势"说的主要目的。

荀悦的这个思想,很好地阐释了儒家的天命观,而与宗教神学的命定论和唯意志主义、主观主义都划清了界限。

荀悦还触及哲学上的偶然性和必然性的问题。必然性是"势",偶然性是"遇"。"势"非人力所及,乃天时或客观必然性。即使是王莽篡政,也是如此。其"得肆其奸慝。而成篡夺之祸","亦有天时,非人力也"。⑥天地虽有常道,但不同时代则刑教不一。"或先教化,或先刑法,所遇然也。拨乱抑强,则先刑法;扶弱绥新,则先教化;安平之世,则刑教并用。大乱无教,大治无刑。乱之无教,势不行也,治之无刑,时不用也。"⑦"势"通过"遇"而实现的趋势叫"数"。"数"在其极端之内曰"命"。"度数"是设立制度法规的根据。他说,"先王制雅颂之声。本之情性,稽之度数,

---

① 荀悦:《汉纪》,《两汉纪》上册,第 86 页。
② 同上书,第 541 页。
③ 同上书,第 544 页。
④ 同上书,第 86 页。
⑤ 同上书,第 356 页。
⑥ 同上书,第 541 页。
⑦ 同上书,第 407—408 页。

制之礼仪。合生气之和,导五常之性";"故闻其音而德和,省其诗而志正,观其数而法立"①。大体上,"遇"在"势"的范围内,人事之成与败及成败的程度或"数",是不会超越"势"的极限的;然而,另一方面,由于人事变化多端,人们不免过分夸大"遇"的一面。其实,"夫上智下愚,虽不移,而教之所以移者多矣"。上智下愚的极端,虽不能改变,而教化能够改变的人在概率上是大多数。教化之道,有教而未行,或虽行而未成,或虽成而有败,究其原因,在于气类有变动而心灵未有响应,或虽有响应而未能有始有终,或虽有始终而又发生复杂变化,其有速度上迟速和程度上深浅的不同。不过,万物性格与变化虽参差难得而均,但万变不离其宗。天地人物变化的道理,都是如此。荀悦认为,"若乃禀自然之数,揆性命之理,稽之经典,校之古今。乘其三势,以通其精;撮其两端,以御其中,参伍以变,错综其纪,则可以仿佛其咎矣"②。

二、天人观

在荀悦看来,天道与人道之间,天、地、人之间,虽然有差别,但是也有相通相同之处。

> 易曰:有天道焉,有地道焉,有人道焉,言其异也;兼三才而两之,言其同也。故天人之道,有同有异。据其所以异而责其所以同,则成矣。守其所以同而求其所以异,则弊矣。③

人们对后一句理解略有差异。④ 赵雅博说:"荀悦的这种说法,站在形上哲学立场,从异求同,也就是说:求对一切物之最后解释,这是哲学

---

① 荀悦:《汉纪》,《两汉纪》上册,第68—69页。
② 同上书,第85页。
③ 同上书,第86页。
④ 陈启云以抽象和具体解释荀悦此处所说的"同""异"关系。见陈启云《中国古代思想文化的历史析论》,第283页,北京,北京大学出版社,2001。又见程宇宏《荀悦治道思想研究》,第101页,广州,中山大学出版社,2005。

思想的成功,如果反其道而行,求其略解,支离破碎,未能有其统,无法归回其同。"①这大体是说,天人之道,有共性也有个性。立足个性求其会通,则是成立的,相反则会产生弊害。其实,这里强调的是:天道与人事,既非完全同一,亦非完全不同。这是由人世间事情的复杂性所决定的,因为人是有主观性的。荀悦看到了天人关系上值得注意的重要问题:"据其所以异而责其所以同,则成矣",即是在认清天道与人事间的差异基础上寻求二者的统一,既承认了天道的超越性,同时,又看到了人事的复杂性和成功要遵循自然法则,则事业成功;"守其所以同而求其所以异,则弊矣",即固守着天道人事的相通性,来强调它们之间的差别,就会抹杀差别导致人事脱离自身法则而生弊害。这说明人们对共性和个性的认识,都是首先从个性而非共性开始的。

既然并不能根据某些个别现象就作出必然肯定的答案,"三术"与"三势"的复杂作用,就导致事实的深玄繁复,难明就理。荀悦承认,"势"与"遇"的变化深奥难明。

他说:"凡三势之数,深不可识。"客观的天道变化与人们主观上的认识,总存在着不一致。这意味着人们用有限的知识去把握无限的并在不断变化的世界所可能面临的困难。不过,作为君子,应尽心竭力,以担当天命。他说:"易曰:穷理尽性,以至于命,其此之谓乎。"②他还说:"圣人以文,其隩也有五,曰玄,曰妙,曰包,曰要,曰文。幽深谓之玄,理微谓之妙,数博谓之包,辞约谓之要,章成谓之文。圣人之文,成此五者。故曰不得已。"③这里,荀悦表达了儒者以有限的确定性的知识去把握玄远的变动的宇宙的情形可能存在的不确定性。他甚至还说"文章应是辞远而已"。荀悦这些思想颇引起后人怀疑。宋代黄震因为《申鉴》与《汉纪》风格不同,谓前者"文气卑弱"而怀疑其非荀悦作品,陈启云则经过考证,认

---

① 赵雅博:《秦汉思想批判史》下册,第530页,台北,文景书局印行,2001。
② 荀悦:《汉纪》,《两汉纪》上册,第86页。
③ 孙启治:《申鉴注校补》,第193页。

为该书并非伪造,而是荀悦自己的作品。① 我们认同陈氏的观点。其实,客观地看,从《汉纪》的"三势之数,深不可识",到《申鉴》"文章应是辞远而已",应该是相通的。荀悦所处的动荡不安的时代,以及他本人为人处事审慎周密的性格,使他已经深刻认识到天命与人事之间幽深微妙的关系,其中,除了反映他对历史、社会习俗和古典学术的论述,与其思想模式和著作的真实风格之间的矛盾外②,也的确反映了现实本身变化的复杂性。任何现实都不可能走向唯一的未来。

分析起来,荀悦的"三势"说,一方面,直接受到汉儒"三命"说的启发,也是孔子儒家思想的进一步展开,并体现了他本人的特殊视角。《白虎通义·三命》云:"命者何谓也? 人之寿也,天命已使生者也。命有三科以记验:有寿命以保度,有遭命以遇暴,有随命以应行。"荀悦认为:"死生有命,其正理也。不得其死,未可以死而死。幸而免者,可以死而不死。凡此皆性命三势之理。"③在这里,荀悦所强调的不是"寿命""遭命""随命"等"三命"之间的差别,而是突出"遭命""随命"与所谓天道决定的"寿命"之间存在必然联系,它们并不是相互冲突的。按前面的话讲,就是"性命之本也,犹天回日转,大运推移,虽日遇祸福,亦在其中矣"。

另一方面,荀悦的"三势"说,也受到了董仲舒人性之"三品"说的启发。他说:

上智下愚不移。至于中人,可上下者也。是以推此以及天道,则亦如之。灾祥之应,无所谬矣。故尧、汤水旱者,天数也;《洪范》咎征,人事也。鲁僖澍雨,乃可救之应也;周宣旱应,难变之势也。颜、冉之凶,性命之本也。今人见有不移者,因曰人事无所能移;见有可移者,因曰无天命;见天人之殊远者,因曰人事不相干;知神气

---

① 陈启云:《儒学与汉代历史文化〈陈启云文集〉二》,第 153 页,桂林,广西师范大学出版社,2007。
② 陈启云:《荀悦与中古儒学》,第 5 页,沈阳,辽宁大学出版社,2000。
③ 荀悦:《汉纪》,《两汉纪》上册,第 85—86 页。

流通者,人共事而同业。此皆守其一端,而不究终始。①

但是,并不意味着"三品"即是"三势"。因为,"三品"是人性的上、中、下三个品级,而"三势"不限于人事范围,"尧、汤水旱者,天数也"。在荀悦看来,自然界的灾祸,并非受人事影响,但有可以挽救的灾难,有难以避免的灾难。不过,即使是颜回、冉求的短命,也是根源于"性命之本",乃至偶然遭遇到的祸福,亦都不能脱离性命之本。据此,他批评了四种错误的观点:第一,看见人事没有能改变自然趋势,就以为人事无法改变;第二,看见人事可以改变某些自然趋势,就以为人事不受"天命"的影响,或说其命不当如此;第三,看见"天道远,人道迩",就以为天道与人事不相干;第四,以为一切变化不过是"神气"之流通变化,只要做相同的事情,人们都能收到同样的功效。他认为,四者"皆守其一端,而不究终始"。

"三术""三势"和"三品"的思想,既有一定关系,但也存在着重要区别。"三术"是在人事得失成败的意义上,分析什么因素是起决定作用的。自然,客观大趋势是主导的方面,具体时机的把握与主观上的决心居于从属地位。"三势"说是从人事影响事物的发展进程及其影响的大小而言的,主要涉及天道和人事之间几种复杂关系。在荀悦看来,无论人事如何变化,都只能在天道的范围内变化,都是天道的显现。这说明,在他看来,天道的实现是在一个范围内的变化和波动,并非如宗教神学所认为的那样,是恒定不变的宿命。至于"三品"说,则纯粹是继承孔子"上智下愚不移"和董仲舒的思想而来。"三品"说虽对"三势"说有一定启发,但二者突出的重点不同。

荀悦的"三势"说虽是讲事物变化的三种不同趋势的,但是,其中却反映了他在天人关系上的深刻看法。他不一般地迎合汉代占主流地位的天人感应学说,认为天道和人道并非直接同一;但是,又反对人事脱离天道。他说,"圣人之道,必则天地,制之以五行以通其变","圣人则天,

① 荀悦:《汉纪》,《两汉纪》上册,第86页。

贤者法地"。① 如果说"三术"说是从事物历史的发展趋势角度来讲诸多因素的变化可能导致的趋势变化的话,那么,"三势"则是从人事对事物进程的干预及影响的角度来谈变化之可能性的。前者是在天人交互作用中纵向地展示其变化趋势,后者则是在天人对峙中横向地表现其相互关系。

第四节　重真实与定道义

一、重真实

荀悦"三势"说注意到天道运行和人事之间的复杂关系。他认为认清天道与人事的"异"与"同"的真相、真实,对得失成败与"应神明正万物,而成王治"是十分重要的。不过,真相的认识总是相对的,也并非一切真实都符合人的需要,所以,他又提出"定道义"的主张。"重真实"与"定道义",是荀悦哲学思想中的另外两个重要方面。

什么是"真实"呢? 所谓"真实",是一切制度和言论等的基础与前提,是一切人事文化活动的根本。荀悦说:"君子所以动天地,应神明,正万物,而成王治者,必本乎真实而已。"②重真实,就是"听其言而责其事。举其名而指其实"③。言论要有与之对应的事物,名称要有相应的事实。相反,"实不应其声者谓之虚,情不覆其貌者谓之伪,毁誉失其真者谓之诬,言事失其类者谓之罔"。没有相应的事实为基础,就是虚伪;不顾真实情况的毁誉和言辞就是诬罔。一个国家,如果虚伪之行存在,诬罔之辞流行,那么,有罪恶者就能侥幸免罪,而无罪过者一定会心生忧惧。因为,社会已失去了它应有的客观标准和尺度,不足以规范和引导社会大众。从以上叙述可看出,荀悦所谓"真实",主要是指言辞所代表的行为,

① 荀悦:《汉纪》,《两汉纪》上册,第408页。
② 孙启治:《申鉴注校补》,第15页。
③ 荀悦:《汉纪》,《两汉纪》上册,第159页。

名称所代表的位之间，必须一致。言辞与名位，作为具有社会功能并流通于国家与社会的价值观念，是不能随人们的好恶任意制造和流行的。他主张：

> 夫心与言，言与事，参相应也。好恶、毁誉、赏罚，参相福也。六者有失，则实乱矣。守实者益荣，求己者益达，处幽者益明，然后民知本也。①

内心之意与说出的言辞，说出的言辞与客观的事实，应该是相统一的。君主的喜好与厌恶，毁与誉，赏与罚，应与真实情况相符合。如果这六个方面出现问题，就违背真实原则。尊重真实原则，才有真正的繁荣，正如只有反求诸己的人，才能发现真实的自己，才有宽广的道路，并通达悠远玄奥之处，才能明了事物变化的趋势。

> 故在上者审则仪道以定好恶，善恶要于功罪，毁誉效于准验，听言责事，举名察实，无或诈伪以荡众心。故事无不核，物无不切，善无不显，恶无不彰，俗无奸怪，民无淫风。②

君主应审查核实维系社会秩序的法则道义以规范自己的好恶。善与恶决定于是有功还是有罪，毁与誉取决于客观事实。听到言论，就需要核实与此相关的事实，使用名称要考察与名称相应的实情，不能以虚假欺诈激荡大众心灵。要做到言论与事实无不审核，名称与事物的实情无不相切。君主不应该听那些华而不实的空话，不相信无法验证的浮术，不使用冠冕堂皇而无实际内容的名称，不做弄虚作假的事情。说话一定要有效果，治理国家的方法一定要术出有典，使用名词或名称一定要有事实为根据，做事情一定要考虑对国家治理的效果。因此，"听言责事，举名察实"是一个重要原则。

---

① 孙启治：《申鉴注校补》，第51页。
② 同上书，第16页。

因为，"事枉而难实者，欺慢必众，奸伪必作，争讼必繁，刑杀必深"①。如果治理国家弄虚作假，不顾事实，受欺骗和怠慢的人一定很多，奸诈虚伪的事情一定层出不穷，纷争诉讼一定频繁，要维持社会秩序，就只有依靠严酷的刑杀了。相反，能做到"善恶要于功罪，毁誉效于准验，听言责事，举名察实"。他说："事无不核，物无不切，善无不显，恶无不彰"，则：

> 百姓上下睹利害之存乎己也，故肃恭其心，慎修其行，内不惑惑，外无异望，有罪恶者无徼幸，无罪过不忧惧，请谒无所听，财赂无所用，则民志平矣。是谓正俗。②

这是要求人人都自觉到"利害之存乎己"的意识。

因此，所谓"重真实"，就是要做到"听言责事，举名察实"，"事无不核，物无不切"。"真实"，既可以说是作为一切文化活动基础和前提的事实，也可以说是非人为活动而作为其基础的"道"。

"重真实"，是传统名实关系问题的进一步展开。但是，当荀悦将"真实"当作一切言论和名称，乃至"动天地应神明正万物，而成王治"的前提和基础，就有了更深刻的涵义。因为，一方面，人事和文化活动中，人既然是参与者，也就往往因为其参与者的自然倾向和个人意图而遮蔽大道，所谓"虚"与"伪"，是文化活动中难免的现象。由于这些现象而可能造成对"真实"的遮蔽。作为统治者，要维护其长治久安的局面，必然要有相应的识别"虚"与"伪"的意识，制定限制它们蔓延扩散的制度与方法。否则，"真实"定会为人所规避，而"虚""伪"则会成为时尚。另一方面，"真实"作为文化活动的前提性存在，不仅是与名相应的"实"，和与言相应的"行"，而且还包括他所谓"天人之道"中的"异"与"同"，否则，无法"据其所以异而责其所以同"，这就使他"重真实"的思想超越了传统的名实之论，而具有了认识论色彩。也就是在这种意义上，他认为要把握真实，需要超越人的主观性，认识到人的限制性。在荀悦看来，虽然人事皆

---

① 孙启治：《申鉴注校补》，第 80 页。
② 同上书，第 15 页。

赖人的努力,但是,人事并不能决定一切。"苟非其性,修不至也。"①并不存在人事和天道的直接同一。也即是说:价值不能完全不顾事实,建立在虚无缥缈的地基之上。而且,问题的关键在于,荀悦认为,天人之间,"凡三势之数,深不可识"。对于人事而言,只能做到"穷理尽性,以至于命"而已。他使用道家的言说方式说:"无为为之,使自施之;无事事之,使自交之;不肃而治,垂拱揖逊而海内平矣。是谓为政之方也。"②这也就是其所谓圣人"不得已"之谓。

荀悦一方面承认天人关系中因人事介入而复杂乃至"深不可识",另一方面又认识到社会制度文化等应建立在"真实"的基础上,既认识到形上天道的变数,又重人事必须根据客观事实,显然禀承了儒家下学而上达的思维路数。

二、定道义

荀悦并未像道家那样,将"真实"看成"自然",将人事理想看成"无为"。其所谓"无为为之""无事事之",不过突出的是"使自施之""使自交之",只是出于"不得已"而已。他以儒家的眼光看到,现实中的人并非无所作为,也不能不作为。在他看来,关键在于如何作为,行为应遵循什么原则。于是,提出"定道义"的思想。

荀悦认为,"道义"是人的活动应该遵循的原则。何为"道义"?他说:"夫道之本,仁义而已矣。"又说:"仁义以经其事业,是为道也。"③"道"超越于个人的感情,因此超越了人的限制性。"违上顺道谓之忠臣,违道顺上谓之谀臣。"可见,"道"是分辨忠谀与否的一个客观原则。君主个人的行为不一定符合"道"。与传统儒家"道"的观念相比,荀悦所谓"道"的涵义变具体了。"道"很多时候和表现它的多面特性的词并用,如"道本"

---

① 孙启治:《申鉴注校补》,第 124 页。
② 同上书,第 22 页。
③ 同上书,第 5 页。

"道经""道根""道实"等。虽然,这种情形使道"失去了许多的超越性"①,但从总体上,"道"仍然具有其自古以来的基本特征,那就是社会秩序赖以存在的基础。所谓"义",涵义虽多,但从根本上说是"宜此者也",是人伦中不变的法则。"此"代表"政之大经"的"法"与"教"。"教者,阳之化也;法者,阴之符也。"②"法"指法律,"教"指教化。因而,所谓"义",是"法"与"教"所当然者。"法"与"教"皆为爱民而非为害民而设。设立"法"与"教",其依据是百姓的人情,即生活的真实状况。人们哪怕有一丝一毫之善,也需要得到褒扬和劝勉。有一丝一毫的恶,也不该得到鼓励。这就是"宜"。他认为,"义"作为人伦中不变的法则是没有任何外在原因来规定的。他说:"君子有常交曰'义'也,有常誓曰'信'也。交而后亲,誓而后故,狭矣。"可见,所谓"义",不是私人交往关系决定的,而是"大义"或"大人之志"。他说:"大上不异古今,其次不异海内,同天下之志者,其盛德乎! 大人之志不可见也,浩然而同于道。"③时间上超越古今,空间上超越海内,不取决于私人交往的"大人之志",即是"义"。此"义"即为"道","道""义"合一。认为,君主应唯"义"是从,因"义"而屈伸,因"义"而进退。"先王立政,以制为本。"又曰,"圣王之制,务在纲纪,明其道义而已"④。"古今异制,损益随时,然纪纲大略,其致一也。"⑤可见,其所谓"道义",指社会秩序的存在所需要的伦理原则,所谓纲纪,是不变的社会制度。实际上,任何社会伦理道德和法律制度,都有因时决定的原则,也有相对稳定较为普遍的原则。

如何确定人伦事物之"当然",怎样确定"道义"呢? 为此,荀悦提出了"正制度"和开学术的思路。他说:

> 设必违之教,不量民力之未能,是招民于恶也,故谓之伤化。设

① 陈启云:《荀悦与中古儒学》,第 202 页。
② 孙启治:《申鉴注校补》,第 5 页。
③ 同上书,第 213 页。
④ 荀悦:《汉纪》,《两汉纪》上册,第 97 页。
⑤ 同上书,第 115 页。

必犯之法,不度民情之不堪,是陷民于罪也,故谓之害民。①

制度的制定,要因于"民力""民情",不能陷害百姓。具体而言,"正其制度,善恶要于公罪,而不淫于毁誉。听其言而责其事,举其名而指其实"②。一切以制度为准,而不是以某些人的议论为标。如果没有制度,粉饰细微的变化为奸邪之人打掩护,也能侥幸苟活一世,而那些遵纪守法的人,则免不了挨饿受冻。荀悦并不承认"善有善报,恶有恶报"的说法,会落实在个人身上。所以,分辨是非善恶,必定要依靠制度,不是社会上的毁誉。事实是,有些"毁"是诽谤,有些"誉"是沽名钓誉。他说:"其化自上兴,由法度之无限也。故易曰:'君子裁成辅相天地之宜,以左右民。'备物致用,立象成器,以为天下利。立制度之谓也。"③盗跖可盗器物,而不可以盗尺寸。"先王立政。以制为本……故曰:谨权量,审法度,修废官,四方之政行矣。"可见,制度一经形成颁布,对于人们就具有客观准效性。只有制度可以成为是非、善恶、功罪的标准。相反,制度不立,纲纪废弛。人们以毁誉为荣辱,不能鉴别真伪;以爱憎为利害,不论其客观事实;以喜怒为赏罚,不核察人伦物理。这样,舆论可以被操纵,讲话顾及利害得失,选举考虑远近亲疏。善与恶没有客观标准,而看所谓口碑舆论。功与罪不定于事实,而依据被权臣操纵的权力。后果必然是追求正义者不能得其所应得,遵守道德者也不能规避祸害。由此,君子必违礼,小人必犯法。

如何确立制度的基本原则呢?荀悦认为,只有"修六则以立道经"。所谓六则,"一曰中,二曰和,三曰正,四曰公,五曰诚,六曰通"。所谓"中""和""正""公""诚""通"等"六则",基本上都是儒家伦理的基本原则。由此可见,他以为制定制度的基本原则,就是儒家伦理的原则。在儒家,这些原则并非抽象概念,而是有具体内涵的。荀悦说:

---

① 孙启治:《申鉴注校补》,第 70 页。
② 荀悦:《汉纪》,《两汉纪》上册,第 158 页。
③ 同上书,第 99 页。

以天道作中,以地道作和,以仁德作正,以事物作公,以身极作诚,以变数作通。《易传》曰:"通其变。"又曰:"变则通。"是谓道实。①

荀悦认为,道义的实质内容,是打通天地人之间的障碍的"通"。

制度以及作为制度基本原则的"六则"非常重要,但它们并不是现成的,而取决于人们对天道和人性的认识。圣贤虽有先见之明,制作有礼义法度,有利后人。但是他们离今天已经很遥远了。就拿汉代以来兴起的经学古今文之争来说,二者就已经存在着很大分歧,可无论古文经学还是今文经学,都自称为真本经。按道理说,古今先师,义理是相通的;但现在却是异家别说不同,而都自谓古今。"圣已逝,无所质昔,先师殁而无闻。先师已丧,义无所闻。"面对这种情况,要明道义,正制度,不得不以学术作为基础。如果没有学术,其实就如秦朝一样,是灭绝道义。"秦之灭学也,书藏于屋壁,义绝于朝野。"②秦朝坚持法家的法治,并非没有制度,但是,没有道义,没有对制度的基本原则的讨论和探讨,哪里有什么合理的制度产生呢? 于此,荀悦主张"尚知""广学"。他说"尚知贵敦,古今之法也。""备博士、广太学,而祀孔子焉,礼也。"③

或问曰:"君子曷敦夫学?"曰:"生而知之者寡矣,学而知之者众矣。悠悠之民,泄泄之士,明明之治,汶汶之乱,皆学废、兴之由,敦之不亦宜乎?"

于此,荀悦丰富了古代关于"鉴"的思想(周公有"殷鉴"之说),并提出了著名的"三鉴"之说。

君子有三鉴:世、人、镜。鉴前惟训,人惟贤,镜惟明,此君子之三鉴。夏商之衰,不鉴于禹汤也。周秦之弊,不鉴于民下也。侧弁垢颜,不鉴于明镜也,故君子惟鉴之务。若夫侧景之镜亡鉴矣,不鉴

---

① 孙启治:《申鉴注校补》,第 24 页。"易传曰:'通其变',又曰:'变则通'"依黄省曾校补。
② 同上书,第 95 页。
③ 同上书,第 54 页。

于明镜也,故君子惟鉴之务。若夫侧景之镜亡鉴矣,但知镜鉴是为无鉴。①

这是说,之所以勉励人做学问,是因为生而知之的人很少,学而知之者众。学问或学术的兴与废,和国家人民的治乱干系重大。普通人都知道照镜子,但只有一鉴,而君子还知道将前人的事迹和贤人的聪明作为自己的镜子。所以,君子有三鉴。夏朝、商朝之衰亡,是不以他们的先人禹汤为鉴。周朝、秦朝之凋敝,是不以人民为鉴。可见,"鉴"是一个朝代是否可以继续享有天命的前提。所谓"鉴",即是以历史和他人、贤人作为自己的客观参照,以更加理性地完成自我认识。"鉴"的本质就是通过中介而指向自我的认识,是反思。陈启云云:"真理本身并没有时间性,但它对人的特殊意义——作为历史教训的意义——需要人们不断重述;'鉴'需要人们不断反思。""鉴"的根本目的即是完成对自己的正确认识,而不是粉饰和遮蔽事实。"鉴"是其"贵真实"思想的必然表现。一个人侧冠垢颜,即使站在明镜跟前,也看不清真相。将真相掩饰或者隐藏起来,等于没有镜子。只知道镜鉴等于无鉴。

以历史为鉴,以贤人为鉴,是君子的特征。荀悦认为君子有此三鉴,故而成为君子。以历史为鉴,以贤人为鉴,必然尊重历史,尊重贤人,尊重学术。应该说,荀悦的三鉴思想不仅总结了自秦亡以来反思历史、特别是贾谊等人总结秦亡教训的思想传统,而且对后世魏徵、唐太宗"以人为镜"的思想,有直接的影响。

在强调"君子三鉴"的同时,荀悦批判那种轻视历史文化和理论知识的短视现象。他说:"夫潜地窟者而不睹天明。守冬株者而不识夏荣。非通照之术也。"钻入地窟中的人是看不见天明是什么样子的,而固守冬株的人,不会认识夏荣为何物。这都不是"通照之术",却可能将优秀的文化经验当作芜秽,而将自己的私念私意当作圭臬。但是,这并不意味着一切的知识文化都是优秀的。他批判那种不分好坏都兼收并蓄的所

---

① 孙启治:《申鉴注校补》,第 140 页。

谓"博览之家","然博览之家,不知其秽,兼而善之是大田之秀,与苗并兴,则良农之所悼也。质朴之士,不择其美,兼而弃之,是昆山之玉,与石俱捐。则卞和之所痛也。故孔子曰:'博学于文,约之以礼。亦可以弗畔矣夫。'"[1]

在荀悦看来,"重真实"和"定道义"虽有区别,但二者是统一的。求"真实",无疑是要分清真伪,保持清醒、客观的头脑,防止因为文化累积而出现人文膨胀,从而遮蔽事实的真实。其中,假定了这个原则:制度和规范是必须建立在事实的真实基础上的。这个事实,就是"民情""民力"等客观情况。要认识客观情况,否则就是凭主观臆断,是陷民、害民。

不过,这个"真实"只是人类生活的前提,不是生活的全部。人类要生活得好,还需要考虑人们自己的需要。人是一种追求满足自身需要的动物。如何在特定"真实"情况下确定社会的价值尺度即"定道义",则涉及对社会价值的"真实"的认识。这就是一个复杂的社会历史问题、哲学问题。为此,他主张坚持学术讨论,"尚知""广学",进行自我反思,以前人、他人的文化经验作为借鉴。

因为,并非人们的任何需要都符合社会的正义和道义,都能充分地满足,这是他提出"定道义"思想的初衷。显然,为了使人们的需要都能充分实现,"定道义"主要考虑的是人类整体的文化经验的积极意义,将事实的"真实"上升为文化"真实"和价值"真实",即在天人关系上"据其所以异而责其所以同"。如所谓"中""和""正""公""诚""通"等"六则",就是历史文化积淀而来的普遍性原则,是传统形成的共同价值原则。虽然,"重真实"和"定道义"二者的侧重点不免存在着差异,但在人的努力下可以达到统一。"定道义"不同于一般的趋利避害,而是从人们的文化活动中区分"真实"和虚伪的基本原则。在这个意义上,求真实就是定道义;定道义就是求真实。否则,就丧失了真实。荀悦曰:"不核其真,以爱憎为利害;不论其实,以喜怒为赏罚;不察其理,上下相冒,万事乖错。是

---

[1] 荀悦:《汉纪》,《两汉纪》上册,第 437—438 页。

以言论者计薄厚而吐辞,选举者度亲疏而举笔,善恶谬于众声,功罪乱于王法。"因而,"利不可以义求,害不可以道避也"①。

荀悦既"重真实",又主张"定道义",是有深刻的哲理的。一切文化活动,都必须要以真实的地基为前提,而不能建立在虚而不实的沙滩上,更不能建筑在假的空中楼阁之中。荀悦能够在一个乱世,保持这样的思想意识,是应当充分肯定的。

第五节 社会、政治批判

一、社会批判

作为身处乱世的思想家和哲学家,荀悦精于历史,曾任黄门侍郎、秘书监、侍中等宫中职务的经历,使他对现实政治情态不仅有亲身感受,而且能够有较深入细致的理论分析。《汉纪》和《申鉴》均为鉴于当时的特殊政治形势下为汉献帝所作,但在二书中,荀悦并未仅仅站在维护汉统治者的立场,而是以极为特殊的方式表达了他对现实乃至传统社会和政治的批判。

荀悦认为,社会的推动与发展,不仅需要有独到的见识,而且必须要有较高的德行。因为有独到的见识,才能够抵御人世间的各种压力,因为有较高的德行,才能坚持道义,并与世俗相处融洽。"夫独智不容于世,独行不畜于时"。正是由于二者的关系并不容易处理好,自古以来有见识的人在乱世都有退隐之志。"是以昔人所以自退也。虽退犹不得自免,是以离世深藏,以天之高而不敢举首,以地之厚而不敢投足。《诗》云:'谓天盖高,不敢不局;谓地盖厚,不敢不蹐。哀今之人,胡为虺蜴。'"②人世间如此可怖,而集中天下利益和权力的朝廷则是充满危险的。"本不敢立于人间,况敢立于朝乎!自守犹不免患,况敢守于时乎!

---

① 荀悦:《汉纪》,《两汉纪》上册,第158页。
② 同上书,第439页。

无过犹见诬枉,而况敢有罪乎!闭口而获诽谤,况敢直言乎!虽隐身深藏犹不得免,是以宁武子佯愚,接舆为狂,困之至也。人无狂愚之虑者,则不得自安于世。是以屈原怨而自沉,鲍焦愤而矫死,悲自甚也。虽死犹惧形骸之不深,魂神之不远,故徐衍负石入海,申屠狄蹈瓮之河,痛之极也。悲夫!以六合之大,匹夫之微,而一身无所容焉,岂不哀哉!是以古人畏患苟免,以计安身,挠直为曲,斫方为圆,秽素丝之洁,推亮直之心;是以羊舌职受盗于王室,蘧伯玉可卷而怀之,以死易生,以存易亡,难乎哉!"自身都难保全,如何能做时代的保驾者呢?没有过错也可以被人诬陷,何况难免会有过失呢?不讲话也能被诽谤,谁还敢直言呢?所以,即使隐身深藏也不能避免祸患。历史上的宁武子装愚、接舆扮狂,都是穷困之极的表现;屈原怨忿而自沉、鲍焦愤怒而矫死,是悲伤至极的表现;徐衍负石入海,申屠狄蹈瓮沉河,是哀痛至极的表现。朗朗乾坤,世界之大,但在乱世,容不下一个堂堂正正的人!于是,就有古人为求容身之计,而"挠直为曲,斫方为圆,秽素丝之洁,推亮直之心"。这些思想,是对传统专制政治社会中一个特殊形态即所谓"乱世"之中人们的生存危机和精神处境的深层揭露。所谓"天下有道则现,无道则隐"是一种情形,而"无所逃于天地之间"则又是另一种情形。荀悦一生中似乎经历了上述两种情形,所以,他对上述历史人物充满深深的理解和同情。他的这些思想,实际上也并不仅仅是对君主的批评或者不友好[1],而是对传统社会与政治的批评,乃至内里还包含着对传统道德实现方式的深刻疑问。"无过犹见诬枉,而况敢有罪乎!闭口而获诽谤,况敢直言乎!虽隐身深藏犹不得免……"这可以说是对传统道德之艰难处境的深层描述和自我反思,这种批评与反思跨越一时一代,不受儒家视野限制,而是一种政治和道德文化的深层反思。在天与人的关系密切乃至有时模糊的情况下,世道人心纷繁复杂,是非善恶的标准莫衷一是,天下各以自己的是非为是非。在荀悦对社会的批评背后,还包括对传统政治情态的深刻

---

[1] 陈启云:《荀悦与中古儒学》,第 109 页。

批判。

二、政治批判

传统的政治格局，是君主专制条件下的伦理政治。儒家的伦理道德思想所提供的文化理想对政治有深刻影响。但是，正如君主需要一种能够统一人们思想的理论作为指导一样，儒家的伦理政治也对君主政体有一定的依赖性。荀悦意识到了这一点。

> 或问："致治之要君乎?"曰："两立哉。天无独运，君无独理。非天地不生物，非君臣不成治。首之者天地也，统之者君臣也哉。先王之道致训焉，故亡斯须之间而违道矣。昔有上致圣，由教戒，因辅弼，钦顺四邻，故检柙之臣，不虚于侧，礼度之典，不旷于目，先哲之言，不辍于身，非义之道，不宣于心。是邪僻之气，末由入也。"①

天道运行，需要人事努力；君主治理国家，需要大臣协助。没有天地作为基础，不会产生万物，没有君臣的统一配合，不构成现实的政治活动。

但是，无论君主还是臣子，由于各种因素的影响，在现存专制体制中都存在着难处。他认为，在专制体制中，臣为"难言之臣"，君为"难闻之主"。为什么呢? 作为臣子，担心祸从口出。指出君主的过失或错误，有忤逆之祸患。劝告教诲，则有讥讽之虞。做臣子的，讲得对，则好像强于君主，说得不恰当，则被认为愚陋。"先己而明则恶其夺己之明，后己而明则以为顺从。违下从上则以为谄谀；违上从下则以为雷同，与众共言则以为专美。言而浅露则简而薄之。深妙弘远则不知而非之。特见独知则众以为盖己，虽是而不见称；与众同之则以为附随，虽得之不以为功。据事不尽理则以为专必，谦让不争则以为易。穷言不尽则以为怀隐，尽说竭情则为不知量……或利于上，不利于下；或便于左，不便于右。

---

① 孙启治:《申鉴注校补》，第142—143页。

或合于前而忤于后。"①

　　无论是先明白还是后明白，无论是违上从下，还是违下从上，无论是"与众共言"还是"言而浅露"抑或"深妙弘远"乃至"特见独知"，都可能遭到猜忌与非议。《诗经》中早言"白圭之玷，尚可磨也，言语之玷，无可为也"。孔子也说，"仁者其言也讱"。即便不犯过错，也难得到应有评价。同意大家的意见，可以被看成是随声附和。处事适当考虑点人情，则会被认为是意气专断。谦让不争，则会被认为不思进取。说话留有余地，则被认为故意留有一手。不留余地，则被认为自以为是。上下、左右、前后，很难周全。作为臣子，其祸患常在两种罪过之间：在职而不尽忠直之道，是罪过；尽忠直之道，则必然矫上拂下，也是罪过。前者为"有罪之罪"，后者为"无罪之罪"。他说："有罪之罪，谓不尽忠直之道，邪臣由之；无罪之罪，谓尽道而矫上拂下，忠臣置之。"②作邪臣违背天道人伦；做忠臣则上不讨好，下得罪别人。臣子之"难言"，因其口被"钳"，其中，有因为被压制而形成的"有钳之钳"，也有大臣恐惧自己不言的"无钳之钳"。前者犹可解，后者解也难。

　　作为君主，其祸患也在二难之间。身居君位而国家得不到治理，道理上说不过去，故难；治理国家则必须勤劳身体、辛苦思虑、矫正自己的感情，以遵从大道，是很难做到的。前者为"有难之难"，后者为"无难之难"。"有难之难，暗主取之；无难之难，明主居之。"若为昏庸之君，则窃道义以为私用，为明主，则要超越自身的限制。作为君主，很难听到真言，故为"难闻之主"。君主之难闻，是因为臣子的嘴巴被"钳"，君主的耳朵被"塞"。就臣下而言，其嘴有有钳之钳，也有无钳之钳。"有钳之钳，犹可解；无钳之钳，难以哉！"就君主而言既有有人故意堵塞君主言道的"有塞之塞"，还有君主本人不想听逆耳之言的"无塞之塞"。前者尚可除，后者不可救。

① 荀悦：《汉纪》，《两汉纪》上册，第505页。
② 孙启治：《申鉴注校补》，第155页。"谓不尽忠直之道"，"谓尽道而矫上拂下"依黄省曾校补。

荀悦认为,在种种条件限制下,为臣既要有独立见解,又要不危及上下级关系,而能"言立策成,终无咎悔",可说是百里挑一。客观上,人的知识是有限的,"其知之所见,万不及一也"。因而,专制体制下君臣关系永远有打不开的死结。荀悦说:"以难言之臣,干难闻之主,以万不及一之时,求百不一遇之知,此下情所以不得上通。"①不仅君臣,即使百姓之间都是如此。

他将君主分为王主、治主、存主、哀主、危主和亡主六类。相应的也有王臣、良臣、直臣、具臣、嬖臣、佞臣六类大臣。不过,君主和大臣并不是相互对应的。"或有君而无臣,或有臣而无君。"君臣均则国家治理,君臣同恶则国家浑乱,君臣善恶相杂则相互争斗,所以英明的君主慎用大臣。然而,有什么样的君臣就有什么样的事业。"遵亡主之行而求存主之福,行危主之政而求治主之业,蹈哀主之迹而求王主之功,不可得也。"荀悦对君臣类别的划分,基本上都是按照儒家的价值标准认定的。他认为,毫无疑问,君主居于国家治乱兴衰的主导地位,其福利隆盛的同时,承担的责任也重大,"夫为善之至易,莫易于人主;立业之至难,莫难于人主;至福之所隆,莫大于人主;至祸之所加,莫深于人主"②。荀悦对专制格局下君主和大臣处境的认识,对君主和大臣的从政心理分析和透视,透露出他的儒家政治理想的局限性,以及对专制政体的某些怀疑和失望。

萨孟武评论荀悦的政治思想是"倾向于悲观论的"。③ 导致君主和大臣之间如此现状,君主专制、一人独裁的政体是根本原因。在君主个人操持着生杀大权的体制中,君臣之间不易沟通,彼此难以取得对方信任。其次,伦理政治条件下政治评价标准的道德化、主观化乃至随意性,使大臣很难做到不按君主脸色去行事。孔子儒家所批判的"乡愿",实不可以避免。第三,除了利益上的冲突之外,还有专制统治和儒学之间的矛盾。徐复观先生在评价专制君主和儒家知识分子的关系时尖锐地说,"在专

---

① 荀悦:《汉纪》,《两汉纪》上册,第505—506页。
② 同上书,第288页。
③ 萨孟武:《中国政治思想史》,第221页,北京,东方出版社,2008。

制政治之下,不可能允许知识分子有独立人格,不可能允许知识分子有自由的学术活动,不可能让学术作自由的发展"①。利益的冲突则不仅导致君主和普通大臣间的冲突,甚至于导致君主和有血缘关系的诸侯王都发生冲突。"专制皇帝,只允许有腐败堕落的诸侯王,而决不允许有奋发向上的诸侯王。附丽在专制皇帝的周围,以反映专制皇帝神圣身份的诸侯王,只准其坏,不准其好;禽兽行为的罪恶,绝对轻于能束身自好而被人所称道的罪恶,这是专制政体中的一大特色。"②

拒绝独立人格和贤德的诸侯王存在于专制君主周围,是专制者的根本利益所决定的。徐先生显然是站在在野知识分子的立场进行这番评论的。如果换一个角度,我们知道,即使是家族中多人遭受到党锢之祸,而本人也曾隐居的儒家知识分子荀悦,对徐先生肯定的两汉游士不仅没有同情,而且还有严肃的批评。他说:

> 世有三游,德之贼也。一曰游侠,二曰游说,三曰游行。立气势,作威福,结私交以立疆于世者,谓之游侠;饰辨辞,设诈谋,驰逐于天下,以要时势者,谓之游说;色取仁以合时好,连党类,立虚誉,以为权利者,谓之游行。此三游者,乱之所由生也,伤道害德,败法惑世,失先王之所慎也。③

所谓"三游",包括游侠、游说、游行。在荀悦看来,它们是必然会伤害道德的。为什么呢? 所谓"游侠",就是私自交结朋友以形成势力在社会上作威作福的人;所谓"游说",指那种通过巧言善辩和设计智谋,驰逐于天下,以左右时势的人;所谓"游行",即打着仁义的招牌趋时附势,联结朋党,表面上追逐虚伪的荣誉,而实际追求权力的人。这三种人的存在和发展,导致社会标准和尺度混乱,是社会走向动乱的原因。荀悦之所以批判"三游",正是因为相对于儒家伦理、宗法制度和专制统治三元

---

① 徐复观:《两汉思想史》第一卷,第113页。
② 同上书,第107页。
③ 荀悦:《汉纪》,《两汉纪》上册,第158页。

社会结构而言,"三游"加速了社会结构松弛的趋势。这些批评,当然是站在汉廷立场上说的。其中,作为游士中的重要领袖人物曹操和袁绍等人在后来的表现和进一步演绎,可能增加了荀悦得出这番结论的资料,而荀悦的家庭背景和曾隐居的经历,则使我们相信他的这些言论确有自我反思的成分。

针对汉代出现的严重社会危机,荀悦认为"禄薄"是重要的因素之一。他说:"今汉之赋禄薄,而吏非员者众。在位者贪于财产,规夺官民之利,则殖货无厌,夺民之利不以为耻。是以清节毁伤,公义损阙,富者比公室,贫者匮朝夕,非所为济俗也。"①所谓"在位者贪于财产,规夺官民之利……不以为耻。是以清节毁伤,公义损阙",从一个侧面反映了儒家伦理高标道德在政治运作中的限制性。

总体上,荀悦虽对传统社会和政治格局有较为深入的认识和批评,但是,并没有完全超越儒家伦理政治的视野。儒家伦理的理想是他的社会批判和政治批判的标杆,这在一定层面上制约着他的批判的深度。荀悦对现实专制政治的批判,表现为一种历史的反思,其反思历史的价值坐标和理论方法,基本上是儒家式的。在他眼里,传统的封建制度,是对专制权力形成限制的一种制度。他说"昔者圣王之有天下,非所以自为,所以为民也。不得专其权利,与天下同之。唯义而已,无所私焉"②。封建诸侯,各世袭其位,真实目的在欲使亲民如子,爱国如家。不过,荀悦注意到古代封建国家,诸侯弱小而天子强的格局,使桀纣得以肆其虐。周代为改其弊端,故大国方五百里,目的在"崇宠诸侯而自抑损也"。结果却是诸侯强大周室卑微。秦代意识到其中弊害,却不能以好的制度以求二者之中道,结果是废诸侯改为郡县,以统一威权而专天下。秦制的意图在君主之自为,非以为民。所以,秦既能够擅其海内之势,无所拘忌,肆淫奢行,暴虐天下,但又必会短命而亡。汉代意识到周秦之弊,故

① 荀悦:《汉纪》,《两汉纪》上册,第74页。
② 同上书,第72页。

"兼而用之"。其实,荀悦话虽如此说,却不能掩饰汉代"强干弱枝",外戚、宦官专权,乃至最后被取代的社会现实。这反映了儒家伦理政治和专制体制乃至宗法制度之间深刻的矛盾。

作为思想家,荀悦对传统社会情势有深刻认识。传统的社会格局,具有浓厚宗法色彩,是大一统的农业社会。儒家思想和古已有之的宗法制度与观念相互配合,形成了相对稳定的局面。一方面,宗法观念依靠儒家的伦理思想而抑制了本身存在的一些缺失;另一方面,儒家伦理借助宗法制度和社会结构而得以在现实中实现其引导的功能和实现自身的价值。不过,由于儒家和宗法观念的结合并非不存在矛盾,在现实中并不能够充分实现其价值理想。这样,在儒家思想作为社会的主流思想正常发挥其功能作用的情况下,宗法社会能够克服其某些局限,社会还能维持其必要的秩序和正常运转。但是,专制统治和儒学的矛盾始终存在。

第十五章 汉末易学与易学在汉魏之际的转变

第一节 东汉易学的传承

东汉易学直接来源于西汉易学。关于西汉易学的传承,《后汉书·儒林列传》作了很好的概括:

> 田何传《易》授丁宽,丁宽授田王孙,王孙授沛人施雠、东海孟喜、琅邪梁丘贺,由是《易》有施、孟、梁丘之学。又东郡京房受《易》于梁国焦延寿,别为京氏学。又有东莱费直,传《易》,授琅邪王横,为费氏学。本以古字,号古文《易》。又沛人高相传《易》,授子康及兰陵毋将永,为高氏学。施、孟、梁丘、京氏四家皆立博士,费、高二家未得立。

东汉易学开始于光武帝刘秀时期。刘秀爱好经术,立《五经》博士凡十四家,其中《易》有施、孟、梁丘、京氏四家。《后汉书·儒林列传》等记载了东汉易学的传人,他们是:戴宾、刘昆传施氏《易》,洼丹、圭阳鸿、任安、虞翻传孟氏《易》,范升、杨政、张兴传梁氏《易》,戴凭、魏满、孙期传京氏《易》,陈元、郑众、马融、郑玄、荀爽传费氏《易》。《后汉书·儒林列传》曰:

建武中，范升传孟氏《易》，以授杨政，而陈元、郑众皆传费氏《易》，其后马融亦为其传。融授郑玄，玄作《易注》，荀爽又作《易传》，自是费氏兴，而京氏遂衰。

汉末，郑玄、荀爽传费氏《易》，三国时期魏王弼亦用费氏《易》。一时，费氏大兴，其他诸家均衰。今本《周易》经文即来自费氏《易》。

随着开枝散叶，东汉经学的歧义在不断增加，甚至在诸家的拘执中经文本身也发生了变异。汉章帝主持白虎观会议，召集儒林，"考详同异"，章帝"亲临称制"，并命班固撰成《白虎通义》①。和帝以"经传之文，多不正定"，于是挑选刘珍及博士、良史到东观"各校雠家法"②。质帝又令通经者"各随家法"③。熹平四年(175)，鉴于经文有失雅正，灵帝"乃诏诸儒正定《五经》，刊于石碑，为古文、篆、隶三体书法以相参检，树之学门，使天下咸取则焉"④，史称熹平石经。汉末，郑玄博采古今，破除家法，综合诸家之说，成为了两汉最大的经学家。

关于易学在汉末及以后的传承，《隋书·经籍志》曰：

> 后汉陈元、郑众，皆传费氏之学。马融又为其传，以授郑玄。玄作《易注》，荀爽又作《易传》。魏代王肃、王弼，并为之注。自是费氏大兴，高氏遂衰。梁丘、施氏、高氏，亡于西晋。孟氏、京氏，有书无师。梁、陈郑玄、王弼二注，列于国学。齐代唯传郑义。至隋，王注盛行，郑学浸微，今殆绝矣。

《隋书》由唐魏徵等人所撰。《隋志》这段话很清晰地叙述了易学诸家在汉魏之后的流传，"至隋，王注盛行，郑学浸微，今殆绝矣"。

东汉易学特别是汉末易学的目的，一般是为了注经和解经，即通过寻找和发现卦爻辞与卦爻象之间的联系，为《周易》作注和解释经义服

---

① 《后汉书·儒林列传》。
② 《后汉书·宦者列传》。
③ 《后汉书·质帝纪》。
④ 《后汉书·儒林列传》。

务;其重点落实在象数方法的运用和建构上。东汉易学以注经、解经为目的,这一点与西汉易学颇不相同,西汉易学多以占验为意。汉末易学不仅继承了西汉易学注重天道的特点,而且重视人道的建构。换一句话说,汉末易学在着重建构一个宇宙图景的同时,力图建构一个人文化的世界。不过,汉易的缺点很明显,一者,在解释上汉易耽于诠释天象和天道;二者,在方法上过于繁琐、新奇和牵强,远离《易十翼》的方法论。不可避免地,汉易象数学在汉魏之际遭到了王弼等人的严厉批判。

总之,在汉易那里,"天道"遮蔽了"人道","方法"遮蔽了"义理"。正是这种偏颇和弊病,最终导致了汉易象数学的终结,进而在魏晋之际,易学开启了通往"人道"和"义理"的阐释之道。

第二节　汉末易学的象数建构与思想主旨

在东汉后期至三国初期,易学家众多,有郑玄、荀爽、魏伯阳、宋衷、刘表、虞翻、陆绩等人,其中郑、荀、虞三家最为重要,他们三人足以为汉末易学的代表。郑玄的象数学以乾坤爻辰说为特色,[①]荀爽的象数学以升降说和卦气说为重点,虞翻集汉易象数学之大成,在博取的同时又力求通贯。

一、郑玄以乾坤爻辰说为中心的象数学

郑玄(127—200),字康成,北海高密人。据《后汉书·郑玄列传》所说,郑玄年少时曾为乡啬夫,但他不乐为吏,随后入太学受业,先后师从京兆第五元先和东郡张恭祖,后来又西入关跟马融学习,一直到四十岁时才归家奉养双亲。四十至六十岁之间,"遇阉尹擅势,坐党禁锢,十有四年乃蒙赦"。六十岁时,大将军何进征辟,然而他"一宿逃去"。官渡之

---

① 本章对郑玄及其易学的论述,参考了丁四新《郑氏易义》。该文已收入氏著《玄圃畜艾》(北京,中华书局,2009)第 234—296 页。

战,袁绍胁迫郑玄随军,建安五年(200)病死军中。在《戒子益恩书》中,郑玄对自己的一生作了高度概括,一曰"不乐为吏,矢志求学",二曰"但念述先圣之玄意,思整百家之不齐",三曰"显誉成于僚友,德行立于己志",这三点分别代表了他的生平、学问志向和人格生命。郑玄是两汉最大的经学家,他的注释影响至今,是理解经典原意必不可少的中介。郑玄的易学著作主要有《易纬注》《易赞》《易论》《序易》和《周易注》五种,《周易注》有多种辑本。①

《易纬·乾凿度》卷上曰:"(《易》)一元以为元纪。"郑玄《注》曰:"天地一元,万物所纪。""天地"为两仪,"天地之一元"为"淳和未分"的"元气",而"元气"即《易》之"太极"。"太极"为"无",是形下之"有"的逻辑起点。"天地"以下为"有",而"有"自"无"出。在这里,"有"的形下世界是如何在易学中得到建构和恰当表现的? 除了其他方法以外,郑玄着重以乾坤十二爻辰说来建构和表现整个物事的世界。

郑氏易学的象数学包括两个方面,一个是爻位理论,这包括三才六位、得位失位、中位和据乘承应等内容。这些都是传统的卦爻理论,郑玄作了继承。另一个是四象数的生成、互体说、乾坤十二爻辰说等内容,其中爻辰说又包括爻体说和爻得卦气说(简称爻气说)。

先看四象数的生成。四象数即六、七、八、九。这四个数字是如何生成的? 这四个数字本是用大衍之数揲蓍成卦的结果,而郑玄将它们宇宙论化,认为它们源于所谓"天地之数"。所谓天地之数,即天一地二、天三地四、天五地六、天七地八、天九地十。经过"叁天两地""合而为十五"或"五行气并"的步骤,"天地之数"生成"大衍之数",进而生成"五行生成数"。同时,"天地之数"直接生成"五行相合数"。"五行生成数"与"五行

---

① 关于郑《易》的传承,《北史·儒林传序》曰:"郑《易》《诗》《书》《礼》《论语》《孝经》……大行河北。"陆德明《经典释文·序录》云:"永嘉之乱,施氏、梁氏之《易》亡,孟、京、费之《易》无传者,唯郑康成、辅嗣所注行于世。"《隋书·经籍志》曰:"梁、陈,郑玄、王弼二注列于国学,齐代唯传郑义。"据王应麟说,《崇文总目》载郑《易》一卷,存《文言》《序卦》《说卦》《杂卦》四篇,其他的都散佚了。而这最后一卷,也亡于北宋、南宋之间。

相合数"对应,进一步生成"四象之数"。郑玄设置这个复杂的生成过程,目的在于证明"四象数"来源于"天地之数",从而证明来源于所谓"天道"。郑玄关于四象数的生成,可以图示如下:

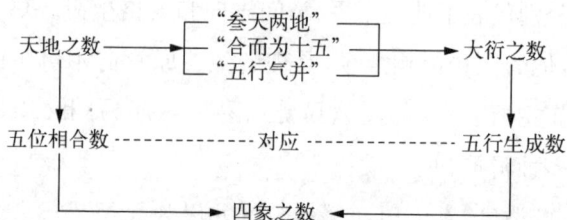

关于四象,郑玄又从宇宙生成论深说之。郑玄注《系辞上》"精气为物,游魂为变"曰:"精气,谓七八也。游魂,谓九六也。七八,木火之数也。九六,金水之数。木水用事而物生,故曰'精气为物'。金水用事而物变,故曰'游魂为变'。精气谓之神,游魂谓之鬼。木火生物,金水终物。二物变化其情,与天地相似,故无所差违之也。"(《周易集解》卷一三)七八、九六四象是直接构成《周易》文本的四个数字,具有宇宙生成论的含义。由此,郑玄认为《周易》从根本上是一部表达天象和天道的著作。

再看互体说。郑玄注《易》,使用互体说甚多。"互体"属于卦爻结构理论中的结聚律则。从成卦来说,互体成经卦,有一爻互、二爻互和三爻互。一爻互,见郑玄的爻体说;二爻互,见虞翻的半象说;三爻互,成八卦,乃汉儒通说。互体成别卦,有四爻连互和五爻连互两种。四爻连互,可成二别卦;五爻连互,可成三别卦。历代没有出现六爻连互的例子。除爻体说外,郑玄互体之法还有三爻互和四爻连互。郑玄注《同人》(☰)卦云:"卦体有巽。"(《周易集解》卷四)即二、三、四这三爻互体,为巽卦。注《大畜》(☰)卦云:"自九三至上九有颐象。"(《礼记·表记》正义)这是三、四、五、上四爻连互,成《颐》(☰)卦。清人袁钧说:"郑康成学《费氏易》,为注九卷,多论互体。"[1]其说是也。

最后看乾坤十二爻辰说。爻辰说之"爻",指阳爻和阴爻;"辰",指地

---

[1]《郑氏佚书·易注一》,浙江书局本,光绪戊子夏。

支之子、寅、辰、午、申、戌六阳支,和丑、卯、巳、未、酉、亥六阴支。《周易》六十四卦 384 爻都可以归纳为阳爻和阴爻两种,且各居于一卦之六位,共十二种情况。乾卦为纯阳爻,坤卦为纯阴爻,因此可以用乾坤二卦之十二爻建构卦爻系统与世间万有的联系。这是郑玄建立乾坤十二爻辰说的基础。一般认为,爻辰说发源于京氏易学的爻纳支说,[①]《易纬》正式建立了较为完善的爻辰说(每两卦为一组,共 32 对),而刘歆在《三统历》中首次采用了乾坤十二爻辰说。郑玄在继承刘歆说的基础上大力发展和推广了乾坤十二爻辰说。乾坤十二爻辰说是对于《系辞》"一阴一阳之谓道"在象数上的具体落实。郑氏爻辰说的爻与辰的搭配关系是这样的:以阳支子、寅、辰、午、申、戌,依次搭配乾卦之初至上九爻;以阴支未、酉、亥、丑、卯、巳,依次搭配坤卦之初至上六爻(图示如下)。通过乾坤二卦十二爻纳辰的特例,刘歆、郑氏的爻辰说表达了一个普遍的爻纳辰规律,即将六十四卦 384 爻凡阳爻初至上依次纳子、寅、辰、午、申、戌六阳支,凡阴爻初至上依次纳未、酉、亥、丑、卯、巳六阴支。以辰支为中介,郑玄的爻辰说进一步向外辐射与周延,建构了一个十分庞大的乾坤十二爻辰说系统。

郑氏乾坤十二爻辰搭配

九	月——戌		四	月－－巳	
七	月——申		二	月－－卯	
五	月——午		十二	月－－丑	
三	月——辰		十	月－－亥	
正	月——寅		八	月－－酉	
十一	月——子		六	月－－未	
	乾			坤	

---

① 爻纳支,可以溯源至清华简《筮法》。据《筮法·地支与爻》一节,子午与九配,丑未与八配,寅申与七配,卯酉与六配,辰戌与五配,巳亥与四配,即每两支配一爻。按天数、地数简化并归类,九、七、五这三个天数正合于汉人六阳爻纳支法,即初四位纳子午,二五位纳寅申,三上位纳辰戌;八、六、四这三个地数大体上合于汉人六阴爻纳支法,即初四位纳丑未,二五位纳卯酉,三上位纳巳亥。不过,《筮法》为支爻匹配,与汉人的爻纳支说有一定的区别。

郑氏爻辰说包括爻体说和爻纳卦气说。爻体说是根据《说卦》的相关内容设计出来的。《周易·说卦》曰:"乾,天也,故称乎父;坤,地也,故称乎母。震一索而得男,故谓之长男。巽一索而得女,故谓之长女。坎再索而得男,故谓之中男。离再索而得女,故谓之中女。艮三索而得男,故谓之少男。兑三索而得女,故谓之少女。"依此,乾坤二卦并建,六爻交错相索而依次得震、巽、坎、离、艮、兑六子卦。在此基础上,郑玄将目光指向卦爻内部,变卦体为爻体,即:震一索而得震爻,巽一索而得巽爻;坎再索而得坎爻,离再索而得离爻;艮三索而得艮爻,兑三索而得兑爻(图示如下)。这样,爻摄卦体,从而大大增强了卦爻内部结构的复杂性、变异性和延展性。三画卦加倍而成六画卦,以乾坤十二爻辰建构之,其爻体的具体展开式为:凡在别卦(或经卦)中,一、四爻如为阳爻则为震爻体,反之则为巽爻体;二、五爻如为阳爻则为坎爻体,反之则为离爻体;三、六爻如为阳爻则为艮爻体,反之则为兑爻体。其实,爻体说出自先秦,清华简《筮法》有《地支与卦》一节,其地支纳卦情况与此正同。[1]

郑玄以爻体说注《易》较多,例如,郑注《离卦》(䷝)九三云:"艮爻也。位近丑,丑上值弁星,弁星似缶。"(《诗·宛邱》正义)注《萃卦》(䷬)云:"四本震爻,震为长子。五本坎爻,坎为隐伏。……二本离爻也。离为目,居正应五,故'利见大人'矣。"(《周易集解》卷九)

郑氏爻体说

戌——艮爻		巳－－兑爻
申——坎爻		卯－－离爻
午——震爻		丑－－巽爻
辰——艮爻		亥－－兑爻
寅——坎爻		酉－－离爻
子——震爻		未－－巽爻
乾		坤

---

[1] 参见李学勤主编《清华大学藏战国竹简(肆)》,第118页。

　　爻纳卦气说是根据《说卦传》所说八卦方位图,经过乾坤十二爻辰的建构、改作而来的。如何建构,具体见下。它说明凡是阳爻,从初到上依次得坎气、艮气、巽气、离气、坤气和乾气;凡是阴爻,从初到上依次得坤气、兑气、乾气、艮气、震气和巽气。同时,也再次证明郑氏乾坤十二爻辰说的巨大建构潜能和效用。今举二例以见之,郑注《蛊卦》(䷑)上九云:"上九艮爻,艮为山,辰在戌,得乾气,父老之象,是臣之致事也。"(《礼记·表记》正义)注《贲卦》(䷕)六四云:"谓九三位在辰,得巽气,为白马。"(《礼记·檀弓》正义)郑氏爻得卦气说进一步把卦与爻紧密关联起来。

郑氏爻气说

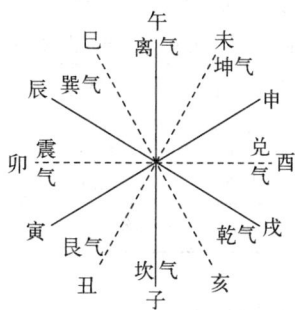

（虚线表示阴爻,实线表示阳爻）

戌——得乾气	巳--得巽气
申——得坤气	卯--得震气
午——得离气	丑--得艮气
辰——得巽气	亥--得乾气
寅——得艮气	酉--得兑气
子——得坎气	未--得坤气
乾	坤

　　从汉末易学来看,郑氏易学象数学的特点在于乾坤十二爻辰说。通过乾坤十二爻辰的建构,郑玄建立了世间万有的广泛联系,建构了一个贯通天人的宇宙图像(见下页图)。郑氏乾坤十二爻辰说深入而具体地展现了"乾坤,其《易》之缊(蕴)""其《易》之门"(《周易·系辞下》)的《周

《易》总旨,而这个宗旨即郑氏易学的总纲。

郑玄乾坤十二爻辰图表

爻	初九	六四	九二	六五	九三	上六	九四	初六	九五	六二	上九	六三
辰	子	丑	寅	卯	辰	巳	午	未	申	酉	戌	亥
月	十一	十二	正	二	三	四	五	六	七	八	九	十
律	黄钟	大吕	太蔟	夹钟	姑洗	仲吕	蕤宾	林钟	夷则	南吕	无射	应钟
十二消息卦	复	临	泰	大壮	夬	乾	姤	遯	否	观	剥	坤
二十四气	冬至大雪	大寒小寒	雨水立春	春分惊蛰	谷雨清明	小满立夏	夏至芒种	大暑小暑	处暑立秋	秋分白露	霜降寒露	小雪立冬
十二生肖	鼠	牛	虎	兔	龙	蛇	马	羊	猴	鸡	狗	猪
爻体	震爻	巽爻	坎爻	离爻	艮爻	兑爻	震爻	巽爻	坎爻	离爻	艮爻	兑爻
爻得卦气	坎气	艮气	艮气	震气	巽气	巽气	离气	坤气	坤气	兑气	乾气	乾气
十二星区	玄枵	纪星	祈木	木火	寿星	鹑尾	鹑火	鹑首	实沉	大梁	降娄	诹訾
四正卦	坎			震			离			兑		坎
四时	冬			春			夏			秋		冬
四方	北方			东方			南方			西方		北方
四兽	玄武			苍龙			朱鸟			白虎		玄武
备注	此外还有与八卦、八风、二十八宿、五行、六十卦、七十二候等的配置情况											

二、荀爽的乾升坤降说和卦变说

荀爽(128—190),字慈明,一名谞。延熹九年(166),他曾官拜郎中。后遭党锢,他隐遁十余年,以著述为事,成为一代硕儒。董卓当朝时他又曾出仕,"未十旬而取卿相",但不久他就病死了,去世时六十三岁。事迹见《后汉书·荀韩钟陈列传》。

荀爽著有《易传》等书,"凡百余篇",不过在范晔撰著《后汉书》时已"多所亡缺"。《隋书·经籍志》曰:"《周易》十一卷,汉司空荀爽注。"新旧《唐志》曰:"荀爽《章句》十卷。"这些书现都已佚失。荀氏《易注》,李鼎祚《周易集解》载录较多,马国翰《玉函山房辑佚书》和孙堂《汉魏二十一家易注》有辑本。荀爽传《费氏易》,见《后汉书·儒林传》。在易学上,荀爽重视阴阳升降说,提出了乾升坤降说和卦变说。

先看乾升坤降说(或称乾坤升降说)。所谓升降,本指阴阳的消息和进退。对于易学家来说，阳升阴降不仅是一个宇宙论问题，而且是一个在卦爻位中如何表现阴阳上下的问题。荀爽易学特别之处，在于荀氏提出了乾升坤降说，他以乾坤二五爻的阴阳升降来解释其他卦的来源。其一，乾升坤降说有两个理论依据，一为《乾·文言》"本乎天者亲上，本乎地者亲下"二句。荀爽注此二句曰："谓《乾》九二本出于《乾》，故曰'本乎天'；而居《坤》五，故'亲上'。《坤》六五本出于《坤》，故曰'本乎地'；降居《乾》二，故曰'亲下'也。"（《周易集解》卷一）惠栋《易汉学·荀慈明易》曰："荀慈明论《易》，以阳在二者当上升《坤》五为君，阴在五者当降居《乾》二为臣。盖《乾》升为《坎》，《坤》降为《离》，成《既济》定，则六爻得位。"①乾为纯阳卦，本居天位，而以中爻五为正；坤为纯阴卦，本居地位，而以中爻二为正。正是这一宇宙论特性决定了乾卦二爻升居五位，坤卦五爻降居二位。二为坎离乃乾坤之本。荀爽注《乾·象传》"大明终始"曰："乾起于坎而终于离，坤起于离而终于坎。离坎者，乾坤之家而阴阳之府，故曰'大明终始'也。"（《周易集解》卷一）在此，他将乾、坤、坎、离四卦连成一个整体，解释了阳极生阴、阴极生阳的变化之理。离为火、阳气，坎为水、阴气；乾为纯阳，坤为纯阴。在图像上，离火居上，坎水居下，乾居左，坤居右。同时，荀爽的解释与汉人"阳起于子""阴起于午"的说法一致。其二，荀爽的乾升坤降说以成既济定为目的因。乾卦二爻上升和坤卦五爻下降，即生成了上坎下离的既济卦（䷾）。荀爽以此注《易》的例子较多。荀爽注《乾·文言》"水流湿，火就燥"曰："阳动之坤而为坎，坤者纯阴，故曰湿。阴动之乾而成离，乾者纯阳，故曰燥。"（《周易集解》卷一）注"云行雨施，天下平也"曰："乾升于坤曰云行，坤降于乾曰雨施。乾坤二卦成雨，既济阴阳和均而得其正，故曰天下平。"（《周易集解》卷一）注"与日月合其明"曰："谓坤五之乾二成离，离为日；乾二之坤五为坎，坎为月。"（《周易集解》卷一）注《坤·象传》"含弘光大，品物咸亨"曰："乾二居坤五为含，坤五居乾二为弘，坤初居乾四为光，乾四居坤初为大。

---

① 惠栋：《易汉学》卷七，载《周易述》，郑万耕点校，第621页。

天地交,万物生,故咸亨。"(《周易集解》卷二)注《泰》九二"朋亡,得尚于中行"曰:"中谓五,朋谓坤。朋亡而下,则二得上居五,而行中和矣。"(《周易集解》卷四)其三,乾升坤降说体现了汉末易学的共同主题,即《系辞传》所谓"乾坤其《易》之缊(蕴)""《易》之门"的观点。乾升坤降的本质是阳升阴降,而乾为纯阳、坤为纯阴卦,可以表示阴阳变化的一般之道,荀爽即将《周易》六十四卦 11 520 策都看作乾策或坤策。① 由此,其他六十二卦均可以看作乾升坤降的结果。

再看卦变说。"卦变"是指一卦中的一爻或多爻的变动而生成另外一卦。一般认为,"卦变"说起源于《彖传》,《彖传》所言刚柔往来、上下的说法即后人所谓"卦变"。荀爽的卦变说是建立在乾升坤降说的基础上的,其特别之处在于他认为所谓卦变是由乾升坤降导致的,其中乾升坤降是卦变的原因,而卦变本身是乾升坤降的结果。张惠言曾说:"荀惟以乾坤为消息,而以泰否为升降。故一阴一阳、二阴二阳之卦皆乾坤相之,观于蹇、解可见。屯、蒙、讼、晋,虽自坎、艮、遯、观,实亦乾之二三,坤之二四耳。泰、否、乾、坤也,故成卦独多。……则知卦变之例皆升降,以求六十四卦,皆得通之矣。"② 从总体上看,荀爽的卦变说来自乾坤二卦的阳升阴降。具体说来,有三种情况:(1) 由乾坤两纯卦生出十二消息卦,再由消息卦生出其他卦;(2) 由乾坤父母卦生出震坎艮巽离兑六子卦,再由六子卦生出其他卦;(3) 合十二消息卦和六子卦,再生出其他卦。从阴阳爻的多少来看,荀爽的卦变说可分为三种情况:其一,一阴一阳之卦,皆自乾坤而来。如荀爽注《剥·彖传》曰:"谓阴外变五,五者至尊,为阴所变,故剥也。"(《周易集解》卷五)剥卦(䷖)属于消卦,来自坤阴消乾阳。第五位为天位,故曰"五者至尊,为阴所变"。注《复·彖传》曰:"复者,冬

---

① 荀爽注《乾·彖传》"万物资始"曰:"谓分为六十四卦,万一千五百二十册,皆受始于乾也。册取始于乾,犹万物之生禀于天。"(《周易集解》卷一)注《坤·彖传》"万物滋生"曰:"谓万一千五百二十策,皆受始于乾,由坤而生也。策生于坤,犹万物成形,出乎地也。"(《周易集解》卷二)

② 张惠言:《周易荀氏九家义》,《续修四库全书》第 26 册,第 693 页,上海,上海古籍出版社,2002。

至之卦。阳起初九，为天地心。万物所始，吉凶之先，故曰'见天地之心'矣。"(《周易集解》卷六)其二，二阴二阳之卦，或出六子卦，或出十二消息卦。荀爽注《屯·彖传》"动乎险中"曰："物难在始生，此本坎卦也。"(《周易集解》卷二)认为屯卦(䷂)来自坎卦(䷜)。注《蒙·彖传》曰："此本艮卦也。"(《周易集解》卷二)认为蒙卦(䷃)来自艮卦(䷳)。其三，三阴三阳之卦，或出泰(䷊)否(䷋)两卦，或出乾坤两卦。荀爽注《贲·彖传》曰："此本泰卦。"(《周易集解》卷五)注《萃·彖传》曰："此本否卦。"(《周易集解》卷九)注《咸·彖传》曰："乾下感坤，故万物化生于山泽。"(《周易集解》卷七)注《恒·彖传》曰："谓乾气下终，始复升上居四也。坤气上终，始复降下居初者也。"①

此外，荀爽有卦气、世伏和逸象等说。② 荀爽的卦气说和世伏说继承自孟喜、京房，并无什么创见。不过，比较特别的是，他将京房八卦卦气说杂入十二消息卦之中。至于逸象说，陆德明《周易音义》在《说卦》末载："荀爽《九家集解》本乾后更有四，为龙、为首、为衣、为言；坤后有八，为牝、为迷、为方、为囊、为裳、为黄、为帛、为浆；震后有三，为王、为鹄、为鼓；巽后有二，为杨、为鹳；坎后有八，为宫、为律、为可、为栋、为丛棘、为狐、为蒺藜、为桎梏；离后有一，为牝牛；艮后有三，为鼻、为虎、为狐；兑后有二，为常、为辅颊。注云：常，西方神也。不同，故记之于此。"③共计八卦逸象 31 例。《九家易集解》出于魏晋之后，非荀爽本人所作，不过《九家易》以荀氏为宗，这说明荀爽也可能有八卦逸象说。

总之，荀爽的乾坤升降说和卦变说一方面重视卦爻与天道的联系，另一方面重视卦爻自身的关联，提高了人们对于卦爻符号本身的逻辑思考和卦爻符号对于天道的表达能力。对荀爽的易学成就，虞翻作了很高

① 《周易集解》卷七。荀爽的卦变说，可参看林忠军《象数易学发展史》第 1 卷，第 181—182 页，济南，齐鲁书社，1994；徐芹庭《汉易阐微》下册，第 443 页，北京，中国书店，2010。
② 参看张惠言《周易荀氏九家义》，《续修四库全书》第 26 册，第 693 页。
③ 陆德明，黄焯汇校：《经典释文汇校》卷二，第 66 页，北京，中华书局，2006；惠栋：《易汉学》卷七，《周易述》下册，第 626—627 页。

评价，他说："经之大者，莫过于《易》。汉初以来，海内英才，其读《易》者解之率少。至孝灵之际，颍川荀谞号为知《易》，臣得其注，有愈俗儒。……又南郡太守马融，名有俊才，其所解释，复不及谞。孔子曰'可与共学，未可与适道'，岂不其然？若乃北海郑玄，南阳宋忠，虽各立注，忠小差玄，而皆未得其门，难以示世。"[1]与马融、郑玄、宋忠相较，虞翻更多地继承了荀爽的象数思想。

三、虞翻的象数学：互体、卦变、月相纳甲等易例

虞翻（164—233），字仲祥，会稽余姚（今浙江余姚）人，汉末至三国吴人。虞翻性格疏直、刚烈，"屡犯颜谏净"[2]，得罪了不少权贵。虞氏世代治《孟氏易》，虞翻是第五代。汉末，他曾向孔融"示以所著《易注》"[3]。虞翻《周易注》，《隋书·经籍志》《旧唐书·经籍志》著录为九卷，《新唐书·艺文志》《经典释文》著录为十卷。他还著有《周易日月变例》《周易集林律历》《易律历》，和注解魏伯阳《周易参同契》、扬雄《太玄经》的著作。《三国志·虞翻传》又曰他曾为《老子》《论语》和《国语》作训注。不过，这些著作都已亡佚。虞翻的《周易注》，主要见于李鼎祚的《周易集解》，清人孙堂《汉魏二十一家易注》等有辑本，清人惠栋、张惠言和民国徐昂等对虞氏易学多有阐发。虞翻易学的成就集中在解易方法（即易例）的推阐和发明上，他的解易方法有卦变说、互体说、月体纳甲说、旁通说、反卦说（反象说）、两象易说、升降说、卦气说、之正说、成既济定说和权变说等。此外，虞翻还增列了许多八卦逸象，以补说经之不足。总之，虞翻集两汉易学象数学之大成。

先看虞氏的互体说。互体，是易学家常用的解经方法。当一卦本身内含的贞悔二卦不足以解经时，经师或易学家就会运用所谓互体之例在

---

① 《三国志·吴书十二·虞翻传》注引，参看陈寿撰、裴松之注《三国志》卷五七，第1322页，北京，中华书局，1964。
②③ 《三国志·吴书十二·虞翻传》。

卦内重组爻画以生成新的经卦或别卦。杜预认为《左传·庄公二十二年》的一则筮例即运用了互体之例,《注》曰:"自二至四有艮象,艮为山是也。"孔颖达《正义》曰:"二至四、三至五,两体交互各成一卦,先儒谓之互体。"①不过,大多数学者认为互体之例出自京房。《京氏易传》有大量例子,现仅举三例以见之。就中孚卦(䷼),《京氏易传》卷上曰:"互体见艮,止于信义。"这是指三至五爻互体为艮;艮,止也。就兑卦(䷹),《京氏易传》卷中曰:"内卦互体见离巽。"此指二至四爻互体为离,三至五爻互体为巽。就颐卦(䷚),《京氏易传》卷中曰:"六位上下,周而复始。内外交互,降入纯阴。"此指二至五爻交互为坤下坤上,为纯阴卦(䷁)。这是一个五爻连互的例子。京房的互体说,后来郑玄、荀爽等作了继承,虞翻进一步发扬光大。虞翻的互体说,有三爻互、四爻连互、五爻连互。《蒙·大象》曰:"山下出泉。"虞翻《注》曰:"艮为山,震为出,坎象流出,故山下出泉。"(《周易集解》卷二)蒙卦(䷃),坎下艮上,"震为出"乃指二至四爻互体为震。《咸》九三曰:"咸其股。"虞翻《注》曰:"巽为股,谓二也。"(《周易集解》卷七)咸卦(䷞),艮下兑上,所谓"巽为股"指二至四爻互体为巽。这是三爻互的例子。《泰》九三曰:"无往不复。"虞翻《注》曰:"从三至上,体复。"(《周易集解》卷四)泰卦(䷊),乾下坤上,四至上爻连互为复卦(䷗)。《蛊》六四曰:"裕父之蛊。"虞翻《注》曰:"四阴体大过,本末弱也。"(《周易集解》卷五)蛊卦(䷑),巽下艮上,初至四爻连互为大过卦(䷛)。这是四爻连互的例子。《谦》上六曰:"利用行师。"虞翻《注》曰:"三复位时,而体师象,故'用行师'。"(《周易集解》卷六)谦卦(䷎),艮下坤上,二至上爻连互为师卦(䷆)。《豫》卦辞曰:"利建侯行师。"虞翻《注》曰:"初至五,体比象。"(《周易集解》卷四)豫卦(䷏),坤下震上,初至五爻连互为

①《左传·庄公二十二年》曰:"周史有以《周易》见陈侯者,陈侯使筮之,遇观䷓之否䷋,曰:是谓'观国之光,利用宾于王'。此其代陈有国乎? 不在此,其在异国;非此其身,在其子孙。光,远而自他有耀者也。坤,土也;巽,风也;乾,天也。风为天,于土上,山也。有山之材,而照之以天光,于是乎居土上,故曰:'观国之光,利用宾于王。'"杜《注》、孔《疏》,俱见阮元校刻:《十三经注疏·春秋左传正义》(清嘉庆刊本),第 3853 页。

比卦（☷）。这是五爻连互的例子。虞翻又常将连互与半象、之正等例连用。

半象之例与互体近似。所谓半象，指一卦相连之二爻成卦为象，这种方法即所谓半象。半象之例已见于《焦氏易林》，虞翻大力推广之。《需》九二曰："小有言。"虞翻《注》曰："四之五，震象半见，故小有言。"（《周易集解》卷二）需卦（☵），乾下坎上，本无震象。虞翻认为四五两爻易位，上卦则为震；而在需卦中五上两爻已半露震象。《小畜·象传》曰："密云不雨，尚往也。"虞翻《注》曰："上变为阳，坎象半见，故'密云不雨，尚往也。'"（《周易集解》卷三）小畜卦（☴），下乾上巽，本无坎象，虞翻云"上变为阳"，故"坎象半见"。对于半象，后代学者多批评之，焦循在《易图略·论半象》中说："虞翻解'小有言'为'震象半见'，又有半坎之说，余以为不然。盖乾之半亦巽兑之半，坤之半亦艮震之半。震之下半，何异于坎离之半？坎之半，又何异于兑巽艮之半？求其故而不得，造为半象。"[1]半象说的缺点是比较松散、随意，为了求象解经，人为造作的痕迹非常明显。

又看虞氏卦变说。虞翻的卦变说是接着《彖传》和荀爽的卦变说来讲的，不过他的目的在于以乾坤为本根来推演八卦和六十四卦的生成，且在形式上变得更为规范、整齐和富于象数逻辑。关于乾坤生六子卦，虞翻是这样说的：《系辞下》曰："刚柔者，立本者也。"虞翻《注》曰："乾刚坤柔，为六子父母。乾天称父，坤地称母。本天亲上，本地亲下，故立本者也。"（《周易集解》卷一五）《说卦》曰："观变于阴阳而立卦。"虞翻《注》曰："谓'立天之道曰阴与阳'。乾坤刚柔，立本者也。卦谓六爻，阳变，成震、坎、艮；阴变，成巽、离、兑。故曰'立卦'。"（《周易集解》卷一七）所谓"卦谓六爻"，即乾坤之别卦而言。坤卦二五两爻阳变，成震、坎、艮三子卦；乾卦二五两爻阴变，成巽、离、兑三子卦。

关于六十四卦的生成，虞翻认为乾坤先生出十二消息卦，然后由十

---

[1] 焦循：《易图略》卷七，《续修四库全书》第27册，第524—525页，上海，上海古籍出版社，2002。

二消息卦再生出六十四卦。据黄宗羲《易学象数论·卦变二》的概括，具体办法是这样的：

> 一阴一阳之卦各六，皆自复（☷☳）、姤（☰☴）而变；二阴二阳之卦各九，皆自临（☷☱）、遁（☰☶）而变；三阴三阳之卦各十，皆自否（☰☷）、泰（☷☰）而变；四阴四阳之卦各九，皆自大壮（☳☰）、观（☴☷）而变。中孚（☴☱）、小过（☶☳）为变例之卦，乾（☰☰）、坤（☷☷）为生卦之原，皆不在数中。①

具体推演开来，即为：一阳之卦有复（☷☳）、师（☷☵）、谦（☶☷）、豫（☳☷）、比（☵☷）、剥（☶☷）六卦；一阴之卦有姤（☰☴）、同人（☰☲）、履（☰☱）、小畜（☴☰）、大有（☲☰）、夬（☱☰）六卦。二阳之卦有临（☷☱）、升（☷☴）、解（☳☵）、坎（☵☵）、蒙（☶☵）、明夷（☷☲）、震（☳☳）、屯（☵☳）、颐（☶☳）九卦；二阴之卦有遁（☰☶）、无妄（☰☳）、家人（☴☲）、离（☲☲）、革（☱☲）、讼（☰☵）、巽（☴☴）、鼎（☲☴）、大过（☱☴）九卦。三阳之卦有泰（☷☰）、恒（☳☴）、井（☵☴）、蛊（☶☴）、丰（☳☲）、既济（☵☲）、贲（☶☲）、归妹（☳☱）、节（☵☱）、损（☶☱）十卦；三阴之卦有否（☰☷）、益（☴☳）、噬嗑（☲☳）、随（☱☳）、涣（☴☵）、未济（☲☵）、困（☱☵）、渐（☴☶）、咸（☱☶）九卦。四阳之卦有大壮（☳☰）、大过（☱☴）、鼎（☲☴）、革（☱☲）、离（☲☲）、兑（☱☱）、睽（☲☱）、需（☵☰）、大畜（☶☰）九卦，实则虞翻认为大过、鼎、革、离四卦来自遁卦；四阴之卦有观（☴☷）、颐（☶☳）、屯（☵☳）、蒙（☶☵）、坎（☵☵）、艮（☶☶）、蹇（☵☶）、晋（☲☷）、萃（☱☷）九卦，实则虞翻认为颐、屯、蒙、坎四卦来自临卦。外加变例之卦——中孚、小过和本原之卦——乾、坤，六十四卦都在其中。②

总之，虞翻的卦变说颇富系统，其演绎的逻辑为乾坤→十二消息卦→六十四卦。其中，乾坤二卦与宇宙生化之原相应。乾为纯阳卦，坤为纯阴卦，乾坤二卦即体现了宇宙的基本原则——对待与流行。复（☷☳）、临（☷☱）、泰（☷☰）、大壮（☳☰）、夬（☱☰）、乾（☰☰）、姤（☰☴）、遁（☰☶）、否（☰☷）、观（☴☷）、剥（☶☷）、坤（☷☷）十二消息卦与十二月相应，表示阴阳二气在

---

① 黄宗羲：《易学象数论》卷二，第69页，北京，中华书局，2010。
② 参见黄宗羲《易学象数论》卷二，第74—77页。

一年十二月中的消息过程。进一步,十二消息卦又生出除中孚、小过、乾、坤四卦之外的其他六十卦。需要指出,此六十卦与卦气说中的六十卦并不一致,这说明虞翻的卦变说在本质上是基于其自身之阴阳逻辑的推演。由此来看,虞翻的卦变说在性质上属于数理的,而不属于宇宙生成论的。后来,虞翻的卦变说成为宋人卦变说的基础。

再看虞氏的月相纳甲说。虞翻的月相纳甲说出自魏伯阳,[①]二人同为会稽人,魏伯阳曾注《周易参同契》。又,学者通常认为魏、虞二氏的月相纳甲说出自西汉京房的纳甲说。现在看来,这一说法未能穷本溯源,纳甲说其实出自先秦。清华简《筮法》篇即有《天干与卦》一节,将乾、坤、艮、兑、劳(坎)、离、震、巽八卦,与甲壬、乙癸、丙、丁、戊、己、庚、辛十天干对应起来。[②] 这种纳甲说,正是京房使用的纳甲说。所谓纳甲,甲为十天干之首,故举甲以赅十日;卦纳十日,故曰纳甲。京房的纳甲说分为八卦纳甲和别卦纳甲两种,其八卦纳甲与清华简《筮法·天干与卦》一节所说完全一致;其别卦纳甲又分为两种,一种为八纯卦的纳甲,一种为其他卦的纳甲。《京氏易传》卷下曰:“分天地乾坤之象,益之以甲乙、壬癸,震巽之象配庚辛,离坎之象配戊己,艮兑之象配丙丁。”这是八卦的纳甲。八纯卦的纳甲仿此,可推展为:乾卦纳甲壬,内卦纳甲,外卦纳壬;坤卦纳乙癸,内卦纳乙,外卦纳癸;震卦纳庚,巽卦纳辛,坎卦纳戊,离卦纳己,艮卦纳丙,兑卦纳丁。其他别卦的纳甲,均遵循八纯卦之内外卦纳甲之例。

在东汉后期,纳甲说发生了较大变化。而这个变化,一方面是由于天文学的进步导致的,另一方面是由“日月为易”的新观念导致的,其中前者是主导因素。张衡《灵宪》曰:“夫日譬犹火,月譬犹水,火则外光,水则含景。故月光生于日之所照,魄生于日之所蔽,当日则光盈,就日则光尽也。”张衡指出,日是发光体,月光生于日之所照,而月相与日之所照直接相关。张衡还说日犹火、月犹水,而离为火为日、坎为水为月之象,《说

---

① 萧汉明、郭东升:《周易参同契研究》,第 173 页,上海,上海文艺出版社,2001。
② 李学勤主编:《清华大学藏战国竹简(肆)》,第 114 页。

卦传》已说之。不但如此,《灵宪》还直接引用了《系辞传》"悬象著明,莫大乎日月"这两句话,表明《灵宪》已具备提出月相纳甲说的主要观念了。大约在同时,"日月为易"的观念提出来了。其后,这一观念不断得到强化。许慎跟张衡都生活在东汉中期,许慎在《说文·易部》中曰:"易……祕书曰:'日月为易,象阴阳也。'"所谓"祕书",指当时流行的纬书。随后,"日月为易"说得到了易学大师的重视。郑玄《易论》曰:"易者,日月也。"魏伯阳《参同契》曰:"日月为易,刚柔相合。"虞翻注《系辞》"是故易者象也"曰:"易,谓日月。"陆德明《经典释文》引虞翻注《参同契》曰:"字从日下月。"魏氏由此提出了月相纳甲说(旧称月体纳甲说),虞翻进而作了改进。魏伯阳《参同契》曰:"三日出为爽,震庚受西方;八日兑受丁,上弦平如绳;十五乾体就,盛满甲东方。蟾蜍与兔魄,日月气双明,蟾蜍视卦节,兔魄吐精光,七八道已讫,屈伸低下降。十六转受统,巽辛见平明;艮直于丙南,下弦二十三;坤乙三十日,阳路丧其朋。节尽相禅与,继体复生龙。壬癸配甲乙,乾坤括始终。"《参同契》又曰:"坎戊月精,离己日光。日月为易,刚柔相合。"其纳甲之法具体为:

三日	爽	震	庚	西方
八日	上弦	兑	丁	
十五日	望	乾	甲壬	东方
十六日	平明	巽	辛	
二十三	下弦	艮	丙	南方
三十日	晦	坤	乙癸	
坎戊月精,离己日光,日月为易,刚柔相合				中宫

在此,魏伯阳建构了一个乾坤(天地)为体、坎离(日月)为用的宇宙模型,日月在天地之间运行不息,而明生焉,而寒暑生焉。魏伯阳以此来表达所谓"日月为易"的观念。

虞翻的月相纳甲说,是从魏氏月相纳甲说改作而来的。虞翻同样以"日月为易"为基本观念,而以日月在天所成八卦及其方位来构造所谓月

相纳甲说。就《系辞》"县(悬)象著明,莫大乎日月",虞翻《注》曰:

> 谓日月县(悬)天成八卦象。三日暮,震象出庚;八日,兑象见丁;十五日,乾象盈甲。十七日,巽象退辛。二十三日,艮象消丙。三十日,坤象灭乙。晦夕朔旦,坎象流戊。日中则离,离象就己。戊己土位,象见于中。"日月相推而明生焉",故"县(悬)象著明莫大乎日月"者也。(《周易集解》卷一六)

就《系辞》"八卦成列,象在其中矣",虞翻《注》曰:

> 乾坤列东,艮兑列南,震巽列西,坎离在中,故八卦成列,则象在其中。天垂象,见吉凶,圣人象之是也。(《周易集解》卷一六)

就《系辞》"五位相得而各有合",虞翻《注》曰:

> 五位,谓五行之位。甲乾乙坤相得,合木,谓天地定位也;丙艮丁兑相得,合火,山泽通气也;戊坎己离相得,合土,水火相逮也;庚震辛巽相得,合金,雷风相薄也;天壬地癸相得,合水,言阴阳相薄而战乎乾,故"五位相得而各有合"。或以一六合水,二七合火,三八合木,四九合金,五十合土也。(《周易集解》卷一六)

虞翻月相纳甲说的核心是表达"日月悬天成八卦象"的观念,[1]是天文学与易学的融合。这里的"八卦象"既指月相,又指与月相相对应的八卦之象。日为光源,月受日光,日月在天地之间交错运行就产生了不同的月相。而月相可以用八卦来表示,或者说不同的月相即代表了不同的八卦之象。虞翻的月相纳甲说与魏氏的月相纳甲说有所不同,但不值细论。虞氏的月相纳甲说,惠栋曾画了一幅图来示意。[2]

就虞翻利用月相纳甲说注《易》,现举两例以见之。《坤·象传》曰:"西南得朋,乃与类行;东北丧朋,乃终有庆。"虞翻《注》曰:"此指说易道阴阳消息之大要也。谓阳月三日,变而成震出庚。至月八日,成兑见丁。

---

① 参见萧汉明、郭东升《周易参同契研究》,第178—179页。
② 惠栋:《易汉学》卷三,影印文渊阁《四库全书》第52册,第325页,台北,台湾商务印书馆,1986。

庚西丁南,故'西南得朋'。……二十九日,消乙入坤,灭藏于癸,乙东癸北,故'东北丧朋'。"(《周易集解》卷二)《剥·象传》曰:"君子尚消息盈虚。"虞翻《注》曰:"易亏巽消艮,出震息兑,盈乾虚坤,故于是见之耳。"(《周易集解》卷五)

又再看虞氏的其他易例。虞氏集两汉象数易学之大成,他使用过的其他易例如下:(1) 反卦、旁通和上下象易。反卦,指一卦倒过来看,或一卦之爻次倒过来排列,即所谓"以上为下,以下为上",由此构成一个新卦。新卦与本卦构成反对关系,即孔颖达所谓"覆卦"。旁通,指与某卦六爻之爻性全部相反而生出新的一卦。两卦旁通,以阴阳相通为前提。①旁通也就是孔颖达所说的"变卦"。惠栋《易例》卷下曰:"有卦之反,有爻之反。卦之反,反卦也;爻之反,旁通也。"旁通卦和反对卦也叫错卦和综卦。例如,虞翻注《剥卦》曰:"阳消乾也,与夬旁通。"(《周易集解》卷五)剥卦的卦画为䷖,夬卦的卦画为䷪,这两卦互为旁通的关系。注《革卦》曰:"遁上之初,与蒙旁通。"(《周易集解》卷一〇)革卦的卦画为䷰,蒙卦的卦画为䷃,这两卦互为旁通的关系。虞翻注《杂卦》"否泰,反其类也"曰:"否反成泰,泰反成否,故'反其类'。"(《周易集解》卷一七)否卦的卦画为䷋,泰卦的卦画为䷊,这两卦互为反对的关系。注《杂卦》"渐,女归待男行也"曰:"兑为女,艮为男,反成归妹。"(《周易集解》卷一七)渐卦的卦画为䷴,归妹的卦画为䷵,这两卦互为反对的关系。上下象易,又称两象易,指一卦的上卦和下卦互换内外位置,由此变成另外一卦。在注《系辞》"盖取诸大壮"时,虞翻说"无妄两象易也",即认为无妄(䷘)上下象相移易而为大壮(䷡)。在注"盖取诸大过"时,虞翻说"中孚上下象易也",即认为中孚(䷼)上下象移易而为大过(䷛)。注"盖取诸夬"时,虞翻说

---

① 旁通之义,陆绩说得最为明白,虞翻已有明确的解释。《乾·文言》曰:"六爻发挥,旁通情也。"陆绩《注》曰:"乾六爻发挥变动,旁通于坤。坤来入乾,以成六十四卦,故曰'旁通情也'。"(《周易集解》卷一)《乾·文言》曰:"乾元者,始而亨者也。"虞翻《注》曰:"乾始开通,以阳通阴,故始通。"(《周易集解》卷一)《坤》卦辞曰:"元亨。"虞翻《注》曰:"谓阴极阳生,乾流坤形,坤含光大,凝乾之元,终于坤亥,出乾初子,'品物咸亨',故'元亨'也。"(《周易集解》卷二)

"履上下象易也",即认为履卦(☱☰)上下象移易而为夬卦(☱☰)①。(2)之正说与成既济说。之正说,又称"动之正说",它是建立在《易传》得位、失位说的基础上的。将失位之爻以得位说之,即为"之正说"。虞翻注《坤卦》辞"利牝马之贞"曰:"坤为牝,震为马。初动得正,故'利牝马之贞'矣。"(《周易集解》卷二)注《讼》九四爻辞"安贞吉"曰:"动而得位,故'安贞吉',谓二已变,坤安也。"(《周易集解》卷三)在之正说的基础上,虞翻又提出了"成既济说",或"成既济定说"。之正说的目的是使一卦之某一爻得正,而推至其极,六爻皆当位的既济卦则必然是此说的最理想状态。《杂卦》曰:"既济,定也。"虞翻《注》曰:"济成六爻得位,定也。"(《周易集解》卷一七)"定"包含"确定"和"标准"之义,既济卦即是六爻得位的标准。注《咸·彖传》曰:"乾为圣人,初四易位成既济。"(《周易集解》卷七)咸卦(☱☶)为艮下兑上,初四两爻易位则为离下坎上,成既济卦(☱☲)。注《革·彖传》曰:"'文明'谓离,'说',兑也,'大亨'谓乾。四动成既济定,故大亨以正。革而当位,故'悔乃亡'也。"(《周易集解》卷一〇)革卦(☱☲)为离下兑上,九四爻动之正则为离下坎上,成既济定。总之,之正说和成既济说都源于荀爽,虞翻则推为一般体例,大量采用它们来注解经文。之正说丰富和深化了爻变的理论,深化了得位、失位的爻位理论;而成既济说则进一步将之正说的目的和意义昭示出来。之正说和成既济说都带有很强的经学含义。另外,与之正说相对,虞翻还使用了所谓权变说。权变说是指本来正位之爻使之不正的解释方法,"权"与"正"相对,"正"是经是常。(3)虞翻在注经的过程中还使用了卦气说、升降(往来、上下)说和飞伏说等方法,而这些方法都来自前人,本章不再赘述。

最后看虞氏所谓逸象。"逸象",是汉人注《易》的重要手段之一。《焦氏易林》在《说卦》之外增加了卦象,《九家易》②增加了 31 例,而虞翻

---

① 以上引文,均见《周易集解》卷一五。

② 《九家易》是简称,是汇集注解荀爽易学的九家易注。《隋书·经籍志》著录为《周易荀爽九家注》,新旧《唐志》著录为《荀氏九家集解》,陆德明《经典释文》著录为《荀氏九家集注》。

"八卦取象,十倍于九家"。惠栋《易汉学》卷三《虞仲翔易》"虞氏逸象"
条曰:

> 虞仲翔传其家五世孟氏之学,八卦取象,十倍于九家。……以
> 上取象共三百二十七,(乾六十一,坤七十七,震五十,坎四十五,艮
> 三十九,巽十六,离十九,兑九。)虽大略本诸经,然其授受必有所自,
> 非若后乡(向)壁虚造、漫无根据者也。①

逸象的大量增加,固然为虞翻注解《周易》带来了极大的方便,但也突
出了其注解的随意性。而这种悍然突破经典(《说卦传》)界限的做法,其实
不但得不到其他经师的赞许,反而在很大程度上会招致人们的严厉批评。

总之,从方法论来看,虞翻博取诸种易例,并加以综合和贯通,总结
和发展了汉易象数学。毫无疑问,他是汉易象数学最杰出的代表。在
"象""数"之间,汉易又以"象"为重,虞翻的易学同样是以"象"为中心的。
对于他而言,取象的完成即是解释的完成,不可避免地,在很大程度上,
他颠倒了目的("经义")和手段("象数")的关系。

四、汉末易学的象数逻辑和思想主旨

东汉末期的易学有三大主旨,一个是象数方法的逻辑化和系统化,
再一个是以象数逻辑表达和构建宇宙图景(世界图景),第三个是"中和"
的人文理念。

1. 象数方法的逻辑化和系统化

在东汉末期,易学家和经学家不仅应用和发明了众多的象数方法,
而且着意梳理这些方法之间的逻辑关系,从而力图建构起一个象数的逻
辑系统。象数方法本身的逻辑化和系统化,是汉末象数易学发展的基本

---

① 惠栋:《易汉学》卷三,影印文渊阁《四库全书》第52册,第334页。这段文字,经训堂丛书本
作:"虞仲翔传其家五世孟氏之学,八卦取象,十倍于九家……以上取象共三百三十一,(乾六
十,坤八十二,震五十,坎四十六,艮三十八,巽二十,离十九,兑九。)虽大略本诸经,然其授受
必有所自,非若后乡(向)壁虚造、漫无根据者也。"参见杨世文等选编《易学集成》第3卷,第
2486页,成都,四川大学出版社,1998。按,这两个本子所统计之数字都不准确,对应不上。

目标,而尤以郑玄、荀爽和虞翻为代表。汉末象数易学的逻辑化和系统化主要表现在三个方面。

其一,汉末易学都极其重视乾坤二卦的本原作用,均把此二卦看作象数系统推演的根源。对乾坤二卦的重视,始于《易传》。在《易传》各篇中乾坤二卦都占有特殊地位,它们被认为是六十四卦中最重要、最基础的两卦。《系辞上》曰:"乾坤,其《易》之缊(蕴)邪!乾坤成列,而《易》立乎其中矣。乾坤毁,则无以见《易》。《易》不可见,则乾坤或几乎息矣。"《系辞下》曰:"乾坤,其《易》之门邪!乾,阳物也。坤,阴物也。阴阳合德,而刚柔有体,以体天地之撰,以通神明之德。"乾坤为《易》之蕴、《易》之门的观念,即为汉末易学的主旨。而为何乾坤二卦可以成为《周易》的主旨呢?因为乾坤二卦代表了阴阳原则和天地原则。由此,乾坤二卦与《周易》本身具有等值关系,《系辞传》曰"乾坤成列,而《易》立乎其中矣",又曰"乾坤毁,则无以见《易》",即是此意。郑玄、荀爽和虞翻都极力阐扬乾坤"其《易》之缊(蕴)""《易》之门"的传学宗旨,并由此构建和推演他们的易学象数系统。

其二,汉末易学的象数学具有很强的数理逻辑性和系统的时空性。象数方法(易例)的内在推演包括两重逻辑,一个是从乾坤二卦到十二消息卦、再到六十四卦的推演,另一个是乾坤二卦在一卦内部的推演。郑玄以乾坤十二爻辰说建构了《周易》384爻,将六十四卦384爻都变成了居于乾坤十二爻位的阴阳爻,并由此建立了一个高度简化、一致的卦爻体系。荀爽提出乾坤升降说,并由此提出卦变说,进而推演六十四卦。虞翻在继承荀爽易学的基础上完善和发展了卦变说,虞氏的卦变说具有鲜明的逻辑推演特征,从乾坤二卦到十二辟卦、再到六十四卦,这是一个逻辑推演的过程。同时,卦爻的逻辑推演在汉易的发展史中与卦气说等关联在一起,使得汉易象数学具有系统的时空性,能够与具体的物事世界(形下世界)关联起来。这样,汉易的重点不仅在于阐释阴阳之理,而且在于将天道落实和展开为具体时空形式。

乾坤二卦在一卦内部的推演,是汉易象数学的又一重逻辑。爻位论是《周易》解释学的理论基础。而如何统摄六十四卦之上下卦及六爻的关系呢？这是汉末易学所思考的一个重要问题，彼时的易学家即以乾坤二卦和八卦来梳理卦爻内部的关系，作出了回答。在乾坤二卦的基础上，郑玄、荀爽等人提出了爻辰说、爻体说、爻得卦气说和乾坤升降说等易例。在八卦的基础上，汉末易学家提出了更多的方法。虞翻兼重乾坤和八卦的象数学建构，他从乾坤推演出卦变说，并与卦气说等易例关联；又从八卦推演出互体、上下象易、逸象等易例。反过来说，虞翻使用的易例虽众，但要之，皆归本于乾坤和八卦的两种象数学建构而已。

其三，汉末易学象数学有自己的纲和目，由此形成了庞大的象数学系统。这个纲就是汉末象数学自身的推演逻辑，而这个目就是各种所谓易例，或解易方法。郑玄、荀爽和虞翻三位是汉末易学最杰出的代表，他们大力发展所谓易例，大肆使用所谓象数学方法，因此他们成为王弼批判的主要对象，这是理所当然的事情。

2. 天道的结构化与宇宙（世界）图景的象数建构

天道的结构化和宇宙图景的象数化，这是象数易学的两项基本任务。当然，这二者是紧密联系在一起的。汉末易学继承了先秦至西汉易学的一些基本观念和命题，其宇宙论跟西汉中后期一样具有杂糅盖天说和浑天说的特征。在天道观上，汉末易学以盖天说为主，同时吸纳了浑天说的一些成分。在汉末易学中，"天道"首先表现为"天地"和"阴阳"的二元结构。相应地，在卦爻结构上，汉末易学突出了乾坤二元对待的观念，并以此观念去重构《周易》六十四卦、384爻的生成及其关系。其次，汉末易学又在多个方面吸纳了浑天说和《太初历》的成果，不但继承了《易纬》"一元以为元纪"的思想、孟喜的卦气说等，而且发明了一些符合新宇宙观和新历法的象数方法，例如魏伯阳、虞翻发明了月相纳甲说，而二氏的月相纳甲说其实是以浑天说为宇宙论背景的。

从宇宙图景来看，汉末易学展现了一个兼容盖天说和浑天说的宇宙模式，当然这种宇宙模式不是从实然世界来说的（因为在实际中二说是彼此对立的，人们要么主张盖天说，要么主张浑天说，二者必居其一），而是从思想世界来说的，即人们将盖天说设想为浑天说的一种相对模式，从而建立自己的宇宙观,并在这种宇宙观的妥协中肯定俗世的既定价值!实际上,西汉后期以来的学者正是如此调和这两种宇宙模式的。而这幅杂糅在一起且包含内在矛盾的宇宙观,曾长期主宰中国人的知识论和价值观。

总之,天道观落实为宇宙图景,而"一阴一阳之谓道"是宇宙生成的普遍原理;从元气到天地,从天地到阴阳、再到万物,这是宇宙生成的过程;天上地下、四方八位,日月往来、四时八节十二度二十四气七十二候,一日八十分、一年365.25日,这是宇宙生成的时空结构。所有这些,都是汉易象数学所要着重表现和建构的主题、基本对象和内容。而对于宇宙图景的象数化,汉末易学以"乾坤"和"八卦"为两大核心,从而建构起汉易象数学的符号逻辑和宇宙逻辑。

3. "中正""中和"与人间秩序的建构

人间秩序如何安顿? 这也是汉末易学的一个重要问题。一般,它是这样处理此一问题的:其一,应当根据天道来规范人道和安顿世间伦理;其二,名教或礼乐之教是天道在现实层面的展开;其三,以天道之自然和谐原则——"中正""中和"规范人间秩序。这三点,实际上是汉儒的通义。

《易纬·乾凿度》曰"易一名而含三义",其中"不易"一义即讲天尊地卑、父坐子伏,认为等级秩序是世间不易之常理,它来自天地,来自天道。盖天说不仅肯定了天上地下的空间经验秩序,而且将其上升到宇宙论和天道的高度。这样,天尊地卑就是出自天道、出自自然而然的价值原则,是世间等级秩序的价值之原。《乾凿度》还将这种"不易"的等级秩序通过生成论的论证表现在爻位上。《乾凿度》卷上曰:

> 故《易》始于一,分于二,通于三,□于四,盛于五,终于上。初为元士,二为大夫,三为三公,四为诸侯,五为天子,上为宗庙。凡此六者,阴阳所以进退,君臣所以升降,万人所以为象则也。

卷下曰:

> 岁三百六十五日四分日之一,以卦用事,一卦六爻,爻一日。凡六日,初用事,一日天王诸侯也,二日大夫也,三日卿,四日三公也,

五日辟,六日宗庙。

据上引两段《乾凿度》文,六爻的贵贱,从初至上依次称为元士爻、大夫爻、三公爻、诸侯爻、天子爻和宗庙爻。这无疑是对《易传》相关爻位理论的社会等级化和秩序化。此外,《易纬·稽览图》又将卦气说的六十卦分为辟、公、卿、侯、大夫五种,以候阴阳、风、雨、寒、温的征应。从注来看,郑玄是赞成《易纬》观念的,他不但继承了"天尊地卑"的原则,而且赞成将一卦之六位人伦化、社会等级化和爻、卦俱有贵贱的做法。而郑玄重视以礼注《易》,正与"天尊地卑""阳主阴从"的宇宙论观念一致。其实,"天尊地卑""阳主阴从"即为价值观念化的天道,乃汉代儒学和易学的通义,郑玄、荀爽、虞翻等人均不例外。这种等级秩序,还通过八卦的人伦化和等级化表现出来。乾坤父母与震、坎、艮、巽、离、兑六子卦的观念出自《说卦传》,汉易高度重视这一观念,并在此基础上作了许多易例的发明,郑玄的爻体说和荀爽、虞翻的乾坤二五两爻交变成六子卦说即是两个例子。

在爻位论中,《易传》以"中正"为最贵,汉末易学亦不例外。"正"即所谓当位。"正"字,在李鼎祚《周易集解》中出现了七百多次,相关注解众多。值得注意的是,虞翻不但重视正位(居位得正)的观念,而且在易例上作了发明。虞氏的之正说、成既济说和权变说都是表现正位说的方法。一爻本居位不正,而以变正说之,即为之正说。一卦之上下二爻易位得正,或者一爻动之正,然后六爻得正成既济卦,即所谓成既济说。本正之爻而以不正说之,即为权变说。权变说与之正说互相反对,虞翻发明此一易例,突出了正位说在爻位理论上的重要性。在爻位论上,"中"比"正"更为重要,二五两爻为中位,居中往往吉辞。从《周易》卦爻辞和《易传》来看,"中"观念确实比"正"更重要。汉人论"中",不仅将其放在人伦中来看,而且将其置于宇宙论中来看。汉末至三国的易学家高度重视"中"观念,"中"字在李鼎祚的《周易集解》中出现了七百多次,如崔觐注《乾·文言传》曰:"言乾是纯粹之精,故有刚、健、中、正之四德也。"

(《周易集解》卷一)虞翻注《临》九二爻辞曰:"得中多誉。"(《周易集解》卷五)侯果注《噬嗑·象传》曰:"虽则失位,文明以中,断制枉直,不失情理,故'利用狱'。"(《周易集解》卷五)"中正"一词在《周易集解》中出现了四十六次,如果算上句中连言的情况,那么就更多了。王肃注《讼·九五象传》曰:"以中正之德,齐乖争之俗,元吉也。"(《周易集解》卷三)虞翻注《观·象传》曰:"中正谓五。五以天神道观示天下,咸服其化,宾于王庭。"(《周易集解》卷五)侯果注《遯九五·象传》曰:"时否德刚,虽遯,中正,嘉遯者也,故曰'贞吉'。"(《周易集解》卷七)陆绩注《系辞》"系于包桑"曰:"五在否家,虽得中正,常自惧以危亡之事者也。"(《周易集解》卷一五)"中正"之例以九五为极则,虞翻注《随·九五象传》即曰:"凡五言中正,皆阳得其正,以此为例矣。"(《周易集解》卷五)

"中和"是汉末易学高度重视的又一观念,在《周易集解》中一共出现了十四次。"中"指爻居二五位,"和"就中爻之阴位或阴爻而言,六二、九二和六五这三爻均有"中和"特性。据李鼎祚《周易集解》,荀爽、《九家易》、虞翻、宋衷、崔觐、侯果、韩康伯都有相关注解,其中荀爽最多,计有七条。例如,荀爽注《师·象传》"能以众正,可以王矣"曰:"谓二有中和之德,而据群阴,上居五位,可以王也。"(《周易集解》卷三)《九家易》注《泰》六五"帝乙归妹,以祉元吉"曰:"谓下居二,以中和相承,故'元吉'也。"(《周易集解》卷四)虞翻注《大壮》六五"丧羊于易,无悔"曰:"故'丧羊于易'动各得正,而处中和,故'无悔'矣。"(《周易集解》卷七)"中和"之例以"六二"为极则。与荀、虞诸氏有所不同,郑玄一是将"中"训为"和",另外他还将"中和"作为最重要的人文精神,而以之注《易》。郑玄注《系辞》"易有太极"曰:"极中之道,淳和未分之气也。"(《文选》张茂先《励志诗》注)注"易与天地准"曰:"准,中也,平也。"(《经典释文·周易音义》)注《蹇·象传》曰:"中,和也。"(《经典释文·周易音义》)这是郑玄释"中"为"和"的例子。郑玄注《咸》卦曰:"其于人也,嘉会礼通,和顺于义,干事能正。"(《周易集解》卷七)注《恒》卦曰:"其能和顺干事,所行而善矣。"(《周易集解》卷七)注《萃》卦曰:"上下相应,有事而和通,故曰'萃,亨'

也。"(《周易集解》卷九)在解经中,郑玄确实更重视"和"的观念。

　　总之,汉末易学认为应当根据天道来安排人间秩序和世间伦理,或者说人间秩序和世间伦理应当得到天道的肯定。在宇宙论上,这个天道就是盖天说的天上地下的空间结构,反映在价值论上就是"天尊地卑"的宇宙法则,反映在卦爻上就是《系辞传》所说"天尊地卑,乾坤定矣。卑高以陈,贵贱位矣"四个经典语句。毫无疑问,卦爻位的上下,即反映了人道世界及其外化的宇宙的价值准则——"贵贱"。汉末易学继承了这一套说法,不但继承了父坐子伏等三纲之说,而且将所谓元士爻、大夫爻、三公爻、诸侯爻、天子爻和宗庙爻应用到《周易》的注解中。汉末易学在重视名教和阐发伦理思想的基础上又定之以"中正""中和"准则,使得自身在价值观上建立了被物事环绕的"太极"。而"中和""中正"其实是汉代经学的通义。① 需要指出,"中正""中和"在汉末易学中同时表现为两种易例(易学解释方法)和爻位论,不过这种爻位论天生地即设定了针对人事的价值标准。

第三节　从象数到义理:汉易的弊病与王弼《周易略例》

一、汉易的方法与弊病

　　先看汉易象数学的方法(即所谓易例)。汉代易学的一个重点在于象数方法,运用象数方法以解经和推阐易理,这是汉易的基本特点。汉易象数学的目的虽然在于解经释义和推阐天人之道,但是其方法论受到了后人更多的关注。在方法论上,汉易一方面将"象"作为解经释义的关注点,另一方面大量使用和发明了具体的象数方法。两汉象数易学的代表性人物较多,但以京房和虞翻为最。后人对于汉易象数方法的梳理和总结,以惠栋最为突出(见《周易述》《易汉学》《易例》三书),今人屈万里、

---

① 对汉代经学的"中和"之旨,惠栋《易例》有专门的梳述。参见惠栋《周易述》(附《易汉学》《易例》)下册,郑万耕点校,第659—667页。

徐芹庭、林忠军和刘玉建等均有细致的梳理。① 惠栋《易例》所列易例（它们基本上被汉人使用过）如下：

> 太极生次，伏羲作八卦之法，大衍，太极，元亨利贞大义，八卦，兼三才，易初爻，虞氏之卦大义，占卦，阴爻居中称黄，扶阳抑阴，阳道不绝阴道绝义，阳无死义，中和，易气从下生，中正，时，中，升降，《左传》之卦说，承乘，应，当位不当位，世应，飞伏，贵贱，爻等，贞悔，消息，四正，十二消息，乾坤升降，用九用六，甲子卦气起中孚，既济，刚柔，天道尚刚，君道尚刚不尚柔，七八九六，两象易，反卦，半象，爻变受成法，诸卦旁通，旁通卦变，旁通相应，震巽特变，君子为阳大义，《说卦》方位即明堂方位，往来诸爻例，离四为恶人，五行相次，土数五，乾为仁，初为元士，震为车，艮为言，乾五为圣人，等。②

徐氏《汉易阐微》专辟《〈易经〉条例》一章，列举了汉人用过的易例，如下：

> 三才之位，六爻正位，既济定位，失位不正，贵贱之位，吉凶之位，中和、中正、中行及不中例，乘承据应例，往来，隔、变、动、发与飞伏，权变，易位与利之正，爻之，卦主，互体，卦变，半象，爻体，两象易，反卦与两象对合，升降，同义，五行，纳甲，纳支，四时与方位，八卦方位，十二消息，消息生卦说，卦气卦候，爻辰，八宫世应与游魂归魂，六亲，天地之数，天地生成之数与五行配合之数，四象与九六之数，爻画之数，大衍之数与筮卦法，筮册之数与万物之数，干支之数，取象之范畴，京房八宫卦序，虞氏六十四卦爻象，六十四卦纳干支六

---

① 林忠军：《象数易学史发展史》第1卷，济南，齐鲁书社，1994；刘玉建：《两汉象数易学研究》，桂林，广西教育出版社，1996。
② 惠栋：《易例》，载惠栋：《周易述》(附《易汉学》《易例》)下册，第643—726页。《四库全书总目·易例提要》说惠栋的《易例》："皆考究汉儒之传，以发明《易》之本例。凡九十类，其中有录无书者十三类。"这部书其实是一份草稿，需要作进一步的整理，"其标目有当为例而立一类者，亦有不当为例而立一类者，有一类为一例者，亦有一类为数例者。"转见前揭书，第727页。

亲世庶。①

屈万里先生的《先秦汉魏易例述评》一书,分别了汉武帝之前的易例和汉武帝之后至王弼之间的易例。据屈书,汉代新发明的易例有:

> 十二消息卦,卦气,互体及爻变,八宫卦,世应,游魂归魂,飞伏,八卦六位,世卦起月例,爻位贵贱,爻体,爻辰,升降,荀氏卦变,纳甲,虞氏互体,半象,两象易,旁通,反卦,虞氏卦变,三变受上。②

汉易象数学是一个十分庞大而繁琐的方法论系统,其目的主要是解经,汉末易学更是如此。其易例的构造主要有两个途径,一个是取象,另一个是转化或者沟通天道,为人事服务。当然,这二者往往是关联在一起的,即对于天道的转化和沟通在很大程度上也是为了取象。汉易象数学当然有一定的系统和脉络,而这个系统和脉络是围绕表示天地、阴阳的乾坤二卦和八卦(经卦)来构筑和展开的。汉易象数学长于表示天道,而对于天道的表示又是通过八卦、乾坤二卦和六十四卦来进行的。"卦爻"本身即是汉易象数学环绕的核心。

再看汉易象数学的弊病。汉易象数学的目的,对内是解释《周易》经传文本,对外是沟通天道和人伦,或者说将天道和人伦带入《周易》经学的解释之中。汉易所依赖的天道,包括宇宙论及其原理两个方面,并以它们为基础。宇宙论由盖天说和浑天说交混构成,盖天说的宇宙结构为天上地下,浑天说的宇宙结构为天包地外。由盖天说的宇宙论发展出二元论的哲学观念,它们包括天尊地卑、贵贱有等的观念,和"一阴一阳之谓道"的命题。易学上的爻位论及其等次、贵贱化,"乾坤,其《易》之缊(蕴)""《易》之门"的命题,都是这种二元论的宇宙观及其哲学观念的反

---

① 徐芹庭:《汉易阐微》上册,第37—84页。
② 屈万里:《先秦汉魏易例述评》(《屈万里全集》卷八)卷下"目录",台北,联经文化事业出版公司,1984。是书由台湾学生书局1969年初版。按,根据目前的资料和研究,屈万里认为上引文中的易例均属于汉人新发明,其实这个看法未必正确。其中,部分易例起源于先秦,而不是由汉人新发明的。

映。由浑天说的宇宙论,古人发展出一元论的思想观念,它们包括元气说、天包地外论及《太初历》《三统历》的时间观等。汉易学上的卦气说特别是孟喜的卦气说、《易纬·乾凿度》的"《易》一元以为元纪"及乾元包坤元的观念,都是这种一元论的宇宙观及其哲学观念在易学上的反映。[1]进一步,世间的等级秩序在通过天尊地卑(二元论)及绝对至上(一元论)观念的双重论证和绝对真理化的人为组合之后,很容易被易学家随即带入对《周易》经传的解释之中。我们看到,无论是一元论还是二元论的宇宙观和价值观,及其对应的宇宙结构和人伦结构,都无一例外地进入了汉易象数学的观念表达之中,而且愈到后来,象数方法的运用和构造就愈频繁和繁琐,其中以汉末为最。汉末易学不但发明了大量的易例(象数方法),而且在注经的过程中走向了极端,力求无一字无象,并力求每一象有其方法论的来源,而如不得已,则以逸象补助之。集中起来,汉易象数学的弊病首先在于迂曲、牵合和臆造,而繁琐尚在其次,且在解释上力求无一字无象数之来历和证明,这正是导致汉易象数学产生重大弊病的逻辑所在。

对于汉易象数方法产生的弊病,屈万里曾作了严厉批评。比如,对于"互体"之例,他批评道:

> (1)《易》辞非据象而作,先秦及汉初易家,亦不据象以释卦爻辞。故无互体及卦变之说。互体、卦变者,皆所以济象数之穷也。孟喜始以象释《易》辞,京房承其绪余,因时以象数说《易》。然本卦之象,不足以济其说也,乃求之互体;互体仍不足以济也,遂更求诸爻变。《周易》之学,自是而愈纷矣。

> (2)一卦之中有本体二,并三画之互体二为四。五画之互体二卦,而有四体;四画之互体三卦,而有六体。复益以半象之互体,则卦体之多莫可究极矣。然后益之以卦变,附之以逸象,则天下无不

---

[1] 郑玄肯定了乾坤一元的思想。此外,"乾元"在《周易集解》中出现了13次,而"坤元"仅出现了1次。

可以卦象求得之物,世间无不可以卦象解释之文。一卦可以括六十四卦之义,六十四卦亦不过一卦之变,则是全部《周易》,一卦已足,复何用六十四卦之纷纷乎? 象数之弊,至此极矣。

对于"卦变"之例,他批评道:

（3）惟是卦变之说,本于《彖传》"往来""上下"之文。而《彖传》所谓"往来""上下"者,皆就其前卦之倒转而言,本不合于虞氏之说。《彖传》云云,是否悉当于经文,尚难遽定,则虞氏之涂附,更不足论。又况其例复多自相枘凿乎?

对于"八卦六位"之例（以五行十干十二支分属于八卦各爻）,他批评道:

（4）以晚周后起五行比配之术,以说周初之《易》,其纰缪无当,自不待言。东汉易家,于取象之法,已竭其所能,然尚未至于此极也。①

对于汉人新发明的易例,屈万里攻之甚力,一般持批评和否定的态度。本章征引屈文数段,即是为了彰显汉易象数学的缺失和弊病,从而知道为何盛极一时的汉易象数方法在汉魏之际突然衰落下去,而义理之学却遽尔勃兴的原因。

二、从象数到义理与王弼的《周易略例》

王弼（226—249）是魏晋玄学的开创者和代表。《三国志》卷二八《魏书·钟会传》曰:"初,会弱冠与山阳王弼并知名。弼好论儒道,辞才逸辩,注《易》及《老子》,为尚书郎,年二十余卒。"据《隋书·经籍志》,王弼的易学著作有《周易注》（《六十四卦》）六卷和《易略例》一卷。《易略例》即所谓《周易略例》。这两种书今天都保存下来了,其中《周易注》被收入

① 以上四段引文,参见屈万里《先秦汉魏易例述评》卷下,第 98、129、145、106 页。

673

唐修《五经正义》中。汉魏之际易学从象数到义理的转变,王弼起了关键作用。王弼首先高举经典的旗帜,以孔子的《易传》为标准,质疑汉人所发明的象数方法及以之解释经典的合法性。不过,王弼不是不要象数,而是要回归先秦象数,特别是《易传》象数。《周易略例》是一部以孔子《易传》为标准,而讨论如何解释《周易》(方法论)的著作。"略"谓大略,"例"谓凡例,书名的意思是说"理解或解释《周易》的一般方法"。《周易略例》包括《明象》《明爻通变》《明卦适变通爻》《明象》《辩位》《略例下》《卦略》七篇。王弼写作《周易略例》有两个基本目的,一个是在方法论上阐明《易传》是如何解释《周易》的,另一个是批判汉易特别是汉末易学的象数方法。王弼批评汉易将本为方法的象数误会为经义(圣人之意)本身,在目的与手段之间展开了深入的辨析和批评。

先看王弼对汉易象数学的批判及对自己所持方法论的阐明。在《周易略例》七篇中,《明象》篇最具方法论的意义。《明象》是根据《系辞上》一段文字来立论的。在那段文字中,"言"指圣人之言,"象"指圣人所立之象,"意"指圣人之意。从《周易》来说,王弼对所论"言""象""意"三概念的内涵有所改变:"言"指卦爻辞,"象"指易象(包括《说卦》所列八卦之象和卦爻之象),"意"指文本之意(或经义)。顾名思义,"明象"即阐明"象"的作用,及其在言、象、意三者之间的关系。在《明象》中,王弼首先阐明了"象"与"言""意"的关系。《明象》曰:"夫象者,出意;言者,明象者也。"言、象、意三者前后两两为手段和目的的关系,而"象以出意"是《明象》篇的论述重心。其次,王弼阐明了解经者对"象"应当采取正确的态度。借助《庄子·外物》一段文本,王弼阐明了《周易》"言""象""意"三者之间的关系。《庄子·外物》曰:"荃者所以在鱼,得鱼而忘荃;蹄者所以在兔,得兔而忘蹄;言者所以在意,得意而忘言。"在此,"言""意"是手段和目的的关系,而"忘言"是"得意"的前提。如何注解《周易》,以见圣人之意?据《庄子·外物》,王弼认为,在"言""象""意"三者之间应当"忘言""忘象","象"是"言"的目的,而"意"又是"象"的目的。《明象》一曰:"得象而忘言……得象而忘象。"二曰:"忘象者,乃得意者也;忘言者,乃得象者也。得意在忘象,得象在忘言。"三曰:"故立象以尽意,而象可忘也;重画以尽情,而画可忘也。"简言之,"得意忘象"是《明象》篇的基本观点。最后,王弼直接批驳了汉人的"象"观念。《明象》曰:

> 是故触类可为其象,合义可为其征。义苟在健,何必马乎? 类苟在顺,何必牛乎? 爻苟合顺,何必坤乃为牛? 义苟应健,何必乾乃为马? 而或(惑)者定马于乾,案文责卦,有马无乾,则伪说滋漫,难可纪矣。互体不足,遂及卦变;变又不足,推致五行。一失其原,巧愈弥甚。纵复或值,而经义、卦义无所取,盖存象忘意之由也。忘象以求其意,义斯见矣。

在王弼看来,汉易象数学的最大问题在于"案文责卦",死板地寻求卦爻辞之象与卦画之象的对应关系,而如果某卦之内外卦无此所需之卦,那么汉代易学家就会通过易例的发明来推演此卦,从而不可避免地陷入了"存象忘意"的窘境。王弼认为,第一步,"义苟在健,何必马乎?""健"之义不必以"马"象为执。第二步,"义苟应健,何必乾乃为马?"应"健"之义不必执"乾卦"而为"马"象。在王弼看来,"义"在解经中居于第一位,"象"居于第二位,而与此象相应的"卦"则居于第三位。而惑者(指汉易象数学家)则胶固地看待这三者的关系,认为"马"必是"健"之象,而"乾"必是"马"之卦。而如果卦爻辞之"马"象在别卦之上下卦中并无对应的"乾卦",那么汉易象数学家就会通过易例的发明而生硬地制造出一个乾卦来,"或(惑)者定马于乾,案文责卦,有马无乾,则伪说滋漫,难可纪矣"。所谓"伪说",指汉人那些迂曲、牵强和在《易传》中无根据的解经之说,反映在方法论上,互体、卦变和五行等皆属于此列,都具体展示了何谓"伪说滋漫"。

再看王弼所主张的《周易》解释方法。在方法论上,王弼主张"得意忘象",批评了汉人"存象忘意",轻视经义或卦义,而将"象"看作解经之目的的荒唐做法。不过,王弼并非一般性地反对象数方法,他的批评特就汉人的象数方法及其运用而言之;事实上,他极力主张回归《易十翼》

的象数方法，并以之为标准。在《明象》篇中，王弼提出了"卦主"的概念，他说："夫《彖》者，何也？统论一卦之体，明其所由之主也。"这种观念其实出自《彖传》，王弼不过在此作了总结而已。在《明爻通变》中，王弼提出了"卦以存时，爻以示变"的观点。其实，"卦以存时"是从《象传》，"爻以示变"是从《象传》《系辞》概括出来的。当然，王弼的观点和方法在《易传》的基础上有所推进和创新。例如，王弼认为"爻变"产生于"情伪之所为"，这虽然自出《系辞传》，但与《系辞》所说有一定的差距。在《明卦适变通爻》中，王弼提出了"夫卦者，时也；爻者，适时之变者也"的观点，进一步阐明了爻变和卦时之间的关系，对《易传》爻位理论的关系律则作了一定程度的归纳，及阐明了解卦的一般步骤：先把握卦时，后论爻位和爻变。在《辩位》中，王弼根据《系辞》《文言》《象传》等篇总结了爻位的一般规律和特性。在《略例下》中，王弼除重复了"凡《彖》者，统论一卦之体也""《象》者，各辩一爻之义者也"等说法，又总结出新的易例。

最后看王弼解释《周易》的特点。王弼解《易》的第一个特点是，重义理而轻象数，义理是鹄的，而象数是手段。"义理"与"象数"是一对术语，易学中的"义理"概念指经义及其所含之道理，而"象数"则指易学之"象""数"两种方法，且它们是解经者"得意"的手段。需要指出，王弼主张"忘象"，而不主张"废象"。后人常说王弼"扫象"，"扫象"介于"废象"和"忘象"之间，[1]这一用词不是很准确。"得象而忘言，得意而忘象"，这是王弼的基本观点。"忘"是暂忘，是手段，目的是为了"得意"。王弼解《易》的第二个特点是，轻"天道"而重"人事"。李鼎祚《周易集解序》曰："郑则多参天象，王乃全释人事。"重视天象的表达，是汉易的一个特点，且在汉易

---

[1] 认为王弼"扫象"，此说起源于晋人孙盛。《三国志·魏书·钟会传注》引晋人"孙盛曰"："至于六爻变化，群象所效，日时岁月，五气相推，弼皆摈落，多所不关。"（晋陈寿传，宋裴松之注：《三国志》卷二八，第796页，北京，中华书局，1959。后人一般继承此说。《四库全书提要》说"王注扫弃旧文"（影印文渊阁《四库全书》第7册，第294页），《四库全书总目·周易注》又说"弼全废象数"，曰："弼之说《易》，源出费直。直《易》今不可见，然荀爽《易》即费氏学，李鼎祚书尚颇载其遗说。大抵究爻位之上下，辨卦德之刚柔，已与弼注略近。但弼全废象数，又变本加厉耳。"（永瑢等撰：《四库全书总目》卷一《经部·易类一》，第3页）这是废象说。

学术史上,使用象数方法与诠释天象有密切的关联。王弼注《易》,会归人事,着重就人事作说解和推阐经义。王弼解《易》的第三个特点是,重视通论一卦之义,以及重视对爻所处之时位、阴阳和刚柔作分析,且以二者为体用关系。

总之,汉末易学将象数方法发挥到了极致,而在"象""数"二者之中,前一种方法得到了更多运用。不仅如此,汉末易学不断发明新的方法以满足取象的要求,这使得整个易学的解经活动演变成为以取象为中心而不断予以应用和发明相关方法,并据以关联卦画与卦爻辞的解释活动。在汉魏之际,汉易象数学俨然至于疲敝之极,具有迂曲、繁琐、臆造和牵合的病症。诚如王弼所言,汉易特别是汉末易学具有"案文责卦""存象忘意"和"伪说滋漫"三大弊病。这样,从象数到义理的转变,乃是在彼时易学自身不得不浴火重生的必然逻辑。王弼应运而生,一方面批判了汉易象数学,另一方面又高举"义理"的大旗,在方法论上完成了《周易》解释从象数到义理的重大转变。

第十六章　道教的形成与《太平经》《老子想尔注》的哲学思想

第一节　道教的形成

一、道教的萌芽与教团的形成

道教起源甚早，与远古时代先民的神灵崇拜有关，而先秦道家哲学的产生与发展无疑为道教的产生奠定了思想基础。一般认为，战国后期至西汉末年，方仙道与黄老道的相继出现与兴起对道教的产生起着至关重要的作用，而由于此一时期尚未出现系统的教义与正式的组织，因此可视为道教的萌芽期。尽管道教的萌芽可能更早，[①]但道教作为正式的宗教团体到东汉末年才正式形成。东汉中后期，《太平经》《老子想尔注》《周易参同契》等早期道教经典的出现，以及"太平道"与"五斗米道"的产

[①] 饶宗颐指出："西方学人喜欢采用 Chamanisme（萨满教）的原理，去了解《楚辞》。虽然，它和巫术结上不可避免的宿缘，但从深一步看，楚人本身有他的宗教意识，和巫医关系非常密切。……楚人信巫鬼，崇奉黄神，使用禹步祝咒之术用以治病。宁乡出土人面方鼎应该是象征黄帝四面，如果这说可信的话，楚国黄（老）之学根深蒂固……说明东汉三张之设鬼道，为人治病请祷等活动，实际上秦汉之际，在楚国地区已是司空见惯。……道教的萌芽，可以提前，道教的形成，与楚国巫医存在着非常密切的关系。"参见饶宗颐《道教与楚俗关系新证——楚文化的新认识》，载《饶宗颐史学论著选》，第125—142页，上海，上海古籍出版社，1993。

生标志着道教的正式形成。

东汉末年，外戚、宦官专权，豪强割据，土地兼并严重，下层民众生活于水深火热之中，他们为了摆脱生活困境，一方面寻找能够赖以活命存身的团体组织，一方面寻找精神上的寄托与慰藉。与此同时，流行于社会上层的黄老道有着广泛的影响力。孕育宗教产生的现实土壤应有尽有，道教亟待破土而生。逢此之际，太平道与五斗米道相继兴起。据《三国志·张鲁传》注引《典略》记载：

> 初，熹平中，妖贼大气，三辅有骆曜。光和中，东方有张角，汉中有张修。骆曜教民缅匿法，角为太平道，修为五斗米道。太平道者，师持九节杖为符祝，教病人叩头思过，因以符水饮之。得病或日浅而愈者，则云此人信道；其或不愈，则为不信道。修法略与角同，加施静室，使病者处其中思过。又使人为奸令祭酒，祭酒主以老子五千文，使都习，号为奸令。为鬼吏，主为病者请祷。请祷之法，书病人姓名，说服罪之意，作三通，其一上之天，著山上；其一埋之地；其一沉之水，谓之三官手书。使病者家出五斗米，以为常，故号五斗米师也。实无益于疗病，但为淫妄，然小人昏愚，竟共事之。后角被诛，修亦亡。及鲁在汉中，因其民信行修业，遂增饰之。教使作义舍，以米肉置其中以止行人。又教使自隐，有小过者，当治道百步，则罪除。又以月令，春夏禁杀，又禁酒。流移寄在其地者，不敢不奉。

据《汉书·襄楷传》记载，顺帝时宫崇将其师于吉所得《太平清领书》献之于上，顺帝以其"妖妄不经"，不予采用。桓帝时，襄楷再次荐书，仍不见用。灵帝熹平年间，河北巨鹿（今河北平乡县）人张角得《太平清领书》，创立"太平道"。张角自称大贤良师，奉事黄老道，畜养弟子，利用符咒手法，为民众治病，组织群众，宣传太平教义，传扩奉天地、顺五行、清大乱、致太平的政治理想。仅十余年间，"太平道"发展信众达数十万人，遍布幽、徐、冀等八州，设置三十六方，大方万人有余，小方六七千人，各立主帅,终于在灵帝中平元年(184)爆发声势浩大的黄巾起义,后被镇压,"太平道"亦因此而遭禁。

与"太平道"的遭遇不同,"五斗米道"没有遭到严酷的镇压,后来演变为中国道教的正宗。东汉顺帝汉安元年(142),张道陵在川陕一带创立"五斗米道"。其徒属有祭酒、鬼吏等名称,祭酒负责传授老子《道德经》以及管理宗教社会事务,鬼吏主为病人祝祷。他们用法术给人治病,每位入会的人要缴纳五斗米,所以世称五斗米道。张道陵的"五斗米道"发展很快,成员达数十万。张道陵的儿子张衡、孙子张鲁先后承袭其道,并在汉中地区建立了政教合一政权。建安二十年(215),曹操北攻汉中,斩杀"五斗米道"教主张鲁之弟张卫,汉中将要陷落,张鲁表示归服朝庭。后来,张鲁被拜为镇南将军,封阆中侯,其家族被迁至江西龙虎山一代,"五斗米道"由此流传入江南,教名转称"天师道"。

与萌芽时期不同,作为早期道教的"太平道""五斗米道"及"天师道",已显示出一些独有的宗教特征:其一,与曾经流行于社会上层的黄老道不同,早期道家主要在社会下层的劳苦民众中传播,以治病消灾作为现实的教旨和布道手段,仅把长生成仙作为长远的目标和宗教理想。其二,早期道教,反对淫祀,以道教信仰取代民间俗神信仰。然而在修持方术上,仍保留有驱鬼祈鬼的巫术。其三,早期道教有较严密的宗教组织系统,而且这套组织系统是仿照汉代的国家行政制度建立起来的。其四,早期道教逐步形成了统一的教主、教义、戒律和初步的宗教仪式,有按道阶组织起来的宗教职业者,具备了伦理型宗教的一般特征。①

二、思想来源与理论形成

太平道和天师道为道教的最初形态,在魏晋南北朝时期多有发展。道教以"道"作为最高的信仰,追求长生久视,得道成仙。道教的最高崇拜是由"道"人格化的"三清(太清、上清、玉清)"尊神,修炼的具体方法有

---

① 参见胡孚琛《道学通论》(修订版),第193—194页,北京,社会科学文献出版社,2009。

服饵、导引、胎息、内丹、外丹、符箓、房中、辟谷等。宗教仪式有斋醮、祈祷、诵经、礼忏等。道教认为,"道"可修而得,一切众生皆可修道成仙,长生不死。一般认为,道教的思想来源于以下五个方面:一是古代的宗教与巫术,二是战国至秦汉的神仙传说与方士方术,三是先秦老庄哲学和秦汉道家学说,四是儒学与阴阳五行思想,五是古代医学与体育卫生知识。① 其中,战国至秦汉间的方士们鼓吹的方仙道、流行于两汉时期的黄老道、儒家的名教纲常思想对道教思想的形成尤为重要。

神仙思想是道教思想的核心内容,早期道教正是利用神仙传说与"道"的结合建构信仰体系。中国古代神仙思想由来已久,《山海经》中对"不死之山""不死之国""不死之药""不死之民"多有记载。及至战国时期,神仙思想盛行,人们普遍相信"诸仙人及不死药皆在焉"②。据载,齐宣王曾使人寻求蓬莱、方丈、瀛洲三座仙山,秦始皇更是为求仙人谋长生久视之道而不遗余力。正是这种神仙思想的流行,使方士们大行其道,成就了战国至秦汉间的方仙道,据《史记·封禅书》记载:

> 自齐威宣时,邹子之徒,论著终始五德之运。及秦帝,而齐人奏之,故始皇采用之。而宋毋忌、正伯侨、充尚、羡门子高,最后皆燕人,为方仙道,形解销化,依于鬼神之事。

方仙道在汉武帝时发展至顶峰,元帝以后,遭到儒臣排斥。由于方仙道持续传播和制造不死的神仙说,并不断展开传道、授徒、著书,加之不断研习和发展古代巫史文化中流传下来的神仙方术,③所以使神仙思想在汉代持续产生强烈的影响,《列仙传》的出现就是很好的例证。④ 这对后来道教的形成影响甚大,"方仙道所具有的这些信仰神

---

① 任继愈主编:《中国道教史》上卷,第9—17页,北京,中国社会科学出版社,2001。
②《史记·封禅书》。
③ 参见胡孚琛《道学通论》(修订版),第184—185页。
④ 卿希泰主编《中国道教史》说:"神仙传记的出现,表明了神仙思潮在社会上的广泛传播和强烈反响,在道教形成中有着重要作用。"参见卿希泰主编《中国道教史》第1册,第76页,成都,四川人民出版社,1996。

仙、崇奉黄帝、主张服食丹药成仙等特征,表明它是道教孕育过程的重要阶段"①。

　　方仙道对道教的影响更多地偏向于技术层面、实践层面,而黄老道对道教的影响则侧重于思想理论层面。西汉黄老之学淡出政治舞台之后,逐渐与神仙之术合为一体,与此同时,方士们亦以清静无为的黄老之学为修炼思想,完成了实践与理论的统一,形成了黄老道。黄老道在神化黄帝的同时,更加热衷于抬高老子,以方术解老,在社会上广泛传播"道"的信仰。黄老道对道教的产生至少有两方面的影响,在实践层面上,黄老道流行于当时的上层社会,对"道"之信仰的传播有重要的推动作用,如汉明帝时楚英王奉事黄老道,"诵黄老之微言","洁斋三月,与神为誓"②,桓帝时皇宫中建祠祭祀黄老君等,终于把老子奉为神仙。也正是有了上层社会的喜好,少了来自权势的阻遏,所以黄老道的发展才会日益壮大,而作为黄老道信奉者的于吉、宫崇等人才有勇气和动力献上《太平清领书》。在理论层面上,东汉出现了以修道长生的观点解注《老子》的著作,即《老子河上公注》,"它是神仙方术与黄老思想逐步结合的历史产物,也是《老子》由道教学说向道教理论过渡的重要标志"③。

　　除了方仙道、神仙道的影响之外,儒家思想对道教作为伦理型宗教的形成也有着不容忽视的作用。早期道教思想在刚形成时,吸收了大量的儒家思想,如尊崇天、地、君、父、师的伦理制度,并以忠、孝、仁、义为收徒的主要条件,认为"欲求仙者,当以忠、孝、和、顺、仁、信为本。若德行不修,而但务方术,皆不得生"④。又如《太平经》对"太平"理想的追求与儒家政治理想的影响密不可分。

---

① 卿希泰主编:《中国道教史》第1册,第73页。
②《后汉书·楚英王传》。
③ 卿希泰主编:《中国道教史》第1册,第91页。
④《抱朴子·对俗》。

第二节　《太平经》的宗教哲学思想

一、《太平经》简介

　　有汉一代哲学的恢弘磅礴气势,孕育了中国本土宗教的元典之作——《太平经》。作为道教最早出世的经书,《太平经》的成书犹如宗教的特性一样,充满了神秘色彩。《后汉书·襄楷传》载:"顺帝时,琅邪宫崇诣阙,上其师干吉于曲阳泉水上所得神书百七十卷,皆缥白素、朱介、青首、朱目,号《太平清领书》。其言以阴阳五行为家,而多巫觋杂语。"唐李贤《注》曰:"神书,即今道家《太平经》也。其经以甲乙丙丁戊己庚辛壬癸为部,每部一十七卷也。"①一般认为,《太平经》的成书年代,至迟不会晚于东汉中后期,西汉成帝时齐人甘忠诣进献朝廷的十二卷《包元太平经》就是一百七十卷《太平经》的前身。《太平经》由开始的十二卷增至后来的一百七十卷的过程,已无从考证。但可以确定的是,正如其书所云的那样,《太平经》"非一人蓄积"②,而是自西汉末年好道之士长期酝酿,几经附会,多重演绎的结果。东汉之后,《太平经》广为流传,唐末道士闾丘方远为求"文约旨博,学者便之",而节录经文,编撰《太平经钞》,后与《太平经》一并收入明朝正统《道藏》。今人王明以《道藏》本五十七卷《太平经》为基本,多方参照,钩沉索稽,编著《太平经合校》(中华书局 1960 年第1 版,本节所引《太平经》文本皆据于此),为全面深入研究《太平经》的思想奠定了可靠的文本基础。《太平经》作为早期道教经典,卷帙浩繁,内容庞杂,精粗并存,其中蕴涵丰富的宗教哲学思想值得我们细致挖掘。

二、道与气:《太平经》在宗教理论的哲学基础

　　从理论发展脉络来看,《太平经》处于道家哲学向道教思想转化的过

---

① 《后汉书》卷三〇下。
② 《太平经·验道真伪诀》。

渡阶段,其在尊"道"的基础上,又融汇流行于汉代的气化思想,将"道""气"哲学冶为一炉,最终酝酿出恢弘庞杂的神仙宗教思想。

1. 道:生物之主、大化之根

在《太平经》的思想体系之中,"道"是最高的哲学范畴,是一切宗教理论的根本依据。《太平经》之所以把"道"作为理论的起点,是因为其作者认为:

> 道乃主生,道绝万物不生。万物不生则无世类,无可相传,万物不相生相传则败矣。(《太平经钞壬部》)
>
> 天失道,云气乱,地失道,不能藏。(《太平经合校·王者无忧法》)
>
> 故天地不语而长存,其治独神,神灵不语而长仙,皆以内明而外暗,故为万道之端。[1]

"道"是万物能够生存的主宰,"道"的存在意味着万物的生存,"道"的灭绝则预示着万物的消亡。如果万物因为失去"道"的根本而不能生长的话,那么世界也将因此也不复存在。在这种意义上,"道"不仅是有形生命的存在根据,而且也是意义世界的存在根据。如果"道"的根基动摇了,那么人类的历史、文明以及精神领域的一切价值将面临风雨飘摇的灾难。人类社会的相生相续,皆有赖于生物成物之"道"的存在。也正是在此意义上,《太平经》更加具体地指出:"道者,乃天地所常行,万物所受命而生也。"(《太平经合校·附录·太平经佚文》)"道"之所以能够成为万物的存在根据,是因为包括天地在内的万物都是从"道"那里获得自己的生命。因此,《太平经》指出:"道无不导,道无不生。"(《太平经合校·附录·太平经佚文》)既然没有什么是"道"不能够产生的,那么世间万有都能够从"道"那里获得存在的根据,《太平经》云:

> 道者,乃大化之根,大化之师长也。故天下莫不象而生者也。(《天咎四人辱道诫》)

---

[1]《太平经钞乙部·阙题》。

"道"作为大化的本根,自然是生命之基。但如果从自然的角度来看的话,那么"道"无心于万物,与其说万物是"道"生,不如说万物乃自生。因此,自生之万物必须寻找生存的根据,即"道"。在这种意义上,受命于"道"的万物必须象"道"而生。所谓象"道",即是遵从于"道"的法则。

在先秦《老子》哲学中,"道""生而不有,为而不恃,长而不宰",作为宇宙本原的"道"生养万物,却不成为万物的主宰。但在《太平经》的宗教哲学中,突出了"道"对世间万物的主宰功能以彰显其宗教属性。正是因为"道"的这种主宰性,所以"道"在宇宙中处于最高的等级,《太平经》指出:

> 夫道者何等也? 万物之元首,不可得名者,六极之中,无道不能变化。(《三合相通诀》)

"道"是万物的元首,说明了由"道"生发的世界是有等级性的,且"道"处于该等级的最高端。由此可见,《太平经》不仅从"受命"的角度肯定"道"的权威性,而且从等级秩序的角度保证"道"的绝对地位。在《老子》哲学中,"道"之不可名,是因为"道"是无形的、无限的,无形无限的"道"是不可以用有限的"名"来形容的。而在《太平经》中,"不可得名"虽然也蕴含无形、无限之义,但更多地是为了说明作为元首之"道"的神秘性。如果说要用一个名号来指称作为元首的"道"的话,那么只能是"神",《太平经》指出:"神哉为道"(《冤流灾求奇方诀》),"神者,道也"(《太平经佚文》)。"道"的神秘性,一方面体现在它的不可测量性,"夫道,乃深远不可测商矣"(《力行博学诀》),这是因为"夫道乃洞,无上无下,无表无里,守其和气,名为神"(《戒六子诀》),"道"就像一个没有表里,没有上下,也即没有边界的洞一样,它只是一团"和气";另一方面表现为它的变化性,《太平经》指出,"夫神,乃无形象变化无穷极之物也"(《神司人守本阴佑诀》),"道"的神秘性不仅体现在它无形无相,而且还体现在它具有无穷无尽的可变性。正是因为"道"是"变化无穷极之物",所以它才能成为万物变化的根本。如果说"道"的绝对性体现在它是万物"受命"的根源的话,那么"道"的神秘性则体现在它是万物变化的根本。万物不仅因"受命"于"道"而相生,而且还要因"相传"而有"世类","相传"就预示着变化,变化的根源在于"道"。至此,绝对权威性、神秘性、通变性一并构成了《太平经》"道"论的本体特征。

在《老子》哲学中,"人法地,地法天,天法道,道法自然",天是地效法的对象,道是天效法的对象,自然是道效法的对象。而在《太平经》的宗教哲学中,天、道、自然的"效法"关系则被置换成"敬畏"的关系。《太平经》说:

> 天畏道,道畏自然。夫天畏道者,天以至行也。道废不行,则天道乱毁。……道畏自然者,天道不因自然,则不可成也。故万物皆因自然乃成,非自然悉难成。[1]
> 自然者,乃万物之自然也。[2]
> 道以毕就,便成自然。[3]

天为什么要畏"道"呢?这是因为天的本质特征是健行不已,所谓健行,即是行道,若道之不行,则天道不行。所谓天道,不是说"道"之外别有一"天道",而是说"道者,乃天所案行也","道"是天所遵行的规则,天的运行以"道"为最高指导原则,即"天遵道,用道",天遵道则行,不遵道则废;天用道则成,不用道则毁。因此,天之所以畏道,是因为遵道、用道与否决定天的行废。"道"为什么要畏"自然"呢?这是因为天之行所因之道其实就是自然之道,万物"受命"于"道",同样是因自然之道而成。所谓自然,其实就是万物自己而然,如果作进一步揭示的话,那么就是万物皆有自性,万物顺着自性的生长与养成就是所谓的"自然者,万物之自然也"。这同样是从"道"之用的意义上说明的,"道"虽然是最高的本体,但最高本体的发用流行须以遵循万物的自性为前提,否则,"道"将无法展开。因此,《太平经》指出,"自然守道而行,万物皆得其所矣"。由此可

---

[1]《太平经·壬部》。
[2]《太平经·守一明法》。
[3]《太平经·知盛衰还年寿法》。

以看出,"道畏自然"不是说"自然"高于"道"之上,而是蕴涵"道"之本与"道"之用的关系于其中。"道"是最高的本体,"自然"是其发用的根据。万物遵道而行,便成自然。

2. 元气:物之始也

在《太平经》的宇宙生成论中,作为最高本体的"道"虽然是万物"受命"的主宰,但是"道"的创生功能不能凭空产生。"道"之生化功能的展开必须有所凭借,在《太平经》的哲学思想中,这个凭借就是"元气"。

> 夫物始于元气。(《六罪十治诀》)
>
> 天地开辟贵本根,乃气之元也。(《修一却邪法》)
>
> 元气乃包裹天地八方,莫不受其气而生。(《分解本末法》)

"元气"是万有的开端,是天地的根本。所谓"气之元",即元始之气。气有元起之气,又有后起之气,后起之气始于元气。在万物尚未"受命"之时,元气在宇宙八方之外,万物孕育于其中。"元气"之"元"有两层涵义,一是在时间上,元气是物之始;二是在空间上,元气在物之外。《太平经》指出:"夫气者,所以通天地万物之命也。"(《来善集三道文书诀》)着重说明"气"是天地万物的命之所系。在生成论意义上,一方面,《太平经》认为万物皆有元气,"元气归留,诸谷草木蚑行喘息蠕动,皆含元气,飞鸟步兽,水中生亦然"(《不忘诫长得福诀》);另一方面,"元气"决定天地万物的寿夭存亡,如《经》卷九八《包天裹地守气不绝诀》中说:"然天地之道所以能长且久者,以其守气而不绝也","众星亿亿,不若一日之明也。……天道广从,无复穷极,不若一元气与天持其命纲也"。[1]

在肯定"元气"是天地之本根的基础上,《太平经》进一步规定"元气"的其他特征:

> 元气无形,以制有形,以舒元气,[莫]不缘道而生。(《守一明法》)

同"道"体一样,"元气"也是无形无象的,也因此是无限的。无形无

_____

[1]《经》卷九八《核文寿长诀》。

限的"元气"可以宰制有形有限的世间万物。实存世界都是"元气"舒展的结果。既然如此,那么"元气"是如何展开以形成万物的呢?《太平经》指出,"一气为天,一气为地,一气为人,余气散备万物"①,天、地、人各得一气,万物得余气。问题是,天地人所得之气有什么区别和联系呢? 万物所得之余气与天地人所得之气又有何不同呢?《太平经》指出:"元气有三名,太阳、太阴、中和。形体有三名,天、地、人。"(《和三气兴帝王法》)"元气"有"太阳""太阴""中和"三个名称,这三个名称的"元气"分别对应天、地、人三种形体,即"太阳"之气生成天,"太阴"之气生成地,"中和"之气生成人。尽管这三种气名称各异,但有相同之处:一方面,这三种气的一个典型特征是"纯","太阳"之气是纯阳之气,"太阴"之气是纯阴之气,"中和"之气是纯阳、纯阴之气的中和状态。其他非纯阳、纯阴之气的相摩相荡则生气天、地、人之外的其他形体。另一方面,这三种气都以"元气"为本,是"元气"的不同状态,《太平经》指出,"天地人本同一元气,分为三体,各有自祖始"(《三五优劣诀》),如果追本溯源的话,那么天、地、人三种形体皆始自"元气"。

《太平经》常将"元气"与"自然"并列,如"元气自然,共为天地之性也"(《名为神诀书》),"元气恍惚自然,共凝成一,名为天也"②。既然"元气"和"自然"共为天地之性,那么二者有何异同呢? 二者的不同之处在于"元气"是就天地之本根而言,没有"元气"作为本根,就不会有天地的产生,天地产生之后,如果没有"元气"的存在,那么天地亦将不复存在;"自然"则是就天地的运作状态或运行规则而言,天地的可大可久,一方面是因为有"元气"的存在作为其持久的元动力,另一面则因为天地各有其"自性"作为元气运行的规则。《太平经》指出:"道无所不能化,故元气守道,乃行其气,乃生天地,无柱而立,万物无动类而生,遂及其后世相传,言有类也。比若地上生草木,岂有类也,是元气守道而生如此矣。自

---

① 《太平金阙帝晨后圣帝君师辅历纪岁次平气去来兆候贤圣功行种民定法本起》。
② 《太平经合校》卷七三至八五《阙题》,北京,中华书局,1960。

然守道而行,万物皆得其所矣。"(《安乐王者法》)所谓"元气守道,乃行其气",指的就是"元气"是"道"之能够产生天地万物的凭借。所谓"自然守道,万物皆得其所",指的是"道"之舒发"元气"生养万物必须要本着天地万物的"自性"而为。二者的相同之处在于"元气"与"自然"一并参与天地的造化之功,"元气自然乐,则合共生天地,悦则阴阳和合,风雨调,则共生万二千物"(《太平经合校》卷一一五至一一六《阙题》)。可见,"元气"与"自然"一开始就参与到天地的生成过程之中,而后成为天地之性。在天地生成之后,"元气"与"自然"继而又参与到万物的生成过程之中,完成万物"受命"于"道"的过程。

《太平经》把"元气"作为物之始、天地之本根,必然要解决"元气"与"道"的关系问题。从"元气守道""自然守道"的命题来看,"道"比"元气"更为根本。然而,从治道与修养之道来看,"元气"又比"道"更为重要。在治道方面,《太平经》指出:"助帝王治,大凡有十法:一为元气治,二为自然治,三为道治,四为德治,五为仁治,六为义治,七为礼治,八为文治,九为法治,十为武治。"(《六罪十治诀》)在修养之道方面,《太平经》指出:"今善师学人也,乃使下愚贱之人成善人,善善而不止,更贤;贤而不止,乃得次圣;圣而不止,乃得深知道真;守道而不止,乃得仙不死;仙而不止,乃得成真;真而不止,乃得成神;神而不止,乃得与天比其德;天而不止,乃得与元气比其德。"(《分解本末法》)可见,在修养境界上,"与元气比其德"较"深知道真"更高、更远。

"元气"与"道"虽然在名称与功能上各有不同,但从本质上而言,二者是相通的。架通二者的桥梁是"一"的概念。关于"一",《太平经》云:

夫一者,乃道之根也,气之始也,命之所系属,众心之主也。(《修一却邪法》)

夫一,乃至道之喉襟也。(《守一入室知神戒》)

一者,其元气纯纯之时也。(《国不可胜数诀》)

一者,数之始也;一者,生之道也;一者,元气所起也;一者,天之

纲纪也。(《五事解承负法》)

　　一之为本,万事皆行。(《附录·佚文》)

　　"道"根于"一","气"始于"一","道"与"气"统一于"一"。就"道"而言,"一"是"道"之纲领("喉襟"即"纲领"义),"道"之赋命于万物由"一"开始。就"元气"而言,"一"是"元气纯纯之时"的存在状态。所谓"纯纯之时",指"元气"尚未有纯阳的"太阳"、纯阴的"太阴"以及"中和"的分别之时。就"一"自身而言,"一"是开端,万有始于"一";"一"是生成之道,生命的存在赖于"一"。"一"兼具"道"与"元气"二者的本质属性,成为万事万物运行的规则。

　　3. 阴阳观念与"三合相通"

　　"道"是万物"受命"的根本,"元气"是"道"生化的凭借。既然如此,那么"道"与"元气"是如何成就万物的呢?《太平经》提出了"道无奇辞,一阴一阳,为其用也"(《合阴阳顺道法》)的思想,道之本通过阴阳之用而显现。《太平经》中有丰富的阴阳相变的思想,具体体现在四个方面:

　　首先,《太平经》认为阴阳之道是生养万物的具体规则,它说:"天下凡事,皆一阴一阳,乃能相生,乃能相养。一阳不施生,一阴并虚空,无可养也;一阴不受化,一阳无可施生统也。"(《太平经合校》卷五六至六四《阙题》)阴阳并用而为功是万物实现自然之道的先天条件。

　　其次,《太平经》认为阴阳之用在"道"的生化之功中不可或缺,且二者的地位是平等的,它指出"天地之道,乃一阴一阳,各出半力,合为一,乃后共成一"(《太平经钞壬部》),在"道"的生化过程中,阴阳平分秋色,合二为一,以生万物,万物"受命"之后,同样是阴阳并用而成就万物之性。

　　再其次,《太平经》指出"天地之性,阳好阴,阴好阳。故阳当变于阴,阴当变于阳。凡阴阳之道,皆如此矣"(《男女反形诀》)。阴阳相好是天地的本来属性,也是天地的存在状态。"阳变于阴,阴变于阳,阴阳相得,道乃可行。天须地乃有所生,地须天乃有所成"(《汉乐却灾法》),在天地之性中,阴阳并非一成不变的,而是向相反的方向转化。这种转化不是自性的丧失,而是自性因"相得"异己的性质而实现更高层次的完善。"当变"说明这种转化不仅有其必然性,而且还具应然性,宇宙万物无不具有阴阳之性,无不应当处于这种变化之中。

最后,《太平经》根据阴阳"当变"的原则肯定了"物极反,反则生"的思想,"夫阳极者能生阴,阴极者能生阳。此两者相传,比若寒尽反热,热尽反寒,自然之术也。故能长相生也"(《守三实法》)。阴极生阳,阳极生阴,无论是阴极,还是阳极,都不是阴阳的衰亡,而是融入到更高层次的"生"之中,正是在此意义上,"极上者当反下,极外者当反内。故阳极当反阴,极于下者当反上;故阴极反阳,极于末者当反本"(《四行本末诀》),极上者反下,是"上"在"下"的过程中获得了新生,同理推之,极阴反阳则预示着阴在反阳的过程中获得了新生,极末反本就表明末在反本的过程中而有了新的发展。

在继承传统阴阳观念的基础上,《太平经》创造性地提出了"凡物皆三通"的思想:

> 元气与自然太和之气相通,并力同心,时恍恍未有形也,三气凝,共生天地。天地与中和相通,并力同心,共生凡物。凡物与三光相通,并力同心,共照明天地。凡物五行刚柔与中和相通,并力同心,共成共万物。四时气阴阳与天地中和相通,并力同心,共兴生天地之物利。孟仲季相通,并力同心,各共成一面。地高下平相通,并力同心,共出养天地之物。蠕动之属雄雌合,乃共生和相通,并力同心,以传其类。男女相通,并力同心,共治一家。君臣民相通,并力同心,共成一国。此皆本之元气自然天地授命。凡事悉皆三相通,乃道可成也。

所谓"三合相通","凡物皆三通"指天地万物的生成是三种不同性质的事物相互作用的结果。"三合相通"思想作为《太平经》生成论的典型特征,是在对传统阴阳观念继承基础上的推进与改造。这主要体现在以下几个方面:

首先,《太平经》提出了天地人"三统共生"的思想:

> 元气恍惚自然,共凝成一,名为天也;分而生阴而成地,名为二也;因为上天下地,阴阳相合施生人,名为三也。三统共生,长养凡物名为财。①

这显然是对《老子》"道生一,一生二,二生三,三生万物"的解释。所谓"一"就是天,天属阳,"二"是地,地属阴,"三"指人,人属和。天地人各为一统,三统相通共生,以成就万物。由此"三统共生"的思想可以推知,《太平经》在生成论上,既主张自然,又肯定人为,自然与人为共同成为万物生长的必要条件。

其次,在"三统共生"的思想基础上,《太平经》把"和"与阴、阳并列为三,作为万物生养的总规则:

> 纯行阳,则地不肯尽成;纯行阴,则天不肯尽生。当合三统,阴阳相得,乃和在中也。(《名为神诀书》)

> 故有阳无阴,不能独生,治亦绝灭;有阴无阳,亦不能独生,治亦绝灭;有阴有阳而无和,不能传其类,亦灭绝。(《三合相通诀》)

阳不独生,阴不独成,阴阳相合乃生万物是传统阴阳观的主要思想。而在《太平经》的思想中,万物的生成不仅需要阴阳相"合",而且需要阴阳相"和"。阴阳相合只能生万物,阴阳相和则能养成万物,则能传万物之类。也正是在"传类"的意义上,《太平经》在阴阳观念中更加突出"和"的思想,指出"阴阳者,要在中和"(《和三气兴帝王法》)。天地分属阴阳,中和在人,天地主生,人主成,人之合理的作为能够参赞天地之化育,助成物类之绵延。

最后,《太平经》提出了"气之法"的思想:

> 夫天地中和凡三气,内相与共为一家,反共治生,共养万物。(《起土出书诀》)

> 天气悦下,地气悦上,二气相通,而为中和之气,相受共养万物……

---

① 《经钞》戊部,第305页。

气者,乃言天气悦喜下生,地气顺喜上养;气之法行于天下地上,阴阳相得,交而为和,与中和气三合,共养凡物,三气相爱相通,无复有害者。(《三合相通诀》)

《太平经》认为"元气行道,以生万物"(《调神灵法》),指"元气"依据"三合相通"的原则而生天地,天地依据"三合相通"的原则而生"中和之气",天、地、中和三气共同生养万物。所谓"三合相通",关键在于"通",有"通"才能"合"。在《太平经》的思想中,"气之法"保证了"通"的可能性,所谓"气之法",指的是"气"运行的法则,天气悦下,地气悦上,天地之气相交通,从而实现阴阳相得,而有"中和气"。"和气者,相通往来"(《太平经钞戊部》),"中和气"是天、地、人互通的媒介,也是"道"生化万物,万物受命于"道"的关键环节。

三、神道设教:《太平经》的早期道教理论

如果仅就"道""元气"以及阴阳思想而论的话,那么《太平经》的道-气论可谓是自先秦以来道家哲学的继续发展,其理论特征无疑是自然主义的。然而,《太平经》的作者对自然之道的哲学思辨不是为了建构形上学的理论体系,而是通过神道的理论运作以奠定它的宗教基础。

1. 委道于天,神化天道

作为生物之主、造化之根的"道"尽管带有宗教的意蕴,但其更是一种哲学的诠释。这种最高哲学形态的"道"虽是《太平经》宗教理论的形上基础,但其本身还不完全具备宗教之神的性格。因此,《太平经》作为早期道教经典,必须实现哲学之"道"向宗教之"道"的转变,即要设教,必先神道。

尽管《太平经》有"神哉,道也"之论,但无形无相之"道"无法凭感官去把握。因为无法感性地认知,所以也不能给予情感的寄托。若此,就必然导致《太平经》宗教色彩的丧失。因此,《太平经》既要肯定"道"的至上神性,又要把这种神性转化到一个被感性能够认知的类"道"的实体之上。在《太平经》的理论中,这个类"道"的实体就是"天"。在《天咎四人

辱道诫》中,《太平经》的作者把"道"与"天"的这种关系明确地揭示出来。

首先,《太平经》直接说明"道"比"天"高,指出:"天乃无上,道复尚之。道乃天皇之师法也,乃高尚天。"①又指出:"道者,天之心,天之首","道者,乃皇天之师,天之重宝珍物也。"②与"道"相比,"天"与实存世界的关系无疑更加密切,人们对"天"的敬畏远比对"道"的敬畏更加直接。在这种意义上,"天"更容易成为世俗世界的绝对权威。在《太平经》营造的宗教理论中,"道"的本根地位无可撼动,虽然"天与道乃最居上"③,但是"天"要"畏道""尊道","道"高于"天","天"只是"道"的代言人。

其次,《太平经》指出"天"之所以是"道"的代言人,是因为"天"完全具有"道"的属性,"天"与"道"实乃一体之两面。《太平经》论"天"与"道"的关系云:

> 夫道之生天,天之有道也,乃以为凡事之师长。④
> 道者,天经也。天者好生,道亦好生,故为天经。⑤
> 故天者,乃道之真,道之纲,道之信,道之所因缘而行也。⑥
> 天者,众道之精也。⑦

笼统而言,"天"就是"道","天"由"道"生,"天"以"道"为师法,"道"的属性也是"天"的属性。因此,"天"能够成为万事万物的师长,万事万物能够以"天"为师法。这就从"道"的高度保证了"天"的绝对性、权威性、唯一性。具体而言,一方面,"道"是虚,"天"是实,"天"是"道"最真实无妄的表现形式。更为重要的是,"道"因"天"而行,也就是说,如果没有"天","道"将失去生化的媒介。另一方面,就"道"生化万有而言,"天"是"道"之纲纪,对"道"的生化之功有提纲挈领的意义;就万物各自有"道"

---

① 《天咎四人辱道诫》。
② 《王者无忧法》。
③④ 《天咎四人辱道诫》。
⑤ 《太平经合校》卷七三至八五《阙题》。
⑥ 《忍辱象天地至诚与神相应大戒》。
⑦ 《太平经合校》卷五六至六四《阙题》。

而言,"天"是众"道"之精,即万物都能够在"天"这里找到存在的依据。综合而论,"天"具有贯通"道"与实存世界的作用,也因此能够成为"道"就虚御实的凭借。

再其次,《太平经》通过"天人相应"的思想搭建天人相通的桥梁,从而为世俗之人的宗教情感能够寄托于"天"奠定基础。《太平经》认为人的身体与天在结构上是一致的,天与人同属一类,同类互动,二者之间"以类遥相感动"①,"以类相应和"②。天道的失序与紊乱能够导致人的生理变化,人之行为的善恶优劣也能够导致天道的变化。在《太平经》的思想中,"天之照人,与镜无异"③,人之所作所为无所逃于天之法眼。

最后,《太平经》通过把天道神化为"天君"以完成其宗教转换。在《太平经》的宗教神学体系中,仙道崇拜是其典型的宗教特征。《太平经》列举了从凡人晋升为神人的次第,指出:"奴婢顺从君主,学善能贤,免为善人良民,良民善人学不止成贤人,贤人学不止成圣人,圣人学不止成道人,道人学不止成仙人,仙人学不止成真人,真人学不止成大神人,大神人学不止成委气神人。"④"委气神人",又称"天君""太上之君",处于仙道序列的最顶端,享有无上之尊,是仙道的主宰。"天君"其实就是天道的神格化,其无所不通,无所不知。藉此无边的法力,"天君"主宰天国与人间的一切事务。在天国仙道系统里,"天君教出告大神,卿相中二千石文书,群僚在职之神,务尽其忠,务尽其行,上称天君之心。天君与诸师化之,当得升度者就而正,各使成神光景,随其尊卑所化之神,皆随有职位次第官属。"(《太平经合校》卷一三七至一五三《太平经钞壬部》)"天君之心"是众仙道神人修行的参照系。在人世间,天君派"奉职之神,案行民间,调和平均,使各从其愿,不夺其所安。"(《大寿诫》)总而言之,"天君"彻上彻下,无所不能,他的意志渗透到天国人间的事事物物之中。

---

① 《太平经·守一明法》。
② 《去邪文飞明古诀》。
③ 《名为神诀书》。
④ 《太平经合校》卷五六至六四《阙题》。

2. "天师"与《太平经》

《太平经》的作者把"天君"设定为"道"与"天"的代理人,并声称自己是"天君"的代言人,代天传道,名为"天师"。"天师"以天为师,传达天意,成《师策文》曰:

> 吾字十一明为止,丙午丁巳为祖始。四口治事万物理,子巾用角治其右,潜龙勿用坎为纪。人得见之寿长久,居天地间活而已。治百万人仙可待,善治病者勿欺始。乐莫乐乎长安市,使人寿若西王母,比若四时周反始,九十字策传方士。

《师策文》是"天师"秉承天意的隐语,共九十一字。在《解师策书诀》中,天师与真人通过问答的形式对此"九十字策"作出细致的说明。其中,"天师"一方面通过说明自己与"道""天"的关系以肯定其绝对权威性,一方面宣扬《太平经》的作用与重要意义。在论及自身的权威性时,"天师"指出,他是"皇天神人师也",被皇天派往人间为帝王与万民解除万世之承负。在《太平经》中,"天师"反复申明其与天的密切关系,又借真人之口诉说"天师"以下之人对他的尊崇。经《太平经》的酝酿,"天师"渐成为道教体系中的一个权威身份。

《太平经》作者强调自身身份权威的根本目的乃在于假"天师"之口说明《太平经》的神圣地位。"天师"反复声称"吾书(《太平经》)乃天神吏常坐其傍守之也""吾书乃三光之神吏常随而照视之也""吾书即天心也"(《道无价却夷狄法》)。因为有"天神吏"的守护、"三光之神吏"的照察,所以《太平经》不是"天师"主观臆造之作,不是"天师"个人意志的体现,而是"天心"的显现。总之,《太平经》是天意、神意的文字载体。既然《太平经》之成书过程蒙受天神的眷顾,那么其究竟囊括了哪些内容呢?

从根本上而言,《太平经》承载着天道,"能大顺行吾书,即天道也"(《解师策书诀》)。"天师"指出,《太平经》是纵贯上古、中古、下古,横包"天经""圣经""德经""贤经"的"洞极天地阴阳之经"。《件古文名书诀》载曰:

　　所言拘校上古中古下古道书者,假令众贤共读视古今诸道文
也。如卷得一善字,如得一善诀事,便记书出之。一卷得一善,十卷
得十善……书而记之,聚于一间处,众贤共视古今文章,竟都录出
之,以类聚之,各从其家,去中重复,因次其要文字而编之,即已究
竟,深知古今天地人万物之精意矣。因以为文,成天经矣。……如
都拘校道文经书,及众贤文书、及众人口中善辞诀事,尽记善者,都
合聚之,致一间处,都毕竟,乃与众贤明大德共诀之,以类更相微明,
去其复重,次其辞文而记置之,是名为得天地书文及人情辞,究竟毕
定,其善诀事,无有遗失,若丝发之间。此道道者,名为天地阴阳之
经,万万世不可复易也。

在"天师"看来,尽管"天经""圣经""德经""贤经"都是众贤共视、择
善类编而成,但是与《太平经》相比,四者皆有所不备。这是因为《太平
经》不仅汇集了"天经"等书的"善字""善诀事",而且其内容符合"天心"
与人情,天国与人世间的各种事象无不备洽。在"洞极"的意义上,"天
师"批评自天地开辟以来所谓的文书云:"先生贤圣各长于一,而俱有不
达,俱有所失。天知其不足具,故时出河洛文图及他神书,亦复不同辞
也。夫大贤圣异世而出,各作一事,亦复不同辞。是故各有不及,各有短
长也。是也明其俱不能尽悉知究洞极之意,故使天地之间,常有余灾,前
后讫不绝,但有剧与不耳。"(《件故名书诀》)以往圣贤所作之书皆有偏
失,不能俱达,他们虽然能够解一时之承负,但不能除万世之灾难。因
此,自天地开辟以来,天地之间承负不绝,灾难时起,只有大小之别,而没
有解除之时。而只有《太平经》是"上下极毕备足,乃复生圣人,无可复
作,无可复益,无可复容言"的"天地真文正字善辞"(《件古文名书诀》),
也只有《太平经》能够使"流灾都灭亡,人民万物乃各得居其所矣,无复殃
苦",最终实现天地"太平"。"太平"即《太平经》的终极价值追求。

何谓"太平"呢?《太平经》作者解释道:

　　太者,大也;大者,天也;天能覆育万物,其功最大。平者,地也,

地平，然能养育万物。经者，常也；天以日月五星为经，地以岳渎山川为经。天地失常道，即万物悉受灾。帝王上法皇天，下法后地，中法经纬，星辰岳渎，育养万物，故曰大顺之道。①

所谓"太平"，其实就是天地生养之道。天地有常德，故而称经。《太平经》所宣称的"太平"理想境地指的是天地自然人物之间的平衡与和谐。帝王作为人间的主宰，要实现这种理想，必须要法天、法地、法经纬、法山川河岳，总的来说，就是要法自然。所谓"大顺之道"，就是要顺应自然之道。帝王之治如此，凡人的养身修行也是如此，人身修"太平"也要顺应天地自然之道。

3. "承负"说

"太平"理想是《太平经》的正向价值追求，向善即要除恶。根据《太平经》，天地之间充斥着恶——承负。《太平经》正是为了解除天地开辟以来的种种承负而作。如：

> 请问此书文，其凡大要，都为何等事生？为何职出哉？……天地开辟已来，帝王人民承负生，为此事出也。②

> 为皇天解承负之仇，为后土解承负之殃，为帝王解承负之厄，为百姓解承负之过，为万二千物解承负之责。③

正是因为天地间有承负之罪，所以才有解除承负的《太平经》，在这种意义上，"承负"说可谓是"道教立教的理论根据"④。"承负"究竟是何意呢？《太平经》指出：

> 承者为前，负者为后；承者，乃谓先人本承天心而行，小小失之，不自知，用日积久，相聚为多，今后生人反无辜蒙其过谪，连传被其灾，故前为承，后为负也。负者，流灾亦不由一人之治，比连不平，前

---

① 《太平经钞》癸部。
② 《试文书大信法》。
③ 《五事解承负法》。
④ 卿希泰主编：《中国道教史》，第120页。

后更相负,故名之为负。负者,乃先人负于后生者也。①

　　"承"指的是后人承担因先人过失而致的灾难,"负"指先人之过错将负罪于后人。在现实境遇中,"德福一致"的观念总是遇到善得恶果、恶有福报的困境。"承负"不是一人之负,也不是一人之承,而是"前后更相负",所有的先人都有"承负",今人以及后人也将有"承负",人人都有先人、都有后人,人人都有承负,人世间存在一个代代相传的承负链。若使人类社会摆脱灾难的困扰,就必须打断承负之链,从而解除承负之厄。而要解除承负,必须对承负产生的原因、承负的种类以及如何解除承负有相关的说明。

第三节　《老子想尔注》的哲学思想

　　《老子想尔注》是一部非常著名的道教经典,学界通常将其与《太平经》《周易参同契》并列为早期道教的三大经典。但在道教的历史上,《老子想尔注》的重要性及影响程度,远甚于其他两书。《老子想尔注》作为道教内部学习《老子》的教材,在早中期的道教发展中一直流传着,大约失传于宋、元时期。② 幸赖敦煌藏经洞存有道经部分,现存于大英博物馆,起自第三章"则民不争,亦不盗",讫于第三十七章"无欲故静,天地自止(正)"。饶宗颐先生以《老子》河上公本秩序整饬残卷,作《老子想尔注校证》,打开研究该典的方便之门。顾名思义,《老子想尔注》是早期天师道的创立者对《老子》的宗教学注解,释义方法独特,内容丰富,是研究早期道教哲学的必读经典。

一、《老子想尔注》及其解《老》方法

　　《老子想尔注》不见载于正史,《隋书·经籍志》《旧唐书·经籍志》均无说明。据收录于《道藏》第三十二册的大约形成于南北朝晚期的《传授

---

① 《解师策书诀》。
② 参见陈垣《南宋初河北新道教考》,第28页,北京,中华书局,1962。又见王卡《敦煌道教文献研究》,第170—171页,北京,中国社会科学出版社,2004。

经戒仪注诀》载:

> 系师得道,化道西蜀,蜀风浅末,未晓深言,托遘想尔,以训初
> 回。初回之论,多同蜀浅,辞说切近,因物赋通。三品要戒,济众大
> 航,故次于《河上》。《河上》《想尔》,注解已自有殊,大字文体,意况
> 亦复有异,皆缘时所须,转训成义,舛文同归,随分所及,值兼则兼
> 通,值偏则偏解。

这是研究《老子想尔注》的重要资料,其中透露出三个信息,其一,
《老子想尔注》的作者问题;其二,"想尔"的具体含义;其三,《老子想尔
注》与《老子河上公注》的区别。

学界一般认为《老子想尔注》产生于东汉末年,关于其作者,饶宗颐
认为:

> 当时陵之说而鲁述之;或鲁所作而托始于陵,要为天师道一家
> 之学……天师道以五千文设教,不自张鲁始。陵初作注,传衡至鲁,
> 而鲁更加厘定,故有"系师定本之目"。①

这种说法基本被学界采用,即《老子想尔注》始自张陵,至张鲁增饰而成
文,因此《老子想尔注》有"天师道一家之说"。至于"想尔"的含义,唐人
孙思邈在《摄养枕中方》中称"想尔为仙人名"②,今人陈世骧称:"张鲁托
言入静室'存想'见神,以注《老子》,而名其注曰'想尔'"③,饶宗颐亦有此
说。④ 所谓"想尔"即存想大道之义,此外还有"想汝"一说。⑤ 至于《老子
想尔注》与《老子河上公注》的关系,从释义来看,《想尔注》虽然简洁,但
是比《河上公注》更难理解,当是道教内部研究《老子》更加深入的表现,
因此其在道教典籍中的地位高于《河上公注》。

---

① 饶宗颐:《老子想尔注校证》,第4—5页,上海,上海古籍出版社,1991。
②《云笈七签》卷三三引。
③ 陈世骧:《想尔老子道经敦煌残卷论证》,台北,《清华学报》1957年新一卷第二期,第50页。
④ 饶宗颐:《老子想尔注校证》,第120页。
⑤ 马承玉:《"想尔"释义——〈老子想尔注〉与〈四十二章经〉之关系》,《世界宗教研究》1998年第
4期。

道教推尊《老子》，而《老子》首先是作为哲学著作出现的，具有极强的思辨性，这对于"蜀风浅末，未晓深言"的信徒来说，无异于对牛弹琴。因此，道教的传播者必须要考虑到信众的知识水平和理解能力而对《老子》进行针对性的解读，《想尔注》应运而生。《想尔注》在对《老子》进行宗教性的解读过程中形成了独特的注疏方法，主要表现在以下三个方面：

首先，通过增、减、改字以方便宣教。《想尔注》在对《老子》的解释中，删去助词、虚词是其一大特色。如《老子》第二十二章原作：

> 道之为物，惟恍惟惚。惚兮恍兮，其中有象；恍兮惚兮，其中有物；窈兮冥兮，其中有精。

《想尔注》删去句中助词"兮"，与指称代词"其"，作：

> 道之为物，惟恍惟惚。惚恍中有物，惚恍中有象。窈冥中有精。

之所以要删去这些助词、虚词，是因为《老子》不仅是一部极具思辨特色的哲学著作，而且是一篇雅致的散文著作。"兮"字等语气词的运用虽然增加了阅读的美感，但是却不利于文化素养较低的普通信众的理解，因此，《想尔注》删繁就简，方便信众的理解与接受。

有时为了文本的完整，或是为了强化道教教义，《想尔注》还特意改动《老子》原文。如将《老子》二十章改为：

> 众人熙熙，若享太牢，若春登台。我魄未兆，若婴儿未孩；魁无所归。众人皆有余，我独若遗。我愚人之心纯纯。俗人昭昭，我独若昏。俗人察察，我独闷闷。忽若晦，寂无所止。众人皆有以，我独顽以鄙。

为了宣扬道教的特殊思想，《想尔注》也会改动《老子》文本的实词。如将《老子》十六章改为：

> 容能公，公能生，生能天，天能道，道能久，没身不殆。

这种改动，一方面把"乃"更为"能"，是为了方便"能够"的注解，更有利于受众的直观理解;另一方面,把"王"改为"生",是为了宣扬道教长生、贵生的教义。

其次,曲解原文,成其教旨。《想尔注》除了删改字词以方便宣教外,还会为了附会教旨而对《老子》原文作望文生义的曲解。如它对《老子》第五章"天地不仁,以万物为刍狗;圣人不仁,以百姓为刍狗"的解释是:

> 天地象道,仁于诸善,不仁于诸恶,故煞万物,恶者不爱也,视之如刍草,如苟畜耳。圣人法天地,仁于善人,不仁恶人。当王政煞恶,亦视之如刍苟也。是以人当积善功,其精神与天通。设欲侵害者,天即救之。庸庸之人,皆是刍苟之徒耳,精神不能通天。所以者,譬如盗贼怀恶,不敢见部史也。精气自然,与天不亲,生死之际,天不知也。黄帝仁圣,知后世意,故结刍草为苟,以置门户上。欲言后世门户,皆刍苟之徒耳。人不解黄帝微意,空而效之,而恶心不改,可谓大恶也。

《老子》本意是天地自然无为,无所偏爱,圣人法天地,亦当无所私爱。《想尔注》则将其理解为天地偏爱善人,讨厌恶人,而王政亦当如此。这种对原文意思的扭曲同样是为了用受众能够理解的话语去宣扬道教惩恶奖善的大义。

又如《想尔注》将《老子》第二十一章"孔德之容,唯道是从"的"孔"字解释为"孔子",是为了通过说明孔子的智慧来源于道教,以宣扬道教的至高无上地位。

最后,改变句读,生成新意。《老子想尔注》的解老方法还有一大特色就是它通过更改句读而达到宗教目的。如《老子》二十九章作:

> 将欲取天下而为之,吾见其不得已。

《想尔注》将其改为:

> 将欲取天下而为之,吾见,其不得已。

它解释"其不得已"曰:

国不可一日无君。五帝精生,河洛著名,七宿精见,五纬合同。明受天任而令为之,其不得已耳。非天下所任,不可妄庶几也。

这显然是对君权神授思想的维护,与《老子》原义大相径庭。

又如《老子》第三十五章原文作:

往而不害,安平太,乐与饵,过客止。

《想尔注》将其改为:

往而不害,安平大乐,与珥,过客止。

其释文曰:

诸与天灾变怪,日月运珥,倍臣纵横。刺贯之咎,过罪所致。五星顺规,客逆不曜,疾疫之气,都悉止矣。

这无非是通过天人感应的灾异思想来增加道教领袖的神秘性与权威性。

综上可知:首先,《老子想尔注》的这种解老方法不是任意妄为,而是为了宣教的方便法门。其次,道教尊奉《老子》,而这种解释是为了将《老子》宗教化、神学化,因此,《想尔注》更多的做法是删削虚词、助词,而更改之处较少,其删改是为了解经,而非改经。最后,《想尔注》作为"注"的根本目的是为了阐发"道"意,以一种让普罗大众能够理解的方式说明"道体"。

二、"道体"说

《老子》作为一部思辨性的哲学著作,有其严密的逻辑构造,而《想尔注》通过删改等方式解老,其实就是对《老子》最高哲学范畴"道"的改动。也正是在这种通过改易文字而实现解释目的的过程中,《想尔注》形成了带有宗教特色的"道"论。

《想尔注》对"道"的含义多有阐发,其中最主要的是"道"的本体意义。其对《老子》第十四章"故混而为一"注云:

> 道者,天下万事之本。诘之者所况多,竹素不能胜载也,故还归一。多者何? 伤朴散淳,薄更入耶,故不可诘也。

道是天下万事万物的根本,天地万物皆由道而生,因道而成。《想尔注》在第三十二章的注中亦有类似的表述,其曰:"道虽微小,为天下母"。正是因为道是万物的根本,所以探究道是什么的人有很多,并且对道有许多不同譬喻,这反而把至简之道变得繁琐,从而使道之义漫漶不清。而实际上,道就是"一"。如果对道作过多的理解,乃至于穿凿附会,就会斫伤"一"之淳朴。道如何能为天下之本呢?《想尔注》对《老子》"载营魄抱一能无离"注云:

> 一者,道也! ……一在天地外,入在天地间,但往来人身中!

作为"一"的道往来于天地人之间,是天地人间的主宰。如果要对道与"一"作出区分的话,那么道是本体之道,"一"是本体之道的发用。道正是通过"一"而成为天地万事万物的根本。

道之根本义,如果从哲学意义上而言,则可以通过逻辑的思辨而得到理解,而如果从宗教意义上而言,就必须让信众确认道的真实存在性。对此,《想尔注》对《老子》十四章"执古之道,以御今之有"注云:

> 何以知此道今端有? 观古得仙寿者,悉行之以得,知今俗有不绝也。

《想尔注》试图用逻辑的方法证明道教最高神的存在,指出自古以来那些成仙得寿的人都是因为遵行道义而实现对普通人的超越,据此可以断定道在现实世界中从未断绝。这与"一"出入天地、往来人身的思想是一致的。

作为本体的实有之道以何种方式存在呢?《想尔注》首先说明道"不可见名,如无所有也"(《老子》第十四章"蝇蝇不可名,复归于无"注),道的存在不能用感觉去把握,不能刻意地去把握,因为道是自然地存在着。《想尔注》对《老子》第二十三章"希言自然"注曰:

自然,道也,乐清静。希言,入清静,合自然,可久也。

自然,就是道,或者说道的存在方式就是自然。其对《老子》第九章"不若其已"的注亦说"直自然如也",《想尔注》继承《老子》"清静"的思想,主张人的心神合一,"合一"即自然。自然就能长久,长久即生。其将《老子》二十五章"道大、天大、地大、王亦大"改为"道大、天大、地大、生大",并注曰:

> 四大之中,何者最大乎? 道最大也。四大之中,所以令生处一者,生,道之别体也。自然者,与道同号异体。令更相法,皆共法道也。天地广大,常法道以生,况人可不敬道乎?

《想尔注》刻意将句中的"王"字都改成了"生"字,并且将其解释为"道之别体",这样就把"生"纳入了本体论的范畴。"生"也就成了道本体存在的一种状态,一种目的。既然"自然"与"生"同是道的存在状态,那么二者有何区别与联系呢? 天地人法道而生,而自然是道的存在方式,因此,法道,即法自然。"自然"与"生"是道之一体两面,"自然"侧重于用,"生"侧重于目的。在《老子想尔注》的思想中,凡是"自然"的都是能"生"的,凡是能"生"的必然是"自然"的。

作为本体的道在《想尔注》中还有另外一种存在方式,即人格化的存在。其对《老子》第四章"吾不知谁子? 像帝之先"、第十三章"吾所以有大患,为我有身"、第二十九章"将欲取天下而为之,吾见,其不得已"注曰:

> 吾,道也。帝先者,亦道也。
>
> 吾,道也。我者,同吾。道至尊,常畏患,不敢求荣,思欲损身。
>
> 狂惑之人,图欲篡弑,天必煞之,不可为也。吾,道也,同见天下之尊,非当所为,不敢为之。愚人宁能胜道乎? 为之,故有害。

在《老子》哲学中,"吾""我"一般指得道之人或作者本人,而《想尔注》则将之解释为"道"。因此在《想尔注》中,吾即道,道即吾。吾就成了道的另一种特殊的存在方式。之所以作这种解释,是因为,一方面为了适应编造《道德真经》由太上老君现身布道亲口所授的需要;另一方面,也是更主要的,完成道成肉身的转变,即要把哲学的、客观的、自然之"道",变成有好恶意识的主观之道、宗教之道。

三、"道气"说

作为天地万事万物之本,生物之母,能够出入天地,往来人身的本体之道终究是恍惚无形,难以把握的。一方面,道必须有所凭借才能化生万物,另一方面,无形之道必须化为有形之实体才能完成其宗教意义的转变。在《想尔注》的思想体系中,"气"既是道化生万物的凭借,也是道完成宗教性转变的枢纽,而"道气"说更是成为它的一个思想特色。

《想尔注》认为气是道散的结果,《老子》第十章"载营魄抱一能无离"注云:

> 一散形为气,聚形为太上老君。常治昆仑,或言虚无,或言自然,或言无名,皆同一耳。

一是道,一散形为气,也就是道形为气。在道聚形的过程中,道即气,气即道,太上老君就是道气的化身。通过气的载体,无形之道化为有形之人,成为道教的最高神。

作为道散形的结果,道气有什么特征呢?

第十四章"其上不皦,其下不忽"注云:

> 道气常上下,经营天地内外,所以不见,清微故也。上则不皦,下则不忽。忽,有声也。

第三十六章"柔弱胜刚强"注云:

> 道气微弱,故久在无所不伏。

与道一样,"道气"出入天地,往来人身,不可捉摸,其基本特征是清微、能动(常上下)、微弱。因其清微,所以无声无息,不能凭耳目感官去把握；因其能动，所以不依于物，居无定所；因其微弱，所以能够长久存在并随处潜伏。总而言之，道气是实有之物，只能心神合一的静守，而不应费思劳神地去猜度。因此，第五章"天地之间，其犹橐籥，虚而不屈，动而愈出"注云：

> 道气在间，清微不见，含血之类，莫不钦仰。愚者不信。故犹橐者，治工排橐。籥者，可吹竹，气动有声，不可见，故以为喻，以解愚心。清气不见，像如虚也，然呼吸不屈竭也，动之愈益出。

《想尔注》进一步申明道气的实有性，即道气存在于天地之间，只因其清微的缘故，才不能被感官把握。但是，有生命的万物无不敬仰道气，而只有那些愚拙之人才会怀疑道气的存在。可见，道气不依于物，自我存在，自我运动，与"生"相通。

道气基本遵守道之清静、能动、柔弱的特征，与道合一。而除了这些特征之外，道气还有其他的表现形式。《老子》第二十八章"为天下谷，常德乃足，复归于朴，朴散为器"注云：

> 朴，道本气也，人行道归朴，与道合。为器，以离道矣，不当令朴散也。

朴是道的本体之气，也就是道气。《老子想尔注》的道气说与流行于汉代的元气说有所不同，元气说的宇宙生成模式大致为元气——阴阳之气——万物，而《想尔注》的道气说则很少关注元气继续舒散的问题，它更加强调道气作为一个整体出入天地、往来人身的功能。因此，《想尔注》认为如果道气之"朴"散而为器的话，那么就离开了大道。第十五章"旷若浊，浊以静之徐清"注云：

> 天地湛然，则云起雾吐，万物滋润。迅雷风趣，则汉燥物疼，道气隐藏，常不周处。人法天地，故不得燥处；常清静为务，晨暮露上下，人身气亦布至。

《想尔注》认为人应当效法天地之澄明，以清静为务，这样道气就会周遍全身。由此可以更明白地看出,"一"散为道气,而道气并没有散为阴阳、化为万物,而是自在自为地存在于天地内外,人物之间。从这个意义上来说,时空内的一切只是道气的寓所,而人与物自身却没有道气。道气只会选择善的寓所,而不会选择恶的寓所,因此,人如果要获得道气以达生,就必须务清静、合自然。

既然道气并不存于人之身体,那么人又如何能够得到道气的驻留呢? 为了解决这个问题,《想尔注》提出了"道精"的概念。第十六章"万物并作,吾以观其复。夫物云云,各归其根,归根曰静,静曰复命。复命曰常"注云:

> 万物含道精。并作,初生起时也。吾,道也。观其精复时,皆归其根,故令人宝慎根也。道气归根,愈当清静矣。知宝根清静,复命之常法也。

第二十一章"窈冥中有精,其精甚真,其中有信"注云:

> 大除中也,有道精,分之于万物,万物精共一本。生死之官也,精其真,当宝之也。故仙士实精以生,今人失精而死,大信也。……所以精者,道之别气也,入人身中为根本。……夫欲宝精,百行当修,万善当著,调和五行,喜怒悉去,天曹左契,笇有余数,精乃守之。恶人宝精,唐自苦,终不居,必自泄漏也。心应规,制万事,故号明堂三道,布阳耶阴害,以中正度道气。

道精,即道的精气,是道之别气,是道的另一种显现方式。万物都蕴涵有道精,道精是人体的根本。道精通过往复运动而归于道本。而当道精归于根本时,道气亦归于根本,这就是生命循环不死的法则。由此可以看出,虽然道气不本然地存在于人体之中,但是人因为拥有道精,凭借道精归根的修养方法,道气就可以留存在人体之中。

道气为何会因为道精归根而留驻人体呢? 第九章"持而满之……金玉满堂,莫之能守"注云:

道教人结精成神。……人之精气满藏中,苦无爱守之者。

第十章"载营魄抱一,能无离"注曰:

> 魄,白也,故精白,与元同色。身为精车,精落故当载营之。神成气来,载营人身,欲全此功无离一。一者,道也。

《想尔注》认为,只要抟聚道之精气使之归本,就能成就一种精神,而这种精神一旦修成,道气就会入于人身。《想尔注》把人的身体比作运载道精的车子,当道精落下就应该装载起来,从而使道精抟聚。由此可以看出,人获得道气的途径大致经历了道精赋之于人、人抟聚道精归根、精神修成、道气入身四个阶段。

四、道诫

《老子想尔注》对《老子》的宗教性转化,一方面体现在它对"道"的宗教性解释,另一方面体现在其对"道诫"的推崇。"诫"字在《想尔注》中共出现了近 50 次,其中"道诫"19 次,散见于残存三十六篇注文的二十篇中。"道诫"在《老子想尔注》的思想中几乎处于与"道"同等重要的地位。这体现在以下几个方面:

第一,"道诫"是联通道体、道气的中介。第十四章"是无状之状,无物之象"注曰:

> 道至尊,微而隐,无状貌形像也;但可以从其诫,不可见知也。

尽管道体、道气作为形上的本体真实地存在着,但是对于普通信众而言,通达道体,留守道气并非易事。《老子想尔注》通过"道诫"完成道向形下世界的落实。广大信众只要遵循道诫,就能够把握至尊之道。

第二,"道诫"是太上老君的言语,具有绝对权威性。第十章"载营魄抱一能无离"注曰:

> 一散形为气,聚形为太上老君……今布道诫教人,守诫不违,即为守一矣;不行其诫,即为失一也。

又第二十二章"是以圣人抱一为天下式"注曰：

> 一，道也。设诚，圣人行之为抱一也，常教天下为法式也。

太上老君设立道诚，履行道诚就是"抱一"，反之，就是"失一"，"失一"即失道，则道气不至。

第三，"道诚"即道意，奉诚即遵道。第二十三章"同于失者道失之"注云：

> 人举事不惧畏道诚，失道意，道即去之，自然如此。

道意可以转化为"道诚"，"道诚"能够通达"道意"。人们谨遵"道诚"，自然合乎道意。又第三十六章"鱼不可胜于渊"注曰：

> 诚为渊，道犹水，人犹鱼。鱼失渊去水则死。人不行诚守道，道去则死。

诚与道是统一的，行诚与守道互为表里，不可偏废。

第四，"道诚"是普遍遵守的行为规范。第十八章"国家昏乱，有忠臣"注曰：

> 今欲复此疾，要在帝王当专心信道诚。

第三十七章"王侯若能守"注曰：

> 王者虽尊，犹常畏道，奉诚行之。

第十三章"故贵以身于天下"注曰：

> 人但当保身，不当爱身，何谓也？ 奉道诚，积善成功，积精成神，神成仙寿，以此为身宝也。

上至帝王，下至庶人，大至国家治理，天下太平，小到凡人保身，修成仙道都应恪守道诚。

第五，遵守"道诚"，能够获得相应的福报。第十五章"安以动之徐生"注曰：

> 人欲举事,先考之道诫,安思其义不犯道,乃徐施之,生道不去。

人之所为,当先考之道诫,在不违背道诫的前提下,才能与道相生。因此,道诫其实就是世俗之人的行为准则,道诫与生道的追求是一致的。又第十五章"深不可识"注云:

> 人行道奉诫,微气归之。为气渊渊深也,故不可识也。

人们如果能够遵循道诫的话,那么清微之气就会归来,清微之气就是道气。

现存《老子想尔注》并没有直接说明"道诫"的具体条目,不过可以推测的是,《想尔注》之"道诫"是结合《老子》的基本精神以宣扬五斗米道的基本教理与教义。通理《想尔注》文本,大致可以归纳以下几条道诫:

(1) 贵中和,戒盈溢。《想尔注》把道教尚"虚"的品格作为其中一诫,第四章"道冲而用之不盈"注曰:

> 道贵中和,当中和行之,志意不可盈溢,违道诫。

(2) 贵身形,戒功名。《想尔注》继承道家贵身的思想,将其作为一诫,第九章"名成功遂身退,天之道"注曰:

> 名与功,身之仇;功名就,身即灭,故道诫之。范蠡乘舟去,道意谦信,不隐,身形剥,是其效也。

(3) 尚温和,戒骄淫。《想尔注》吸纳道教尚俭去奢的思想作为一诫。第三十二章"始制有名"注曰:

> 道人求生,不贪荣名。今王侯承先人之后有荣名,不强求也,道听之,但欲令务尊道行诫,勿骄溢也。

(4) 知止足,戒强求。知足戒强是道家的修养论,《想尔注》亦将其作为修道之诫。第三十二章"名亦既有,夫亦将知止"注曰:

> 王侯承先人之后既有名,当知止足,不得复思高尊强求也。

(5) 尚俭约,戒贪奢。道家反对奢侈纵欲,《想尔注》称耳目感官之欲

为恶行,主张摒除恶行。第十二章"是以圣人为腹,不为目。故去彼取此"注曰:

> 腹与目前章以说矣。(第三章"虚其心,实其腹"注)去彼恶行,取此道诚也。

《想尔注》通过"诚"将"道"落在了实处,使修道者有法可依,有路可寻,在对"道诚"的表达中,不仅吸纳了道家清静无为、知足知止的品格,而且融合了儒家贵中和、乐善好仁的品格。总的来说,《想尔注》藉"道诚"思想,利用受众追求长生之道的心理,宣传五斗米道的教理。

五、至诚与为善的修道工夫

《想尔注》"道诚"的内容归根结底体现在两个方面:内在之诚与外在之善。《想尔注》吸收《中庸》"至诚"观念,将其作为世人信道的一个关键途径,其关于"至诚"文字如下:

> 第十九章"绝仁弃义,民复孝慈"注曰:"……人为仁义,自当至诚,天自赏之;不至诚,天自罚之。天察必审于人,皆知尊道畏天仁义,便至诚矣。"
>
> 第二十七章"善计不用筹筭"注曰:"……至心信道者,发自至诚,不须旁人自劝。"
>
> 第二十七章"善结无绳约不可解"注曰:"……至诚者为之,虽无绳约,永不可解。不至诚者,虽有绳约,犹可解也。"
>
> 第三十三章"不失其所者久"注曰:"富贵贫贱,各自守道为务。至诚者,道与之。"

《想尔注》之"至诚"包括"信道至诚"与"守道至诚"两个方面。所谓"信道至诚"的表现是:首先,诚心诚意的信道之人,完全是发自至诚之心,无需他人帮助而能自我勉励。其次,至诚信道之人坚定对道的信念,不为"伪技"所惑。第九章"持而满之,不若其已,揣而挩之,不可长宝"注云:

今世间伪技诈称道,托皇帝、玄女、龚子、容成之文相教,从女不
施,思还精补脑。心神不一,失其所守,为揣挩不可长宝。

《想尔注》认为"伪技"之中关于养精培神、修炼形体的方法不仅无效,反
而会扰乱人的心神。由此可见,《想尔注》虽然主张结精成神,但其方法
是培养教徒们的一种信道的守教信念和精神境界,而不是借助于任何神
秘的方术。最后,至诚信道之人注重内心信念的笃定,而不追求外在的
形式。第二十章"故有道不处"注曰:

有道者不处祭餟祷祠之间也。

一方面,祭祀祷告等形式从某种意义上来说其实是对外力的依赖,这与
发自至诚的"自劝"信念相悖;另一方面,祭祀祷告与邪说相通,同样有害
于心神。

所谓"守道至诚"的表现是:首先,一方面,至诚之人不会因为富贵贫
贱等外在条件的变化而改变对道的坚守;另一方面,至诚之人守道是为
了亲近于道,得到道的奖与,而不是为了得到诸如富贵等道之外的东西。
其次,至诚之人坚守道的方式是,他做任何事情,都是出自至诚之心。比
如发自至诚之心去追求仁义,自然会得到上天的奖赏,而如果是因为博
取功名与奖赏而行仁义,那么就不是出自至诚之心,就会受到天的惩罚。
最后,至诚守道之人坚守清静,自我笃定,而不躁进。第十六章"致虚极,
守静笃"注曰:

道真自有常度,人不能明之,必复企暮,世间常伪技,因出教授,
指形明道,令有处所,肤色长短有分数,而思想之。苦极无福报,此
虚诈耳。强欲令虚诈为真,甚极。不如守静,自笃也。

至诚守道之人因为明白道的真理,所以不会去过度追求,他们笃定自我,
守静清虚,而不去苦思冥想那些旁门左道的邪说与仪式。

信道、守道之至诚发之于外就是为善去恶。在《想尔注》的"道诫"
中,行善是众诫之首,具体而言,可分为以下几个方面:

首先,为善去恶是道性的表现。第三十六章"道常无为而无不为"注曰:

> 道性不为恶事,故能神,无所不作,道人当法之。

第三章"圣人治,虚其心,实其腹"注曰:

> 心者,规也,中有吉凶善恶。腹者,道囊,气常欲实。心为凶恶,道去囊空;空者耶(邪)入,便煞人。虚去心中凶恶,道来归之。

道性向善,人心有善恶,人只有化解掉心中的凶恶,才能让道回归。

其次,为善方能宝精、与天通。第二十一章"其中有信"注曰:

> 夫欲宝精,百行当修,万善当著,调和五行,喜怒悉去,天曹左契,笭有余数,精乃守之。

只有保持住道精,使道精抟聚,才能留守道气,道气入身,方能长生。而要保持道精,则要端正自己的各种行为,动善念,行善事,如此方能五行和谐。

又第五章"天地不仁,以万物为刍苟。圣人不仁,以百姓为刍苟"注云:

> 天地像道,仁于诸善,不仁于诸恶……人当积善功,其精神与天通,设欲侵害者,天即救之。庸庸之人,皆是刍苟之徒耳,精神不能通天。所以者,譬如盗贼怀恶,不敢见部史也。精气自然,与天不亲,生死之际,天不知也。

天地向善,善与善通,人只有通过持之以恒的修行去积累善德,才能做到精神与天相通,与天通才能得到天的庇佑。

最后,行善得生,行恶得死。第二十章"人之所畏,不可不畏,莽其未央"注曰:

> 道设生以赏善,设死以威恶,死是人之所畏也,仙王上与俗人同知畏死乐生,但所行异耳。俗人莽莽,未央脱死也,俗人虽畏死,端不信道,好为恶事,奈何未央脱死乎。仙士畏死,信道守诚,故与生

合也。

道主宰人之生死,信道行善者生,违诫作恶者死。得道成仙之人与普通俗人都畏死乐生,只是他们的行为不同罢了。除此之外,《想尔注》还为行善之人设想了一个理想的归宿——太阴之宫,第十六章"殁身不殆"注曰:

> 太阴道积,练形之宫也。世有不可处,贤者避去,托死过太阴中;而复一边生像,没而不殆也。俗人不能积善行,死便真死,属地官去也。

类似的说法还有第三十三章"死而不亡者寿"注云:

> 道人行备,道神归之,避世托死过太阴中,复生去为不亡,故寿也。俗人无善功,死者属地官,便为亡类。

对于行善得道之人来说,当世道荒乱时,可以假托死亡来到太阴之宫中而获得重生。也就是说,如果一心行善,积善成德,即使生命在现实世界中消失,那也会在太阴宫中得到重生,乃至永生。可见,《想尔注》将生命问题与道德修养问题融合在一起,形成了一种道教的生命伦理观。

主要参考文献

班固. 汉书,颜师古,注. 北京:中华书局,2013.

晁公武. 郡斋读书志,孙猛,校证. 上海. 上海古籍出版社,1990.

陈国庆. 汉书艺文志注释汇编. 北京:中华书局,1983.

陈立. 白虎通疏证. 吴则虞,点校. 北京:中华书局,1994.

陈奇猷. 韩非子新校注. 上海:上海古籍出版社,2000.

陈奇猷. 吕氏春秋校释. 上海:学林出版社,1984.

陈乔枞. 齐诗翼氏学疏证. 续修四库全书. 上海:上海古籍出版社,2013.

陈乔枞. 齐诗遗说考. 续修四库全书. 上海:上海古籍出版社,2013.

陈寿. 三国志. 北京:中华书局,2012.

陈寿祺. 尚书大传·洪范五行传. 四部丛刊本。

程颐. 伊川易传.《四库全书》文渊阁本. 台北:台湾商务印书馆,1986.

丁四新. 郭店楚竹书《老子》校注. 武汉:武汉大学出版社,2010.

丁四新. 楚竹书与汉帛书《周易》校注. 上海:上海古籍出版社,2011.

杜预,等. 春秋三传. 上海:上海古籍出版社,1987.

段玉裁. 说文解字注. 上海:上海古籍出版社,1988.

范晔. 后汉书. 李贤,等注. 北京:中华书局,1965.

高明. 帛书老子校注. 北京:中华书局,1996.

顾实. 汉书艺文志讲疏. 第 4 版. 上海:商务印书馆,1929.

顾炎武. 日知录集释. 黄汝成,集释. 栾保群,吕宗力,校点. 上海:上海古籍出版社,2013.

国学研究社. 诸子集成. 北京:中华书局,1954.

何宁. 淮南子集释. 北京:中华书局,1998.

桓谭. 新辑本桓谭新论. 朱谦之,校. 北京:中华书局,2009.

黄怀信. 鹖冠子汇校集注. 北京:中华书局,2004.

黄晖. 论衡校释. 北京:中华书局,1990.

黄宗羲. 易学象数论(外二种). 郑万耕,点校. 北京:中华书局,2010.

湖南省博物馆,复旦大学出土文献与古文字研究中心. 长沙马王堆汉墓简帛集成(叁). 北京:中华书局,2014.

慧琳. 一切经音义. 上海:上海古籍出版社,2008.

贾谊. 新书校注. 阎振益,钟夏,校注. 北京:中华书局,2000.

蒋礼鸿. 商君书锥指. 北京:中华书局,2014.

焦循. 易图略. 续修四库全书. 上海:上海古籍出版社版,2002.

孔广森. 经学卮言. 杨新勋,校注. 上海:华东师范大学出版社,2010.

李道平. 周易集解纂疏. 潘雨廷,点校. 北京:中华书局,2011.

黎靖德. 朱子语类. 北京:中华书局,1994.

黎翔凤. 管子校注. 梁运华,整理. 北京:中华书局,2004.

刘文典. 淮南鸿烈集解. 冯逸,乔华,点校. 北京:中华书局,2013.

刘向. 战国策,第2版. 上海:上海古籍出版社,1998.

刘向. 说苑校证. 向宗鲁,校证. 北京:中华书局,1987.

楼宇烈. 王弼集校释. 北京:中华书局,1980.

陆德明. 经典释文汇校. 黄焯,汇校. 黄延祖,重辑. 北京:中华书局,2006.

马承源. 上海博物馆藏战国楚竹书(七). 上海:上海古籍出版社,2003.

马王堆汉墓帛书整理小组. 马王堆汉墓帛书《经法》. 北京:文物出版社,1976.

皮锡瑞. 经学历史. 周予同,注释. 北京:中华书局,2008.

皮锡瑞. 经学通论. 北京:中华书局,1954.

十三经注疏. 清嘉庆刊本. 阮元,校刻. 北京:中华书局,2009.

饶宗颐. 老子想尔注校证. 上海:上海古籍出版社,1991.

饶宗颐. 老子想尔注校证. 北京:中华书局,2015.

饶宗颐. 老子想尔注校笺. 香港:Tong Nam Printers & Publishers,1956.

山东中医学院,等. 黄帝内经素问校释. 北京:人民卫生出版社,2009.

释道世. 法苑珠林. 周叔迦,苏晋仁,校注. 北京:中华书局,2003.

睡虎地秦墓竹简整理小组. 睡虎地秦墓竹简. 北京:文物出版社,1990.

司马迁. 史记. 北京:中华书局,1959.

苏舆. 春秋繁露义证. 钟哲,点校. 北京:中华书局,1992.

孙希旦. 礼记集解. 北京:中华书局,1989.

孙启治. 昌言校注. 北京:中华书局,2012.

孙启治. 申鉴注校补. 北京:中华书局,2012.

孙启治. 政论校注. 北京:中华书局,2012.

孙启治. 中论解诂. 北京:中华书局,2014.

唐晏. 两汉三国学案. 北京:中华书局,2012.

王充. 论衡校注. 张宗祥,校注,郑绍昌,标点. 上海:上海古籍出版社,2010.

王夫之.读通鉴论.北京:中华书局,2013.

王利器.吕氏春秋注疏.成都:巴蜀书社,2002.

王利器.文子疏义.北京:中华书局,2000.

王利器.新语校注.北京:中华书局,1986.

王利器.盐铁论校注(定本).北京:中华书局,1992.

王明.太平经合校.北京:中华书局,1960.

王念孙.读书杂志.南京:江苏古籍出版社,2000.

王应麟.周易郑注.丁杰,后定,张惠言,订正.续修四库全书.上海:上海古籍出版社,1995.

王先谦.庄子集解.北京:中华书局,2012.

王先谦.荀子集解.北京:中华书局,2013.

王先谦.诗三家义集疏.吴格,点校.北京:中华书局,2011.

王先慎.韩非子集解.钟哲,点校.北京:中华书局,1998.

王引之.经传释词.南京:江苏古籍出版社,2000.

王应麟.困学纪闻.翁元圻,等,注,栾保群,田松青,吕宗力,点校.北京:中华书局,2008.

汪继培.尸子.黄曙辉,点校.上海:华东师范大学出版社,2009.

汪荣宝.法言义疏.北京:中华书局,1987.

吴毓江.墨子校注.孙启治,点校.北京:中华书局,2006.

魏徵,等.隋书.北京:中华书局,1973.

萧吉.五行大义.马新平,姜燕,点校.北京:学苑出版社,2014.

荀悦、袁宏.两汉纪.张烈,点校.北京:中华书局,2002.

徐天麟.西汉会要.上海:上海古籍出版社,2006.

徐天麟.东汉会要.上海:上海古籍出版社,2006.

徐坚,等.初学记.第2版.北京:中华书局,2004.

许维遹.吕氏春秋集释.梁运华,整理.北京:中华书局,2009.

扬雄.太玄集注.司马光,集注,刘韶军,点校.北京:中华书局,1998.

扬雄.扬雄集校注.张震泽,校注.上海:上海古籍出版社,1993.

严遵.老子指归.王德有,点校.北京:中华书局,1994.

姚振宗.七略别录佚文叙.快阁师石山房丛书.

永瑢,等.四库全书总目.北京:中华书局,2003.

杨伯峻.列子集释.北京:中华书局,1979.

朱熹.四书章句集注.北京:中华书局,1983.

朱震.汉上易传.影印文渊阁《四库全书》.台北:台湾商务印书馆,1986.

张君房.云笈七签.李永晟,点校.北京:中华书局,2003.

张觉.潜夫论校注.长沙:岳麓书社,2008.

赵翼.廿二史劄记.曹光甫,校点.上海:上海古籍出版社,2011.

郑樵.通志二十略.王树民,点校.北京:中华书局,1995.

后　记

　　秦汉哲学是中国哲学的重要组成部分,它承上启下,以"经学"为主要形式,推进了中国思想的深入发展,给后人留下了宝贵的精神遗产。政治哲学是秦汉思想的重头戏,得到了长足的发展。道家的虚静无为,阴阳家的德运受命,儒家的天人感应、阴阳灾异和王道仁政,法家的杂用王霸,都是汉代政治哲学的重要表现。与此同时,浑天说的提出,人性善恶的讨论,医学理论的哲学化,古代知识系统的建构,也是汉代哲学的重要内容。此外,阴阳五行思维、感应思维、象思维和批判性思维,在汉代得到了大力发展,深刻地影响了汉民族思维方式和特质的形成。

　　本卷是"中国哲学通史"(学术版)的重要组成部分,是业师郭齐勇教授下达给我们的任务。原计划,建平兄负责东汉部分,我负责秦、西汉部分。记得2007年春天,各卷的主要作者雅集珞珈山,开了一个小会,算是正式启动了这一项目。没想到,十年一晃就过去了。最初几年,我和建平兄都踌躇满志,都想多快好省地完成老师布置的任务。但几年下来,才知道要读的书太多,要探讨的问题太多,要写的文章太多,还有要应酬的俗事太多——孩子,父母,亲朋,师友,同侪,领导,家庭,单位,一个都不能少,这才知道人生一世,精力和时间其实都很有限。事实上,建平兄和我都害怕辜负了老师的一再敦促,拖了大家的后腿,我于是只好打扰利春、永飞、功进、龙灿一干四人,请他们拨冗,研读故书,分担若干章的写作。

如今,本卷的稿子都已集齐!作为负责人,我终于可以长长地舒一口气,向年事已高的老师报告这迟到的好消息。

具体说来,我是从 2011 年,即在完成拙著《郭店楚竹书〈老子〉校注》和《楚竹书与汉帛书〈周易〉校注》的稿子之后才正式投入本卷的写作的。自那以来,我即将大部分业余时间,特别是大部分寒暑假的时间投入到相关资料的阅读和书稿的写作中。但完全没有料到,这件事做起来颇费功夫,从研读原著到具体写稿,每一章其实都需要花费不少时间,一个暑假大概只能写一篇长的,三五万字,一个寒假大概只能写一篇短的,两三万字。两年过后,按照这种速度,我确实感到无力一人独任十余章、60 多万字的写作。而且在这期间,鄙人还要给本科生、研究生上课,审阅博硕士生的论文,还要发表符合校方要求的期刊文章,还要养老携幼,包括每年多次搭车返乡,探望孑然寡居三十多年的老母。于是,为了不再久拖大家的后腿,我只好请求利春等四人出手,分担数章的写作。

本卷一共 17 章,各章的作者具体是这样的:导言、第一章、第二章、第三章、第七章、第八章、第九章、第十五章,由丁四新(清华大学)撰稿;第四章,由吴龙灿(温州大学)撰稿;第五章,由袁永飞(河南省社会科学院)撰稿;第六章,由孙功进(曲阜师范大学)撰稿;第十章的桓谭部分由龚建平(西安交通大学)撰稿,张衡部分由闫利春(河南科技大学)撰稿;第十一章、第十二章、第十三章、第十四章,由龚建平撰稿;第十六章,由闫利春撰稿。

借此机会,交待一下拙稿的写作经过:第一、二、七、八四章的初稿,写于 2011—2013 这三年间;第九章的初稿,写于 2014—2015 这两年间;第三、十五两章和导言的初稿,写于 2017 年初至 8 月 31 日之前。最近一个半月,我又连续作战,夜以继日,对拙稿作了一定的修改和润色。需要指出,部分章节经过修改和添加注释,此前已发表在相关期刊和论文集上了。

非常感谢建平仁兄，非常感谢利春、龙灿、功进和永飞，感谢你们在百忙中抽出宝贵时间来写稿，促成美事一桩——无论如何，长编"中国哲学通史"（学术版）的问世将是来年的一台重头戏，毕竟搞出这么大规模的"中国哲学通史"似乎还是中国哲学界的头一遭。感谢冯鹏博士（南通大学）编辑了本卷《主要参考文献》的初稿。也感谢郭老师的厚贶，给我们提供了一次梳理和概括秦汉哲学的机会。

本卷其他各章，我仅浏览一过，来不及提出修改意见。我深信，几位作者都高度负责，深思熟虑，认真踏实，都已尽心尽力地写好和改好自己的稿子了。

是为记。

丁四新
丁酉年霜降记于
清华大学至善路新斋哲学系